中国古代语法学探究

(增订本)

孙良明 著

商务印书馆
2005年·北京

图书在版编目(CIP)数据

中国古代语法学探究:增订本/孙良明著. —北京:商务印书馆,2005
ISBN 7-100-04626-2

I. 中… II. 孙… III. 汉语－语法－研究－古代 IV. H141

中国版本图书馆CIP数据核字(2005)第088630号

所有权利保留。
未经许可,不得以任何方式使用。

ZHŌNGGUÓ GǓDÀI YǓFǍXUÉ TÀNJIŪ
中国古代语法学探究
（增订本）
孙良明 著

商 务 印 书 馆 出 版
(北京王府井大街36号 邮政编码100710)
商 务 印 书 馆 发 行
北 京 民 族 印 刷 厂 印 刷
ISBN 7-100-04626-2/H·1151

2005年11月第2版　　开本 850×1168 1/32
2005年11月北京第2次印刷　印张 18 3/8

定价:29.00元

目　　录

汉语语法学历史画卷的成功展示(代序)…… 许威汉　王大年　1
前言 ……………………………………………………………… 11
增订说明 ………………………………………………………… 14

壹　中国古代语法学的萌芽(先秦至汉初)…………………… 1
　1.0　《墨经》《荀子·正名》《大戴礼记·夏小正》表现出的
　　　　语法分析 ………………………………………………… 1
　　1.1　《墨经》表现出的语法分析 ………………………………… 1
　　1.2　《荀子·正名》表现出的语法分析 ………………………… 4
　　1.3　《大戴礼记·夏小正》表现出的语法分析 ………………… 6
　2.0　《公羊传》《穀梁传》解说"春秋书法"表现出的
　　　　语法分析 ………………………………………………… 7
　　2.1　解说"春秋书法"提出语法规范问题 ……………………… 10
　　2.2　解说"春秋书法"说明汉语词序重要及词序规则 ………… 12
　　2.3　解说"春秋书法"表现句法结构分析 ……………………… 15
　　2.4　解说"春秋书法"表现语义关系分析 ……………………… 22
　　2.5　解说"春秋书法"表现虚词用法 …………………………… 25
　　2.6　解说"春秋书法"表现修辞分析 …………………………… 27
　　2.7　解说"春秋书法"说明《春秋》句式变化 …………………… 29
　　2.8　解说"春秋书法"表现出的语法分析方法 ………………… 30

3.0　结语 ·· 33

贰　中国古代语法学的产生（汉魏晋南北朝）············ 37
1.0　汉代注释书中的语法分析 ····························· 37
　　1.1　释文说明语法结构，标志语法意识产生 ·········· 37
　　1.2　突破音句表现义句，标志句子观念树立 ·········· 39
　　1.3　调整词序 ··· 41
　　1.4　分析句读与语词组合关系层次 ···················· 42
　　1.5　划分词的类别 ···································· 46
　　1.6　分析句法结构 ···································· 64
　　1.7　分析语义关系 ···································· 80
　　1.8　分析词的句法功能义 ····························· 87
　　1.9　分析句式句型 ···································· 99
　　1.10　解释虚词用法 ··································· 114
　　1.11　语法分析表现出的语法分析方法 ················ 117
2.0　魏晋注释书中的语法分析 ····························· 118
　　2.1　继承公羊、榖梁解说"春秋书法"表现语法分析 ··· 119
　　2.2　分析句法结构 ···································· 120
　　2.3　分析语义关系 ···································· 125
　　2.4　分析词的句法功能义 ····························· 128
　　2.5　分析句式句型 ···································· 137
　　2.6　分析词的类别特点 ································ 145
　　2.7　语法分析表现出的语法分析方法 ·················· 150
3.0　汉文佛典对梵文语法的初步介绍 ······················ 150
　　3.1　东晋佛典对梵文语法的介绍，"语法"术语出现 ··· 151

3.2　南梁佛典对梵文语法的介绍 ·················· 153
4.0　《文心雕龙》《颜氏家训》中的语法分析 ············ 155
　　4.1　《文心雕龙》中句的解说和虚词分析 ············ 155
　　4.2　《颜氏家训》中的虚词分析 ·················· 156
5.0　结语 ································ 157

叁　中国古代语法学的发展（隋唐宋元明） ············ 159

1.0　汉文佛典对梵文语法的较详细介绍并从语法、句法
　　　分析解经 ···························· 159
　　1.1　介绍印度古代语法大师班尼尼（Pāṇini）及其著作
　　　　《班尼尼语法》 ························ 159
　　1.2　介绍梵文语法 ························ 163
　　1.3　从语法、句法分析解经 ·················· 172
2.0　孔颖达"五经正义"中的语法分析 ············ 178
　　2.1　树立语法观、语法规范观念 ·············· 179
　　2.2　分析词的类别及特点 ·················· 184
　　2.3　分析词序与句读 ···················· 207
　　2.4　分析句法结构 ······················ 209
　　2.5　分析语义关系 ······················ 212
　　2.6　分析句式句型 ······················ 217
　　2.7　分析章节、全篇结构 ·················· 221
　　2.8　提出释义理论——文势说 ·············· 221
3.0　贾公彦、徐彦"义疏"中的语法分析 ············ 224
　　3.1　分析词序规则 ······················ 224
　　3.2　分析句读 ························ 225

iv 中国古代语法学探究

- 3.3 分析句法结构 ································ 226
- 3.4 分析语义关系 ································ 228
- 3.5 分析章节、全篇结构 ························ 229
- 3.6 解释虚词用法 ································ 233
- 3.7 提出释义理论——望文为义说 ············ 234
- 4.0 《史记》"注"、《汉书注》、《后汉书注》中的语法分析 ··· 237
  - 4.1 《汉书注》 ··································· 238
    - 4.1.1 分析词类 ······························ 239
    - 4.1.2 分析复合词的构成 ················· 250
    - 4.1.3 分析句法结构 ······················· 255
    - 4.1.4 分析语义关系 ······················· 258
    - 4.1.5 分析歧义现象 ······················· 260
  - 4.2 《后汉书注》 ······························· 262
    - 4.2.1 调整词序 ······························ 264
    - 4.2.2 分析句读与语词组合层次 ········ 265
    - 4.2.3 分析复合词的构成 ················· 266
    - 4.2.4 分析句法结构 ······················· 268
    - 4.2.5 分析语义关系 ······················· 272
    - 4.2.6 分析词的句法功能义 ·············· 277
    - 4.2.7 分析句式句型 ······················· 281
    - 4.2.8 分析修辞词句 ······················· 283
  - 4.3 《史记》"注" ······························ 285
    - 4.3.1 调整词序 ······························ 285
    - 4.3.2 分析句读与语词组合层次 ········ 287
    - 4.3.3 分析语义关系 ······················· 289

    4.3.4 分析词的句法功能义 ………………………… 294
    4.3.5 分析句式句型 ………………………………… 296
    4.3.6 解释虚词用法 ………………………………… 302
5.0 诗论、文论、史论、笔记、字书中的实字、虚字、语助和语
    法/句法解说 ……………………………………………… 303
  5.1 "实名""虚名""实字""虚字"的出现及其含义变化 …… 303
  5.2 虚字的字源解说 ……………………………………… 307
  5.3 语助词的类型与作用分析 …………………………… 311
  5.4 "句法""语法"使用及造句格式的分析与类比 ……… 314
  5.5 字、句灵活使用的修辞说明——死字、活字、半虚半实字、
      死句、活句 …………………………………………… 318
  5.6 语法规范术语"语病"的出现 ………………………… 319
6.0 王若虚《滹南遗老集》中的语法分析 …………………… 320
  6.1 语法观、语法规范观的较明确树立 ………………… 321
  6.2 分析句法结构 ………………………………………… 324
  6.3 分析语义选择限制 …………………………………… 328
  6.4 分析语用 ……………………………………………… 330
  6.5 分析虚词 ……………………………………………… 331
  6.6 运用比较方法 ………………………………………… 333
7.0 语法修辞、虚词专著的出现 ……………………………… 334
  7.1 陈骙的《文则》 ……………………………………… 334
    7.1.1 说明助辞的作用及类例 ……………………… 335
    7.1.2 说明句法 ……………………………………… 338
  7.2 卢以纬的《助语辞》 ………………………………… 342
    7.2.1 书名的来历及意义 …………………………… 342

中国古代语法学探究

7.2.2 收词范围与编排撰写体例 ………………… 343
7.2.3 划分助语辞与非助语辞 ………………… 346
7.2.4 说明一个助语辞多个用法 ………………… 346
7.2.5 释义方法 ………………………………… 347
8.0 胡三省《资治通鉴音注》中的语法分析 ………… 350
  8.1 胡氏语法分析对前人的继承 ………………… 350
  8.2 胡氏语法分析对前人的发展 ………………… 355
  8.3 提出释义理论——文理说 …………………… 364
9.0 蒙学语法训练及语法训练教材《对类》的出现 …… 367
  9.1 属对教学的内容及其历史 …………………… 367
  9.2 属对教材《对类》的出现 …………………… 370
  9.3 属对的来源及其发展 ………………………… 378
10.0 结语 ……………………………………………… 379

肆 中国古代语法学的大成（清代） …………………… 382
1.0 文法观的明确树立 ………………………………… 383
  1.1 "文法"术语的出现及其含义 ………………… 383
  1.2 "文法"使用标志文法观的明确树立 ………… 386
2.0 划分词的类别 ……………………………………… 392
  2.1 依据句法位置划分 …………………………… 392
  2.2 依据词义特征划分 …………………………… 394
3.0 分析句法结构 ……………………………………… 398
  3.1 分析词序 ……………………………………… 398
  3.2 分析句读和短语层次 ………………………… 400
  3.3 分析语词组合规则 …………………………… 404

目 录 vii

  3.4 分析句法结构组成规则 ………………………… 406
  3.5 分析句法结构关系 ……………………………… 410
  3.6 分析句法结构完整 ……………………………… 414
  3.7 分析逻辑语义关系结构的组成与逻辑语义关系分析
    ……………………………………………………… 420
  3.8 分析古汉语特殊句式 …………………………… 424
  3.9 分析几种固定句式 ……………………………… 426
4.0 分析句法语义关系 ………………………………… 428
  4.1 主谓结构语义关系 ……………………………… 428
  4.2 述宾结构语义关系 ……………………………… 429
5.0 分析语义选择限制 ………………………………… 431
  5.1 依据语义选择限制规则分析语词的正确搭配 …… 431
  5.2 依据语义选择限制规则分析语词的正确释义 …… 436
6.0 分析语用 …………………………………………… 440
  6.1 从上下文分析 …………………………………… 440
  6.2 从行文语境分析 ………………………………… 441
  6.3 从逻辑事理分析 ………………………………… 442
7.0 语法分析方法——句式类比 ……………………… 442
  7.1 王念孙的文同一例分析法 ……………………… 443
  7.2 俞樾的句式一律分析法 ………………………… 453
8.0 多种虚词著作中代表性的三书 …………………… 462
  8.1 袁仁林《虚字说》 ……………………………… 463
  8.2 刘淇《助字辨略》 ……………………………… 468
  8.3 王引之《经传释词》 …………………………… 473
9.0 结语 ………………………………………………… 476

伍　总结语 ………………………………………………… 478
　1.0　中国古代语言学的一个分支——中国古代语法学 … 478
　2.0　中国古代语法学的传统 ……………………………… 479
　　2.1　注重语法规范 …………………………………… 479
　　2.2　注重实用 ………………………………………… 480
　　2.3　注重多角度分析 ………………………………… 480
　　2.4　注重借鉴外语语法 ……………………………… 481
　　2.5　注重历史继承 …………………………………… 482
　3.0　中国古代语法学与古汉语语法变化 ………………… 483
　4.0　中国古代语法学与古汉语语法研究 ………………… 483
　5.0　中国古代语法学与现代语法学建设 ………………… 484
　6.0　《马氏文通》对中国古代语法学的继承与发展 ……… 487
　　6.1　《文通》对前人成果的继承 ……………………… 488
　　6.2　《文通》对前人成果的发展 ……………………… 493
　7.0　从《汉书窥管》的语法分析看中国古代语法学的成就
　　　 ……………………………………………………… 497
　　7.1　分析词序 ………………………………………… 498
　　7.2　分析句读层次 …………………………………… 500
　　7.3　分析句法结构 …………………………………… 503
　　7.4　分析句法结构完整 ……………………………… 507
　　7.5　分析句法语义关系 ……………………………… 509
　　7.6　分析词的句法功能义——指称、陈述的转化 …… 512
　　7.7　分析语词组合语义选择制约 …………………… 515
　　7.8　解释虚词 ………………………………………… 518

7.9　辨别实词 ·· 521
7.10　说明修辞、语用 ····································· 523
7.11　语法分析方法——句式类比 ····················· 526
8.0　中国古代语法学的严重缺陷 ························· 542
9.0　正确对待中国古代语法学 ···························· 543
10.0　中国语法学的科学历史分期 ······················· 544

附录一　本书作者中国古代语法学研究文章及汉语语法研究论著（部分）目录 ···················· 545

附录二　本书作者忆黎锦熙先生谈"例不十，不立法""依句辨品，离句无品" ························ 553

后　记 ·· 555

汉语语法学历史画卷的成功展示(代序)

许威汉　王大年

孙良明教授倾心语言学研究,于文字、训诂、词汇、修辞屡出新知,专攻语法,升堂入室,卓有建树。近继其力作《古代汉语语法变化研究》(语文出版社,1994年版)之后,又一大著《中国古代语法学探究》嘉惠学林,尤令人瞩目。全书旁征博引,钩玄提要,益以灼见,为振兴传统学术,弘扬社会主义文化作出重要贡献。全书胜义纷呈,略叙数端,亦可见宏构之巨丽。

一、研究中国语言学独树一帜

通常以为中国古代有文字学、音韵学、训诂学,而无语法学,实则不然。

我们知道,"在汉民族文化传统的许多领域中,人们广泛运用一种朴素的辩证观点。客观事物被认为是包括着两种对立因素的统一体。这两种因素被概括为'虚'和'实'两个范畴。"在对语言现象的认识方面,"虚"、"实"观念的确立,"肇自《尔雅》",沿于后世。虚字之释,散见于群书,专集于历代。由散释而专集,成语法学科之一翼。这是两千年来历史的写实。但学科的发展,是人们对客观规律认识不断深化的过程。孙良明教授综观古籍浩繁之语料及古人作语法之阐释,日益发现古人对于句法分析之认识,远不止虚词而已,且认为虚词于句法起"血脉关键"之作用,二者相辅相成。后人无视这一史实,称古人有虚词而无句法分析,于理不合。孙先生视古代语法分析,既与训诂学相结合,又与修辞学相联系。语法未曾独立分科研究,却未可由此论定汉人古无语法学。不纠此偏,不特有碍古汉语句法之洞察研究,虚词全面深入研究亦受影响。众所周知,汉儒解经,"辞"、"语词"特指虚词(界划不明,常兼指部分实词),魏晋南北朝袭用这一讲述。唐代修《五经正义》有义类、语助类之称,宋代出虚字、实字名目("辞"、"语词"仍在沿用),元明清虚词专书相继问世,今人则虚词之作迭出。其间杨树达《词诠》收字最多,裴学海《古书虚字集释》逐字用例,细大不捐,悉数铺陈,胡吉宣《玉篇校释》相关部分亦如是。凡此,失于疏漏者有之,言多而不要其中者有之。"于"字用例列 42 种之多,"之"字析解陈 78 种之巨,茫茫字海,"血脉关键作用"之迹势已难寻,虚字句法相得益彰尤似有若无。古无句法分析之见,国人若此,国外汉学家同有此识。近年国外学者《清代〈马氏文通〉以前的语法知识》一文(载《古汉语语法论文集》,巴黎,2001)仅列袁仁林《虚字说》、王引之《经传释词》、刘淇《助字辨略》、俞樾《古书疑义举例》(按,俞书仅涉部分虚词,非专析虚词之作),亦为代表性看法。基于以上种种,孙良明教授《中国古代语法学探究》一书(以下简称《探究》)针对众议,益以己见,深发古人句法分析之实,诚难能而可贵。《探究》指出:《公羊传》、《穀梁传》关于词语按时间顺序组织的解说;汉人对"V 于 N"非被动式,"为 N 所 V"为被动式的认识;汉人对谓词性成分转化为转指不用形式标记的认识;汉人对句子无主语的分析;汉人对前置宾语句式的分析;汉人对语法词省略的分析;汉人对致动、意动语法关系的分析;孔颖达的语境观语法分析;颜师古对歧义现象的分析;王若虚关于语句合法、合义、合用的语法规范分析;王念孙父子、俞樾的句法结构层次分析;王念孙父子、俞樾的句式类比分析法等等,皆古代句法分析之确证。由此看来,汉人古有句法分析,语法学无疑应列入中国古代语言学之林。一言以蔽之,孙氏《探究》为研究中国语言学独树一帜。孙先生进而就今人8部有关著作统计,总页数2350页,讲古人语法分析的仅75页,不着眼于古人句法研究亦可见一斑。《探究》之作大大丰富了语法学研究之宝库,当更不待言。笔者回顾主编(与张斌合作)《中国古代语言学资料汇纂》"文字"、"音韵"、"训诂"三分册(140万字,福建人民出版社,1993年)之后,欲有"语法"、"修辞"、"方言"、"理论"四分册之纂,因故未果,郑远汉教授深以为憾。今古代语法《探究》出,诚慧眼独到,不仅为学界所重,且更将促进新世纪之语法研究。

二、紧扣汉语孤立语特点全面阐发

汉语的语言类型属孤立语,即"词根语","无形态语"。"它的特点是词内没有专门表示语法意义的附加成分;缺少形态变化,词同词的语法关系依靠词序和虚词来表示。"因此,词序和虚词便成为汉语的重要语法手段。《探究》的作者以极其敏锐的眼光,从浩瀚的古文献中,搜寻零金碎玉、吉光片语,经其冥心爬梳,条理成章,按照中国古代语法学的萌芽、产生、发展、大成四个不同时期,对词序与虚词的语法作用认识进行了精辟阐述。

首先,作者从解说春秋书法中说明先秦时期的学者,就已经意识到了汉语词序的重要,并从公羊、穀梁解说中,归纳出了汉语的两个词序规则,即"句中词序依时间先后为序"、"句中并列成分以语意轻重为序"。随着中国古代语法的产生,汉魏注释书中的释文,除准确注释词语意义外,为了让当时人们读懂原著,还进一步阐明了语法结构,词序便成为释文阐释的重要内容。《探究》对此进行了深入地发掘,从释文中选取了丰富的语例,对主谓易位、宾语移前、一般前置宾语、否定句前置代词宾语、前置疑问代词宾语、用"是"、"之"等构成的前置宾语,"中"字结构组合词序、介词结构组合词序等多种语言现象,一一进行了科学地解说,并阐明了发展演变轨迹。进入发展时期,唐代孔颖达等人的释文,既承继了前人的分析,又有所发展。在词序分析中,表现出了唐人对古汉语词序变化规律性的认识,从《孔疏》便可看出。孔氏再不是孤立地一条条作解说,而是明确指出"古人之语多倒"、"古人之语皆然"、"《诗》之此类众矣""《诗》文多此类"。对经书中词序变化不同类型有了更自觉的认识。有清一代集中国古代语法学之大成,名家辈出,论述词序更为全面精当。王(念孙)氏父子及俞樾氏可为代表,他们在《读书杂志》、《经义述闻》、《群经评议》、《诸子评议》诸书中,从正反两方面进一步论证了词序的重要:词序不当便文不成义,或义不可通,或产生歧义,或不符意旨。其分析方法也是多种多样,王氏父子依据文同一例分析法,俞氏依据句式一律分析法,均对汉语词序进行了具体分析。他们还从古汉语特殊句式的词序分析中,认识到"N—于—V"式后世演变成"V—于—N"式的变化规则,指出前者"此倒句也","何世安起"犹言"起于何世","私族于谋"即"私谋于族","室于怒、市于色",文法正同。

其次,就虚词而言,《探究》指出,在萌芽时期,从公羊、穀梁解说"春秋书法"中,便表现出了对个别虚词用法及其在句中分布位置的认识,但对虚词语法作用的认识却是朦胧的。进入汉魏之际,随着语法意识的产生,汉人已注意到义训词与非义训词的区别,具有了词的类别观念。从非义训词中,西汉毛亨(以及孔安国)首先提出"辞"、"叹辞"的名称,东汉郑玄、高诱等人继续使用"辞"、"叹辞",把"辞"也写作"词"、"语词",郑玄并创"语助"名称,也写作"语之助"、"声之助"。东汉人还使用了"发声"、"绝语辞"的名称。某些词摹拟事物鸣叫声,西汉毛亨(以及孔安国)首先提出,东汉郑玄概括为"鸣声"。其他如介词、连词等虚词,虽未提出名称,从大量注释书中事实上已表述出诸类虚词的特征,特别是在句式句型的分析中阐明了某些虚词的具体语法作用:添加语气词表现疑问句的不同类型,加入介词表现 N—V、V—N 句法结构中所隐含的深层不同语义关系。《颜氏家训》更有了具体虚词用法的辨析。《文心雕龙》按虚词在句首、句中、句末分布位置的不同,将虚词分为发端、扎句、送句三种,并说明其作用,这是汉语虚词的最早明确分类。《文心雕龙》实开修辞派虚词研究之先河,唐宋诗文论中继之。由于汉文佛典对梵文语法的大量介绍,随着语法观及语法规范观的明确树立,隋唐宋元明时期,对虚词的认识与研究,又有了明显的长进,在唐人的注释书及其论述中,便能具体解释虚词的用法、含义以及句法功能义,并进一步分析虚词的类别及特点,既看到了一种虚词的多个用法,也留心到了同义虚词的细微差别与复合虚词的作用。同时,词的类聚观念增强,对语助词的作用认识更为全面,区分为"发语辞"、"语终辞"、"发语"、"断句"、"疑辞"、"决辞"等多种。宋人更阐明了语助词的历史发展,提出了虚字(词)的术语,分析了虚字的来源,看到了虚词在诗词中的巧用;陈骙的《文则》便是汉语"词例式"虚词研究之滥觞。步入元代,卢以纬的虚词专著《助语辞》便应运而生,开虚词汇释成专书之先河。有清一代,集中国古代语法研究之大成,虚词专著不下20种之多,最具代表性的则有袁仁林的《虚字说》、刘淇的《助学辨略》、王引之的《经传释词》三种,在中国古代语法学上产生了深远影响。

此外,《探究》根据汉语无狭义形态的特点,还从广义形态上,突出了古汉语句法结构规律的阐述,从先贤们对句法结构关系分析中,摘取具有说服力的语料,从词语组合规则、句法结构组成规则、句法语义关系等多方面多角度地阐明了中国古代语法学客观存在的事实。

三、力求继承与创新辩证统一

中国古代有无语法学,在我国语言学界长期以来一直存在着不同的看法,但先贤时哲对这一问题的回答却是肯定的。黄季刚先生曾说"治史、汉,须自训诂、文法始"。杨树达先生也指出"治国学者必明训诂、通文法"。两位大师把训诂、文法相提并论,既说明读古书时通晓训诂、文法的重要,也说明了训诂、文法在古代的存在。杨树达先生早在20世纪40年代就撰写出了《中国文法学小史》。明确提出"惟以吾先民有精核之文法",其筚路蓝缕之功实不可没,然囿于抗日战争时期的环境与条件,仅重点论及先秦及宋、清两代的文法学,篇幅比较短小。20世纪60年代郑奠、麦梅翘又编辑出版了《古汉语语法学资料汇编》,给研究工作者提供了丰富的第一手材料,是非常可贵的。但究竟是"散钱",缺少了一个"钱串子"。孙良明教授张皇前贤研究成果,精思独悟,撰成《探究》一书,后出转精,美不胜收,其创新特色,跃然纸上。《探究》作者博览群籍,所搜语料宏富,且能从中分析、归纳出规律性的理论,创造性地将中国古代语法学区分为萌芽、产生、发展、大成四个时期,在每一时期的"结语"中均作出了理论性的概括,并以语法规范内容为红线贯穿始终,使之形成一个整体,让读者对中国古代语法学的发生、发展脉络一目了然,是一部既有事例,又有理论的"摆事实,讲道理"的优秀著作。《探究》作者独具慧眼,特地阐述了汉文佛典介绍的梵文语法及其对中国古代语法学发展的重要影响,指出自后汉佛教传入中国,东晋、南梁佛典初始介绍梵文语法、"语法"术语出现;迄至唐宋,中土学者孔颖达、颜师古、王若虚等人借鉴梵文语法,引用"语法"术语,从而树立起较为明确的语法观,对词类、句法较之前人有了更为清楚的认识。特别是王若虚树立语法规范观念,能从句法、语义、语用多角度分析语法错误。中国人研究与借鉴梵文语法比西方人要早上千年,可见梵文语法对中国古代语法学发展的影响决不容忽视。《探究》作者更针对一般人历来认为古代仅有一些虚词解释、几部虚词专著而无句法分析的误解,从浩如烟海的古籍中潜心搜寻,荟萃先贤阐述,积累了丰富的句法分析语料,对不同时期的句法分析,条分缕析,均作出了详尽描写,精义缤纷。且独具匠心,创立"蒙学语法训练及语法训练教材《对类》的出现"专节,指出蔡元培在《我在教育界的经验》(见《蔡元培选集》,香港文学研究社)中就曾谈到"对课与现在的造句法相近"。介绍张志公在《传统语文教育初探》(上海教育出版社,1962年)中所说:"属对练习是一种不讲语法理论而实际上相当严密的语法训练;经过多次的练习之后,学生可以纯熟地掌握了词类和造句的规律,并且用之于习作。"孙良明教授则进一步阐明"属对的操作实际上就是语词的类聚划分、组合关系分析的认识与实践。用现在语法学术语来说,就是从组合中定聚合,从聚合中定类别;从聚合中定组合,从组合中定关系。""通过属对练习,学生可以认识、分析词的类聚并掌握汉语的各种句法结构。"指出"明清时代有属对教学,既是前人属对研究成果的继承,也是前人语法研究成果的吸收。"足见句法分析客观地存在于中国古代语法学的历史长河之中。中国古代语法学的语料皆出自古代文献,深奥难明,而孙先生却能运用现代语法理论和语法术语,剖肌析理,道其所以,使读者易于接受,实有化腐朽为神奇之功德。孙良明教授辛勤耕耘十余载,撰写成《探究》一书,既能兼采先哲时贤之成说,又能得自心生,论由己出,达到了继承与创新的辩证统一。

四、驾驭科学方法论,揭示规律性联系

吕叔湘先生曾经指出:"语法事实的研究和语法理论的研究是相互依赖,互相促进的。没有语法事实产生不出语法理论,这是显而易见的。但是,如果只有一堆杂乱无章的语法事实,不对这些事实进行分析、综合,不去发现规律,也是不能发挥什么作用的。"又说:"理论从哪里来?从事例中来。事例从哪里来?从观察中来,从实验中来。"《探究》作者正是遵循这一唯物辩证法的科学理论和方法去实践的。该书指出:"让语法学成为中国古代语言学的一个独立分支,不是笔者主观愿望所要求的,而是中国古代有丰富的语法学的内容所决定的。"又在"前言"中说道:"我说古代'有'语法分析,这些材料是十多年时间里昼夜读书得来","本书所述古代的语法分析,大致可以说皆为我从所读的古籍,包括汉文佛典中,发现、挖掘、整理而成的。"在撰写成书时又严守着"例不十,不立法"的师训和"法必成序而例不求多"的编辑体例。从上述事实,便可看到作者实事求是的科学态度和严谨治学的精神。作者正是凭借这种精神及其深厚的学识,高屋建瓴,穷根究底,以客观语言事实为依

据,发掘出了我国古代语法学的精核。并从古汉语的特点出发,紧扣词序、虚词及句法结构分析,按其发展脉络,综合、归纳成萌芽、产生、发展、大成四个阶段,科学地揭示了古代语法学历史发展过程中的内在联系及其规律性,完成了一项重大的理论建树。功沿后世,独为卓绝。运用比较研究的方法也是该书的一个特色,作者指出:"吕叔湘《中国文法要略·初版例言》中说:'要明白一种语言的文法,只有用比较的方法。'"《探究》首先注意挖掘了先哲们在语法分析过程中对比研究的运用:"吕叔湘写了《通过对比研究语法》的专文,《公羊传》、《穀梁传》、王若虚及清人就是用对比(比较)的方法分析句式的。朱德熙《语法答问》提出平行结构分析方法,列出多条例证说明'这种结构上的平行性表明它们是同类型结构'。王念孙的'句式类比'、俞樾的'文法一律',依据的就是平行结构句;王引之划分词的类聚更明说'数句平列,义多相类'。"作者自己也充分运用了比较研究法,他通过先秦著作的原文与汉代注释书中的释文对比,发现否定句中前置代词宾语与"是""之""来""斯"前置宾语,在汉代注释书中已全部后置,说明此两式在东汉时代已经消失。而前置疑问代词宾语在汉代释文中后置者极少,可见当时是刚开始消失。被动式句的"V—于—N_{at}"式主要用于先秦,汉代则注释为"N_{at}—V—N_0"、"为—N_{at}—所—V"、"见 V—于—N_{at}"等三式,说明"V—于—N_{at}"已为当时人们所不熟悉。又发现《诗经》毛亨传中的"中"字结构,原文"中"字在前,释文移位于后。在西晋杜预《春秋左传集传》中发现介名组合词序,有原文名在介前,释文名在介后的情况。从以上种种比较中,使我们看到了某些语法结构的历史演变过程。从整体上说,作者还很好地把握了宏观研究与微观研究的结合,以微观研究为基础建立起宏观理论研究,全书所用语例 2000 余条,并进行了多角度多方位的分析和阐述。完全用摆事实、讲道理的方法,持之有故,言之成理,令人悦服。《中国古代语法学探究》是中国语法学史上的一颗明珠,在语法学研究的长河中,它将永远放射出灿烂的光辉。

诚然,任何学科都有补足发展余地,语言学当无例外。依此,《探究》史书注固然已有颜师古《汉书注》语料,然若同时析以《史记》三家注、《汉书》李贤注、《资治通鉴》胡三省注之相关语料,以及对他处若干提示再加检查,自亦为补足之一助。况且孙氏治学严谨,本人尚不满于《探究》之现状,亟欲修订,以利更好展示新知,并启导后学,相期后浪推前浪,来日之《探究》可望更现辉煌,语法学科必将顺应时代召唤而更有新发展。

前　　言

一、本书是在十多年(1988—2001)来发表的关于中国古代语法学研究的文章基础上写成的(文章目录附"后记"前)。

二、中国古代语法学在中国古代(传统)语言学研究中还是一个薄弱部门。这方面的论著我读到的仅有郑奠、麦梅翘编《古汉语语法学资料汇编》(中华书局,1964)和杨树达《中国文法学小史》(见《古汉语论集》,湖南师范学院古汉语研究室编,湖南教育出版社,1985);因此可参考、借鉴的资料不多。本书所述古代的语法分析,大致可以说皆为我从所读到的古籍,包括汉文佛典中,发现、挖掘、整理而成的。

三、王力《中国古文法》后附"赵元任先生批语"说:"未熟通某文,断不可定其无某文法。言有易,言无难!"(《王力文集》第三卷,山东教育出版社,1985)研究中国古代语法学,看来,说"有"不易,说"无"也更难。我说古代"有"语法分析,这些材料是十多年时间里昼夜读书得来。但是,古籍(包括汉文佛典)浩如沧海,我读到的不过是沧海中的几"粟"。我只能说我读到的书中"有"这些材料,可我不能说我没有读到的书中"无"更宝贵、更有价值的古人语法分析材料。

四、吕叔湘先生曾拿钱串子、散钱比喻理论与事实,说:"散钱和钱串子哪个重要呢?当然成串的钱最有用,可是如果二者不可得兼,那末,散钱虽然不便携带,捡起一个钱还有一个钱的用处,光有绳子没有钱可是毫无用处。"(见《把我国语言科学推向前进》,《吕叔湘语文论集》,商务印书馆,1983)本书重在列举古人语法分析的事实,也就是摆"散钱";至于几个分期以及论述的某些观点,不过是"钱串子"。笔者不考虑"钱串子"是否有价值,只是想将这些"散钱"送给语言学界以及广大读者。

五、劭西(黎锦熙先生字)师1924年出版《新著国语文法》的"自序"(后来版本称"原序")说:"当我作归纳的研究工夫时,常守着一个规则:'"例"不十,不立"法"';及至编辑作教本时,又觉得专门学者底功力和发明,似乎不应该在初学者底面前尽量表襮。因为这只是对于专科底贡献,而无当于一般学者底理解文法和矫正语言,于是又默守着一个编辑的体例:'"法"必成序而"例"不求多'。"笔者本书,也本师训。探索问题、立论遵守"例不十,不立法"原则;行文考虑到篇幅,又据"法必成序而例不求多"的做法。

六、王力先生在《汉语讲话》(文化教育出版社,1956)"序"中谈到写概论体著作"实在费劲",说"画鬼魅易,画犬马难"(笔者按:原故事见《韩非子·外储说左上》)。笔者写本书,感到难度很大,真是"实在费劲";因为我是想"画犬马",想能描绘出中国古代语法学的面貌。但"画"得像不像,有待学者及广大读者指导、指正。

七、本书写作过程中,得到许威汉(上海师范大学教授)、廖序东(徐州师范大学教授)、王克仲(中国社会科学院语言研究所研究员)、董琨(中国社会科学院语言研究所研究员)、陈霞村(山西大学教授)、王大年(湖南师范大学教授)、杨端志(山东大学教授)、张茂华(山东师范大学研究员)、方晓明(山东师范大学学报副编审)先生的关注与支持,或给予精神鼓励,或提示资料线索,或审读部分样稿,或提供研究和文章发表条件;就梵文语法问题,还曾当面、书面求教于北京大学教授季羡林老先生及其高足高鸿博士和中国人民大学教授刘广和先生,又得到中国社会科学院民族研究所研究员聂鸿音先生书面指正;商务印书馆支持出版,编审张万起先生给予大力扶植,责任编辑张华杰先生文字加工,金欣欣先生也为本书做了很多工作;季老先生惠题书名,大为增光。在此,一并表示深切和诚挚的感谢。

孙良明
二〇〇一年八月校正
于山东师范大学宿舍楼苑升室

增订说明

本"增订本"在2002年初版基础上增订：

一、订正文字校对失误，调整章节安排欠妥，修改行文分析不切。

二、采用本人语法研究文章观点，如：舍弃"复句结构"说，采取"关系结构"说；名词做述语的述宾结构（V_{N1}—N_2），说明V_{N1}的句法功能义V_0跟N_1、N_2均发生语义关系。

三、"中国古代语法学的发展"部分增补《史记》"三家注"、李贤《后汉书注》、胡三省《资治通鉴音注》语法分析内容。

四、"总结语"部分增补"从《汉书窥管》的语法分析看中国古代语法学的成就"一项。

五、关于附录：（一）补加了本人近年中国古代语法学研究文章目录，另增加了本人汉语语法研究（部分）论著目录，以助了解本书的分析观点。又增加（二），忆劭西师谈"例不十，不立法""依句辨品，离句无品"的来历，以表对恩师的永恒感谢与怀念。

六、2002年版出书后，许威汉、王大年两位教授的《汉语语法学历史画卷的成功展示》(《古汉语研究》2004年第1期)和彭占清教授的《汉语语法学史的开拓性著作》(《烟台师范学院学报》2003年第1期)鼓励；感谢之外，过誉之词，愧不敢当。征得许、王两教授同意，作为增订本代序。

七、商务印书馆支持出版"增订本";责任编辑金欣欣先生对内容增补的策划、章节调整的安排、行文措辞的润色,做了大量工作。一并表示深切感谢。

孙良明

二〇〇五年六月(七十八周岁)

于山东师范大学宿舍楼苋升室

壹 中国古代语法学的萌芽（先秦至汉初）

1.0 《墨经》《荀子·正名》《大戴礼记·夏小正》表现出的语法分析

1.1 《墨经》表现出的语法分析

《墨经》是《墨子》一书中《经上》《经下》《经说上》《经说下》四篇的概括称谓。墨子（？前468—前376），名翟，是春秋战国之际的思想家、政治家，墨家的创始人。据研究，《经》是墨子自作，《说》是其弟子对《经》的解释。《墨经》中有墨家对语言现象的看法，其中也表现出对语法的分析。

【经】名：达、类、私。

【说】名："物"，达也；有实必待文名也命之[1]。"马"，类也；若实也者必以是名也命之。"臧"，私也；是名也止于是实也。声出口，俱有名；若姓字俪。

【语译】

---

[1] 《墨经》文字、断句、解释，现在研究者各有不同；本书所引，文字、断句、解释是参照谭介甫《墨经分类译注》（中华书局，1981）和许嘉璐、梅季主编《文白对照诸子集成》（广西人民、陕西人民、广东教育出版社联合出版，1995）而定。

【经】名称分达名、类名、私名三种。

【说】论名称:"物"是达名,有此物之实,必待用相应文词的名称命名。"马"是类名,有此类事物之实,就必用此类事物的名称命名。"臧"是私名,这个名称限于用在这个具体实物上。声音出自人口,皆表示实物的名称;(名、实关系)就像姓氏、名字相互伴随一样。

【语析】墨家讲的是名、实关系,也即名称与概念的关系。所谓达名"物"、类名"马"、私名"臧"表示概念的三级。"物"表示普遍(最高级)概念,"马"表示类(次级)概念,"臧"表示单独概念。臧在古代是奴仆的通称,即公名,墨家是作为专称即私名看待的。墨家所讲表示不同概念的"物""马""臧",语法学上属于名词。墨家将"物""马""臧"分为三类;语法学上"物"属抽象名词,"马"属个体名词,"臧"属专有名词。墨家的分类不是语法分类,但是表现出了名词的类别。

【经】谓:命、举、加。

【说】谓:"狗犬",命也;"狗吠",举也;"叱狗",加也。

【语译】

【经】称谓分命谓、举谓、加谓三种。

【说】论称谓:说"狗是犬",这是命狗是什么的命谓;说"狗吠叫",这是举狗的实际行为的举谓;说"叱呵狗",是人意加于狗的加谓。

【语析】墨家讲"谓"是指对名称的称谓或指说:一是说明名称是什么,一是说明名称自身的行为,一是说明人的意志对名称的干预。墨家此说也就表现出了三种句法结构:一是"名—【 】—名"主谓判断关系(判断句),一是"名—动"主谓表述关系(叙述句),一是"动—名"述宾关系(非主谓句)。这三种句式是汉语的基本句式,《墨经》表现了出来。

【经】且:且言然也。

【说】且:自前曰"且",自后曰"已",方然亦"且"。

【语译】

【经】"且"字的意思是姑且言之如此。

【说】"且"字的意思是:从前说将要发生某事称"且",从后说曾经发生某事称"已",从现在说方要发生某事也称"且"。

【经】已:成、亡。

【说】已:为衣,成也;治病,亡也。

【语译】

【经】"已"字的用法分"成""亡"两种情况。

【说】"已"字的用法:一种如做衣服,衣服已经做成,衣服还在;一种如治疾病,疾病已经治好,疾病消亡。

【语析】墨家对"且""已"两字的解说,表现出了"且""已"两个词的用法特点,都是时间副词,一表示将来,一表示过去。

【经】所存与存者,於(同"恶"wū)存与孰存;驷(同"四")异说。

【说】所:室堂,所存也;其子,存者也。据存者而问室堂:"恶可存也?"主室堂而问存者:"孰存也?"是一主存者以问所存,一主所存以问存者。

【语译】

【经】居住之处与居住之人,于何处居住与何人居住,这是四个不同的说法。

【说】住所:屋室厅堂,是居住的地方;某个人,是居住之人。据居住之人问屋室厅堂,(应该这样发问:)"于何处可以居住呢?"据屋室厅堂问居住之人,(应该这样发问:)"何人住在这里呢?"这是一个是据居住之人问居住之处,一个是据居住之处问居住之人。

【语析】墨家是在说明发问要善于观察,看清对象;这也是疑问句的语用分析,同时也说明"所存""存者"结构不同,"所""者"用法不同,词序变化可产生不同的句子。

1.2 《荀子·正名》表现出的语法分析

《正名》是《荀子》中的一篇。荀子(? 前313—前238),战国时期思想家,名况,时人尊称为"卿";其正名论是孔子正名说的发展,论述名、实关系,为其政治主张服务。荀子讲"正名",也表现出了对语法的分析。

> (王者之制名)同则同之,异则异之。单足以喻则单,单不足以喻则兼。单与兼无所相避则共;虽共,不为害矣。知异实者之异名也,故使异实者莫不异名也,不可乱也;犹使同实者莫不同名也。故万物虽众,有时而欲遍举之,故谓之"物"。"物"也者,大共名也。推而共之,共则有共;至于无共然后止。有时而欲偏举之,故谓之"鸟""兽"。"鸟""兽"也者,大别名也。推而别之,别则有别;至于无别然后止。

【语译】(君王制定事物的名称)相同的事物取相同的名称,不同的事物取不同的名称。取单名足以让人明白就取单名,取单名不足以让人明白就取复名。单名、复名不相互抵触就用共名;即使用共名,也不妨害对事物的表述。知道不同的事物应该有不同名称的道理,所以让不同的事物莫不具有不同的名称,这样才不至于发生交际上的混乱;这就如同让相同的事物莫不具有相同的名称一样。所以世上万物虽然很多,有时需要全部统括起来,给它们定个概括的名称叫做"物"。"物"这个名称,是最大共名。由共名往上推演,共名之上再推共名,一直到不能再有共名到顶而后止。有时将部分事物概括起来,分别给以名称,如叫做"鸟""兽"。"鸟""兽"是(共名下)最大的别名。将别名往下推演,别名之下再分别名,一直分到不能再分的个体为止。

【语析】荀子讲的单名,表现在语法上指单音词也即单纯词;讲的复名表现在语法上指复音词也即复合词。它说明复合词的产生,是由于客观事物的繁复而单纯词不能适应交际的需要。这里阐述了单音词向复音词发展的汉语语词发展规律,以及构词法(新词产生)的社会基础。荀子讲的大共名"物"、大别名"鸟""兽"和别而无别的别名,是墨家讲的达名、类名、私名的继承。

  实不喻然后命,命不喻然后期,期不喻然后说,说不喻然后辨。故期命、辨说也者,用之大文也,而王业之始也。名闻而实喻,名之用也;累而成文,名之丽也。用、丽俱得,谓之知名。名也者,所以期累实也;辞①也者,兼异实之名以论一意也。

【语译】人们对实物不能说明白就给它取名称,取了名称还不明白就确定名称的含义,确定了名称的含义还不明白就加以解说,加以解说仍不明白就再加以辨明。所以确定名称含义、辨明解说之旨,是名称使用的最高形式,也是王天下事业的开始。听到名称就能明白对应的实物,是名称的作用;累积名称而成文句,是名称相互搭配的结果。名称的作用和相互搭配都掌握了,就可被认为

---

① 辞,语句;黄侃《文心雕龙札记·章句四》:"盖今所谓'句',古昔谓之'辞'。"

懂得名称。名称,是人们用来约定各种实物概念的;语句,是人们连缀不同的实物的名称表达一个完整意思的。

【语析】荀子讲的名称,在语法上主要是名词,也包括动词、形容词等实词。这里讲的"累而成文"之"文"、"辞也者"之"辞",相当语法上的句和词组。所谓"累而成文,名之俪也",表现在语法上是说,句子是词与词的组成或词与词可组合成句。所谓"辞也者,兼异实之名以论一意也",表现在语法上是说,句子是若干词组织起来表现一个完整意思的语言单位。这可以说是句子的最早定义。

1.3 《大戴礼记·夏小正》表现出的语法分析

《大戴礼记》(又名《大戴礼》《大戴记》)是记载秦汉以前各种礼仪制度的选集,旧说为西汉礼学大师戴德编纂。据研究,其内容虽长期流传,也曾有过多种辑本,但现本《大戴礼》实成书于东汉之初,伪托戴德之名。其中《夏小正》一篇,是依夏历月令为序记载一些动植物的习性和活动的,据其中某些内容考证,当作于战国初期,较《公羊传》《穀梁传》为早。其体例分"经"(用引号" "表示)"传"两部分;"传"解说"经",这样也就表现了"经"文的语法结构。

正月:"雁北乡(同'向')。"先言"雁"而后言"乡"者何也?见雁而数其乡也。乡者何也?乡其居也,雁以北方为居。何以谓之居?生且长焉尔。九月"遰(同'逝')鸿雁"。先言"遰"而后言"鸿雁",何也?见遰而后数之,则鸿雁也。何不谓"南乡"也?曰:非其居也,故不谓"南乡"。

按:解说说明"雁北乡""遰鸿雁"词序不同。(分析方法见下2.2.2)前者名词(主语)在先,动词(谓语)在后;后者动词(述语)在先,名词(宾语)在后:表现出了二者句法结构不同。

正月:"雉震呴①。"呴也者,鸣也;震也者,鼓其翼也。正月必雷,雷不必闻,惟雉为必闻之。何以谓之?雷则雉震呴,相识以雷。

九月:"陟玄鸟蛰。"陟,升也;玄鸟者,燕也。先言"陟"而后言"蛰"何也?陟而后蛰也②。

按:解说说明:"雉震呴"是雉既震又呴,"震""呴"为并列关系。"陟玄鸟蛰"是陟去的玄鸟蛰伏,"陟"为定语修饰玄鸟,"蛰"为谓语表述玄鸟。

正月:"缇缟。"缟也者,莎随也;缇③也者,其实("色"字之误)也。先言"缇"而后言"缟"者何也?缇先见者也。

十二月:"鸣弋。"弋也者,禽也。先言"鸣"而后言"弋"者何也?鸣而后知其弋也。

三月:"拂桐芭。"拂也者,拂,桐芭之时也。或曰:言桐芭始生,貌拂拂然也。

按:解说说明"缇缟""鸣弋""拂桐芭"均是偏正结构,又表现出"缇"为名词、"鸣"为动词、"拂"为形容词。

2.0 《公羊传》《穀梁传》解说"春秋书法"表现出的语法分析

《公羊传》《穀梁传》是公羊家、穀梁家分别口授于先秦、而成书

---

① 呴,同"雊(gòu)";《说文》:"雊,雄雉鸣也;雷始动,雉乃鸣而句其颈。"
② 孔广森《大戴礼记补注》:"金履详曰:古人重玄鸟,当其至而祠之。故其来也书'降',其去也书'陟',皆贵之也。蛰者,玄鸟去则多蛰于岛岸间土穴中。"(《清经解》第四册,上海书店,1988)。
③ 缇(tí),橘红色;《说文》:"缇,帛丹黄色也。"

于西汉前期的两部书。前者可确定成书于汉景帝时期,后者成书则在其后。《公羊传》《穀梁传》与《左传》皆是解说鲁国史书《春秋》(又名《春秋经》)的,不同在于左氏为"解事之传",公羊、穀梁为"解义之传"①。所谓"解事之传",是解说《春秋》一条"经"文所指的事件。所谓"解义之传",基本上不解说事件,而是解说"经"文的"书法"中所蕴含的"义理",即所谓"微言大义"(又简称"经义")。所谓"春秋书法",原本是指《春秋》一书的遣字(词)造句之法,而公羊家、穀梁家认为这种书法中蕴含着这样、那样的"义理"。《公羊传》《穀梁传》就是通过解说"春秋书法"即《春秋》遣字(词)造句之法来阐述其中各自所认为蕴含的"义理"的。② 这样,在两家对《春秋》遣字(词)造句之法的解说中,客观上或者说实际上也就表现出了对《春秋》"经"文的语法结构分析。举例来说:

(1)"秋,宋公、楚子、陈侯、蔡侯、郑伯、许男、曹伯会于霍。执宋公以伐宋。"③孰执之? 楚子执之。曷为不言"楚子"执之? 不与夷狄之执中国也。《公羊传·僖公二十一年》

(2)"秋,八月丁未,及邾人战于升陉。"内讳败,举其可道者也。不言其人,以吾败也。不言"及"之者,为内讳也。《穀梁传·僖公二十二年》

(3)"秋,七月,天王使宰咺来归(同"馈")惠公、仲子之赗。"……其言"惠公、仲子"何? 兼之。兼之,非礼也。【礼不

———

① 见蒋伯潜《十三经概论》,上海古籍出版社,1983。
② 由于《公羊传》《穀梁传》的关系,"春秋书法"后来泛指不表现在表面、意思隐含在文字下面的一种笔法。
③ "……"《春秋》文。公羊、穀梁、左氏之"经"文字有所不同,本"经""霍"字,是公羊"经"文,穀梁"经"作"雩",左氏"经"作"盂";又下(2)"邾",左氏"经"同,公羊"经"作"邾娄"。本书引何《传》例,据何《传》"经"文;一条引两《传》例,一般用公羊"经"文。

赗妾,既善而赗之,当各使一使,所以异尊卑也。言"之赗"者,起两赗也。】①《公羊传·隐公元年》

(4)"晋侯执卫侯归之于京师。"《春秋·僖公二十八年》

"归之于"者何?"归于"者何?"归之于"者,罪已定矣;"归于"者罪未定也。【此难成公十五年"晋侯执曹伯归于京师"。】……"归之于"者,执之于天子之侧者也,罪定不定,已可知矣。"归于"者,非执之于天子之侧者也,罪定不定,未可知也。《公羊传》

"归之于京师",缓辞也,断在京师也。【辞间容"之",故言缓。】②《穀梁传》

(1) 公羊说明"执宋公"的是楚子(楚成王),而"经"不书"楚子",是由于"不与夷狄之执中国";这表现公羊家的"攘夷"思想。(2)《穀梁传》说明不书谁"及邾人战",是"以吾败"而"为内讳"(内,指鲁国)。据《左传》记载,这次战争,僖公亲自帅师惨败,逃跑时丢掉头盔;邾人捡到悬挂于邾之城门;因为内讳,故不书"公"。公羊、穀梁的解说表现出了主语的省略(空位)并明确了主谓关系。(3)公羊认为一使兼送惠公(隐公、桓公父)、仲子(桓公母)二人赗(供丧葬用的车马帛等物)为"非礼",这也就表现出"惠公、仲子"为并列结构,共作"赗"的定语。(4)公羊、穀梁对"晋侯执卫侯归之于京师"的解说是跟成公十五年"晋侯执曹伯归于京师"相较而言的;前有"之",后者无。公羊说有"之"表示"罪已定",无"之"表示"罪未定"。穀梁说有"之"是"缓辞"(表示宽缓的文词),"断在京师"(由京师决断卫侯的过

---

① 何休《春秋公羊经传解诂》文。
② 范宁《春秋穀梁经传集解》文。

失);穀梁于成公十五年说"不言'之'"是"急辞"(表示急促的文词),"断在晋侯"(由晋侯决断曹伯的过失)。两家对有"之"无"之"的解说不同,但相同的是,均看出并说明"经"文的句式变化。

公羊、穀梁解说"春秋书法"之"经义"能否成立,如(1)说不书"楚子"是表示"不与夷狄之执中国",(2)说不书"公"是"为内讳",(3)说一使兼送二人赗为"非礼",以及(4)对有"之"无"之"的解说;这些是经学研究的内容,本书对此不作分析、评论。本书要讲述的,是公羊、穀梁两《传》解说"春秋书法"即《春秋》遣字(词)造句之法表现出的语法分析。

2.1 解说"春秋书法"提出语法规范问题

前面说所谓"春秋书法",原本就是指《春秋》一书的遣字(词)造句之法;而《春秋》是一部用古汉语写成的著作,其遣字(词)造句之法不管怎么特别,不管认为其中蕴含什么"义理",公羊、穀梁清楚地说明,它不能违反汉语语法规则,即要符合汉语语法规范。

(1)"公会晋侯、宋公、陈侯、卫侯、郑伯、曹伯、莒子、邾娄子、滕子、薛伯、齐世子光、吴人、鄫人于戚。"吴何以称"人"?【据上善稻之会不称"人"。】"吴、鄫人"云,则不辞。《公羊传·襄公五年》

(2)"虞师、晋师灭夏阳。"……虞无"师",【杨士勋疏:小国不合言"师"。】其曰"师"何也,以其先晋,不可以不言"师"也。《穀梁传·僖公二年》

(3)"春,王三月甲寅,齐人伐卫。卫人及齐人战,卫人败绩。"……战则是师,其曰"人"何也?微之也。何为微之也?今授之诸侯而后有侵伐之事,故微之也。其人卫何也?以其人齐,不可不人卫也。【齐桓始受方伯之任,未能信著邻国,致有侵伐之事,贬师称"人"以微之也。人不可以敌于师,师不可以与人战,故亦以卫师为"人",卫非有罪。】《穀梁传·庄公二十八年》

(4)"郑伯以璧假许田。"假(借)不言"以",言"以"非假也。【实假则不应言"以璧"。】非假而曰"假"讳易地也。礼,天子在上,诸侯不得以地相与也。【诸侯受地于天子,不得自专。】《穀梁传·桓公元年》

(1)"经"书"吴人";据公羊观点,吴为夷狄之国,不能称人,本年上"经""仲孙蔑、卫孙林父会吴于善稻"就未书"吴人"。但本"经"如果不书"吴人"而书为"吴、鄫人"则是"不辞"。所谓"不辞"就是"不成话",也即文辞不通、不能成句,用现在话说就是不合语法规范;因为"吴""鄫人"结构形式、语意内容不相等,不能组成并列结构。(2)"经"书"虞师",据穀梁观点,对虞这样的小国不该称"师";但因后有"晋师",也不得不称"师"。这也是从符合并列结构的构成规则来解说。(3)"经"书"齐人",也就不得不书"卫人";不然,"及"字前后成分不对等,结构就不能成立。(4)"经"的事实背景是:隐公八年,郑庄公提出用郑祭祀泰山之邑邴(又作"祊",在今山东省费县)换鲁朝周食宿之邑许田(在今河南省许昌市东),当时鲁未完全同意;到今年(桓公元年)郑又提出以璧来换。"经"书作"郑伯以璧假许田",穀梁的解说是:既然说是"假(借)",就不能说"以璧";既然说"以璧",就不能是"假"。不是"假"(实为交换)而书"假"是避讳说"易地"。穀梁的解说从语法角度分析就是:"借"字义前不能有"以(用)"字介词结构;有"以(用)"字介词结构后面不能用"借"字。穀梁的三条解说没有明确提"不辞"问题,而事实上是从是否合乎语法规范角度分析的。

公羊说的"不辞",可以说是不合语法规范的最早提法;也为后世学者继承使用来指不合语法规范现象(见下贰1.4.1、叁2.1)①。穀梁对"郑伯以璧假许田"的解说,可以看作是语义特征与句式结合的最早分析。

2.2 解说"春秋书法"说明汉语词序重要及词序规则

2.2.1 说明汉语词序重要 现代语法学研究,非常重视词序,认为词序是汉语一项重要语法手段。公羊、穀梁对"经"文词序有精细的分析,表现出汉语词序的重要。

(1)"春,王正月。"……曷为先言"王"而后言"正月",王正月也。【以上系于王,知王者受命布政施教所制月也。】《公羊传·隐公元年》

(2)"秋,大水。""无麦苗。"无苗则曷为先言"无麦"而后言无"苗"? 一灾不书,待无麦,然后书无苗。《公羊传·庄公七年》

(3)"秋,齐侯伐卫,遂伐晋。""八月,叔孙豹帅师救晋,次于雍渝。"《春秋·襄公二十三年》

曷为先言"救"而后言"次"? 先通君命也。【恶其不通君命而专止、次,故先通君命言"救"。】《公羊传》

言"救"后"次",非救也。【郑嗣曰:次,止也;凡先书"救"而后言"次",皆非救也。】《穀梁传》

(4)"齐师、宋师、曹师次于聂北,救邢。"《春秋·僖公元年》
救不言"次",此其言"次"何? 不及事也。不及事者何?

---

① 清人沿用又写作"不词",见肆3.5.1。

邢已亡矣。……曷为先言"次"而后言"救"?【据叔孙豹先言"救"。笔者按:指上(3)"经"文。】君也。【叔孙豹,臣也,当先通君命,故先言"救";今此先言"次",知实诸侯。笔者按:实诸侯指实为诸侯亲自帅师。】君则其称"师"何? 不与诸侯专封也。《公羊传》

救不言"次";言"次",非救也。【次,止也;救,赴急之意。今方停止,故知非救也。】非救而曰"救",遂齐侯之意也。《榖梁传》

(3)(4)公羊、榖梁分析了两"经"书"救""次"先后的不同,两家分析"不同"的原因能否成立不作分析;这里只是说明两家观察到两"经"书"救""次"的次序不同。

2.2.2 说明汉语词序规则 公羊、榖梁解说词序,表现出汉语的两个词序规则。

2.2.2.1 句中词序依时间先后为序[①]

(1)"春,王正月戊申朔,霣[②]石于宋,五。是月,六鹢退飞过宋都。"《春秋·僖公十六年》

曷为先言"霣"而后言"石"? "霣石"记闻,闻其磌然,视之则石,察之则五[③]……曷为先言"六"而后言"鹢"? "六鹢退

[①] 据当代中外学者研究,这是汉语词序一条重要规则。如廖庶谦说"中国的语序,一般的是拿时间的先后做次序的",并详细分析了下(1)中的榖梁说,见《中国文法革新论集》(中华书局,1958年第228页);又如美国戴浩一《时间顺序和汉语的语序》(《国外语言学》,1988.1)提出"时间顺序原则":"两个句法单位的相对次序决定于它们所表示的概论领域里的状态的时间顺序。"蒋绍愚《抽象原则和临摹原则在汉语语法史中的体现》(《古汉语研究》,1999.4)指出:"'时间顺序原则'不适用于先秦汉语中的处所的表达。"

[②] 霣,榖梁作"殒",二字音、义同。

[③] 《马氏文通》(卷三):"犹云'视之则为石,数之则有五焉'。"

飞"记见也。视之则六,察之则鹢,徐而察之则退飞。【鹢小而飞高,故视之如此,事势然也。】《公羊传》

"殒"而后"石"何也? 殒而后石也。【既殒乃知是石。】"于宋",四境之内曰"宋"。后数,散辞①也,耳治也……"六鹢退飞过宋都",先数,聚辞②也,目治也。《穀梁传》

(2)"十有二月,吴子谒伐楚,门于巢,卒。"《春秋·襄公二十五年》

"门于巢,卒"者何? 入门乎巢而卒也。入门巢而卒者何? 入巢之门而卒也。《公羊传》

吴子谒伐楚,至巢,入其门,门人射吴子,有矢创,反舍而卒。《穀梁传》

2.2.2.2 句中并列成分以语意轻重为序

(1)"春,王正月戊申,宋督弑其君与夷及其大夫孔父。"孔父先死,其曰"及"何也? 书尊及卑,《春秋》之义也。《穀梁传·桓公二年》

(2)"夏,莒牟夷以牟娄及防、兹来奔。"《春秋·昭公五年》

其言"及防、兹来奔"何? 不以私邑累公邑也。【公邑,君邑也;私邑,臣邑也;累,次也。义不可使臣邑与君邑相次序,故言"及"以绝之。】《公羊传》

"及防、兹",以大及小也。《穀梁传》

(3)"虞师、晋师灭夏阳。"《春秋·僖公二年》

---

①② 散辞、聚辞,指形容殒石落地四散之辞、形容鹢集聚飞在一起之辞,据王宁主编《评析本白话十三经》(北京广播学院出版社,1992)。

虞，微国也，曷为序乎大国之上？使虞首恶也。曷为使虞首恶？虞受赂，假灭国者道，以取亡焉。《公羊传》

虞无"师"，其曰"师"何也？以其先晋不可不言"师"也。其先晋何也？【据小不先大。】为主乎灭夏阳也。《穀梁传》

(4)"春，王正月，公会王人、齐侯、宋公、卫侯、许男、曹伯、陈世子款、郑世子华盟于洮。"《春秋·僖公八年》

"王人"者何？微者也。曷为序乎诸侯之上？先王命也。《公羊传》

以上前两例有"及"字，通过对它的解说说明前后语意轻重不同；①后两例无"及"字，也说明首项较后项有主要、次要之分。

2.3 解说"春秋书法"表现句法结构分析

2.3.1 表现主谓结构

2.3.1.1 指明空位主语

(1)"春，〔　〕西狩获麟。"……孰狩之？【据无主名。】薪采者也。【庶人采薪者。】《公羊传·哀公十四年》

(2)"九月，〔　〕入杞。"我入之也。【不称主名，内之卑者。】《穀梁传·桓公二年》

(3)"夏，〔　〕归粟于蔡。"《春秋·定公五年》

孰归之？诸侯归之。曷为不言"诸侯"归？离至不可得而序，故言我也。《公羊传》

诸侯无粟，诸侯相归粟，正也。孰归之？诸侯也。不言

---

① 吕叔湘、朱德熙《语法修辞讲话》说："'及'字"是从文言里继承过来的，可是它跟'与'的意味不同些；因为它本来是'由此及彼'的意思，所以它的前后两头显然有主要和次要或先和后之分。"（第三讲"虚字"）

归之者,专辞也。【不言归之者主名,若独是鲁也。】《穀梁传》

(4)"齐人侵我西鄙。公追齐师至巂,〖 〗弗及。"……其侵也曰"人",其追也曰"师";以公之弗及,大之也。【大之谓变"人"言"师"。】"弗及",内辞也。【"弗及"者若曰我自不及耳,非齐不可及。】《穀梁传·僖公二十六年》

(5)"春,二月,公会纪侯、郑伯。己巳,〖 〗及齐侯、宋公、卫侯、燕人战,齐师、宋师、卫师、燕师败绩。"《春秋·桓公十三年》

曷为后日?恃外也。其恃外奈何?得纪侯、郑伯然后能为日也。【得纪侯、郑伯之助,然后乃能结战日以胜。】内不言"战",此其言"战"何?从外也。【从外诸侯相与战。】曷为从外?恃外,故从外也。【明当归功于纪、郑,故从纪、郑言"战"。】《公羊传》

其言"及"者,由内及之也。其曰"战"者,由外言之也。【内不言"战",言"战"则败,今鲁与纪、郑同讨,以有纪、郑;故得言"战"。】《穀梁传》

以上诸例,"经"文主语(例4次谓)空位,何休、范宁说是无主名,公羊、穀梁解说指出主名各是什么。如(3)指出是"诸侯"归粟于蔡,因诸侯"离至不可得而序"(离至,陆续、分散到达),故用《春秋》不书主名皆是指鲁之"专辞"书法[①]。(4)指出"弗及"的主名是承前之"公",而非"齐师"。(5)指出从"内不言'战'"(内,指鲁)书法,"及……战"的主名是公、纪侯、郑伯。

---

① 此是公羊、穀梁说;据左氏,是鲁归粟于蔡。

2.3.1.2 分出主语、谓语

(1)"公及齐侯、宋公、陈侯、卫侯、郑伯、许男、曹伯会王世子于首戴。"①《春秋·僖公五年》

曷为殊"会王世子"？世子贵也；世子，犹世世子也。《公羊传》

"及"以"会"，尊之也。【言及诸侯，然后会王世子，不敢令世子与诸侯齐列。】何尊焉？"王世子"云者，唯王之贰也。《穀梁传》

(2)"戊寅，叔孙豹及诸侯之大夫及陈袁侨盟。"《春秋·襄公三年》

曷为殊"及陈袁侨盟"？为其与袁侨盟也。【起主为与袁侨盟也。】《公羊传》

"及"以"及"，与之也。【再言"及"，明独与袁侨盟，不与诸侯之大夫。】……曰"袁侨"，异之也。《穀梁传》

(3)"冬，齐高固及子叔姬来。"何言乎高固之"来"？言叔姬之"来"而不言高固之"来"则不可。【礼，大夫妻岁一归宗，叔姬属嫁而与高固来，如但言叔姬来而不言高固来，则鲁负教戒，重不可言。】子公羊子曰："其诸为其双双而俱至者与！"【言其双行匹至，似于鸟兽。】《公羊传·宣公五年》

以上(1)表明"公……曹伯"为主语。(2)表明"叔孙豹……大夫"为主语，上"及"是连词，下"及"是介词②。(3)表明主语为联合成分。

---

① 《春秋》书及某会某某仅此一例，公羊、穀梁特为解说，说明两家看出此书法之特殊。
② 左氏记载，陈国请服，陈成公使袁侨如会求和，叔孙豹和诸侯之大夫与袁侨盟。

公羊、穀梁解说,表现出汉语的两个基本句型:空位主语句、主谓完整句。

2.3.2 表现并列结构

2.3.2.1 用"兼言""兼之""累数"说法

(1)"春,滕侯、薛侯来朝。"《春秋·隐公十一年》

其曰"朝"何?诸侯来曰"朝",大夫来曰"聘"。其兼言之何?【据邓、穀来朝不兼言"朝"。】微国也。【略小国也。】《公羊传》

天子无事,诸侯相朝,正也……诸侯来朝;时,正也。【朝宜以时,故书时则正也。】特言,同时也。【特言谓别言也,若"穀伯绥来朝,邓侯吾离来朝",同时来不俱至。】累数,皆至也。【累数,总言之也,若"滕侯、薛侯来朝",同时俱至。】《穀梁传》

(2)"春,王正月,王使荣叔归(同"馈")含(同"琀")且赗①。"《春秋·文公五年》

"含"者何?口实也。【孝子所以实亲口也,缘生以事死不虚其口。】其言"归含且赗"何?兼之。兼之,非礼也。【且,兼辞。】《公羊传》

"含",一事也;"赗",一事也。兼归之,非正也。【礼,含、赗、襚各异人。】《穀梁传》

(3)"秦人来归僖公、成风之襚。"其言"僖公、成风"何?兼之。兼之,非礼也。【礼,主于敬,当各使一使,所以别尊卑。笔者按:成风,僖公母亲。】《公羊传·文公九年》

---

① 赗,动词用,指"归赗"。

以上(1)公羊、穀梁都是跟《春秋·桓公七年》"夏,穀伯绥来朝,邓侯吾离来朝"相较而解说的。公羊认为诸侯来朝"兼言",因其是小国;穀梁认为诸侯来朝"特言"是在同一季度先后来,"累数"是在同一季度一起来。两家的解说不同①,但对"滕侯、薛侯"这样的并列结构,公羊用"兼言"、穀梁用"累数"表现了出来。(2)"归含且(归)赗",公羊用"兼之"、穀梁用"兼"说明。(3)"僖公、成风",公羊也用"兼之"说明。

2.3.2.2 解说不用"及"字

(1)"五月辛卯,桓宫、僖宫灾。"《春秋·哀公三年》

何以不言"及"?敌也。【亲过高祖,亲疏适等。】《公羊传》

言"及",则祖有尊卑,由我言之,则一也。【远祖恩无差,降如一,故不言"及"。】《穀梁传》

(2)"邾庶其以漆、闾丘来奔。"……"漆、闾丘"不言"及",小大敌也。《穀梁传·襄公二十一年》

以上两例明说"经"文不用"及"是表示前后相敌(同等、并例)。

2.3.3 表现承接结构

2.3.3.1 加入"而"字

(1)"春,王正月,雨木冰。"《春秋·成公十六年》

"雨木冰"者何?雨而木冰也。《公羊传》

雨而木冰也,【雨著木成冰。】志异也。《传》曰:"根枝折。"

---

① 这是公羊、穀梁各自所解"书法"之"经义",其实均难成立。滕、薛是"微国",穀、邓也非大国。"特言"表示同时不俱至,"累数"表示同时俱至,左氏解"经"并无是说。

《穀梁传》

(2)"十有二月,吴子谒伐楚,门于巢卒。""门于巢卒"者何?入门乎巢而卒也。《公羊传·襄公二十五年》

以上(1)"雨木冰"之"雨"为动词,指下雨;(2)"门于巢卒"之"门"动词用,指入门。

2.3.3.2 解说"遂"字

(1)"祭公来,遂逆王后于纪。"《春秋·桓公八年》

"遂"者何?生事也。【生犹造也,专事之辞。】大夫无遂事,此其言"遂"何?成使乎我也。《公羊传》

"遂",继事之辞也。其曰"遂逆王后",故略之也。【以其遂逆无礼,故不书"逆女"而曰"王后",略谓不以礼称之。杨士勋疏:"依范氏略例;凡有十九遂事,'传'亦有释之者,亦有不释之者。此是例之首。"】《穀梁传》

(2)"季孙宿帅师救台,遂入运①。"《春秋·襄公十二年》

大夫无遂事,此其言"遂"何?公不得为政尔。《公羊传》

"遂",继事也。受命而救邰,不受命而入郓;恶季孙宿也。《穀梁传》

以上是公羊、穀梁对"遂"字用法的解说。杨士勋"疏"引范氏《略例》说《春秋》全书共有这种"遂"字句十九例。公羊释"遂"为"生事",指生出下事;穀梁释"遂"为"继事",指继续前事。二者相加正好说明"遂"字的语法功能——标志承接关系。至于公羊说

---

① "台"、"运",穀梁作"邰"、"郓"。

"大夫无遂事①",是说大夫没有无国君之命完成前件事后遂就再办下一件的权力;这是公羊解说"遂"字句之"经义",可也表现出了"遂"字的用法特点。

2.3.4 表现偏正结构
2.3.4.1 加入"之"字

(1)"立炀宫。""炀宫"者何？炀公之宫也。【十二公无炀公。"春秋"前炀公世。】《公羊传·定公元年》

(2)"六月辛丑,亳社灾。"【殷都于亳,武王克纣而班列其社于诸侯,以为亡国之戒。】"亳社"者,亳之社也。《穀梁传·哀公四年》

2.3.4.2 说明系属关系

(1)"夏,四月,取郜大鼎于宋。"《春秋·桓公二年》

此取之宋,其谓之"郜鼎"何？器从名,【从本主名名之。】地从主人。【从后所属主人。】……宋始以不义取之,故谓之"郜鼎"。《公羊传》

"郜鼎"者郜之所为也。曰"宋",取之宋也。孔子曰:"名从主人,物从中国",故曰"郜大鼎"也。《穀梁传》

(2)"齐人归我济西田。"齐已取矣,其言"我"何？言"我"者,未绝于我。曷为未绝于我？齐已言取之矣,其实未之齐也。【其人民贡赋尚属于鲁,实未归于齐。】《公羊传·宣公十年》

---

① 《公羊传》全书"大夫无遂事"共五见,本书引两例外,另二例在襄公二年,庄公十九年,僖公三十年。

2.4 解说"春秋书法"表现语义关系分析

2.4.1 说明一个动词可表示两种语义、可具有两种功能

(1)"春,王三月甲寅,齐人伐卫。卫人及齐人战,卫人败绩。"……《春秋》伐者为客①,【伐人者为客,读"伐"长言②之,齐人语也。】伐者为主③,【见伐者为主,读"伐"短言④之,齐人语也。】故使卫主之也。【战序上言"及"者为主。】曷为使主之?卫未有罪尔。《公羊传·庄公二十八年》

(2)"春,王正月,宋公会曹伯、卫人、邾娄人伐齐。""五月戊寅,宋师及齐师战于甗,齐师败绩。"……《春秋》伐者为客,伐者为主,曷为不使齐主之?【据"甲寅,卫人及齐人战"。】与襄公之征齐也。《公羊传·僖公十八年》

公羊解说词序提出"伐者为客""伐者为主";前"伐者"指伐人者,"伐"表示施动(主动),后"伐者"指见伐者,"伐"表示受动(被动)。它认为"春秋书法"是见伐者为主序前,(1)卫是见伐者,故书"卫人及齐人战"⑤;(2)齐是见伐者,当书"齐师及宋师战"而书"宋师及齐师战",是"与襄公之征齐"。公羊的此解说明,同一个"伐"字既可表示施动,名词是施事;又可表示受动,名词是受事。

---

①③ 客、主:《礼祀·月令》"兵戎不起,不可从我始"郑玄注:"为客不利,主人则可。"孔颖达疏:"起兵伐人者谓之客,故来御捍者谓之主。此经云兵戎不合兴起之时,不可从我而始,我为主也。主人既不先起兵,彼来伐我,我不得不应,故云'主人则可'。客既先兴兵,故云'为客不利'。"《资治通鉴·隋纪·炀帝中》胡三省注:"守者为主,攻者为客。"

②④ 长言、短言:顾炎武《音论·古人四声一贯》:"平上去人之名,汉时未有,……长言则今之平、上、去声也,短言则今之入声也。"

⑤ 杨伯峻《春秋左传注》:"《公羊传》谓伐人者为客,见伐者为主,此是卫见伐,故是卫主之,按之《经》例,未必然。"

(3)"夏,六月,邢迁于陈夷①。"《春秋·僖公元年》

"迁"者何？其意也。【其意自欲迁,时邢创,畏狄兵,更欲依险阻。】"迁之"者何？非其意也。【谓"宋人迁宿"也。】《公羊传》

"迁"者犹得其国家以往者也。其地,邢复见也②。【非若"宋人迁宿",灭不复见。】《穀梁传》

(4)"三月,宋人迁宿。"《春秋·庄公十年》

"迁之"者何？不通也;【以其不道所迁之地。笔者按:指不讲明所迁往之地。】以地还之也。【还,绕也。】子沈子曰:"不通者,盖因而臣之也。"《公羊传》

"迁",亡辞也。【为人所迁,则无复国家,故曰亡辞。闵二年"齐人迁阳"亦是也。】其不地,宿不复见也。【国亡,不复见"经"③。】"迁"者犹未失其国家以往者也。【谓自迁者,僖元年"邢迁于夷仪"、成十五年"许迁于叶"之类是也。】《穀梁传》

公羊解说《春秋》"N_1—迁—于—N_2（处所）""N_1—迁—N_2"两句式,认为前者表示 N_1 是自迁,后者表示 N_2 是被迁④。穀梁认为前者 N_1 是犹得其国、复见于《经》;后者"迁"是"亡辞",N_2 不复见于《经》。这实际上也是认为前者 N_1 是自迁,后者 N_2 是被迁。《春秋》全书前句式七见,(3)之外,尚有"卫迁于帝丘"(僖公三十一年)、"许迁于叶"(成公十五年)、"许迁于夷"(昭公九年)、"许迁于白羽"(昭公十八年)、"许

---

① 这是公羊"经"文,左氏、穀梁"经"文作"夷仪"。
② 其地,邢复见也:指书出迁的地点,表示邢复见于《春秋》,如本年下"齐师、宋师、曹师城邢"、僖公十九年"卫人伐邢"、僖公二十年"秋,齐人、狄人盟于邢"、僖公二十五年"春,王正月丙午,卫侯燬灭邢"。
③ 不复见"经",指不复见于《春秋》。
④ 杨伯峻《春秋左传注》:"刘师培《春秋左氏传答问》云《春秋》之例,自迁书书,《经》书所迁,均遇外势者也。许四迁,三由楚命;蔡迁迫于吴;邢、卫之迁迫于狄。"按:刘师培所说,均据左氏,"许迁于容城",左氏无"传"。

迁于容城"(定公四年),"蔡迁于州来"(哀公二年);后句式三见,(4)之外,尚有"齐师迁纪郱、鄑、郚"(庄公元年)、"齐人迁阳"(闵公二年)。公羊、穀梁的此解说明,同一个"迁"字既可以表示自动不及物,又可以表示他动(施动)及物。

公羊对"伐"以及与穀梁对"迁"两字的解说,表现出汉语动词的一个特征,即同一个词可表示两种语义、具有两种功能:既可以表示施动,又可以表示受动,既可以是自动词,又可以是他动词(及物带宾语)。

2.4.2 说明主语谓语间的施事、受事关系

(1)"梁亡。"《春秋·僖公十九年》

此未有伐者,其言"梁亡"何?自亡也。其自亡奈何?鱼烂而亡也。《公羊传》

自亡也。湎于酒,淫于色,心昏,耳目塞;上无正长之治,大臣背叛,民为寇盗。"梁亡",自亡也。《穀梁传》

(2)"春,王正月,郊牛之口伤。""之口",缓辞也,伤自牛作也。【牛自伤口,非备灾之道不至也,故以缓辞言之】。《穀梁传·宣公三年》

(3)"夏,齐人歼于遂。""歼"者尽也。然则曷为不言"遂人尽齐人"也?无遂之辞也。无遂则何为言"遂"?其犹存遂也。【以其能杀齐戍,故若遂之存。】存遂奈何?齐人灭遂,使人戍之。遂之因氏饮戍者酒而杀之,齐人歼焉。此谓狎敌也。【狎犹轻也。】《穀梁传·庄公十七年》

以上(1)(2)说明主语是施事,(3)说明主语是受事。

2.4.3 说明述语宾语间的语义关系

(1)"秋,七月,邾娄人戕鄫子于鄫。""戕鄫子于鄫"者何?残

贼而杀之也。《公羊传·宣公十八年》

（2）"杞伯姬来朝其子。"其言"来朝其子"何？内辞也，与其子俱来朝也。《公羊传·僖公五年》

（3）"三月，作丘甲。"作，为也；丘为甲也。【使一丘之民皆作甲。】丘甲，国之事也；丘作甲，非正也。《穀梁传·成公元年》

（4）"丁丑，作僖公主。"《春秋·文公二年》

"作僖公主"者何？为僖公作主也。【为僖公庙作主也。】《公羊传》

"作"，为也；为僖公主也。【为僖公庙作主也。】《穀梁传》

（5）"初税亩。""初"者何？始也。"税亩"者何？履亩而税也。"初税亩"何以书？讥。何讥尔？讥始履亩而税也。《公羊传·宣公十五年》

以上（1）"鄫子"明显表现出宾语为受事，（2）"朝其子"是使其子来朝，（3）"作丘甲"是使丘作甲，表明为使动关系，（4）"作僖公主"是为僖公作主，表明宾语表示对象，（5）"税①亩"是按田地亩数征税，表明宾语表示方式②。

2.5 解说"春秋书法"表现虚词用法

上 2.2.2.2 谈到"及"字表示"以尊及卑""以大及小"，2.3.3.2 谈到"遂"字表示"生事"、为"继事之辞"；这样，两个字的用法特点就已作了说明。此外，两家对"及"字还专门作了解释，两家的"书法"解说也表现出了其他几个虚词的用法特点。

---

① 税，名词做述语，现在语法书上称为名词活用为动词。
② 现在语法书上，称（1）为一般述（动）宾关系，称（2）—（5）为特殊述（动）宾关系。

及　　"三月,公及邾娄仪父盟于眜。""及"者何?与也。【若曰公与邾娄盟也。】《公羊传·隐公元年》

"冬,齐高固及子叔姬来。""及"者,及吾子叔姬也。《穀梁传·宣公五年》

且　　"王使荣叔归含且赗。""含",一事也;"赗",一事也。兼归之,非正也。其曰"且",志兼也。《穀梁传·文公五年》

相　　"夏,齐侯、卫侯胥命于蒲。""胥"之为言犹"相"也;相命而信喻,谨言而退,以是为近古也。是必一人先,其以"相"言之何也? 不以齐侯命卫侯也。《穀梁传·桓公三年》

又　　"春,王正月,鼷鼠食郊牛角,改卜牛。鼷鼠又食其角,乃免牛。""又",有继之辞也。【前已食,故曰继。】《穀梁传·成公七年》

"秋,七月上辛,大雩;季辛,又雩。"……"又",有继之辞也。【缘有"上辛","大雩",故言"又"也。】《穀梁传·昭公二十五年》

而 乃　　"冬,十月已丑,葬我小君顷熊,雨不克葬。庚寅,日中而克葬。""顷熊"者何? 宣公之母也。"而"者何? 难也。"乃"者何?【问定公"日下昃乃克葬"。】难也。曷为或言"而",或言"乃"? "乃"难乎"而"也。【言"乃"者内而深,言"而"者外而浅,"下昃",日昳久,故言"乃"。】《公羊传·宣公八年》

"丁巳,葬我君定公,雨不克葬。戊午,日下昃乃克葬。"【昃,日西也。】《公羊传·定公十五年》

以上说明"及"字用法同"与","且"表示连接前后两项,"相"表示互相(双方平等,不分高低),"又"表示再次、继续;"而""乃"两字用法虽未讲清楚(见下3.0),但说明二者用法相同[①]而又有差别。

2.6 解说"春秋书法"表现修辞分析

2.6.1 说明"复言"和"省文"

(1)"齐师、宋师、曹师城邢。"此一事也,曷为复言"齐师、宋师、曹师"? 不复言"师",则无以知其为一事也。《公羊传·僖公元年》

按:这是僖公元年第四"经",第二"经"是"齐师、宋师、曹师次于聂北,救邢",中间有"夏,六月,邢迁于陈夷"。公羊说明,如果不复言"齐师、宋师、曹师"。则不能说明两"经"所书为一次事件。

(2)"秋,七月辛巳,豹及诸侯之大夫盟于宋。"曷为再言"豹"?【据盟于首戴不出"公"。】殆诸侯也。【殆,危也;危诸侯故再出"豹"。】曷为殆诸侯? 为卫石恶在是也;曰"恶人之徒在是矣"。《公羊传·襄公二十七年》

按:这是本年第五"经",公羊解说是针对本年第二"经""夏,叔孙豹会晋赵武、楚屈建、蔡公孙归生、卫石恶、陈孔瑗、郑良霄、许人、曹人于宋"并跟僖公五年首戴之会相较而言的(该年先书"公及齐侯,宋公……会王世子于首戴",后书"诸侯盟于首戴"不书"公")。公羊认为此"经"是再言"豹";所以再言是因为有恶人之徒石恶在而"殆诸侯"[②]。

(3)"秋,八月,诸侯盟于首戴。"诸侯何以不序?【据上

[①] 杨树达《词诠·而》:"副词,与乃同,始也。"
[②] 去年"卫宁喜弑其君剽",公羊认为石恶是宁喜之徒,故诸侯担心同样遭危害;据左氏,宁喜弑君与石恶无关。

会序。】一事而再见者,前目而后凡也。《公羊传·僖公五年》

(4)"三月,遂以夫人妇姜至自齐。"《春秋·宣公元年》

"遂"何以不称"公子"、一事而再见者,卒名也。【卒,竟;竟但举名者,省文。】《公羊传》

其不言氏,丧未毕,故略之也。《穀梁传》

按:(3)公羊解说是针对紧结前"经""公及齐侯、宋公、陈侯、卫侯、郑伯、许男、曹伯会王世子于首戴"而言的,认为"一事而再见",前面详列细目而后用凡(总)称。(4)公羊、穀梁解说是针对紧接前"经""公子遂如齐逆女"而言的:公羊认为"一事而再见",后面只书名不书"公子";穀梁认为文公去年薨、丧未毕,故只书名而不书氏("公子"标志姓氏)。两家的解说说明了《春秋》的"省文"现象。

2.6.2 说明比喻结构

"夏,四月辛卯夜,恒星不见,夜中星霣如雨。"……"如雨"者何?如雨者,非雨也;非雨,则曷为谓之"如雨"?不修《春秋》[①]曰:"雨星不及地尺而复。"君子修之曰:"星霣如雨。"【明其状似雨尔。】《公羊传·庄公七年》

按:公羊解说说明"星霣如雨"为比喻,"如雨"非雨,只是似雨[②]。

[①] 不修《春秋》:指未曾修改的鲁国史官所记之鲁史《春秋》;公羊家认为现本《春秋》是孔子据"不修《春秋》"修订而成。

[②] "星霣如雨"(霣,左氏、穀梁作"殒"),左氏解作"与雨偕也",以"如"为"而";范宁《集解》说"如,而也,是既殒而复雨",因袭左氏。杨伯峻《春秋左传注》指出左氏说误。

2.7 解说"春秋书法"说明《春秋》句式变化

《公羊传》《穀梁传》两书,尤其是前者,为问答式体例,即是经师回答弟子提问的形式。《公羊传·隐公元年》"'元年'者何"何休"解诂"说"诸据疑问所不知";孔广森《春秋公羊通义》说:"《传》皆为弟子疑问之辞;诸疑或直问所不知,即曰'者何'、曰'孰谓',或据彼难此,则如'曷为''何以''其言某何''此何以书'之等。何氏各于当文目其所据。"所谓"据彼难此",即是指据彼处的"书法"问与此处的"书法"何以不同,而其"不同"的内容主要是句式的不同。何休"解诂"于当文下注出所据之"经"文以帮助理解所问。《穀梁传》弟子所问,也是"或据彼难此",范宁"集解"也是"各于当文目其所据"。以上各类型所列之例,也多是"据彼难此",问"书法"句式之不同。现再专述;列例说明两家解说"春秋书法"所解说的《春秋》句式变化。

2.7.1 说明主谓分合的变化

(1)"春,滕侯、薛侯来朝。"《春秋·隐公十一年》

其兼言之何?【据邓、穀来朝,不兼言"朝"。】微国也。《公羊传》

天子无事,诸侯来朝,正也。……特言,同时也。【特言谓别言也,若"穀伯绥来朝、邓侯吾离来朝"(按:此经在桓公七年),同时来不俱至。】累数,皆至也。《穀梁传》

(2)"春,晋侯侵曹,晋侯伐卫。"曷为再言"晋侯"?【据"楚人围陈,纳顿子于顿"(按:此经在僖公二十五年),亦两事,不再出"楚人"。】非两之也。《公羊传·僖公二十八年》

按:解说说明主语、谓语可分写、可合写;分合可相互转化。

2.7.2 说明偏正结构间不间"之"的变化

(1)"春,王正月,郊牛之口伤,改卜牛。牛死,乃不郊。"《春秋·宣公三年》

其言"之"何?【据食角不言"之"。】缓也。【辞间容"之",故为缓,不若食角急也。】《公羊传》

"之口",缓辞也,伤自牛作也。《穀梁传》

(2)"春,王正月,鼷鼠食郊牛角,改卜牛。鼷鼠又食其角,乃免牛。"《春秋·成公七年》

按:解说说明偏正结构之间可有间不间"之"的变化。

2.7.3 说明介词结构位置的变化

(1)"曹伯归自京师。"不言所归,归之善者也。……归为善,自某归次之。【若"蔡季自陈归于蔡""卫侯郑自楚复归于卫"。】《穀梁传·成公十六年》

(2a)"秋,八月,蔡季自陈归于蔡。""蔡季",蔡之贵者也;"自陈",陈有奉焉尔。《穀梁传·桓公十七年》

(2b)"六月,卫侯郑自楚复归于卫。""自楚",楚有奉焉尔;"复"者,复中国也;"归"者,归其所也。《穀梁传·僖公二十八年》

按:解说说明介词结构可有处于述语(动词)前或后的位置变化。

2.8 解说"春秋书法"表现出的语法分析方法

公羊、穀梁解说"春秋书法"表现出多方面的语法分析内容,也表现出了一些值得注意的语法分析方法。

2.8.1 比较句式异同   2.7谈到孔广森《春秋公羊通义》

说公羊弟子诸问"或据彼难此";又谈到所谓"据彼难此"是指据彼处的"书法"问与此处的"书法"何以不同,而其"不同"的内容主要是句式的不同。这问不同实际上就是比较,因为有比较才能发现不同。前面几部分所谈之内容,如词序的不同、主名有无的不同、"特言""累数"的不同、"及"字有无的不同、"遂"字有无的不同、自迁和被迁句式的不同、"之"字有无的不同等等,可以说都是比较的结果,也即都是用的比较方法。下面再从几种不同句式的解说谈谈其句式比较(即"据彼难此")的分析方法。

2.8.1.1　兼语式非兼语式比较

(1)"冬,齐高子来盟。""高子"者何?齐大夫也。何以不称"使"?【据"郑伯使其弟语来盟"。(按:此经在桓公十四年)】我无君也。【时闵公弑,僖公未立。】《公羊传·闵公二年》

(2)"秋,武氏子来求赙。""武氏子"者何也,天子之大夫也。……其不言"使"何也?【据桓十五年"天王使家父来求车"称"使"。】无君也。【桓王在丧,未即位,故曰无君。】《穀梁传·隐公三年》

2.8.1.2　单式谓语复式谓语比较

(1)"春,王正月,王使荣叔归含且赗。"……其不言"来",不周事之用也。【九年,"秦人来归僖公、成风之襚。"(按:此是文公九年经文)】《穀梁传·文公五年》

(2)"冬,十月,齐师灭谭,谭子奔莒。"何以不言"出"?【据卫侯出奔也。(按:僖公二十八年有"卫侯出奔楚"文。)】国已灭矣,无所出也。《公羊传·庄公十年》

2.8.1.3　复指与单名比较

(1)"春,王正月丙午,卫侯燬灭邢。"《春秋·僖公二十五

年》

"卫侯燬何以名?【据"楚子灭萧"不名。】绝。曷为绝之?灭同姓也。"《公羊传》

"燬"之名何也?【据宣十二年"楚子灭萧"不名。】不正其伐本而灭同姓也。《穀梁传》

(2)"春,王正月,溺会齐侯伐卫。""溺"者何也?公子溺也。其不称"公子"何也?【据二年"公子庆父帅师伐於余丘"称"公子"。】恶其会仇雠而伐同姓,故贬而名之也。《穀梁传·庄公三年》

2.8.1.4 书地与不书地比较

(1)"辛酉,晋侯黑臀卒于扈。""扈者何?晋之邑也。诸侯卒其封内不地,此何以地?【据"陈侯鲍卒"不地。(按:此经在桓公五年)】卒于会,故地也。"《公羊传·宣公九年》①

(2)"冬,十有一月壬辰,公薨。"公薨不地,故也。【不地,不书"路寝"之比。(按:庄公三十二年有"公薨于路寝"文。)】隐之,不忍地也。《穀梁传·隐公十一年》

2.8.2 认识词的分布位置 两家解说表现了几个虚词的用法,也说明这几个虚词在句中的分布位置相同,如2.2.2.2各例中的"及"字和2.3.3.2各例中的"遂"字。再如2.5公羊认为"而""乃"有共同点,是因为"经"文"日中而克葬""日下昃乃克葬"两句,两字分布相同。公羊于隐公元年"经"文"公及邾娄仪父盟于眛"下比较讲述了"及""暨"的用法,说"或言'及'""或言'暨'","及犹汲汲也,暨犹暨暨也。及,我欲之;暨,不得已也"。公羊所以将

---

① 本年尚有"八月,滕子卒""冬,十月癸酉,卫侯郑卒",不书地。

两字作比较,也是因为《春秋》中两字的用例位置相同。看:

(1a)"春,王三月,及齐平。"《定公十年》

(1b)"春,王正月,暨①齐平。"《昭公七年》

(2a)"春,宋公之弟辰及仲佗、石彄、公子池自陈入于萧以叛。"《定公十一年》

(2b)"宋公之弟辰暨②宋仲佗、石彄、出奔陈。"《定公十年》

当然,两家对几个虚字的用法没有讲清楚,甚至有误(见下3.0),但从其解说表现出了它所比较的虚词在句中的分布位置相同。

3.0 结语

以上谈述了《墨经》《荀子·正名》《大戴礼记·夏小正》以及《公羊传》《穀梁传》解说"春秋书法"表现出的语法分析;所以称之为"表现"是因为这些书不是径直的对语句作语法分析,而是各书的论说中表现出了语法分析,也可以说是从各书的论说中我们发现其中蕴含有语法分析。这一点《公羊传》《穀梁传》表现得尤其明显。

我们说《公羊传》《穀梁传》解说"春秋书法"表现出语法分析,但不能认为两书解说的"春秋书法"都可以表现语法分析,更不能将两书所述"书法"之"经义"看作语法分析。且以穀梁对"以"字的解说为例:

(1)"宋人以齐人、蔡人、卫人、陈人伐郑。""以"者不以者

---

①② 《春秋》中"暨"字仅此两例。

也。民者君之本也,使人以其死,非正也。【不以者,谓本非所得制今得以之也;刺四国使宋专用其师、轻民命也。】《桓公十四年》

(2)"邾庶其以漆、闾丘来奔。""以"者不以者也。【凯曰:人臣无专禄以邑叛之道。】《襄公二十一年》

(3)"宋华亥、向宁、华定自陈入于宋南里以叛。"……"以"者不以者也。《昭公二十一年》

(4)"秋,晋赵鞅入于晋阳以叛。""以"者不以者也。《定公十三年》

以上(1)(2)"以"是介词,(3)(4)"以"是连词,而穀梁全解说为"不以"。所谓"不以",是表示"不'以××'为是",即认为出现"以××"这样事件是不正当的。这是穀梁阐发它所认为的"以"字书法之"经义",决不能看为是表现出了虚词"以"的用法。对同一句话,同一个字,公羊、穀梁经常作不同的解释。如(1)"经"文中的"以",公羊就说"'以'者何?行其意也"[①];这是公羊释这句"以"字的"经义",同样不能看作是表现了"以"字的用法。其原因就是公羊、穀梁解说"春秋书法"目的是阐述各自所认为的"经义";不是为了分析《春秋》语句的语法结构。

又如,对"而""乃"两字,2.5谈到公羊说明二者同中有异(2.8.2又说明两字的分布相同);但也仅限于它说明两字"同中有异"而已,至于具体解释"同""异",则是从解说"经义"出发。它说"'而'者何?难也""'乃'者何?难也",所谓"难"是指难于安葬;至于说"'乃'难乎'而'",则是指用"乃"表示比用"而"安葬更难("而"

---

① 何休"解诂":"以已从人曰行,言四国行宋意也。"

字句"日中葬","乃"字句"日下昃葬")。因此,不能说作为虚词的"而""乃"是表示难且有表示难的程度差别。

再如2.7.2谈到公羊、穀梁说明了"郊牛之口""郊牛角"有"之"无"之"的变化;但也仅限于两家说明了这种"变化"而已,至于具体解释何以用不用"之",则又是从解说"经义"出发。两家说用"之"表示"缓",为"缓辞",所谓"缓"是指宽缓、原谅,即是说郊牛自伤口,非人保护不周所致;而无"之"则表示牛伤责任在人(穀梁明说"过有司")。因此,决不能按此种解释来理解结构助词"之"的句法功能。

最后谈谈公羊对"会""及""暨"三字的比较解说:

"三月,公及邾娄仪父盟于眛。""及"者何?与也。【若曰公与邾娄盟也。】"会""及""暨"皆与也。【都解"经"上"会""及""暨"也。笔者按:"会"指鲁公会诸侯,"暨"指昭公七年"暨齐平"。】曷为或言"会"、或言"及"、或言"暨"?"会"犹最也;【最,聚也;直自若平时聚会,无他深浅意也。】"及"犹汲汲也;"暨"犹暨暨也。"及",我欲之;"暨",不得已也。《隐公元年》

此三字根本不能一起相比较,"会"是动词,无虚词"与"的意思,公羊也说"'会'犹最也"。"及"、"暨"用法确实同于"与"[①],这一点公羊讲对了,看出二字有相同的分布位置(见上2.8.2)。但是说明"及"表示"我欲之"、用"暨"表示"(我)不得已"则是说明所在句之"经义"[②],非"及""暨"作为虚词之语法作用了。

---

① 《尔雅·释诂下》:"逮、及、暨,与也。"
② 公羊解"及""暨"所在句之"经义"也难成立。说用"及"表示相会鲁侯欲之,史实并非如此。毛奇龄《春秋传》评公羊此说指出:文公十七年"公及齐侯盟于穀",是齐侯胁文公与盟;襄公三年"公及齐侯盟于长樗",出入之权全在晋侯。昭公七年"暨齐平",公羊、穀梁说是鲁与齐平;而据左氏,是燕与齐平,跟鲁无关。

《墨经》《荀子·正名》《大戴礼记·夏小正》《公羊传》《穀梁传》是在其论说中表现出语法分析,不是径直的分析、说明语句的语法结构,因而本书看为是中国古代语法学的萌芽。

这个"萌芽"给予我们丰富的启迪。一是说明语法分析与哲学尤其与逻辑有密切关系,二是《公羊传》《穀梁传》的语法分析形式(解释原文表现语法分析)及其表现出的语法分析内容,直接为后世的注释书及其他训诂著作所借鉴和继承,促进了中国古代语法学的产生,并影响中国古代语法学的发展。

贰 中国古代语法学的产生
（汉魏晋南北朝）

1.0 汉代注释书中的语法分析

汉代注释书指西汉毛亨《诗经诂训传》和东汉郑玄(127—200)《诗经笺》《周礼注》《仪礼注》《礼记注》、何休(129—182)《春秋公羊经传解诂》、赵岐(108？—201)《孟子章句》、王逸《楚辞章句》、高诱《战国策注》《吕氏春秋注》《淮南子注》以及三国魏人何晏（？—249)《论语集解》。

几部注释书原文除《淮南子》外,皆为先秦时代文献;又《淮南子注》据考证,现存本是高诱注、许慎注混在一起。《论语集解》魏人何晏作,而内容是"集"他人之"解",其中虽有当代王肃、周生烈、陈群等人注,但更多的是西汉孔安国和东汉马融、郑玄、包咸注;故也列入汉代时期内。

1.1 释文说明语法结构,标志语法意识产生

注释书的任务是解释原文句意为当时人们读懂、学习原著服务的。这样它在解释句子的构成成分——语词的意义外,不可能不再说明句子的语法结构义;因为句子的意思是由其构成成

分——语词的意义和语词组合关系的语法义构成的①。看下例：

(1)树之榛栗，椅桐梓漆，爰伐琴瑟。【笺：爰，曰也；树此六木于宫者，曰其长大可伐以为琴瑟。】《诗经·鄘风·定之方中》

(2)曾子曰："堂堂乎张也，难与并为仁矣。"【郑曰：言子张容仪盛，而于仁道薄也。】《论语·子张》

(3)行步，则有环佩之声；升车，则有鸾和之音。【环佩：佩环也、佩玉也，……孔子佩象环五寸，人君之环其制未闻也。鸾、和，皆铃也；所以为车行节也。】《礼记·礼运》

(4)无易树子。【树，立，本正辞；无易本正当立之子。】《公羊传·僖公三年》

(5)用水火金木，饮食，必时。【用水，谓渔人以时渔，……用火，谓司爟四时变国火以救时疾，……用金，谓卯人以时取金玉锡石也，……用木，谓山虞仲冬斩阳木，仲夏斩阴木。】《礼记·礼运》

(6)贫穷则父母不子。【不以为己子也。】富贵则亲戚畏惧。《战国策·秦一》

(7)天下无道，小役大，弱役强。【无道之时，小国、弱国畏惧而役于大国、强国也。】《孟子·离娄上》

(8)势位爵禄，何足以概志也？【不足以概至人之志。】《淮南子·精神训》

---

① 陆俭明《试论左右句子意思的因素》(《汉语语义学论文集》，湖南人民出版社，1986)指出左右句子意思的因素有"成分的异同""词语的次序""构造层次""语法结构关系""语义结构关系""句调"六个，除第一个指语词外，其余均是语法问题，可见语法义对构成句意的重要。

以上(1)"树之榛栗,椅桐梓漆"是两个诗句,释文说明下句"椅桐梓漆"跟上句"榛栗"皆是"树"的宾语;(2)释文说明"堂堂乎张也"是谓语前置;(3)"环佩之声""鸾和之音"形式相似,释文说明"环佩"是宾语前置,而"鸾和"为并列关系;(4)释文说明"树子"是偏正结构;(5)释文说明"水火金木"为并列关系,分别跟"用"组合;(6)释文说明名词"子"做谓语表现意动义;(7)释文说明"小""弱"是"役"的受事,而"大""强"是"役"的施事;(8)释文说明"何足以概志也"是反诘问句,肯定形式表示否定义。这就清楚的说明,不表现出句子的语法关系,就不能解释明白句子的意思。

当然,汉人注释书中没有什么语法术语(有"叹辞""语助"几个名称,见下),语法分析是以"自然形态"存现在释文之中,但其内容相当丰富,是多方位、多层次的。前已说明,注释书中有语法分析,是注释书的任务决定的;而注释书能完成语法分析的任务,是由于汉代学者对语言的语法结构有所认识。因此,汉代注释书中语法分析的出现,标志了汉代人语法意识的产生。

1.2 突破音句表现义句,标志句子观念树立

黄侃《文心雕龙札记》中说:"文以载言,故文中句读,亦有时据词气之便而为节奏,不尽关于文义。……诗之分句,但取声气可稽,不问意完与否,如《关雎》首章四句,以文法格之,但两句耳,'关关雎鸠','窈窕淑女',但当为读,盖必合下句而意始完也。今则传家并称为句,故知诗之句徒以声气分析之也。又如《定之方中》篇'树之榛栗,椅桐梓漆',《七月》篇'十月纳禾稼,黍稷重穋,禾麻菽麦',白文法言,皆一句也,而传家仍分为二若三,此又但以声气论也。""学者目治之时,宜知文法之句读;口治之时,宜知音节之句

读。"①黄氏所说"文法之句读"郭绍虞名之为"义句",即现在说的语法单位或语言使用单位之句;黄氏所说"音节之句读"郭绍虞名之为"音句"②,即一般说的诗歌之句。

汉人没有提出"义句""音句"名称,不过《诗经》每篇标明的章、句(如"《关雎》五章、章四句""《葛覃》三章、章六句"③)之"句",皆是指音句。从《诗经》毛传、郑笺和《楚辞章句》来看,毛亨、王逸,尤其郑玄,是认识到音句、义句之别;释文突破了音句之停顿表现出义句。

(1)维此仲行,百夫之防。【笺:防,当也;言此一人当百夫。】《诗经·秦风·黄鸟》

(2)浩浩沅湘,分流汩兮。【浩浩,广大貌也;汩,流也。言浩浩广大乎沅、湘之水,分汩而流,将归乎海。】《楚辞·九章·怀沙》

(3)天命玄鸟,降而生商。【传:玄鸟,鳦也。笺:降,下也;天使鳦下而生商……】《诗经·商颂·玄鸟》

(4)其车既载,乃弃尔辅。【传:大车重载又弃其辅。】《诗经·小雅·正月》

(5)昊天孔昭,我生靡乐。【笺:孔,甚,昭,明也。昊天乎,乃甚明察我生无可乐也。】《诗经·大雅·抑》

(6)采苓采苓,首阳之颠。【笺:采此苓于首阳山之上。】《诗经·唐风·采苓》

---

① 见该书《章句·三、论句读有系于音节与系于文义之异》,华东师范大学出版社,1996,第166—167页。
② 见《汉语语法修辞新探》,商务印书馆,1979。
③ 《诗经》章、句之分,陆德明《经典释文》说是郑玄在毛亨所定基础上而定。

(7)胡逝我梁,不入我门?【笺:何故近之我梁而不入见我乎?】《诗经·小雅·何人斯》

(8)屈心而抑志兮,【抑,案也。】忍尤而攘诟。【尤,过也;攘,除也;诟,耻也。言己所以能屈案心志、含忍罪过而不去者,欲以除去耻辱、诛谗佞之人,如孔子诛少正卯也。】《楚辞·离骚》

以上释文表现出:(1)(2)上"句"(指音句)是句(指义句)的主语,下"句"是句的谓语;(3)为兼语式结构句,上"句""玄鸟"是兼语,下"句"是兼语谓语;(4)主语"其车","既载"与下"句"为联合谓语;(5)下"句"是上"句""昭"的宾语;(6)下"句"是上"句""采苓"的方位补语;(7)"胡"统摄上下两"句",表示构成一疑问句;(8)上下两句构成一据果探因的因果句,下"句""忍尤"跟上"句"一起是所据之果。

这就说明,毛亨、王逸,尤其是郑玄注释诗歌,能突破黄侃说的"音节之句读"表现义句(语法单位之句)以及义句内部语词之间的语法结构关系。荀子说"辞也者,兼异实之名以论一意也"(见壹1.2),是讲的义句——语法单位即语言使用单位之句,而非音句;汉人以注释实践证验了荀子的论断,从而也就标志汉人句子观念树立。

1.3 调整词序

语句是语词依照一定语法规则的线性组合,词序不当不是文不成义就是会生歧义。因诗歌韵律要求或古今语法变化以及文字传写错讹等原因,原文词序有错乱之处,释文予以调整,使之归于合法、合义。

(1)趣马师氏,膳夫左右。靡人不周,无不能止。【传:周,

救也;无不能止,言无止不能。】《诗经·大雅·云汉》

(2)《诗》云:"经始灵台,经之营之。庶民攻之,不日成之。"【言文王始初经营规度此台,众民并来治作之。】……"《孟子·梁惠王上》

(3)古之人有言曰:"狐死正丘首。"【正丘首,正首丘也。孔颖达正义:狐死……所以正首而向丘者,丘是狐窟穴根本之处。】《礼记·檀弓上》

(4)主人冠端玄,即位于门外西面。【冠端玄,玄冠、玄端,下言"玄"者,玄冠有不玄端者。】《仪礼·特牲馈食礼》

(5)子曰:"泰伯其可谓至矣乎!三以天下让,民无德而称焉。"【王曰:泰伯以天下三让于王季。】《论语·泰伯》

(6)攻伐之与救守,一实也。【攻伐欲陷人,救守欲完人,其实一也。】《吕氏春秋·振乱》

以上(1)原文"无不能止"难以理解,释文调整为"无止不能","无止""不能"为同义偏正结构,义即不能止住百姓因天旱而遭受的穷困;(2)释文表现出"始"修饰"经";(3)"正丘首"调整为"正首丘",表示是正首向丘;(4)说明正常词序当是"玄冠端",因有"不玄端者",故"玄"在下;(5)释文移动"三"的位置,使之跟"让"的关系密切;(6)"一实"变为"实一",主谓关系清楚。

1.4 分析句读与语词组合关系层次

1.4.1 分析句读

古书无标点,因而句读[①]问题非常重

[①] 句读,陆宗达《训诂浅谈》(北京出版社,1964)说:"句读(音逗),我国古代文章断句的符号和方法的总称。类似于今天标点符号的作用。"古人讲的"句",多是指现在说的句中短语。

要。句读关系到句中停顿(即切分)是否正确以及句子单位是否划出问题;句读错误,或致文不成句,或致产生歧义。因此,句读问题,实为语法分析的一项重要内容。汉人对句读非常重视,既有重要性的概括说明,又有具体的分析实践。何休说:"(传《春秋》者)讲诵师言,至于百万,犹有不解,时加酿嘲辞;援引他经,失其句读①,以无为有,甚可闵笑者,不可胜记也。"(《春秋公羊经传解诂·序》)王逸说他自己注释《天问》,是"稽之旧章,合之经传,以相发明,为之符验;章句决断,事事可晓"(《天问·序》)。何休、王逸均将正确处理句读作为解释古书的重要条件。高诱《淮南子·叙目》说:"自诱之少,从侍中同县卢君,受其句读。"(卢君,卢植)高诱少时受学于卢植,特别提出"句读",可见卢植授业,句读是一项极其重要的内容。郑玄《周礼注》中有对句读的具体分析。

(1)御史掌邦国、都鄙及万民之治令,以赞冢宰,凡治者受法令焉。掌赞书,【王有命,当以书致之则赞为辞,若今尚书作诏文。】数凡从政者。【自公卿以下至胥徒凡数及其现在空缺者。郑司农②读言"掌赞书数",书数者经礼三百,曲礼三千,法度皆在。玄以为不辞,故改之云。】《春官·御史》

(2)官正掌王宫之戒令纠禁。……春秋,以木铎修火禁。【火星,以春出、以秋入,因天时而以戒。】凡邦之事,跸;宫中、庙中则执烛。【郑司农以"火"绝之,云:"禁凡邦之事跸",国有事王当出,则官正主禁绝行者,若今时卫士填街跸也;"宫中、

---

① 这是"句读"一词最早出现的例证。
② 郑司农,郑众,东汉初经学家,因官至大司农而得名,其著作后世亡佚,清人辑有《周礼郑司农解诂》;郑玄《周礼注》多引其说。后世称郑众为先郑,郑玄为后郑。

庙中则执烛",官正主为王于宫中、庙中执烛。玄谓:事,祭事也;邦之祭社稷、七祀于宫中,祭先公、先王于庙中,仆隶掌跸止行者,官正则执烛以为明。】《天官·官正》

(3)太仆掌正王之服位,出入王之大命。……建路鼓于大寝之门外,而掌其政,以待达穷者与遽令,闻鼓声则速逆御仆与御庶子。【郑司农云:"穷"谓穷冤失职则来击此鼓以达于王者,若今时上变事击鼓矣;"遽",传也,若今时驿马军书当急闻者亦击此鼓:令闻此鼓声则速逆御仆与御庶子也。太仆主令此二官使速逆穷遽者。玄谓:"达穷者"谓司寇之属朝士,掌以肺石达穷民,听其辞以告于王。"遽令",邮驿上下程品。御仆、御庶子直事鼓所者。太仆闻鼓声则速逆此二官,当受其事以闻。】《夏官·太仆》

(4)小宗伯之职,掌建国之神位,右社稷,左宗庙。……若军将有事,则与祭有司,将事于四望。【军将有事,将与敌合战也。郑司农云:"则与祭"谓军祭表祃军社之属,小宗伯与其祭事。玄谓:"与祭有司"谓大祝之属,盖司马之官实典焉。】《春官·小宗伯》

以上(1)郑众以"掌赞书数"连读,郑玄断在"书"字;(2)郑众断在"火"字,郑玄断在"火禁";(3)郑众以"令"字属下,郑玄以"遽令"为一个词;(4)郑众断在"与祭",郑玄断在"与祭有司"。郑玄批评郑众(1)的句读为"不辞",对(2)(3)(4)郑众的句读未明说是"不辞",实际上也是"不辞";既然是"不辞",也就是不合乎语法了。

1.4.2 分析语词组合关系层次 语句是语词的线性排列,但不是孤立地挨个堆叠,而是按照一定搭配关系的逐级层次组合。

为了解释清楚、明白原文意思,除了注意句读之外,汉人也注意分析、说明语词之间的组合关系层次。

(1)王吊劳士庶子。【师败,王亲吊士庶子之死者,劳其伤者。】《周礼·夏官·大司马》

(2)邮、罚丽于事。【邮,过也;丽,附也。过人、罚人,当各附于其事,不可假他以喜怒。】《礼记·王制》

(3)"去其螟螣,及其蟊贼,无害我田稚。"【传:食心曰螟,食叶曰螣,食根曰蟊,食节曰贼。笺云:此四虫者恒害我田中之稚禾,故明君以正己而去之。】《诗经·小雅·大田》

(4)太仆掌正王之服位,出入王之大命。【服,王举动所当衣也;位,立处也。出大命,王之教也;入大命,群臣所奏行。贾公彦义疏:群臣奏行者谓群臣奉行王命报奏者皆是也。】《周礼·夏官·太仆》

(5)使贤不肖异,【使贤以义,使不肖以利,故曰异也。】……然后贤不肖尽为用矣。《吕氏春秋·知分》

以上说明(1)"王"是主语而"吊""劳"并列跟"士庶子"组合,(2)"邮""罚"并列跟"丽于事"组合,(3)"螟""螣""蟊""贼"并列跟"去"组合,(4)"出""入"并列分别跟"王之大命"组合,(5)"贤""不肖"并列分别跟"使"组合后又跟"异"组合。

当然,汉人不可能清楚地完全分析出一个句子的组合关系层次,同时注释书也不需要这样做。要说明的,汉人认识到了语句里语词有不同的组合关系层次;而且根据释义需要,注释出了需要注释的语词组合层次。如果用现在的层次图解法,释文表现出的"王吊劳士庶子""邮、罚丽于事""去其螟螣,及其蟊贼""出入王之大命""使贤不肖异"可分析如下:

```
   ┌─────────┐
王 吊 劳  土 庶 子      邮 罚 丽 于 事
   └──┬──┘              └─┬─┘ └──┬──┘
      └─────┬──┘          └──────┘
            └──┘
```

```
去 其 螟 螣 ， 及 其 蟊 贼
```

```
出 入 王 之 大 命      使 贤 不 肖 异
```

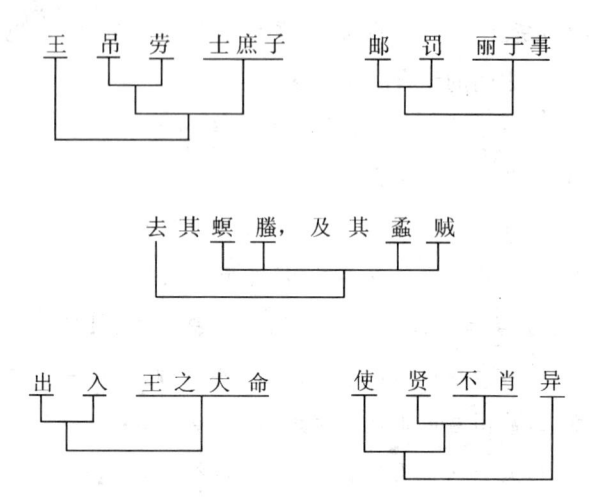

1.5 划分词的类别

汉人注释书中表现出了词的类别划分，可看出汉人已有了词的类别观念。这种词的类别划分，主要不是靠什么术语，而是在词的不同训释方式中表现出来的。

1.5.1 义训词 现代训诂学研究，前人训诂方法有形训、声训、义训等[1]，义训又分同训、义界、探源[2]。注释书的释词方法主要是义训，有同训，也有义界。

同训是同义互训，几部书中的同训释词是大量、不可胜计的。分类略列例于下：

A

沼，池。《诗经·召南·鹊巢》"广沼于沚"传。

---

[1] 见陆宗达、王宁《训诂方法论》(中国社会科学出版社,1983)及其他现代的训诂学著作。
[2] 见陆宗达《训诂简论》,北京出版社,1980。

贰 中国古代语法学的产生(汉魏晋南北朝)

版,户籍也。《周礼·天官·外府》:"凡在书契版图者。"
芙蓉,莲华也。《楚辞·离骚》:"集芙蓉以为裳。"
势,力也。《战国策·秦一》:"其势不能。"

B

迁,徙也。《诗经·小雅·伐木》"迁于乔木"笺。
翦,割截也。《礼记·文王世子》:"不翦其类。"
方,逆也。《孟子·梁惠王下》:"方命虐民。"
胜,任也。《吕氏春秋·论人》:"何事之不胜。"

C

踧踧,平易也。《诗经·小雅·小弁》"踧踧周道"传。
弘,大也。《论语·泰伯》:"士不可以不弘毅。"
美,好。《公羊传·庄公十二年》:"庄公之美也。"
湫漻,清静也。《淮南子·原道训》:"湫漻寂寞。"

D

卬,我也。《诗经·大雅·生民》"卬盛于豆"传。
朕,我也。《楚辞·离骚》:"朕皇考曰伯庸。"
尔,女也。《仪礼·士冠礼》:"弃尔幼志。"
之,是也。《诗经·小雅·蓼莪》"欲报之德"笺。
厥,其也。《周礼·地官·乡大夫》:"厥明。"
然,如是也。《淮南子·修务训》:"众人则不然。"

E

斯须,须臾也。《礼记·祭义》:"礼乐不可斯须去身。"
卒,已也。《礼记·士冠礼》:"卒筮书卦。"
徒,但也。《吕氏春秋·异用》:"非徒网鸟也。"
咸,皆也。《淮南子·时则训》:"蛰虫咸动苏。"

F

及,与也。《诗经·邶风·谷风》"及尔同死"笺。
自,从也。《孟子·万章上》:"天视自我民视。"
由,用也。《礼记·礼运》:"由此其选也。"
爰,于也。《仪礼·士冠礼》:"爰字孔嘉。"

G

矧,况也。《诗经·小雅·伐木》"矧伊人矣,不求友生"传。
若,如也。《周礼·冬官·梓人》:"若女不宁侯。"
苟,诚也。《论语·里仁》:"苟志于仁矣,无恶也。"

按现代语法学分析,A 属名词,B 属动词,C 属形容词,D 属代词,E 属副词,F 属介词,G 属连词。汉人没有也不可能作这样的区分,但他们看出这些词有共同的特点,即有义可训。

同训之外,义界方式的释词为数也不少。所谓"义界",是"用一句或几句话来阐明词义的界限,对词所表的概念的内涵作出阐述或定义"[①]。如:

H

水中可居者曰洲。《诗经·周南·关雎》"在河之洲"传。
师,教人以道者之称也。《周礼·地官序》:"师氏。"
车两轮间为轨。《战国策·齐一》:"车不得方轨。"
妻之女弟为姨。《吕氏春秋·长攻》:"息夫人吾之姨也。"

I

逆流而上曰溯洄。《诗经·秦风·蒹葭》"溯洄从之"传。

---

① 见陆宗达《训诂简论》,北京出版社,1980。

啸，蹙口而出声。《诗经·召南·江有汜》"其啸也歌"笺。
自上言泄下曰漏。《公羊传·文公六年》："君漏言也。"
两手相击曰抃。《吕氏春秋·古乐》："帝喾乃令人抃。"

J

贫者，困于财。《诗经·邶风·北门》"终窭且贫"传。
毅，强而能断也。《论语·泰伯》"士不可以不弘毅"包曰。
衰，肌肤消也。《吕氏春秋·去宥》："人之老也，形益衰。"
强，有势力也。《吕氏春秋·审时》："其米多沃而食之强。"

按现代语法学分析，H属名词，I属动词，J属形容词。汉人没有提出这样分类名称，但义界文字表现出H属事物性，I属行为性，J属性质状态性；从三类词的释文文字的明显不同，可看出汉人认识到三类词的区别。而且从全部注释书来看，用义界方式的皆是名词、动词、形容词，未发现代词、副词、介词、连词用义界方式训释的。前边说所谓"义界"，是阐述或定义"词所表示的概念的内涵"；从对名词、动词、形容词用义界方式释义来说，也可看出汉人认识到这三类词有区别于代词、副词、介词、连词的共同的意义特点，即有"概念的内涵"可阐述。

此外尚有一种特殊义训中的义界方式词，即指出是表示事物的鸣叫声，现在语法书上称为拟声词或象声词，例见下1.5.3D。

1.5.2 非义训词 所谓非义训词是指注释书中不用义训方法训释的词，而提出了专门性的名称。共有两种。

1.5.2.1 辞（词、语词）、语助（语之助、声之助） "辞"的名称，西汉毛亨（以及孔安国）首先提出：

薄，辞也。《诗经·周南·芣苢》"薄言采之"传。

思,辞也。《诗经·周南·汉广》"汉有游女,不可求思"传。

止,辞也。《诗经·召南·草虫》"亦既见止,亦既觏止"传。

忌,辞也。《诗经·郑风·大叔于田》"叔善射忌,又良御忌"传。

且,辞也。《诗经·郑风·山有扶苏》"不见子都,乃见狂且"传①。

东汉郑玄、赵岐、何休、高诱、王逸延续使用"辞"的名称,也写作"词"或"语词"。

止,辞也。《诗经·大雅·抑》"於乎小子,告尔旧止"笺。

已,辞也。《礼记·檀弓下》:"生事毕而鬼事始已。"

尔,辞也。《孟子·万章上》:"郁陶思尔。"

夫,辞也。《孟子·尽心上》:"夫舜恶得而禁之。"

其诸,辞也。《公羊传·桓公六年》:"其诸以病桓与。"

云乎,辞也。《公羊传·庄公二十四年》:"然则曷用枣栗云乎。"

与,邪,词也。《淮南子·精神训》:"不识天下之以我备其物与。"

羌,辞也。《楚辞·九章·惜诵》:"羌众人之所仇。"

謇,辞也。《楚辞·九章·惜诵》:"謇不可释。"

搴,词也。《楚辞·九歌·湘君》:"搴谁留兮中洲。"

---

① 狂且之"且",马瑞辰《毛诗传笺通释》说当是"伹"字之省借,以"狂伹"为复合词,指"狂行拙钝之人";本书所引,均据原注。

羌，楚人语词①也。《楚辞·离骚》："羌内恕己以量人兮。"

郑玄创"语助"名称，又写作"语之助""声之助"。

居读为姬姓之姬，齐鲁之间语助也。《礼记·檀弓上》："何居？我未之前闻也。"

尔，语助。《礼记·檀弓上》："尔毋从从尔，尔毋扈扈尔。"②

居读为姬，语之助也。《礼记·郊特牲》："三日斋，一日用之，犹恐不敬，二伐鼓，何居。"

思，皆声之助。《礼记·中庸》："《诗》曰：'神之格思，不可度思，矧可射思'。"

东汉人又使用"发声""绝语辞"：

式，发声也。《诗经·邶风·式微》"式微式微，胡不归"笺。

夫，发声③。《周礼·秋官·司烜氏》："司烜氏掌以夫遂取明火于日以鉴。"

焉，绝语辞。《公羊传·宣公元年》："上其堂，则无人焉。"

云尔，绝语之辞也。《孟子·公孙丑下》："是何足与言仁义也云耳。"

1.5.2.2 叹辞 "叹辞"名称也为西汉毛亨首先提出，东汉郑玄、高诱等人延续使用。

---

① 这可看作现代汉语"语词"一词的原始出处，现在词典一般收"语词"条目，《辞海》有"语词"分册；当然，今天"语词"的意义跟其始义有别。

② 此句全部释文是："尔，女也；从从，谓大高；扈扈，谓大广；尔，语助。"前"尔"同训"女"，说明是代词；两"尔"区别清楚。

③ 引郑司农语。

于嗟,叹辞。《诗经·周南·麟之趾》"于嗟麟兮"传。

　　猗嗟,叹辞。《诗经·齐风·猗嗟》"猗嗟昌兮"传。

　　於,叹辞。《诗经·大雅·文王》"於昭于天"传。

　　猗,叹辞。《诗经·商颂·那》"猗与那与"传。

　　於,音乌,叹辞也。《孟子·告子下》:"於答是也。"

　　夫,叹辞也。《孟子·告子上》:"率天下之人而祸仁义者,必子之言夫。"

　　恶,恶者,不安事之叹辞也。《孟子·公孙丑上》:"恶!是何言也。"

　　嗟,叹辞也。《吕氏春秋·知化》:"嗟乎!吴朝必生荆棘矣。"

　　咨,嗟,叹辞。《吕氏春秋·行论》:"文王流涕而咨之。"

释文还说明叹辞所表现的不平、不悟、赞美、伤痛等感情以及同一个词可表现不同感情。

　　噫,心不平之声。《论语·子张》"噫!言游过矣"孔曰。

　　噫,心不平之声。《论语·子路》"噫!斗筲之人,何足算也"郑曰。

　　噫,不寤①之声。《礼记·檀弓下》:"噫!毋。"

　　噫,不寤之声。《礼记·檀弓下》:"公肩假曰'不可!……噫'。"

　　噫,痛伤之声。《论语·先进》"噫!天丧予!天丧予"包曰。

　　猗与,叹美之言也。《诗经·周颂·潜》"猗与漆沮"笺。

---

① 寤,同"悟",理解。

贰 中国古代语法学的产生(汉魏晋南北朝)

于嗟者,美之也。《诗经·召南·驺虞》"于嗟乎驺虞"笺。

嘻,悲恨之声。《礼记·檀弓上》:"嘻!其甚也。"

噫,发痛语首之声。《公羊传·僖公元年》:"庆父闻之曰:'噫!此奚斯之声也。诺!已。'"

懿,有所痛伤之声也。《诗经·大雅·瞻卬》"懿厥哲妇"笺。

呼,虚惫之声。《礼记·檀弓上》:"曾子闻之,瞿然曰'呼'。"

以上二者按现代语法学词的分类,"辞""语助"为语气助词,"叹辞"为叹词。汉人释词特别提出,不用义训方法,说明汉人看出二者有区别于义训词的共同语义特征,即无实际意义可训。

1.5.3 义训下位词 义训词中注释书又表现出一些小的类别。

A. 某些词后面带受事语表示行为及于他物

A_a. 注出受事语词

疆,画经界也。理,分地理也。《诗经·小雅·信南山》"我疆我理"传。

止病曰疗。《周礼·天官·疡医》:"凡疗疡以五毒攻之。"

树,谓殖草木也。《礼记·中庸》:"地道敏树。"

揭,揭衣也。《论语·宪问》"浅则揭"包曰。

聚,敛也;相聚敛财物。《公羊传·襄公三十年》:"诸侯相聚。"

思,思吴乎?《战国策·秦二》:"意亦思乎。"

予,予氏财也。《淮南子·氾论训》:"予而不夺。"

A_b. 用指代受事语词的"之"

亨,饪之也。《诗经·小雅·楚茨》"或剥或亨(烹)"传。

比,校次之。《周礼·天官·小宰》:"凡礼事,赞小宰比官府之具。"

揮,推之也。《仪礼·乡射礼》:"揮弓命推矢。"

援谓牵持之也。《礼·中庸》:"在下位不援上。"

揠,挺拔之。《公子·公孙丑上》:"宋人有闵其苗之不长而揠之者"。

这里谈一下何休对"之"作用的解说:

"夏,五月,郑伯克段于鄢。"克之者何?【加"之"者,问训诂并问施于之为。】杀之也。《公羊传·隐公元年》《马氏文通》(卷四)解释说:"夫'施于'者,即行之所施也。"这说明"之"字表示"克"之受事。

B. 某些词释文有"自"字,表示行为止于自身

沐浴,所以自洁清。《周礼·天官·官人》:"共王之沐浴。"

免犹自止也。《礼记·乐记》:"夫乐者乐也,人情之所不能免也。"

进谓自勉强也。《礼记·乐记》:"礼减而进,以进为文。"

反谓自抑止也。《礼记·乐记》:"乐盈而反,以反为文。"

不贰,不自贰于尊者也。《礼记·坊记》:"孝以事君,弟以事长,示民不贰。"

C. 某些词释文或用"貌"或加"然"表示形容性状

C_a. 用"貌"字

浮浮,众强貌。滔滔,广大貌。《诗经·大雅·江汉》"江

汉浮浮,武夫滔滔"①传。

昌,佼好貌。《诗经·齐风·猗嗟》"猗嗟昌兮"笺。

洒如,肃敬貌。言言,和敬貌。油油,说敬貌。《礼记·玉藻》:"君子之饮酒也,受一爵而色洒如也,二爵而言言斯,礼已三爵而油油。"

申申、夭夭,和舒之貌。《论语·述而》"子之燕居申申如也,夭夭如也"马曰。

踧踖,恭敬之貌。与与,威仪中适之貌。《论语·乡党》"君在,踧踖如也,与与如也"马曰。

圉圉,鱼在水羸劣之貌。洋洋,舒缓摇尾之貌。《孟子·万章上》:"始舍之,圉圉焉;少则洋洋焉。"

仡然,壮勇貌。《公羊传·宣公六年》:"仡然从乎赵盾而入。"

C_b. 加辅助成分"然"字

容仪可观,佩玉遂遂然;垂其绅带悸悸然有节度。《诗经·卫风·芄兰》"容兮遂兮,垂带悸兮"传。

潝潝然患其上,訿訿然思不称乎上。《诗经·小雅·小旻》"潝潝訿訿"传。

彭彭然不得息,傍傍然不得已。《诗经·小雅·北山》"四牡彭彭,王事傍傍"传。

叶萋萋然,喻其容色美盛也。《诗经·周南·葛覃》"维叶萋萋"笺。

我教告王,口语谆谆然,工听聆之藐藐然。《诗经·大雅·

---

① 王引之《经义述闻》认为两句词序传写误倒,当是"江汉滔滔,武夫浮浮"。

抑》"诲尔谆谆,听我藐藐"笺。

C_c."貌""然"二字并用

闲闲然,男女无别往来之貌。《诗经·魏风·十亩之间》"桑者闲闲兮"传。

凿凿然,鲜明貌。《诗经·唐风·扬之水》"白石凿凿"传。

牂牂然,盛貌。《诗经·陈风·东门之杨》"其叶牂牂"传。

阿然,美貌。难然,盛貌。《诗经·小雅·隰桑》"隰桑有阿,其叶有难"传。

俨,矜庄貌;人之坐思,貌必俨然。《礼记·曲礼上》:"俨若思。"

现代语法学研究,上古汉语形容词有"然"字辅助成分(又名词尾)①;所以原文无"然",释文有"然",不能肯定是否原文是省去"然"字,因为有原文、释文共有"然"字和原文有"然"而释文省去"然"的情况。

嗷然,哭声貌。《公羊传·昭公二十五年》:"昭公于是嗷然而哭。"

宛,辟貌。《诗经·魏风·葛屦》"好人提提,宛然左辟"传。

瞀瞀,目不明之貌。《礼记·檀弓下》:"有饿者蒙袂辑屦瞀瞀然来。"

退,柔和貌。呐呐,舒小貌。《礼记·檀弓下》:"文子其中,退然如不胜衣,其言呐呐然如不出诸其口。"

---

① 见王力《汉语史稿》(中册,第314—315页,科学出版社,1958)、向熹《简明汉语史》(下编,第31页,高等教育出版社,1993)。

D. 某些词摹拟事物鸣叫声　这类词西汉毛亨（以及孔安国）首先指出，并说明同一个词可以指不同事物发出之声，同一事物可以有表示不同声音之词。东汉人继续指明此类词，郑玄并用"鸣声"概括。

丁丁，伐木声也。《诗经·小雅·伐木》"伐木丁丁"传。
丁丁，椓杙声也。《诗经·周南·兔罝》"椓之丁丁"传。
坎坎，伐檀声。《诗经·魏风·伐檀》"坎坎伐檀兮"传。
坎坎，击鼓声。《诗经·陈风·宛丘》"坎其击鼓"传。
镗然，击鼓声也。《诗经·邶风·击鼓》"击鼓其镗"传。
将将，鸾镳声也。《诗经·小雅·庭燎》"鸾声将将"传。
肃肃，羽声也。《诗经·小雅·鸿雁》"肃肃其羽"传。
翙翙，羽声也。《诗经·大雅·卷阿》"翙翙其羽"笺。
铿者，投琴之声。《论语·先进》"鼓瑟希，铿尔"孔曰。
填，鼓音也。《孟子·梁惠王上》："填然鼓之。"
锵锵，鸣声。《诗经·大雅·烝民》"八鸾锵锵"笺。

E. 某些词指代实体有指代作用

上我，我，殷王也；下我，将率自谓也。《诗经·小雅·出车》笺。
吾，屈原自谓也。《楚辞·九歌·大司命》："吾与君兮斋速。"
余，谓日也。《楚辞·九歌·东君》："抚余马兮安驱。"
己，己，诸大夫也。《公羊传·宣公六年》："（灵公）引弹而弹之，己趋而辟丸。"
子，异人也。《战国策·秦五》："吾为子使秦必来请子。"
彼，童子也。《礼记·檀弓上》："尔之爱我也，不如彼。"

之子,是子也;谓其君子也。《诗经·小雅·采绿》"之子于狩"笺。

之子,侯伯,卿士也。《诗经·小雅·鸿雁》"之子于征"传。

其子,揠苗者之子也。《孟子·公孙丑上》:"其子趋而往视之。"

厥,其;其,幽王也。《诗经·大雅·瞻卬》"懿厥哲妇"笺。

此,天下。《吕氏春秋·长攻》:"汤武不王,虽贤,显未至于此。"

或,或人。《论语·为政》"或谓孔子曰"包曰。

F. 某些词可增可删表示表现组合关系

"于"的增、删

夫至人倚不拔之柱,行不关之途。【倚于不可拔摇之柱,行于不可关闭之途。】《淮南子·精神训》

吾闻出于幽谷,迁于乔木者,未闻下乔木而入于幽谷者。【人当出深谷,止乔木,今子反下乔木入幽谷。】《孟子·滕文公上》

"以"的增、删

羸弱服格于道,大夫箕会于衢。【箕会,以箕于衢会敛。】《淮南子·人间训》

壶涿氏掌除水虫,以炮土之鼓驱之,以焚石投之。【焚石投之,使惊去。】《周礼·秋官·壶涿氏》

"与"的增、删

以日星为纪,故事可列也。【事以日与星为候,兴作有次第。】《礼记·礼运》

志与心变,神与形化。【志心皆变,神形皆化。】《淮南子·俶真训》

"若"的增、删

向者遇桀纣,必杀之矣。【若其遇桀纣,则必杀也。】《战国策·秦五》

若岁终,则省之。【岁终,又省之。】《周礼·秋官·方士》

"而"的增、删

冰以入,令告民出五种。【冰既入,而令田官告民出五种。】《礼记·月令》

伯氏不出而图吾君。【图犹谋也;不出为君谋国家之政。】《礼记·檀弓上》

"或……或"的增、删

殀寿不二,终身以俟之。【貳,二也;仁人……虽见贤人或殀或寿,终无二心。】《孟子·尽心上》

出入则或先或后,而敬扶持之。【先后之,随时便也。】《礼记·内则》

"则……则"的增、删

凡有功者,铭书于王之大常,祭于大烝。【铭之言名也;生则书于旌以识其人与其功也,死则于烝先王祭之。】《周礼·夏官·司勋》

大事则从其长,小事则专达。【大事从其长,若庖人内外饔与膳夫共王之食;小事专达,若官人掌舍各为一官。】《周礼·天官·小宰》

按现代语法学分析,以上 A 属他动词,B 属自动词,C 属形容词,D 属拟声词(象声词),E 属指代词,F 属介词、连词(关系词)。

汉人没有提出这样的名称,而事实上表现出这些词的特征。

综合以上所述汉人注释书表现出的词的类别划分,是先分出义训词(有义可训词)、非义训词(无义可训词),两类之下再可分出若干次类;可概括如下表:

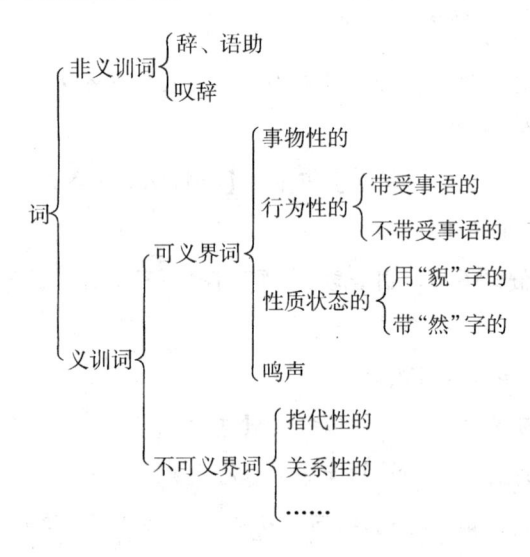

```
        ┌ 非义训词 ┬ 辞、语助
        │         └ 叹辞
        │
        │         ┌ 事物性的
        │         │
        │         │ 行为性的 ┬ 带受事语的
 词 ┤            │         └ 不带受事语的
        │ 可义界词┤
        │         │ 性质状态的 ┬ 用"貌"字的
        │         │           └ 带"然"字的
        │ 义训词 ┤
        │         └ 鸣声
        │
        │         ┌ 指代性的
        │ 不可义界词┤ 关系性的
        │         └ ……
```

这是就总体上谈注释书表现出的词类划分;这也可以说是汉人的词类观,即他们已有了词的类别观念。不过这是就总体而言,从某些释文来看,这种类别划分不是界限分明、非常清楚的。如:

(1) 二爵而言言斯。【言言,和敬貌;斯犹耳也。】《礼记·玉藻》

(2) 颜渊死,子曰:"噫!【呲嗟貌。】天伤予!"《公羊传·哀公十四年》

(3) 庄王方削袂,闻之曰:"嘻!【嘻,怒貌也。】《吕氏春秋·行论》

(1)"斯"是语助,用同训方法,(2)"噫"、(3)"嘻"是叹词,而均释以"貌"字;这也表现出汉人对"貌"字可广为使用的认识。

再看以下几例:

(1) 风雨凄凄,鸡鸣喈喈。【传:风且雨凄凄然,鸡犹守时而鸣喈喈然。】《诗经·郑风·风雨》

(2) 筑之登登,削屡(娄)冯冯。【传:登登,用力也;削墙锻屡之声冯冯然。】《诗经·大雅·緜》

(3) 大车槛槛,毳衣如菼。【传:槛槛,车行声也。】……大车啍啍,毳衣如璊。【传:啍啍,重迟之貌。】《诗经·王风·大车》

"喈喈""登登"是拟声词,而加上"然"字;"槛槛""啍啍"都是拟声词,而后者用"貌"字。这倒不是拟声词跟形容词相混淆,而是表现出汉人(包括唐人)认为两类词难分的看法(参看叁2.2.5)。

现代语法学词类的划分,《马氏文通》开始,是意义标准,说:"凡字,有事理可解者曰实字,无解而惟以助实字之形态者曰虚字。实字之类五,虚字之类四。"马氏的实字是名字、代字、动字、静字(形容词)、状字(副词);马氏的虚字是介字、连字、助字、叹字。对此杨树达《马氏文通刊误》评述道:"马氏分别虚实字,自较前人为精密。但此云以无解者为虚字,则彼所分析,实未尽然。盖若介字之'以'字当'拿'字'因'字解,'为'字当'助'字'代'字解,'自''由''从''与'诸字及'之'字皆各有解。又连字中'与''及''且''然'等字亦皆有解。计马氏虚字四种中,绝对无解者,仅助字、叹字耳。"我国第一部最有影响的白话语法著作《新著国语文法》(黎锦熙)词类分实体词(名词、代名词)、述说词(动词)、区别词(形容词、副词)、关系词(介词、连词)、情态词(助词、叹词)。

汉人没有这样的理论认识水平,但他们实际上是按意义标准将词分为两大类,而且表现出助词、叹词有区别于其他词类的语义特征——不可义训。至于黎氏讲的关系词,注释书实际上也表现了出来。

注释书之外,汉人对词的语法类别特点的认识,也表现在字书——许慎(58?—147?)《说文解字》对虚字的注释上;这点在叁5.2.1再谈。

1.5.4 一词多类 注释书训释出一个词的不同意义,表现出一词多类现象。

礼

　　三年则大比,考其德行道艺,而兴贤者能者。乡老及乡大夫帅其吏与其众寡,以礼₁礼₂宾之。【以乡饮酒之礼礼而宾之。】《周礼·地官·乡大夫》

亲

　　以八统诏王驭万民:一曰亲₂亲₁,……【亲亲,若尧亲九族也。】《周礼·天官·大宰》

土

　　孔乐韩土₁,川泽讦讦。【笺:甚乐矣,韩之国土也。】《诗经·大雅·韩奕》

　　土圭尺有五寸,以致日,以土₂地。【土犹度也;建邦国以度其地而制其域。】《周礼·冬官·玉人》

物

　　鸡人掌共鸡牲,辨其物₁。【物,毛色也。】《周礼·春官·鸡人》

　　载师掌任土之法,以物₂地事授此职。【物,物色之,以知

其所宜之事。】《周礼·地官·载师》

法

　　小宰……以法$_1$掌祭祀、朝觐、会同、宾客之戒具。【法，谓其礼法也。】《周礼·天官·小宰》

　　听官府之六计：……五曰廉法$_2$。【法，守法不失也。】同上

事

　　及战，巡陈视事$_1$而赏罚。【事谓战功也。】《周礼·夏官·大司马》

　　先事$_2$后得。【孔曰：先劳于事然后得报。】《论语·颜渊》

之

　　人之$_1$其所亲爱而辟焉。【之，适也。】《礼记·大学》

　　义渠君之$_1$魏。【之，至也。】《战国策·秦二》

　　欲报之$_2$德，昊天罔极。【之犹是也。】《诗经·小雅·蓼莪》

　　之$_2$子是必大吉。【之，其。】《吕氏春秋·音初》

　　之$_2$子于归，言秣其马。【之子，是子也。】《诗经·周南·汉广》

　　今有人于此能生死一人，则天下必争事之$_2$矣。【事此人。】《吕氏春秋·怀宠》

　　倒载干戈，包之$_2$以虎皮。【包干戈以虎皮。】《礼记·乐记》

　　"冬，晋里克杀其君之$_3$子奚齐。"【加"之"者，起先君之子。徐彦疏：若不加"之"，嫌是君子为一人故。】《公羊传·僖公九年》

　　汉代没有"一词多类"提法，但释文实际上表现出礼$_1$、亲$_1$、

土$_1$、物$_1$、法$_1$、事$_1$ 为名词，礼$_2$、亲$_2$、土$_2$、物$_2$、法$_2$、事$_2$ 为动词；又表现出之$_1$ 为动词，之$_2$ 为指代词，之$_3$ 为结构助词①。汉人是看出这些词在句中所处结构位置之不同，而作不同的解释的，从而区分出不同的类别。

1.6 分析句法结构

为了清楚、准确解释原文的意思，释文也分析出原文的句法结构。这是因为语句是依照一定的句法规则组成，其中任何语词都在特定的句法成分之中②。汉语基本句法结构有主谓、述宾、述补、偏正、联合等。这几种结构注释书中都有清楚的分析与描写。当然，这种分析与描写，不是靠什么术语，而是在释文中用说明和语词的加入、复写、省略、移位、重排等手段表现的。

1.6.1 分析主谓结构　释文说明句中的主语、谓语成分，明确被表述与表述关系。

1.6.1.1 指明主语、谓语

(1) 礼器。【言礼使人成器。】《礼记·礼器》

(2) 凡野舞，则皆教之。【野舞谓野人学舞者。】《周礼·地官·舞师》

(3) 偷慢懈惰，多不暇之故。【偷，薄；慢，易。薄易之人懈惰于庶几，多言已不暇日而不学，惟此故也。】《淮南子·修务训》

(4) 七月在野，八月在宇，九月在户，十月蟋蟀入我床下。

---

① "之"的结构助词用法，详见下。
② 语气助词、叹词非句法结构成分词除外，参看笔者《词类三分法刍议》，《山东师大学报》1992.1，中国人民大学复印报刊资料《语言文字学》1992.3。

【笺:自"七月在野"至"十月入我床下"皆谓蟋蟀也。】《诗经·豳风·七月》

(5) 舜流共工于幽州,放驩兜于崇山,杀三苗于三危,殛鲧于羽山。【舜诛四佞,以其恶也。】《孟子·万章上》

(6) 乃如是之人也,【传:乃如是淫奔之人也。】怀昏姻也,大无信也,不知命也。【笺:淫奔之女大无贞洁之信,又不知昏姻当待父母之命。】《诗经·鄘风·蝃蝀》

以上(1)"礼器"、(2)"野舞"各两字(词),表现出为主谓关系;(3)"偷慢懈惰"形式相等,而实是主谓结构;(4)说明主语"蟋蟀"后出现;(5)说明主语"舜"统摄下四个谓语;(6)四个"音句"全带"也"字,"传""笺"说明为首者是主语。

1.6.1.2 加入空位主语 所谓空位主语,即主语不出现,这是古汉语句法的一个重要特点①。这一现象何休、范宁有"无主名""不称主名"说法(见壹2.3.1.1)。

(1) 子适卫,冉有仆。子曰:"〖 〗庶矣哉!"【孔曰:庶,众也;言卫人众多。】《论语·子路》

(2) 客践席〖 〗乃坐。【客安,主人乃敢安也。】《礼记·曲礼上》

(3) 〖 〗贱之而〖 〗弗憎,〖 〗贵之而〖 〗弗喜。【人有恶贱己者己不憎也,人有尊己者己不喜也。】《淮南子·精神训》

(4) 陈相见孟子,道许行之言。……孟子曰:"许子必种粟而后食乎?"〖 〗曰:"然"【相曰:"然。许子自种之。"】"许子

---

① 见杨伯峻、何乐士《古汉语语法及其发展》,第45页,语文出版社,1992。

必织布然后衣乎?"【孟子曰:"许子自织布然后衣之乎?"】〖 〗曰:"否,许子衣褐。"【相曰:"不自织布,许子衣褐。"】"许子冠乎?"【孟子问相:"冠乎?"】〖 〗曰:"冠。"【相曰:"冠也。"】〖 〗曰:"奚冠?"【孟子问:"许子何冠?"】〖 〗曰:"冠素。"【相曰:"许子冠素。"】〖 〗曰:"自织之与?"〖 〗曰:"否。以粟易之。"【相言许子以粟易素。】〖 〗曰:"许子奚为不自织?"【孟子曰:"许子何为不自织乎?"】〖 〗曰:"害于耕。"【相曰:"纺织害于耕,故不自织也。"】〖 〗曰:"许子以釜甑爨、以铁耕乎?"【孟子曰:"许子宁以釜甑炊食,以铁为犁用之耕否邪?"】〖 〗曰:"然。"【相曰:"用之。"】"自为之与?"【孟子曰:"许子自冶铁陶瓦器邪?"】〖 〗"否。以粟易之。"【相曰:"不自作铁瓦,以粟易之也。"】《孟子·滕文公上》

以上(1)加入主语,明确叙述对象;(2)(3)加入主语,明确叙述不同对象;(4)加入主语,明确对话人称变化;古代无标点,更说明加入主语之重要[①]。

1.6.1.3 加入述语/谓语空位成分

(1) 百工居肆以成其事,〖 〗君子学以致其道。【包曰:言百处其肆则事成,犹君子学以致其道。】《论语·子张》

(2) 王曰:"请问贵戚之卿〖 〗?"【问贵戚之卿如何。】《孟子·万章下》

(3) 此四方之无君者也,其民〖 〗麋鹿禽兽。【不知礼义、无长幼之别,如麋鹿禽兽也。】《吕氏春秋·恃君》

[①] 王力《汉语史稿》说:"在先秦对话里,'曰'字的主语往往承前而被省去。"(中册,第462页,科学出版社,1958)

(4)山云〖 〗草莽,水云〖 〗鱼鳞。【山中气出,云似草莽;水气出,云似鱼鳞。】《淮南子·览冥训》

以上(1)加入"犹",(2)加入"如何",(3)加入"如",(4)加入"似""似",主谓关系明确。

1.6.1.4 表现主谓易位 主谓次序是主前谓后,为了表达需要,原文有的是谓前主后;释文以语词移位表现。

(1)招招舟子,人涉卬否。【传:招招,号召之貌;舟子,舟人主济渡者。笺:舟人之子号召当渡者。】《诗经·邶风·匏有苦叶》

(2)鲁庄公及宋人战于乘丘,县贲父御,卜国为右。马惊败绩;公坠,佐车授绥。【戎车之贰曰佐;授绥,乘公。】公曰:"末之,卜也。"【末之犹微哉,言卜国无勇。】《礼记·檀弓上》

(3)子曰:"何伤乎,亦各言其志也?"【孔曰:各言己志,于义无伤。】《论语·先进》

(4)王曰:"大哉,言矣!寡人有疾,寡人好勇。"【王谓孟子之言大不合于其意。】《孟子·梁惠王下》

(5)满堂兮美人,忽独与余兮目成。【言万民众多,美人并会,盈满于堂。……】《楚辞·九歌·少司命》

以上各句主语(1)"舟子"、(2)"卜"、(3)"各言其志"、(4)"言"、(5)"美人"位谓语后,释文以移位方法表现。

1.6.2 分析述宾结构 述宾关系是支配与被支配关系,释文以一定的方法予以表现。

1.6.2.1 单宾语

1.6.2.1.1 解释动词,说明后面语词为其所支配。

(1)君子行礼,不求变俗。【求犹务也;不务变其故俗,务

本也。】《礼记·曲礼下》

(2) 从以箫管，奋至德之光。【奋犹动也；动至德之光，谓降天神、出地祇、假祖考。】《礼记·乐记》

(3) 天子乃傩，以御秋气。【御，止也；止秋气，不使为害。】《淮南子·时则训》

(4)（禹）决江疏河。【决巫山令江水得东过，故言决；疏道东注于海，故言疏。】《淮南子·修务训》

1.6.2.1.2 宾语移前或宾语提前再用"之"复指，以示为动词所支配。

(1) 黾勉从事，不敢告劳。【笺：自勉以从王事，虽劳不敢自谓劳。】《诗经·小雅·十月之交》

(2) 不挟兄弟而友。【兄弟有富贵者不挟。】《孟子·万章下》

(3) 夫贤不肖、善邪辟、可悖逆，【不肖者，贤之；邪僻者，善之；悖逆者，可之也。】国不乱，身不危，奚待也？《吕氏春秋·正名》

(4) 行柔惠，止刚强。【刚强，侵凌人不循规度者，禁止之也。】《淮南子·时则训》

1.6.2.2 双宾语（宾$_1$、宾$_2$）

1.6.2.2.1 加入"以"或加入"以"再移宾$_2$于述语前

(1) 神之听之，介尔$_1$景福$_2$。【笺：神明将助女以大福。】《诗经·小雅·小明》

(2) 酒正掌酒之政令，以式法授酒$_1$材$_2$。【郑司农云：授酒人以其材。】《周礼·天官·酒正》

(3) 责成人$_1$礼$_2$焉者，将责为人子，为人弟，为人臣。

貳　中国古代语法学的产生(汉魏晋南北朝)

【言责人以大礼者,己接之不可以苟。】《礼记·冠义》

(4) 厉女₁德₂而弗忘,与女₁正₂而弗衰。【敕厉女以妇德而不忘失,付与女以内正而不衰疏。】《吕氏春秋·遇合》

(5) 梓匠轮舆能与人₁规矩₂,不能使人巧。【梓匠轮舆之功,能以规矩₂与人₁;……】《孟子·尽心下》

1.6.2.2.2　加入"于"或加入"从"再移宾₂于述语前[①]

(1) 是月也,毋用火₁南方₂。【阳气盛,又用火于其方,害微阴也。】《礼记·月令》

(2) 以不忍人之心行不忍人之政,治天下可运之₁掌上₂。【……以是治天下易于转丸于掌上也。】《孟子·公孙丑上》

(3) 夫尧恶得贤₁天下₂而试舜? 舜恶得贤₁天下₂而试禹?【恶,安;试,用也。何以得贤于天下能用舜、禹?】断之于耳而已矣。《吕氏春秋·谨听》

(4) 横流涕兮潺湲,隐思君₁兮陫侧₂。【君,谓怀王也;陫,陋也。言己虽见放弃,隐伏山野,犹从侧陋之中₂思念君也。】《楚辞·九歌·湘君》

1.6.2.3　前置宾语　原文宾语位述语前,释文移位于述语后

1.6.2.3.1　一般前置宾语

(1) 心之忧矣,其谁知之?【笺:如是则众臣无知我忧所为也。】《诗经·魏风·园有桃》

(2) 岁遍,诸侯方祀,祭山川,祭五祀。【方祀者,各祭其方之官而已。】《礼记·曲礼下》

(3) 草艾则墨,未发秋政,则民弗敢草也。【草艾,谓艾取

[①] 宾₂是处所词,现在有的语法书上看作补语。

草也。】《礼记·祭统》

(4) 孰狩之？薪采者也。【庶人采樵薪者。】《公羊传·哀公十四年》

(5) 尧不姚告，二女何亲？【姚，舜也；言尧不告舜父母而妻之；如令告之则不听，尧女当何所亲附乎？】《楚辞·天问》

1.6.2.3.2　否定句前置代词宾语[①]。

(1) 彼求我则，如不我得。【笺：彼，彼王也；王之始征求我，如恐不得我。】《诗经·小雅·正月》

(2) 卞随、务光……其视富贵也，苟不得已，则必不之赖。【不之赖，不赖之也；赖，利也。】《吕氏春秋·离俗》

(3) 吴王欲杀王子庆忌，而莫之能杀。【庆忌有力捷疾，而人皆畏之，无能杀之者。】《吕氏春秋·忠廉》

(4) 无我恶兮，不寁故也。【传：寁，速也。笺：子无恶我，……】《诗经·郑风·遵大路》

(5) 昔者吾丧姑姊妹亦如斯，末吾禁也。【末，无也；言无禁我。】《礼记·檀弓下》

1.6.2.3.3　"是""之""来""斯"前置宾语[②]

(1) 无非无仪，唯酒食是议。【笺：妇人之事，唯议酒食耳。】《诗经·小雅·斯干》

(2) 五穀不生，藂菅是食些。【柴棘为藂；菅，茅也。言两极之地不生五穀，其人但食柴草，若群牛也。】《楚辞·招魂》

(3) 未见君子，寺人之令。【传：寺人，内小臣也。笺：欲见国君者，必先令寺人，使传告之。】《诗经·秦风·车邻》

---

①② 见本书第71页注①。

(4) 王何卿之问也？【王问何卿也。】《孟子·万章下》

(5) 既之阴女,反予来赫。【笺：口距人谓之赫；我恐女见弋获,既往覆阴女,……女反赫我,出言悖怒,不受忠告。】《诗经·大雅·桑柔》

(6) 弓矢斯张,干戈戚扬。【传：戚,斧也；扬,钺也。张其弓矢,秉其干戈戚扬。】《诗经·大雅·公刘》

1.6.2.3.4　前置疑问代词宾语[①]

(1) 有皇上帝,伊谁云憎。【传：皇,君也。笺：伊当读为繄,繄犹是也。有君上帝者,以情告天也,使王暴虐如是,是憎恶谁乎？】《诗经·小雅·正月》

(2) 乡人长于伯兄一岁,则谁敬？【季子曰敬谁也。】《孟子·告子下》

(3) 公不如谓周君曰："何欲置？……"【置,立也；欲立谁为太子也。】《战国策·西周》

(4) 管子曰："然则君将何求？"【所侵邑非一,欲求何者。】《公羊传·庄公十三年》

1.6.3　分析述补结构　　述补结构是补语补充说明述语,原文补语位述语后,释文移位于述语前。

1.6.3.1　"以"字介词结构（表示方式、凭借、工具等）移述语前

(1) 保氏掌谏五恶,而养国子以道。【养国子以道者,以师氏之德行审谕之。】《周礼·地官·保氏》

[①] 此三式自《马氏文通》以来,古汉语语法著作共认是古汉语语法的重要句式特征；笔者《从〈诗经〉毛传、郑笺看前置宾语的变化》(《中国语文》,1989.3)、《古代汉语语法变化研究》(语文出版社,1994)说明汉代注释书中 1.6.2.3.2、1.6.2.3.3 两式全后置,1.6.2.3.4 式后置极少。这可证 1.6.2.3.2、1.6.2.3.3 两式在东汉时代已经消失,而 1.6.2.3.4 式在当时开始消失。

(2) 吾食于少师氏而饱,少施氏食我以礼。【言贵其以礼待己而为之饱也。】《礼记·杂记下》

(3) 夫子循循然善诱人,博我以文,约我以礼。【孔曰:"言夫子既以文章开博我,又以礼节节约我,使我欲罢而不能已。"】《论语·子罕》

(4) 嫂溺则援之以手乎?【见嫂溺水,则当以手牵援之否邪?】《孟子·离娄上》

(5) 桓公使人以朝车迎之,祓以爟火。【以爟火祓之也。】《吕氏春秋·赞能》

1.6.3.2 "自""于"字介词结构(表示处所、与事)移述语前("自"变"从"、"于"变"与")

(1) 我入自外,室人交遍谪我。【传:谪,责也。笺:我从外而入,在室之人更迭遍来责我,使已去也。】《诗经·邶风·北门》

(2) 蛇蛇硕言,出自口矣。【传:蛇蛇,浅意也。笺:硕,大也;大言者,言不顾其行,徒从口出,非由心也。】《诗经·小雅·巧言》

(3) (王)谋于燕众,置君而后去之。【与燕民谋置所欲立君而去之归齐。】《孟子·梁惠王下》

(4) 大厦曾加,拟于昆仑。【大厦,大屋也;曾,重架材木相乘架也。其高与昆仑山相拟象。】《淮南子·本经训》

1.6.4 分析偏正结构 偏正关系是修饰与被修饰关系。又分两种,一种是名词性短语中的定—心(定语、中心词)关系,一种谓词性的状—述(状语、述语)关系。两种偏正关系,释文各以一定的方式表现。

1.6.4.1 定心结构

1.6.4.1.1 说明"之"字的结构作用、加入"之"字

(1)"天王使仍叔之子来聘。""仍叔之子"者何?天子之大夫也。【加"之"者,起"子"避一人。】《公羊传·桓公五年》

(2)"秋七月,天王使宰咺来归惠公、仲子之赗。"……其言"惠公、仲子"何?兼之。兼之,非礼也。【礼不赗妾,既善而赗之,当各使一使,所以异尊卑也。言"之赗"者起两赗也。】《公羊传·隐公元年》

(1)说明有"之"字避免写成"仍叔子"而被认为是一人(《公羊传·僖公三十三年》有百里子、蹇叔子二人),(2)说明"之"表示"赗"为惠公、仲子两人之赗,"惠公、仲子"共领"赗"。

这是径直说明"之"字表示偏正关系;更多的是加入"之"字。

A. 定语是名、代词

(1)抗世子法于伯禽。【抗犹举也;谓举以世子之法。】《礼记·文王世子》

(2)萧同侄子者,齐君之母也。【萧同,国名;侄子者,萧同君侄娣之子。】《公羊传·成公二年》

(3)我思古人,实获我心。【传:古之君子,实得我之心。】《诗经·邶风·绿衣》

(4)高余冠之岌岌兮,长余佩之陆离。【言己怀德不用,复高我之高冠,长我之佩,……】《楚辞·离骚》

B. 定语是动词

(1)视尔如荍,贻我握椒。【笺:……女乃遗我一握之椒。】《诗经·陈风·东门之枌》

(2)军旅共其委积薪刍。【委积薪刍者,委积之薪刍也。】《周礼·地官·委人》

(3) 以不教民战,是谓弃之。【马曰:言用不习之民使之攻伐,必破败,是谓弃之。】《论语·子路》

(4) 争遣伐器,何以行之?【伐器,攻伐之器也。】《楚辞·天问》

C. 定语是形容词

(1) 山有嘉卉,侯栗侯梅。【笺云:嘉,善;侯,维也。山有美善之草,生于梅栗之下。】《诗经·小雅·四月》

(2) 止其重器。【勿徙其宝重之器。】《孟子·梁惠王下》

(3) 皇览揆余初度兮,肇锡余以嘉名。【肇,始也;锡,赐也;嘉,善也。……故赐我以美善之名也。】《楚辞·离骚》

(4) 宣王怒曰:"野士也。"【言鄙野之士也。】《吕氏春秋·贵直》

1.6.4.1.2 说明修饰关系

(1) 四骊济济,垂辔沵沵。【垂辔,辔之垂者。】《诗经·齐风·载驱》

(2) 医师掌医之政令,聚毒药以共医事。【毒药,药之辛苦者。】《周礼·天官·医师》

(3) 小司寇之职,掌外朝之政。【外朝,朝在雉门之外者也。】《周礼·秋官·小司寇》

(4) 倾宫旋室。【旋室,以旋玉饰室也;一说室旋机关可转旋,故曰旋室。】《淮南子·地形训》

1.6.4.2 状述结构 加入"而""以"[①]表示前后是修饰与被

[①] 杨伯峻、何乐士《古汉语语法及其发展》说,"状语和被修饰之间有时有'而、以……'等成分",见该书第63页。

修饰

（1）自诚明,谓之性;自明诚,谓之教。【自,由也。由至诚而有明德,是圣人之性者也;由明德而有至诚,是贤人学以知之也。】《礼记·中庸》

（2）诸侯于利不苟取,于害不苟免。【于不义之利不苟且而取也;当义能死,故不苟免。】《吕氏春秋·士节》

（3）路修远以多艰兮,腾众车使径待。【腾,过也;……故令众车先过,使从邪径以相待也。】《楚辞·离骚》

（4）操吴戈兮被犀甲,车错毂兮短兵接。【错,交也;短兵,刀剑也。言……长兵不施,故用刀剑以相接也。】《楚辞·九歌·国殇》

1.6.5 分析联合结构 联合结构跟主谓、述宾、述补、偏正结构皆是基本句法结构,但联合跟此四者不在一个平面上;主谓、述宾、述补、偏正结构的任一结构项皆可以是联合成分,而联合结构的构成元又可是主谓、述宾、述补、偏正结构。释文对句法结构各项中的联合成分以复写、加入、省略、重排等方法表现。

1.6.5.1 联合主语

（1）天地大矣,生而弗子,成而弗有。【天大地大,生育民人不以为己子,成遂万物不以为己有也。】《吕氏春秋·贵公》

（2）邦靡有定,士民其瘵。【笺:天下骚扰,邦国无有安定者,士卒与民皆劳病。】《诗经·大雅·瞻卬》

（3）谋不亏,则名实从之。【既有美名,又有其实,故曰名实从之。】《吕氏春秋·召类》

（4）义与信,和与仁,霸王之器也。【器谓所操以作事者也。义、信、和、仁,皆存乎礼。】《礼记·经解》

以上(1)复写谓语、(2)(3)加入连词、(4)省略连词(语意未变),表现主语为联合成分。

1.6.5.2 联合谓语/述语

(1) 夫舍诸侯于汉阳而饮至者,其以义进退邪?【叛而讨之,以义进也;服而舍之,以义退也。】《吕氏春秋·行论》

(2) 出纳王命,王之喉舌。【笺:出王命者,王口所自言,承而施之也;纳王命者,时之所宜,复于王也。……】《诗经·大雅·烝民》

(3) 邦有宾客,则与行人送逆之。【送逆,谓始来及去也。】《周礼·秋官·讶士》

(4) 戎车啴啴,啴啴焞焞,如霆如雷。【传:啴啴,众也;焞焞,盛也。笺:言戎车既众盛,其威又如雷霆。】《诗经·小雅·采芑》

(5) 凡奚隶聚而出入者,则司牧之,戮其犯禁者。【奚隶,女奴、男奴也。其聚出入,有所使。】《周礼·秋官·禁暴氏》

以上(1)复写状语和(2)复写宾语、(3)加入连词、(4)省略相同成分(语意未变)、(5)省略连词(语意未变),表现谓语为联合成分。

1.6.5.3 联合宾语

(1) 牧人乃梦,众维鱼矣,旐与旟矣。【笺:牧人乃梦见众人相与捕鱼,又梦见旐与旟。】《诗经·小雅·无羊》

(2) 入则无法家拂士,出则无敌国外患者,国恒亡。【出谓国外也;无敌国可难,无外患可忧,……国常以此亡也。】《孟子·告子下》

(3) 马质掌质马。马量三物:一曰戎马,二曰田马,三曰驽马;皆有物贾。【郑司农曰:皆有物贾,皆有物色及贾直。】

《周礼·夏官·马质》

(4) 若国作民而师田行役之事,则帅而致之,掌其戒令与其赏罚。【掌其戒令赏罚则是于军,因为师帅。】《周礼·地官·州长》

(1)(2)复写述语、(3)加入连词、(4)省略连词(语意未变),表现宾语为联合成分。

1.6.5.4 联合定语

(1)(屦人)辨内命夫命妇之命屦……【命夫之命屦,纁屦;命妇之命屦,黄屦。】《周礼·天官·屦人》

(2) 凡民无职事者,出夫家之征。【民虽间无职事者,犹出夫税、家税也。夫税者,百亩之税;家税者,出士从车辇、给徭役。】《周礼·地官·载师》

(3)(师氏)掌国中失之事,以教国子弟。【教之者,使识旧事也。中,中礼者也;失,失礼者也。】《周礼·地官·师氏》

(4) 凡吉凶之事,祖庙之中沃盥执烛。【吉事,四时祭也;凶事,后、王丧朝于祖庙之奠。】《周礼·春官·天府》

以上复写中心词表现定语为联合成分。

1.6.5.5 对接结构①

(1) 冢人掌公墓之地,辨其兆域而为之图,先王之葬居中,以昭穆为左右。【先王造茔者,昭居左,穆居右,夹处东西。】《周礼·春官·冢人》

(2) 司民掌登万民之数,自生齿以上,皆书于版。……异

---

① 对接结构,即杨树达《汉文文言修辞学》中讲的"合叙"现象,两项联合成分彼此对接。

其男女,岁登下其死生。【登,上也;……版,今户籍也;下犹去也。每岁更著生去死。】《周礼·秋官·司民》

(3) 掌交掌以节与币巡邦国之诸侯,……使咸知王之好恶,辟行之。【咸,皆也;辟,读如辟忌之辟。使咸知王之所好者而行之,知王之所恶者辟而不为。】《周礼·秋官·掌交》

(4) 达乎死生之分,则利害存亡弗能惑矣。【不为利存而遂苟生,不为害亡而辞死,故曰利害存亡弗能惑移也。】《吕氏春秋·知分》

(5) 喜憎议而治乱分矣。【下有喜议而国治,有憎议而国乱也。】《淮南子·缪称训》

(6) 夫鱼者跃,雀者驳也,犹人马之为人马,筋骨形体,所受于天不可变。【言人自为人,马自为马,不相类也。】《淮南子·修务训》

以上通过语词重排表现联合成分的对接关系。

1.6.6 分析方位结构

1.6.6.1 解说"中"字结构 原文"中"字在前,释文移位于后,主要见于《诗经》毛传。

(1) 葛之覃兮,施于中谷,维叶萋萋。【中谷,谷中也。】《周南·葛覃》

(2) 肃肃兔罝,施于中林。【中林,林中。】《周南·兔罝》

(3) 菁菁者莪,在彼中沚。【中沚,沚中也。】《小雅·菁菁者莪》

(4) 中谷有蓷,暵其干矣。【陆草生于谷中。】《王风·中谷有蓷》

1.6.6.2 说明名词的方位结构义 原文名词,释文说明是表现方位结构义。①

(1) 汉有游女,不可求思。【汉上游民,无求思者。】《诗经·周南·汉广》

(2) 乃裹餱粮,于橐于囊。【笺:乃裹粮食于橐囊之中。】《诗经·小雅·公刘》

(3) 子揖师而行。【揖②其父于师中,介胄不拜。】《公羊传·僖公三十三年》

(4) 浴乎沂,风乎舞雩。【包曰:浴乎沂水之上,风凉于舞雩之下。】《论语·先进》

1.6.7 分析介词结构　　介词结构是介词跟名词的组合,主要用作状语、补语。

1.6.7.1 解说介名组合词序　　原文名在介前;释文名在介后。

(1) 如蛮如髦,我是用忧。【传:蛮,南蛮也;髦,夷髦也。笺:今小人之行如夷狄,而王不能变化之,我用是为大忧之。】《诗经·小雅·角弓》

(2) 牙璋以起军旅,以治兵守。【郑司农云:牙璋,琢以为牙,牙齿兵象,故以牙璋发兵,若今时以铜虎符发兵。】《周礼·春官·典瑞》

(3) 弱者,吾威之;强者,我辟之。是以使寡人无以立乎天下。【以是故必使寡人无以立功名于天下。】《公羊传·定公十

---

① 将绍愚《抽象原则和临摹原则在汉语语法史中的体现》(《古汉语研究》,1999,4)说:"在先秦,实体名词和处所名词是不分的。"

② 俞樾《群经平议》说:"揖"当读为"辑",辑与"集"通,"揖师而行,谓其子会集师徒而行也"。本书以原注为据。

二年》

(4) 仁以为己任,不亦重乎?【孔曰:以仁为己任,重莫大焉。】《论语·泰伯》

以上介词是用"以";释文还分析了介词"于"与名词(表示处所)的组合词序,介名词序变化并移位于述语后。这种句式在古汉语少见。

申伯还南,谢于诚归。【笺:谢于诚归,诚归于谢。】《诗经·大雅·崧高》

1.6.7.2 加入介词后空位名词 原文介词结构不完整,名词空位,释文予以补出。

(1) 生以养周公,【生以鲁国供养周公。】死以为周公主。《公羊传·文公十三年》

(2) 舜亦以命禹。【孔曰:舜亦以尧命己之辞命禹。】

(3) 曷为贬?与弑公也。【与庆父共弑闵公。】《公羊传·僖公元年》

(4) 背叛之人,贤主费纳之于朝,君子不与交友。【不与背叛之人为交友。】《吕氏春秋·尊师》

1.7 分析语义关系

语句中词的组合有句法结构关系(如主谓、述宾、偏正、联合等关系),又有语义结构关系,简称之为语义关系。语义关系是句法结构中实词跟实词而主要是名词跟动词的语义关系,如名词表示动词行为的施事、受事、与事、对象、原因、工具、时间、方位等。语义关系跟句法关系均是客观存在于语言中的事实,均是理解、分析语言所必须正视和解决的问题。注释书为了完成其解释清楚、明白原文的使命,也分析出了多种句法结构特别是状述、述宾结构中的语义关系。注释书分析语义关系也如分析句法关系一样,不是靠什么术语,而是用加入、移位等手段表现的。以下讨论三种句法结构中的名动意义关系。

1.7.1 状述结构名动意义关系

1.7.1.1 加入"以""在""顺""即"表现名词表示时间

(1) 学而时习之,不亦说乎?【王曰:时者,以时诵习之。】《论语·学而》

(2) 凡士之治有期日,……期内之治听,期外不听。【郑司农云:谓在期内者听,期外者不听。】《周礼·秋官·朝士》

(3) 诸侯时朝乎天子。【时朝者,顺四时而朝也。】《公羊传·桓公六年》

(4) 大行人掌大宾之礼,……时会以发四方之禁。【时会,即时见也,无常期。】《周礼·秋官·大行人》

1.7.1.2 加入"对""于""从""自",或再移位,表现名词表示方位

(1) 匪面命之,言提其耳。【笺:我非但对面语之,亲提撕其耳。】《诗经·大雅·抑》

(2) 散军而郊射。【郊射,为射宫于郊也。】《礼记·乐记》

(3) 天下之兵四至。【救邯郸之兵从四方来至也。】《吕氏春秋·不屈》

(4) "冬,楚人伐宋,围缗。"邑不言"围",此其言"围"何?刺道用师也。【楚自道用之。】《公羊传·僖公二十六年》

1.7.1.3 加入"以"表现名词表示受事、工具、方式、凭借、原因等

(1) 乐只君子,天子命之;乐只君子,福禄申之。【传:申,重也。笺:……天子命之,神则以福禄申重之。】《诗经·小

雅·采菽》

(2) 凡封国若家,牛助为牵傍。【牛助,国以牛助迁徙也。】《周礼·秋官·罪隶》

(3) 今而后知君之犬马畜伋。【今而后知君以犬马畜伋;伋,子思名也。】《孟子·万章下》

(4) 禁暴氏掌庶民之乱暴力正者。【力正,以力强得正也。】《周礼·秋官·禁暴氏》

(5) "秦伯卒。"何以不名?秦者夷也,匿嫡之名也。其名何?【据秦伯䓗、稻名。】嫡得之也。【独䓗、稻以嫡得立之。】《公羊传·昭公五年》

1.7.1.4 加入"为……所""若""如"表现名词表示施事

(1) 不仁不智,无礼无义,人役也。【若此为人所役者也。】《孟子·公孙丑上》

(2) 名宝散出,土地四削。【土地为四方所侵削。】《吕氏春秋·不屈》

(3) 经始勿亟,庶民子来。【庶民自来赴,若子来为父使之也。】《孟子·梁惠王上》

(4) 木熙者……龙从鸟集,搏授攫肆。【言其舞体如龙附云,如鸟集山。】《淮南子·修务训》

这是压缩性的比喻结构,为古汉语常见句式。

1.7.1.5 加入"于"或再移位,表现名词表示与事

(1) 士则兹不悦。【士于此事不悦也。】《孟子·公孙丑下》

(2) 仕而未有禄者,君有馈焉曰献。【君有馈,有馈于君。】《礼记·檀弓下》

(3) 蚕事毕,后妃献茧。【后妃献茧者,内名妇献茧于后妃。】《礼记·月令》

1.7.2 述宾结构动名意义关系

1.7.2.1 加入"自""于",或再移位,表现名词表示时间、方位

(1) 鲁道有荡,齐子发夕。【传:发夕,自夕发至旦。】《诗经·齐风·载驱》

(2) 孝子不服暗。【服,事也;暗,冥也。不于冥暗之中从事。】《礼记·曲礼上》

(3) 受命不迁,生南国兮。【南国,谓江南也;迁,徙也。言橘受天命,生于江南,不可移徙。】《楚辞·九章·橘颂》

(4) 夫至人倚不拔之柱,行不关之途。【倚于不可拔摇之柱,行于不可关闭之途。】《淮南子·精神训》

1.7.2.2 加入"以"或再移位,表现名词表示受事、工具、方式、凭借、原因等

(1) 颜渊曰:"愿无伐善,无施劳。"【孔曰:不以劳事置施于人。】《论语·公冶长》

(2) (桓公)蒙衣袂而绝乎寿宫。【蒙,冒也;袂,衣袖也。以衣覆面而绝寿宫。】《吕氏春秋·知接》

(3) 匡章,通国皆称不孝焉,夫子与之游,又从而礼貌之,敢问何也。【问孟子何为与之游,又礼之以颜色喜悦之貌也?】《孟子·离娄下》

(4) 婴闻察实者不留声,观行者不讥辞。【欲观人之至行,不讥刺之以辞。】《吕氏春秋·观世》

(5) 靖国君辞,不得已而受,七日谢病强辞。【以病谢相位。】《战国策·齐一》

1.7.2.3　加入"于"或加入"为(……所)"再移位,表现名词表示施事

(1) 故布衣行此指于国,不容乡曲。【指犹志;布衣之人行此志于国,不能自容于乡曲。】《吕氏春秋·行论》

(2) 酒人掌为五齐三酒,祭祀则共奉之,以役世妇。【为世妇役。】《周礼·天官·酒人》

(3) (儒)不慁君王,不累长上,不闵有司。【慁犹辱也;累犹系也;闵,病也。言不为天子、诸侯、卿大夫、群吏所困迫而违道。】《礼记·儒行》

(4) 经霜雪而无迹,照日光而无景。【行霜雪中无有迹,为日光所照无景柱也。】《淮南子·原道训》

1.7.2.4　加入"与"并移位,表现名词表示与事

(1) 期我乎桑中,要我乎上宫。【笺:与我期于桑中,而要见我于上宫。】《诗经·鄘风·桑中》

(2) 齐宣王问曰:"交邻国有道乎?"【问与邻国交接之道。】《孟子·梁惠王下》

(3) 魏绝南阳。【魏与南阳绝也。】《战国策·秦一》

(4) 上际九天,下契黄垆。【上与九天交接,……】《淮南子·览冥训》

1.7.2.5　加入"为"并移位,表现名词表示目的

(1) 昔尔出居,谁从作尔室?【笺:往始离居之时,谁随为女作室。】《诗经·小雅·雨无正》

(2) 伯氏不出图吾君。【图犹谋也;不出为君谋国家之政。】《礼记·檀弓上》

(3) 恐一日之亡国而忧大王。【恐不敬其使,一日之中以灭亡国而为大王忧也。】《战国策·西周》

(4) 明日设朝而见之,说汤以至味。【为汤说美味。】《吕氏春秋·本味》

1.7.2.6　加入"于"表现名词表示对象

(1) 士大夫去国,……不说人以无罪。【不自说于人以无罪嫌恶其君也。】《礼记·曲礼下》

(2) 寡人无良边垂之臣,【良,善也;无良,喻有过。言己有过于楚边垂之臣。】《公羊传·宣公十二年》

(3) 吾闻之,君子不以天下俭其亲。【我闻君子之道不以天下所得用之物俭约于其亲。】

(4) 德施百姓而不费。【德泽加于百姓,不以为己财费也。】《淮南子·原道训》

1.7.2.7　加入"于"(述语是形容词)表现名词表示比较对象

(1) 民言不危行,而行不危言矣。【危犹高也;言不高于行,行不高于言,言行相应也。】《礼记·缁衣》

(2) 东以强齐燕,【言以强于齐燕也。】中以陵三晋。《战国策·秦一》

(3) 太子之不仁过颟涿。【颟涿,不仁之人也;过犹甚也。太子不仁甚于颟涿。】《吕氏春秋·知士》

(4) 圣人无止,无以岁贤昔,日愈昨也。【贤、愈犹胜也;言今岁胜于昔岁,今日胜于昔日,喻圣人自修进也。】《淮南子·说山训》

以上就述宾结构中的名动意义关系分了七个类型谈述(至于所谓使动、意动关系以及名词做述语跟宾语的意义关系见下1.8),参照前述状述结构名动意义关系,可看出谓语中名、动结合的不同词序可表现相同的意义关系。

1.7.3 定心结构间的意义关系

(1) 先生之志则大矣,先生之号则不可。【先生志诚大矣,所称名号不可用也。】《孟子·告子下》

(2) 诛国之民,望之若父母。【所诛国之民,希望义兵之至,若望其父母。】《吕氏春秋·怀宠》

(3) 今有人于此,欲必击其爱子之头,石可以代之。【爱,所爱之子也。】《吕氏春秋·爱类》

(4) 小宗伯……掌衣服、车旗、宫室之赏赐。【王以赏赐有功者。】《周礼·春官·小宗伯》

(5) 及舍,设藩盾,行则敛之。【藩盾,盾可以藩卫者。】《周礼·夏官·司戈盾》

(6) 宾客,共其形盐。【形盐,盐之似虎形。】《周礼·天官·盐人》

(7) 虽有凶旱水溢,民无菜色。【菜色,食菜之色。】《礼记·王制》

(8) 南方有不死之草,北方有不释之冰。【南方湿,故草有不死者;北方寒,故冰有不泮释者。】《淮南子·地形训》

以上 8 例,释文表现出定心结构间的不同意义关系。(1)两个"先生",前者是"志"的领有者,后者是"号"的施事;(2)(3)释文"所"字结构表现出中心词"国""子"分别是"诛""爱"的受事;(4)定语"衣服、车旗、宫室"是中心词"赏赐"的受事;(5)定语"藩"是中心词"盾"的功用;(6)定语"形"是中心词"盐"的形状(《天官·笾人》注引郑司农云:"盐以为虎形,谓之形盐。");(7)定语"菜"是中心词"色"的颜色;(8)定语"不死""不释"分别是中心词"草""冰"的状态。

以上讲了状述、述宾、定心结构间的意义关系(主要是名词跟动词的关系);至于主谓结构间的意义关系,下面1.9再谈。

1.8 分析词的句法功能义

语言的表达分指称、陈述两种形态,表现在语法层面,以名词为代表的名词性成分表达指称,包括动词、形容词的谓词性成分表达陈述。名词表达指称,典型分布位置是主语、宾语;谓词表达陈述,典型分布位置是谓语、述语。汉语尤其是古汉语,一个特点是名词可做谓语、述语,谓词可做主语、宾语。这样,名词做谓语、述语则可表达陈述,谓词做主语、宾语则可表达指称;也就是汉语,尤其是古汉语,存有指称、陈述的转化现象。古汉语名词做谓语、述语又有其独特的句法功能义。

1.8.1 名词的句法功能义 名词做谓语、述语,表现出两种语义变化:

A

(1) 子庶民也,来百工也。【子犹爱也。】《礼记注·中庸》

(2) 大哉,尧之为君也!巍巍乎!唯天为大,唯尧则之。【孔曰:则,法也;美尧能法天而行化。】《论语集解·泰伯》

(3) 物物者,亡乎百物之中。【物₁物₂者,造万物者也;此不在万物之中也。】《淮南子注·诠言训》

B

(4) 时迈其邦,昊天其子之。【武王既定天下,时出行其邦国,谓巡守也;天其子爱之。】《诗经笺·周颂·时迈》

(5) 明命鬼神,以为黔首则,……【黔首,谓民也;则,法也。为民作法,……】《礼记注·祭义》

(6) 司稽掌巡市而察其犯禁者与其不物者,而搏之。【不物,衣服、视占不与众同及所操物不如品式。】《周礼注·地官·司稽》

"子""则""物"本是名词,做谓语、述语 A、B 两类语义变化不同。A 类名词的本体属性行为化,基本语义已变,由表达指称转为径直表达陈述。B 类名词保留,增加行为义动词"爱""作""操"。这个动词,从词义看,是名词本体属性所固有(这一点与 A 同),如"子""则""物"分别有"被爱""被作""被操"的属性;从语法看,是名词做谓语、述语所产生的句法功能义(用 V₀ 代),又跟原名词可有种种语义关系(如"法"是 V₀"作"的结果,"物"是 V₀"操"的受事)。

A 类属词性转化问题,名词转为动词。B 类名词词性不变,只是表达功能有变,由表达指称增加一个跟名词本体属性有关的句法功能义动词 V₀ 表达陈述。这个 V₀ 是表现名词兼表陈述的手段,也是名词由表达指称转为兼表陈述的具体表现。下分做谓语、述语、定语和单用四项讨论。

1.8.1.1 做谓语

(1) 是月也,天子始裘。【九月授衣,至此可以加裘。】《礼记·月令》

(2) 有子则庙,【则立庙也。】庙则书葬。《公羊传·庄公三十二年》

(3) 天地大矣,生而弗子。【天地大矣,生育民人不以为己子。】《吕氏春秋·贵公》

(4) 孰当而可镜?【孰能镜照?】其唯士乎?《吕氏春秋·达郁》

(5) 恒之秬秠,是获是亩。【笺:……成熟则获而亩计

贰 中国古代语法学的产生(汉魏晋南北朝)

之。》《诗经·大雅·生民》

(6) 勇士入其大门,则无人门焉者;入其闺,则无人闺焉者。【焉者,于也;是无人于闺门守视者也。】《公羊传·宣公六年》

以上释文表现出名词做谓语增加一个跟名词本体属性有关的句法义动词 V_0。(1)"裘"是 V_0"加"的受事,(2)"庙"是 V_0"立"的结果,(3)"子"为意动用法(语义关系同下 $V_{N1}-N_2$),(4)"镜"是 V_0"照"的工具,(5)"亩"是 V_0"计"的依按,(6)"门""闺"是 V_0"守视"的方位。

1.8.1.2 做述语带宾语(用 $V_{N1}-N_2$ 代)

(1) 牛羊父母,仓廪父母。【欲以牛羊、仓廪与其父母。】《孟子·万章上》

(2) 敌齐不尸则如何?【言与齐为敌不收其尸,为京则如何?】《吕氏春秋·不广》

(3) 坎坎鼓我,蹲蹲舞我。【传:蹲蹲,舞貌。笺:为我击鼓坎坎然,为我兴舞蹲蹲然。】《诗经·小雅·伐木》

(4) 兽人掌罟田兽,辨其名物。【罟,网也;以网搏所当田之兽。】《周礼·天官·兽人》

(5) 齐,大国也,曷为亲来献戎捷,威我也。【以威恐怖鲁也。】《公羊传·庄公三十一年》

(6) 王无罪岁,斯天下之民至焉。【戒王无归罪于岁,责己而改行,则天下之民皆可至也。】《孟子·梁惠王上》

(7) 友也者,友其德也,不可以有挟也。【谓相友以德也。】《孟子·万章下》

(8) 若人兮山之阿,被薜荔兮带女罗。【女罗,兔丝也;言

山鬼……被薜荔之衣,以兔丝为带也。】《楚辞·九歌·山鬼》

(9) 皮弁,服素积。【皮弁者,以白鹿皮为冠。】《仪礼·士冠礼》

(10) 王欲玉女,是用大谏。【笺:王乎,我欲令女如玉然,……】《诗经·大雅·民劳》

(11) 不教民而用之,是谓殃民。【不教民以仁义而用之战斗,是使民有殃祸也。】《孟子·告子下》

(12) 吾楚人也而自子之。【以异人为己子。】《战国策·秦五》

(13) 今小国师大国而耻受命焉。【今小国以大国为师学法度焉,而耻受命教,不从其进退。】《孟子·离娄上》

(14)(凤凰)羽翼弱水,暮宿风穴。【濯羽翼于弱水之上。】《淮南子·览冥训》

以上释文表现出名词做述语(后带宾语)增加一个跟名词本体属性有关的句法义动词 V_0;V_0 跟 N_1、N_2 均有意义关系,即语义指向既是 N_1,又是 N_2。(1)N_1"牛羊""仓廪"、N_2"父母"分别是"与"的受事、与事;(2)N_1"敌"、N_2"齐"分别是 V_0"为"的结果、与事("造化"用"之"代);(3)N_1"鼓""舞"、N_2"我""我"分别是 V_0"击""兴"的受事、目的;(4)N_1"罟"、N_2"田兽"分别是 V_0"搏"的工具、受事;(5)N_1"威"、N_2"我"分别是 V_0"恐怖"的依凭、受事;(6)N_1"罪"、N_2"岁"分别是 V_0"归"的受事、对象;(7)N_1"友"、N_2"德"分别是 V_0"相"的结果、原因;(8)N_1"带"、N_2"女罗"分别是 V_0"为"的产品、原料;(9)N_1"皮"、N_2"弁"分别是 V_0"为"的原料、产品;(10)(11)"玉""殃"是所谓名词使动用法,语义关系呈 V_{01}—N_2—V_{01}—N_1 式,V_{N1} 含致使句法义 V_{01}("使""令"),N_2 受使而产

生相应的句法义 V_{02}；N_2 是 V_{01} 的受事、V_{02} 的施事，N_1 是 V_{02} 的结果；(12)(13)"子""师"是所谓名词意动用法，语义关系呈 V_{01}—N_2—V_{01}—N_1 式；N_1 含认定句法义 V_{01}（"以"），N_2 受认而产生相应的句法义 V_{02}（"为"）；N_2 是 V_{01} 的受事、V_{02} 的主事，N_1 是 V_{02} 的当事；(14)N_1"羽翼"、N_2"弱水"分别是 V_0"濯"的受事、方位。

以上诸例 V_0 指向 N_1，也指向 N_2；也有的 V_{N1}—N_2 表现的语义关系是 V_0 指向 N_1，而 N_1 又为 N_2 所领有(修饰)。

(1) 悼公之母（哀公之妾）死，哀公为之齐衰。有若曰："为妾齐衰，礼与?"公曰："吾得已乎哉！鲁人以妻我。"【言国人皆名之为我妻。】《礼记·檀弓下》

(2) 里仁为美。【郑曰：里者民之所居；居于仁者之里，是为美】《论语·里仁》

(1)N_1"妻"是 V_0"名"的受事，(2)N_1"里"是 V_0"居"的方位；N_2"我""仁"做 N_1 的定语。

还有的同一个词在不同语境表现出不同的语义关系：

(1) 齐右掌祭祀会同宾客，……凡有牲事则前马。【王见牲，则拱而式，居马前却行，备惊奔也。】《周礼·夏官·齐右》

(2) （女娲）黄云络，前白螭，后奔蛇。【白螭导在于前。】《淮南子·览冥训》

(1)"前马"是在马前，(2)"前白螭"是让白螭在前。

总之，名词做述语相当自由灵活，V_{N1}—N_2 结构中的语义关系是多种多样、相当复杂的。

1.8.1.3 做述语带补语(用 V_{N1}—P—N_2 代)

(1) 北弱齐，西德于秦。【施恩德于秦。】《战国策·秦二》

(2) 王命鲁公,俾侯于东。【笺:东,东藩鲁国也。……乃策命伯禽,使为君于东。】《诗经·鲁颂·閟宫》

(3) 王命南仲,往城于方。【笺:王使南仲为将军,往筑城于朔方。】《诗经·小雅·出车》

(4) 浴乎沂,风乎舞雩。【包曰:浴乎沂水之上,风凉于舞雩之下。】《论语·先进》

名词做述语带补语,增加的句法义 V_0 跟 N_2 无关,语义仅指向 N_1。(1)"德"是 V_0"施"的受事,(2)(3)"侯""城"是 V_0"为""筑"的结果,(4)"风"是 V_0"凉"的凭借。

1.8.1.4 做定语 名词隐含 V_0,表现谓词结构义

(1) 价人维藩,大师维垣。【笺:价,甲也;被甲之人。】《诗经·大雅·板》

(2) 草人:下士四人、史二人、徒十有二人。【草,除草。】《周礼·地官序》

(3) 以荒政十有二聚万民。【郑司农云:救饥之政十有二品。贾公彦疏:以救荒之政十有二条以聚万民。】《周礼·地官·大司徒》

(4) 文王之囿方七十里,刍荛者往焉,雉兔者往焉,与民同之。【刍荛者,取刍荛之贱人也;雉兔,猎人取雉兔者。】《孟子·梁惠王下》

以上释文表现出做定语的名词是所增句法义动词 V_0 的受事。

1.8.1.5 单用 名词隐含 V_0,表现谓词结构义

(1) 其庙,则有司修除之;其祧,则守祧黝垩之。【庙,祭此庙也;祧,祭远主。】《周礼·春官·守祧》

(2) 宗庙之事,如会同;端章甫,愿为小相焉。【端,玄端也;衣玄端,冠章甫。】《论语·先进》

1.8.2 谓词的句法功能义

1.8.2.1 做主语/宾语 谓词(动词、形容词,包括词组)做主语、宾语则由表达陈述转化为表达指称;又分自指与转指。自指是陈述单纯的转化为指称,将行为、性状名物化、事件化、基本语义未变。转指是基本语义发生变化,谓词由指行为、性状转化为指与行为、性状有关的人或物;也就是谓词性成分名词化或者说兼代中心词。①

A

(1) 故用人之知去其诈,用人之勇去其怒,用人之仁去其贪。[诈者,害民信;怒者,害民命;贪者,害民财。]《礼记·礼运》

(2) 小为大,重为轻,圜道也。[小者,泉之源也,流不止也,集于海是为大也;水湿而重,升作为云,是为轻也。]《吕氏春秋·圜道》

B

(3) 不见子都,乃见狂且。[毛传:狂,狂人也。郑笺:不往睹子都,乃反往睹狂丑之人。]《诗经·郑风·山有扶苏》

(4) 凡邦国,小大相维。[大国比小国,小国事大国,各有属相维也。]《周礼·夏官·职方氏》

(5) 大孝终身慕父母。[大孝之人,终身慕父母。]《孟子·

---

① 见陆俭明"关于自指和转指的观点",《八十年代中国语法研究》(商务印书馆,1993年)第98页。

万章上》

可看出,A类"诈""怒""贪""小""大"跟 B 类"狂""小""大""孝"不同。A类只是将行为、性状名物化,基本语义未变。B类基本语义已变,不再表达行为、性状,而是名词化,表达跟行为,性状相关的人或物;也就是谓词性结构名词化,指代所表达之人、物。A类当属自指,而 B 类当属转指。下列转指例,即谓词性成分名词化例。

古人表现转指一是直接写出行为、性状所指称之人、物;二是加入"者""所"标记,用以表示所代之人、物。

1.8.2.1.1　做主语

(1) 予美亡此,谁与独处?【笺:言我所美之人无于此,……吾谁与居乎?独处家耳。】《诗经·唐风·葛生》

(2) 教亦多术矣。【教人之道多术。】《孟子·告子下》

(3) 有为则谗生,有好则谀起。【谗谀之人乘志而起。】《淮南子·主术训》

(4) 因不失其亲,亦可宗也。【孔曰:因,亲也;言所亲不失其亲,亦可宗敬。】《论语·学而》

(5) 如何如何,忘我实多。【郑笺:……女忘我之事实多。】《诗经·秦风·晨风》

(6) 夫人荐豆执校,执醴授之执镫。【执醴,授醴之人。】《礼记·祭统》

(7) 小弱而不可知,则强大疑之矣。【小而不小,弱而不弱,故强国、大国疑之也。】《吕氏春秋·壹行》

(8) 强胜不若己者。【夫强者能胜不如己者。】《淮南子·

原道训》

(9) 不智而辩慧怀给,则弃骥而不式。【不智之人辩慧怀给,不知所裁之;犹弃骥而惑,不知所诣也。】《淮南子·主术训》

(10) 偷慢懈惰,多不暇日之故。【偷,薄;慢,易。薄易之人,多记不暇日而不学,惟此故也。】《淮南子·修务训》

(1)—(4)为动词,(5)(6)"忘我""执醴"为述宾词组,(7)—(10)为形容词,(4)(8)用"所""者"标记,表示转指。

1.8.2.1.2　做宾语

(1) 孟春焚牧。【焚牧地以除陈生新草也。】《周礼·夏官·牧师》

(2) 天之生此民也,使先知觉后知,使先觉觉后觉也。【觉,悟也;天欲使先知之人悟后知之人。】《孟子·万章上》

(3) 重为任而罚不胜。【不能胜其所任者而罪之也。】《吕氏春秋·适威》

(4) 三年大比,则大考州里,以赞乡大夫之废兴。【废兴,所废退、所兴进也。】《周礼·地官·乡大夫》

(5) 吾闻之也,君子不鼓不成列。【不鼓,不战;不成列,未成列也。君子不战未成列之师。】《公羊传·僖公二十二年》

(6) 尊贤育才,以彰有德。【尊贤养才,所以彰明有德之人。】《孟子·告子下》

(7) 燕婉之求①,籧篨不鲜。【传:燕,安;婉,顺也。笺:

---

① "燕婉",前置宾语。

……其心本求燕婉之人。】《诗经·邶风·新台》

(8) 举直错诸枉,能使枉者直。【包曰:举正直之人用之,废置邪枉之人,则皆化为直。】《论语·颜渊》

(9) 世溷浊而嫉贤兮,好蔽美而称恶。【……群下好蔽忠正之士,而举邪恶之人。】《楚辞·离骚》

(10) 此谓使民兴贤,出使长之;使民兴能,入使治之。【言是乃所谓使民自举贤者,……使民自举能者。】《周礼·地官·乡大夫》

(1)—(6)动词,(5)(6)"成列""有德"为述宾词组,(7)—(10)形容词,(3)(4)(10)用"所""者"标记,表示转指。

1.8.2.2 做谓词/述语 动词、形容词做谓语/述语含使令(所谓使动用法)或认定(所谓意动用法)句法义。

1.8.2.2.1 做谓语 动词做谓语受事隐含,语义呈 V_1—[ ]—V_2 关系,V_1 表现使令义。

(1) 以五礼防万民之伪而教之中。【礼所以节止民之侈伪,使其行得中。】《周礼·地官·大司徒》

(2) 此所谓使民兴贤,出使长之;使民兴能,入使治之。【言是乃所谓使民自举贤者,因出之而使之长民,教以德行道艺于外也;使民自举能者,因入之而使治民之贡赋田役之事于内也。】《周礼·地官·乡大夫》

(3) 君子可逝也,不可陷也。【孔曰:逝,往也;言君子可使往视之耳。】《论语·先进》

(4) 露申辛夷,死林薄兮。【言重积辛夷露而暴之,使死于林薄之中。】《楚辞·九章·涉江》

1.8.2.2.2 做述语 动词、形容词做述语带宾语,表现 V_1—

贰　中国古代语法学的产生(汉魏晋南北朝)

N—V₂兼语结构义。这实际上是述宾意义关系(参看 1.7.2)一类型,表示名词为 V₁ 所使令或所认定;只是其句法关系义由动词、形容词产生,别于其他述宾意义关系。

A. 使令义;N 是 V₁ 的受事,V₂ 的施事

(1) 以饮食之礼,亲宗族兄弟。【亲者,使之相亲。】《周礼·春官·大宗伯》

(2) 祝主人皆拜妥尸。【拜妥尸,拜之使安坐也。按:《尔雅·释诂下》"妥、安,坐也"。】《仪礼·少牢馈食礼》

(3) 有得百里之地而君之,皆能以朝诸侯、有天下。【皆能使邻国诸侯尊敬其德而朝之。】《孟子·公孙丑上》

(4) 路修远以多艰兮,腾众车使径待。【腾,过也;言昆仑之路险阻艰难,非人所能由,故令众车先过,使从邪径以相待也。】《楚辞·离骚》

(5) 行凶德必威,威所以慑之也。【威,畏也;慑,惧也。以威畏敌人使之畏惧己也。】《吕氏春秋·论威》

(6) 太山不上小人。【太山,东岳也,王者封禅处,不令凶乱小人得上其上也。】《淮南子·说林训》

(7) 故人情者,圣王之田也,修礼以耕之,……播乐以安之。【感动使之坚固。】《礼记·礼运》

(8) 八蜡以记四方,四方年不顺成,八蜡不通,以谨民财也。【其方穀不熟,则不通于蜡焉,使民谨于用财。】《礼记·郊特牲》

(9) 留灵修兮憺忘归,岁既晏兮孰华予?【……年岁晚暮,将欲罢老,谁复当令我荣华也。】《楚辞·九歌·山鬼》

(10) 凡大者小邻国也,强者胜其敌也。【夫大者侵削邻国使小也。】《吕氏春秋·慎大》

(1)—(6)动词,(7)—(10)形容词。

B. 认定义(形容词);N 是 V_1(以)的受事,V_2(为)的主事

(1) 今先生俨然不远千里而庭教之,愿以异日。【俨然,矜庄貌;不以千里之道为远而来在秦庭,寡人愿以他日敬承之也。】《战国策·秦一》

(2) 楚魏之王,辞言不说。【不以言辞为说(悦)。】《吕氏春秋·用众》

(3) 是以圣人不高山,不广河。【圣人,盖谓禹、稷,不以山为高,不以河为广。】《淮南子·修务训》

(4) 轻天下则神无累矣,细万物则心不惑矣。【以万物为小事而弗欲,故心不惑也。】《淮南子·精神训》

1.8.2.3 "与""以""为"做谓语/述语 此类词做谓语/述语含介词与相关的动词义(V_0),自身跟名词组成介词结构做 V_0 的状语。

(1) 子路曰:"子行三军则谁与?"【孔曰:子路见孔子独美颜渊,以为己勇,"至于夫子为三军,将亦谁与己同",故发此问。】《论语·述而》

(2) 秦国号令、赏罚、地形、利害天下莫如也;以此与天下,天下可兼而有也。【与天下争,可并而有也。】《战国策·秦一》

(3) 凡救守者,太上以说,其次以兵。【以兵威之。】《吕氏春秋·禁塞》

(4) 王使卫巫监谤者,得则杀之;国莫敢言,道路以目。

【以目相视而已,不敢失言。】《吕氏春秋·达郁》

(5) 四体不勤,五谷不分,孰为夫子?【包曰:丈人云,不勤劳四体,不分殖五谷,谁为夫子而索之邪?】《论语·微子》

这说明"与""以""为"等两属,既是介词,又可做动词做谓语/述语;做谓语/述语仍兼起介词作用。

1.9 分析句式句型

1.9.1 分析被动句 注释书分析的被动句有两种,一种是被动义句,即主语是谓语动词的受事而无被动形式标志的零形式被动句,一种是有被动语法形式("V—于—N_{at}")标志的被动式句。

1.9.1.1 被动义句 汉语 N_s—V(N_s 代名词性主语)句式中的 N_s 可以是施事,可以是受事,前者可名为主动义句,后者可名为被动义句或受事主语句。N_s—V 这种句式无论从结构词序还是从直观语感都利于表现主动义句(故有书上名之为主动式);而表现被动义在汉语来说也是正常现象。对被动义句的理解要靠前后词义的制约及其他特定的语境,这对于当代人理解当代语言无甚困难,而要阅读古籍、学习前代语言,特别是主语是有生名词的句子,则会遇到障碍,甚至产生歧义。注释书对这种被动义句即零形式被动句相当重视,以多种方法予以表现。

1.9.1.1.1 移位 N_s—V→V—N_0,让做主语的名词移位做宾语。

(1) 原隰裒矣,兄弟求矣。【传:裒,聚也;求矣,言求兄弟也。】《诗经·小雅·常棣》

(2) 承天之休,寿考不忘。【不忘长,有令名。】《仪礼·士

(3) 天子视不上于袷,不下于带;【袷,交领也;天子至尊,臣视之,目不过此。】国君绥视;【视国君弥高;绥读为妥,妥视谓上于袷。】大夫衡视,【视大夫又弥高也;衡,平也,平视谓视面也。】《礼记·曲礼下》

(4) 故旧不遗,则民不偷。【包曰:(君)不遗忘故旧,行之美者,则民……不偷薄。】《论语·泰伯》

(5) 如此,则名号显,国士得矣。【得国士也。】《吕氏春秋·爱士》

1.9.1.1.2 加入 加入表现被动义的语法形式

加入"为—N_{at}—所"(N_{at}代施事 N):

(1) 狐壤之战,隐公获焉。【时与郑人战于狐壤,为郑所获。】《公羊传·隐公六年》

(2) 夫章子……出妻屏子,终身不养焉。【夫章子……出去其妻、屏远其子,终身不为妻子所养也。】《孟子·离娄下》

(3) 余虽修姱以鞿羁兮,【鞿羁,以马自喻。缰在口曰鞿,革络头曰羁;言为人所系累也。】謇朝谇而夕替。【谇,谏也;言己虽有绝远之智,姱好之姿,然以为逸人所鞿羁而系累矣。】《楚辞·离骚》

(4) 欲取天下,天下不可取;可取,身将先取。【言不可取天下,身将先为天下所取也。】《吕氏春秋·先己》

加入"为—N_{at}":

(1) 氐羌之民其虏也。【氐与羌二种夷民;言氐羌氏之民为寇贼,为人执虏也。】《吕氏春秋·义赏》

(2) 宋师败绩,华元虏。【为郑虏。】《吕氏春秋·察微》

（3）凡用民，太上以义，其次以赏罚。……民之不用，赏罚不充也。【当赏不赏，当罚不罚，则民不怀不威，故不为之用也。】《吕氏春秋·用民》

（4）人主之不肖者，……不得其道，而徒多其威；威愈多，民愈不用。【民不为之用。】（同上）

加入"见"：

（1）天则不言而信，神则不怒而威。【不言而见信，如天也；不怒而见畏，如神也。】《礼记·乐记》

（2）牢曰："子云：'吾不试，故艺。'"【郑曰：试，用也；言孔子自云，我不见用，故多技艺。】《论语·子罕》

（3）鲁之削也滋甚。【鲁之见削、夺亡其土地者多。】《孟子·告子下》

（4）贤者之事也，虽贵不苟为，虽听不自阿。【虽言见听当以忠正，不自阿媚以取容也。】《吕氏春秋·不苟》

1.9.1.2 被动式句 被动式句指"V—于—N_{at}"式句。汉语语法学研究认为"V—于—N_{at}"式为古汉语被动式之一，又认为这种被动式是历史现象，主要用于先秦时期[①]。注释书对这种句式予以注释，说明在汉代已为当时人们所不熟悉[②]。其注释方法有：

1.9.1.2.1 移位 V—于—N_{at} → N_{at}—V—N_0，位"于"字后的补语 N_{at} 移位做主语，原来的受事主语做宾语。

（1）子畏于匡。【包曰：……匡人以兵围之。】《论语·子罕》

[①] 见王力《汉语史稿》（中册）。近年有学者否认此为被动式，认为"V—于—N_{at}"仍属受事主语句。参看伍 5.0。

[②] 见笔者《古代汉语语法变化研究》。

(2)(陈轸对楚王曰)先绝秦后责地,且必受欺于张仪。【言张仪必欺王也。】《战国策·秦二》

(3)故上失其道,则边侵于敌。【君无道,则敌国侵削其边,俘其民也。】《吕氏春秋·先己》

(4)子胥……恶乎夫差,【夫差恶子胥也。】比干生而恶于商。【商纣恶之也。】《吕氏春秋·不苟》

1.9.1.2.2 替换 "为—N_{at}—所—V"式替换"V—于—N_{at}"式;两式皆是表被动义的语法形式,前者替换后者,说明前式在汉代通用[①]。

(1)国迫而数侵削,役乎大国。【笺:役乎大国者,为大国所征发。】《诗经·魏风·陟岵序》

(2)御人以口给,屡憎于人。【孔曰:屡,数也;……数为人所憎恶。】《论语·公冶长》

(3)主此盛德兮,牵于俗而芜秽。【牵,引也;言己行常以道德为主,以忠事君,以信结交,而为俗人所推引,德能芜秽,无所用之也。】《楚辞·招魂》

(4)(甘茂曰)今臣不肖,弃逐于齐而出关。【甘茂言我不肖,为秦所弃逐也。】《战国策·秦二》

(5)静郭君之交,大不善于宣王。【大不为宣王所善也。】《吕氏春秋·知士》

(6)是故有术则制人,无术则制于人。【为人所禽制也。】《淮南子·主术训》

1.9.1.2.3 加入 在"V—于—N_{at}"前加"见"字

---

① 见笔者《古代汉语语法变化研究》。

贰　中国古代语法学的产生(汉魏晋南北朝)

(1) 孔子不悦于鲁卫。【孔子以道不合,不见悦于鲁卫之君而去适诸侯。】《孟子·万章上》

(2) (苏秦)又使景鲤请薛公曰:"君之所以重于天下者,以能得天下之士而有齐权也。【景,姓;鲤,名也,楚怀王相也。言薛公所见重于天下者,能得天下士之心,故有齐国权势也。】……"《战国策·齐三》

1.9.2　分析判断句　　原文判断为零形式,释文加入表示判断的语词。

1.9.2.1　加入判断副词"乃"

(1) 所谓伊人,在水一方。【笺:伊当为繄,繄犹是也;所谓是知周礼之贤人,乃在大水之一边。】《诗经·秦风·蒹葭》

(2) 祈父,予王之爪牙。【笺:我乃王之爪牙。】《诗经·小雅·祈父》

(3) 謇吾法夫前修兮,非世俗之所服。【言我忠心謇謇者,乃上法前世之远贤,固非今时俗人之所服行也。】《楚辞·离骚》

1.9.2.2　加入判断系词"为"

(1) 思齐大王,文王之母。【传:齐,庄。笺:常思庄敬者,大任也;乃为文王之母。】《诗经·大雅·思齐》

(2) 吾闻夷子墨者。【我闻夷子为墨道者。】《孟子·滕文公上》

(3) 此率兽而食人也。【是为率兽而食人也。】《孟子·滕文公下》

1.9.2.3　加入判断系词"是"

(1) 髧彼两髦,实维我仪。【传:髧,两髦之貌;仪,匹也。

笺:两髦之人,谓共伯也,实是我之匹。】《诗经·鄘风·柏舟》

(2) 相彼鸟矣,犹求人生;矧伊人矣,不求友生?【传:矧,况也。笺:相,视也;鸟尚知居高木呼其友,况是人乎?可不求之?】《诗经·小雅·伐木》

(3) 子夏之门人小子,当洒扫应对进退,则可矣;抑末也。【包曰:子夏弟子但当对宾客修威仪礼节之事则可,然此但是人之末事耳。】《论语·子张》

(4) 此一时也,彼一时也。【彼时前圣贤之出是其时也,今此时亦是其时也。】《孟子·公孙丑下》

(5) 孟子自范之齐,望见齐王之子,喟然叹曰:"……夫非尽人之与!"【……凡人与王子岂非尽是人之子也?】《孟子·尽心上》

(6) 怒出于不怒,为出于不为。【不怒乃是怒,不为乃是为也。】《淮南子·说林训》

1.9.3 分析疑问句 古汉语疑问句有特指问、是非问、选择问、反诘问,注释书以一定的形式表现。

1.9.3.1 特指问句 特指问句有疑问点,用疑问代词。原文有"谁""孰""安""胡""奚""曷""恶(wū)"等;释文继用疑问代词("孰"变"谁"、"恶"变"安"、"胡""奚""曷"等变"何")[①]外,又加疑问语气词予以表现。更多的是用"乎",也用"耶""邪""与""为""也"等。

(1) 微君之故,胡为乎中露?【笺:我若无君,何为处此乎?】《诗经·邶风·式微》

---

① 见笔者《古代汉语语法变化研究》"代词的变化"。

(2) 夫谁与王敌?【夫谁与其御王之师而为王之敌乎?】《孟子·梁惠王上》

(3) 何方圜之能周兮,夫孰异道而相安?【言何所有圜凿受方枘而能合者,谁有异道而相安耶?】《楚辞·离骚》

(4) 天之生我,我辰安在?【笺:我生所值之辰安所在乎?】《诗经·小雅·小弁》

(5) "相维辟公,天子穆穆",奚取于三家之堂?【包曰:……今三家但家臣而已,何取此义而作之于堂邪?】《论语·八佾》

(6) 夫奋卨为出乎闱?【夫奋者,贱器,何故乃出尊者之闱乎?】《公羊传·宣公六年》

(7) 谁谓何广? 一苇杭之。【传:杭,渡也。笺:谁谓河水广与? 一苇加之则可以渡之。】《诗经·卫风·河广》

(8) 然则何以三年也?【言法此变易可以期,何以乃三年为?】《礼记·三年问》

(9) 夫时子恶知其不可也?【夫时子安能知其不可乎?】《孟子·公孙丑下》

(10) 胡不设不毂矣?【设,施也;何不施谞言于不毂也?】《吕氏春秋·重言》

1.9.3.2 是非问句 是非问句不用疑问代词,是问是不是,要求肯定或否定的答复。原文隐含是非问义,释文给予形式标志,于句末加入疑问副词"不""否""未"等。

(1) 蒯聩为无道,灵公逐蒯聩而立辄,然则辄之义可以立乎?【辄之义不可以拒父,故但问可以立不?】《公羊传·哀公三年》

(2) 客肯为寡人来靖寡君乎?【肯犹可也;能为寡人致靖国君身来不也?】《战国策·齐一》

(3) 嫂溺则援之以手乎?【见嫂溺则当以手牵援之否耶?】《孟子·离娄上》

(4) 众不可户说兮,孰云察余之中情?【……谁当察我中情之善否也。】《楚辞·离骚》

(5) 楚王大怒,欲兴师伐秦,陈轸曰:"臣可以言乎?"【王初使弭口;今可以言未也。】《战国策·秦二》

1.9.3.3 选择问句 选择问句是并列几项,任选其一。原文提出几问,释文加入"宁""不则"予以表现。

(1) 子贡曰:"有美玉于斯,韫椟而藏诸?求善贾而沽诸?"【马曰:韫,藏也;椟,匮也。谓藏诸匮中沽卖也?得善贾宁肯卖之邪?】《论语·子罕》

(2) 尊者赐之,曰"其所取之,义乎?不义乎",然后取之,以是为不恭,故弗却也。【孟子曰:今尊者赐己,己问其所取此物,宁以义乎?得无不义乃后受之……】《孟子·万章下》

(3) 斡维焉系?天极焉加?【斡,转也;维,纲也。言天昼夜转旋,宁有维纲系缀,其际极安所加乎?】《楚辞·天问》

(4) 胡不自南?胡不自北?【笺:何不乃从我国之南?不则乃从我国之北?】《诗经·小雅·何人斯》

此外,又说明"孰与"是表示选择问:

今日韩魏孰与始强?【始,初也;言韩魏初时强耶?今时强也?】《战国策·秦四》

1.9.3.4 反诘问句 反诘问句是无疑而问,实为一种修辞句式,是用问句形式强调所要表现的肯定或否定内容。这种句式的特点是形式与内容不一致,肯定形式表现否定内容,否定形式表现肯定内容。古代无标点,对此种句子含义不易理解,注释家对之颇为注意,几部书中均有多条注释;方法有二:

1.9.3.4.1　径直注明表现相反义

(1) 既见君子,云何其忧?【传:言无忧也。】《诗经·唐风·扬之水》

(2) 吾以不详道民,灾及吾身,何日之有?【何日之有,犹无有日。】《公羊传·宣公十二年》

(3) 王曰:"否。吾何快于是?将以求吾大欲也。"【王言不然,我不快是也,……】《孟子·梁惠王上》

(4) 势位爵禄,何足以概志也?【言不足以概至人之志。】《淮南子·精神训》

以上原文是肯定形式,释文说明是表现否定内容。

(5) 厌浥行露,岂不夙夜?【传:岂不,言有是也。】《诗经·召南·行露》

(6) 莫肯念乱,谁无父母?【笺:……女谁无父母乎?言皆有父母也。】《诗经·小雅·沔水》

(7) 独立不迁,岂不可喜兮?【屈原言己之行度独立坚固,不可迁徙,诚可喜也。】《楚辞·九章·橘颂》

(8) 文武尽胜,何敌之不服?【能尽服之。】《吕氏春秋·不广》

以上原文是否定形式,释文说明是表现肯定内容。

1.9.3.4.2　加入反诘副词"岂""宁"

(1) 求仁而得仁,又何怨?【孔曰:以让为仁,岂有怨乎?】《论语·述而》

(2) 齐国虽褊小,吾何爱一牛?【吾国虽小,岂爱惜一牛之财费哉!】《孟子·梁惠王上》

(3) 化为黄熊,巫何活焉?【活,生也;言鲧死后化为黄熊,入于羽渊,岂巫医所能复生活也。】《楚辞·天问》

(4) 今女下民,或敢侮予?【笺:我至苦矣,今女我巢下之民,宁有敢侮慢欲毁之者乎?】《诗经·豳风·鸱鸮》

(5) 且予纵不得大葬,予死于道路乎?【马曰:就使我不得以君臣礼葬,有二三子在,我宁当忧弃于道路乎?】《论语·子罕》

(6) 焉有虬龙,负熊以游?【有角曰龙,无角曰虬;言宁有无角之龙,负熊兽以游戏者乎?】《楚辞·天问》

1.9.4 分析逻辑语义关系结构句 此种结构(简称"关系结构")①原文是意合法,其逻辑语义关系隐含着,释文给予一定的形式标志,让隐性语关系显性形式化;方法是于短语(词组)与短语(词组)(用 S_1……S_2 代)之间加入相应的关联词(关系副词、连词)。

1.9.4.1 并列句

1.9.4.1.1 加入"则……则""既……又""又""亦",或"则……则"替换"载……载",表现 S_1、S_2 为并列关系。

(1) 其生也荣,其死也哀。【孔曰:生则荣显,死则哀痛。】

---

① 此种结构一般语法书称为复句结构。笔者认为汉语动词没有如印欧语动词的定义、不定式之别,也就没有如印欧语赖以区分复句、单句的 clause(分句/子句)、phrase(短语)之分。汉语语法单位仅有词、短语(词组)、句三级;不存在分句/子句,也就没有复句、单句之别。汉语长句(结构复杂)的组成一是短语加短语,一是短语套短语;在"加"套"过程中可以用介词、关系副词、连词等关联词语。参看笔者《从汉语动词特点谈汉语无单句复句之分》(《山东师大学报》,1983.1)、《论汉语无单句复句之分》(《语文建设通讯》,香港,1997.9)、《再论按结构层次关系分析,取消单句复句划分》(《语言教学与研究》,1994.2)。

《论语·子张》

（2）物其多矣,维其嘉矣。【笺:鱼既多,又善。】物其旨矣,维其偕矣。【笺:鱼既美,又齐等。】物其有矣,维其时矣。【笺:鱼既有,又得其时。】《诗经·小雅·鱼丽》

（3）驾八龙之婉婉兮,载云旗之委蛇。【言己乘八龙神智之兽,其状婉婉;又载云旗,委蛇而长也。】《楚辞·离骚》

（4）故君子不以菲废礼,不以美没礼。【言不可以其薄不及礼而不行礼,亦不可以其美过礼而去礼。】《礼记·坊记》

（5）既言复关,载笑载言。【笺:则笑则言,喜之甚。】[1]《诗经·卫风·氓》

1.9.4.1.2　省略、重排　S_1、S_2 变为概括 S_1、S_2 的 S,成单句形式,表现 S_1、S_2 为并列关系。

（1）无草不死,无木不萎。【传:草木无有不死叶萎枝者。】《诗经·小雅·谷风》

（2）人而不仁如礼何?人而不仁如乐何?【包曰:言人而不仁,必不能行礼乐。】《论语·八佾》

（3）夫尧恶得贤天下而试舜?舜恶得贤天下而试禹?【恶,安;试,用也。何以得贤于天下能用舜禹?】《吕氏春秋·谨听》

（4）选贤良,举孝悌。【选择贤良孝悌,举而用之。】《淮南子·时则训》

1.9.4.2　承接句　S_1、S_2 为承接关系,有事序相接、事效相

---

[1] 《诗经》"载……载"式句共26例,注出9例,1例保留外,全变"则……则"。

因、时间顺承、推理探源等①,加入"则""以""而""乃""然后""如是""既而"等表现。

(1)(富与贵,是人之所欲也)不以其道得之,不处也。【孔曰:不以其道得富贵,则仁者不处。】《论语·里仁》

(2)陟彼岵兮,瞻望父兮。【传:山无草木曰岵。笺:孝子行役思其父之戒,乃登彼岵山,以遥瞻望其父所在之处。】《诗经·魏风·陟岵》

(3)冰以入,令告民出五种。【冰既入,而令田官告民出五种。】《礼记·月令》

(4)父在观其志,父没观其行。【孔曰:父在子不得自专,故观其志而已;父没乃观其行。】《论语·学而》

(5)览相观于四极兮,周流乎天下余乃下。【言我乃复往观视四极,周流求贤,然后乃来下也。】《楚辞·离骚》

(6)靓尔新婚,以慰我心。【笺:我得见女之新婚,如是则以慰除我心中之忧也。】《诗经·小雅·车辖》

(7)凡民之邪恶者,……耻诸嘉石。【嘉石,朝士所掌,在外朝之门左,使坐焉以耻辱之,既而役诸司空,使事官作之也。】《周礼·地官·司救》

1.9.4.3 递进句 递进句有两种,一是 S_1 表示推宕,S_2 从正面推进,一是 S_1 表示推宕,S_2 从正面逼进;前者加入"非但""不但……亦"表现,后者加入"尚/且……况/何况"或"况"替换"矧"表现。

(1)匪手携之,言示之事。【笺:我非但以手携掣之,亲示

---

① 参看黎锦熙、刘世儒《汉语语法教材》(第三编),商务印书馆,1962;下复句再分类,均据此书。

以其事之是非。】《诗经·大雅·抑》

(2) 子张问善人之道。子曰："不践迹，亦不入于室。"【孔曰：践，循也；言善人不但追旧迹而已，亦少能创业，然亦不入于圣人之奥室。】《论语·先进》

(3) 自鬻以成其君，乡党自好者不为，而谓贤者为之乎？【人自鬻于污辱而已傅相成立其君，乡党邑里自喜好名者尚不肯为也，况贤人肯辱身而为之乎？】《孟子·万章上》

(4) 死不足以禁之，则害何足以进之矣！【死重害轻也；死且犹弗禁，何况害也？何足以禁之也？】《吕氏春秋·知分》

(5) 相彼鸟矣，犹求友声，矧伊人矣，不求友声？【传：矧，况也。笺：相，视也；鸟尚知居高木呼其友，况是人乎？可不求之。】《诗经·小雅·伐木》

1.9.4.4 选择句 选择句分任选、限选，分别用加入"或……或""非……则"表现。

(1) 千耦其耘，徂隰徂畛。【笺：或往之隰，或往之畛。】《诗经·周颂·小毖》

(2) 殀寿不贰，修身以俟之。【贰，二也；仁人之行一度而已，虽见前人或殀或寿，终无二心改易其道。】《孟子·尽心上》

(3) 国有故，则致士而颁其守。【故，非丧则兵灾。】《周礼·夏官·司士》

(4) 邦之大师则令扫道路，且以几禁行作不时者、不物者。【不时，谓不凤则莫者也。】《周礼·秋官·野庐氏》

1.9.4.5 转折句 转折句据转折义之高低，分重转、中转、轻转，分别加入"然"、"但"、"而"、"顾"表现。

（1）余固知謇謇之为患兮,忍而不能舍也。【舍,止也;言己知忠言謇謇谏君之过,必为身患,然中心不能自止而不言也。】《楚辞·离骚》

（2）夫人岂以不胜为患哉,弗为耳!【夫一匹雏不举,岂患不能哉!但不为之耳!】《孟子·告子下》

（3）见义不为,无勇也。【孔曰:义所宜而不能为,是无勇。】《论语·为政》

（4）子曰:"中庸其至矣乎? 民鲜久矣。"【鲜,罕也;言中庸为道至美,顾人罕能久行。】《礼记·中庸》

1.9.4.6 让步句 让步句的特点是 S_1 让后一步,S_2 转入正意;S_1 或容认事实,或虚拟情况,加入"虽""虽……而""虽……犹"表现。

（1）心不乐,五音在前,弗听。【心不不乐,声音虽在前,耳不听之。】《吕氏春秋·适音》

（2）兄弟阋于墙,外御其务。【传:阋,很也。笺:御,禁;务,侮也。兄弟虽内阋,而外御侮也。】《诗经·小雅·常棣》

（3）子产腾辞,狱繁而无邪。【繁,多也;狱虽益多而下无罪也。】《淮南子·缪称训》

（4）凡民无职事者,出夫家之征。【民虽有闲无职事者,犹出夫税、家税也。】《周礼·地官·载师》

1.9.4.7 假设句 假设句的表现,一是加入"如""若",一是"诚"替换"苟"。

（1）深则厉,浅则揭。【传:以衣涉水为厉,谓由带以上也;揭,褰衣也。遭时制宜,如遇水深则厉,浅则揭矣。】《诗经·邶风·匏有苦叶》

（2）获罪于天，无所祷也。【孔曰：如获罪于天，无所祷于众神。】《论语·八佾》

（3）向者遇桀纣，必杀之矣。【若其遇桀纣，则必杀也。】《战国策·秦五》

（4）苟为后义而先利，不夺不餍。【苟，诚也；诚令大臣皆后仁义而先自利，则不篡夺君位，不足自餍饱其欲矣。】《孟子·梁惠王上》

此外，《春秋公羊经传解诂》有直接解说：

（5）主人习其读而问其传，则未知己之有罪焉耳。【此假设而言之。主人谓定、哀也，设使定、哀习经而读之，问其传解诂，则不知己之有罪于是。】《定元公年》

（6）设以齐取鲁，曾不兴师，徒以言而已矣。【设时势然。】《闵公二年》

1.9.4.8　因果句　因果句分有两种，一是追溯原因以明效果，一是根据效果以索原因；前者加入"因/为/以……故""以是""故"表现，后者呈"……者，……"句式，"者"前加入"所以"，或"者"后再加入"以"。

（1）王好战，请以战喻。【因王好战，故以战事喻解王意。】《孟子·梁惠王上》

（2）"春，齐人执郑瞻。""郑瞻"者何？郑之微者也。郑之卫者，何言乎齐人之执之？书甚佞也。【为甚佞，故书之。】《公羊传·庄公十七年》

（3）恭近于礼，远耻辱也。【恭不合礼，非礼也；以其能远耻辱，故口近礼也。】《论语·学而》

（4）以不忍人之心，行不忍人之政，治天下可运之掌上。

【先圣王推不忍害人之心,以行不忍伤民之政,以是治天下易于转丸于掌上也。】《孟子·公孙丑上》

(5) 春贷秋赋,民皆欣。【春饥而予,秋丰而收,故民欣也。】《淮南子·说山训》

(6) 慨其叹矣,遇人之艰难矣。【笺:所以慨然而叹者,自伤遇君子之穷厄。】《诗经·王风·中谷有蓷》

(7) 彼尧舜之耿介兮,即遵道而得路。【尧舜所以有光大圣明之称者,以循用天之道,举贤任能,使得万事之正也。】《楚辞·离骚》

1.9.4.9 多重复句 加入多个关联词表现复句的多重关系。

(1) 天之高也,星辰之远也;苟求其故,千岁之日至,可坐而致也。【天虽高,星辰虽远,诚能推求其故常,千岁日至之日,可坐而致也。】《孟子·离娄下》

(2) 苟余情其信姱以练要兮,【苟,诚也;练,简也。】长顑颔亦何伤?【顑颔,不饱貌;言已饮食清洁,诚欲使我形貌信而美好,中心简练,而合于道要;虽长顑颔,饥而不饱,亦何所伤病也。】《楚辞·离骚》

1.10 解释虚词用法

1.5"划分词的类别"谈了注释书对虚词类别特点及一些虚词用法的解释,1.7"分析语义关系"、1.9"分析句式句型"谈了注释书分析句式句型表现出了虚词的具体语法作用。此外,注释书对某些虚词又有专门解释,这种解释不仅表现出了这些虚词的用法特点,而且对后世的虚词研究有所影响。

弗者,不之深也。《公羊传·桓公十年》"秋,公会卫侯于桃丘,弗遇"。《僖公二十六年》"齐人侵我西鄙,公追至酅,弗及"①。

凡,非一也。《仪礼·公食大夫礼》"凡宰夫之具,馔于东方"。

盍,何不也。《论语·颜渊》"盍彻乎"郑曰。

焉,犹于此。《吕氏春秋·季春纪》"天子焉始乘舟"。

恶乎,犹于何也。《公羊传·桓公六年》"恶乎淫"。

聊,且略之辞。《诗经·邶风·泉水》"娈彼诸姬,聊与之谋"笺。

且,兼辞。《公羊传·文公五年》"王使荣叔归含且赗"。

敢者,怖惧用势决之辞。《仪礼·燕礼》"君无所辱赐于使臣,臣敢辞"。

毋,禁止之辞。《礼记·檀弓下》"噫!毋"。

诺、唯,应辞,唯恭于诺。《礼记·曲礼上》"父召无诺,先生召诺;唯而进"。

焉耳者,恳至之辞。《孟子·梁惠王上》"寡人之于国也,尽心焉耳矣"。

者

御者,今时侍从之人。《仪礼·既夕礼》"御者四人,皆坐持礼"。

刍荛者,取刍薪之贱人也。《孟子·梁惠王上》"刍荛者往焉"。

所

所损益,谓文质三统。《论语·为政》"殷因于夏礼,所损

---

① 下"弗"释义是"不之深者也";《马氏文通》"状字别义六之四"说:"《论语·公冶长》正义云:'弗者,不之深也。'"马氏不知,邢昺"正义"是引何休说。

益可知也；周因为殷礼，所损益可知也"马曰。

所思，谓清洁之士，若屈原者也。《楚辞·九歌·山鬼》"折芳馨兮遗所思"。

所以养者，土地也；所养者，谓民人也。《吕氏春秋·审为》"不以所以养害所养"。

所从染得其人，故曰当。《吕氏春秋·当染》"舜染于许由、伯阳，禹染于皋陶、伯益，汤染于伊尹、仲虺，武王染于太公望、周公旦；此四王者所染当，故王天下"。

所疑者，不敢行，故不过也；其所不疑者，不可行而行之，故以为过。《吕氏春秋·谨听》"故人主之性，莫过乎所疑，而过于其所不疑"。

所不知者，不敢施，故不为；所以知者，不可施而必为。《吕氏春秋·谨听》"人主之性……不过乎所不知，而过于其所以知"。

"者""所"二字未孤立解释，而注出其组成"X者""所X"结构，并表现出均为名词性指代实体；又说明"者""所"可连用。"刍荛者"解为"取刍薪之贱人"，说明"者"前X须是谓词，而不能是体词。又注出"所X"跟"所以X"的区别，前者"所"代X的受事，后者"所"代X的所据。特别是"所染"注为"所从染"，说明"所"非代"染"的受事。

见 1.9.1.1.2、1.9.1.2.3加入"见"表现主语被动，但也有少数加入"见"是表示主语主动。

(1) 诞后稷之穑，有相之道。【传：相，助也。笺：大矣后稷之掌稼穑，有见助之道，谓若神助之力也。】《诗经·大雅·生民》

(2)"春,公至自乾侯,居于运。""齐侯使高张来唁公。"【言"来"者,居于运,从国内辞。如晋不见答,喜见唁也。】《公羊传·昭公二十九年》

(3)万章问曰:"舜往于田,号泣于旻天,何为其号泣也?"孟子曰:"怨慕也。"【言舜自怨遭父母见恶之厄而思慕也。】《孟子·万章上》

(1)加入"见"表示后稷相助(非后稷被助),(2)加入"见"表示晋不答(指昭公在晋地乾侯,晋不答应昭公如晋都)、高张来唁,(3)加入"见"表示父母恶舜(非父母为舜所恶)①。

1.11 语法分析表现出的语法分析方法

1.1已说明,汉人注释书中没有什么语法术语,语法分析是以"自然形态"存现于释文之中;这种"自然形态"所表现的语法分析,尤其是其句法分析,也表现出了语法分析方法。这些方法在前面各题的论述分析中也已分别提到,现再概括、集中于下:

移位 实词易位,语义关系不变,改变句法结构,如表现主谓易位(1.6.1.4)、前置宾语(1.6.2.3)、述补结构(1.6.3)、"中"字结构(1.6.6.1)、受事主语(1.9.1.1.1、1.9.1.2.1)等。

加入 除表现空位主语(1.6.1.2)、空位谓语/述语(1.6.1.3)和名词、动词、形容词的句法功能义(1.8.1、1.8.2)是加入实词外,更多的是加入虚词,让隐性的语义义具有显性形式,如定心结构加入"之"(1.6.4.1.1)、状述结构加入"而""以"(1.6.4.2)、名动语义

---

① 吕叔湘《见字之指代作用》(《汉语语法论文集》(增订本),商务印书馆,1984)指出"见"字可表施事且兼代第一人称;从此三例看,动词后均含有"自己"之意,说明"见"字之指代用法汉代即出现。

关系加入介词(1.7)、被动句加入被动形式(1.9.1.1.2、1.9.1.2.3)、判断句加入判断副词和判断系词(1.9.2)、疑问句加入疑问语气词和疑问副词(1.9.3)、复句结构加入连词和关系副词(1.9.4)等。

替换 此一形式替换彼一形式,如被动式"为—N_{at}—所—V"替换"V—于—N_{at}"式(1.9.1.2.2)、连词"则……则"替换"载……载"(1.9.4.1.1)和"况""诚"分别替换"矧""苟"(1.9.4.3、1.9.4.7)。

复写 复写同一成分,如表现联合主语(1.6.5.1)、联合谓语/述语(1.6.5.2)、联合宾语(1.6.5.3)、联合定语(1.6.5.4)。

省略 省略虚词或相同成分而语意不变,如表现前置宾语(1.6.2.3.3)和联合主语、联合谓语/述语、联合宾语(1.6.5)以及并列复句(1.9.4.1.2)。

重排 将语词重新组合排列,结构改变而语意不变,如表现对接结构(1.6.5.5)和并列复句。

以上六种方法是从释文表现的语法分析(主要是句法分析)中概括出来的;在具体运用时,分析一种句法结构常同时用几种方法,这从上面所述各种句法的分析中可看出来。

2.0 魏晋注释书中的语法分析

魏晋注释书指三国魏人王弼(226—249)和东晋韩康伯(?—385?)《周易注》、托名西汉孔安国《尚书传》[①]、西晋杜预(224—

[①] 本书据《十三经注疏》本,此书所收《尚书》(称"古文尚书")及署名孔安国"传",为东晋人梅赜所献;据宋代以来尤其清人考证,乃是伪书,所谓"孔传"实为三国魏人王肃作(参看杨端志《训诂学》,山东文艺出版社,1986)。故本书归入魏晋时期。

284)《春秋左传集解》、东晋范宁(339—401)《春秋穀梁传集解》。前两书语法分析内容不多;这一时期的语法分析表现在后两书,特别是杜预《集解》中。

四部注释书与汉代注释书无直接关系,但由于时代的先后,魏晋人的语法分析无论内容与方法都对汉人的语法分析有所继承。

2.1 继承公羊、穀梁解说"春秋书法"表现语法分析

壹2.0已讲《左传》为"解事之传",不径直解说"春秋书法";杜预《集解》是对《春秋》《左传》合"解",因而也就有对"春秋书法"之解说。范宁《集解》是"集"多人对《春秋》《穀梁传》之"解",也有对"春秋书法"的解说。两书解说"春秋书法"均继承了公羊、穀梁的说法。

(1) "三月,宋人迁宿。"【宋强迁之而取其地,故文异于邢迁。】《左传·庄公十年》

(2) "夏六月,邢迁于夷仪。"【邢迁如归,故以自迁为文。】《左传·僖公元年》

这明显是继承公羊、穀梁对《春秋》"N_1—迁—于—N_2(处所)""N_1—迁—N_2"两句式的解释(见壹2.4.1),说明"迁"字既可表示自动,又可表示他动。

(3) "秋,七月庚午,宋公、齐侯、卫侯盟于瓦屋。"【齐侯尊宋使主会,故宋公序齐上。】《左传·隐公八年》

(4) "夏,宋人、齐人、卫人伐郑。"【宋主兵也。班序上下,以国大小为次;征伐,则以主兵为先:《春秋》之常也。】《左传·庄公十六年》

这是继承公羊、穀梁说明并列成分以语意轻重为序(见壹2.2.2.2)。

(5ₐ)"夏,榖伯绥来朝,邓侯吾离来朝。"【不总称朝者,各自行朝礼也。】《左传·桓公七年》

(5_b)"春,滕侯、薛侯来朝。"《左传·隐公十一年》

这是继承公羊说明句式变化(见壹 2.7.1)。

(6)"秋,八月,诸侯盟于首戴。"【言"诸侯"者,前目而后凡,他皆放此。】《榖梁传·僖公五年》

这是继承公羊说(见壹 2.6.1(3))。

2.2 分析句法结构

2.2.1 分析主谓结构 原文主语空位,释文加入,明确主谓关系。这又说明古汉语句法多无主语这一特点①。

(1) 夏,四月丙子,〖 〗享公。【齐侯为公设享燕之礼。】《左传·桓公十八年》

(2) "九月丁卯,子同生。"② 疑故志之;时曰:"〖 〗同乎人也。"【时人金曰:齐侯之子同于他人。】《榖梁传·桓公六年》

(3) 邾庄公与夷射姑饮酒,〖 〗私出。【射姑,邾大夫;出辟酒。】《左传·定公二年》

(4) 齐有大焉,亦有病焉;【齐若无罪,诸侯岂得同病之乎?】〖 〗非大而〖 〗足同与?【齐非大国,诸侯岂足共围之与?】《榖梁传·襄公十八年》

(1)(2)加入主语,明确叙述对象,(3)(4)前有不同叙述人物,加入主语,明确指说关系。

---

① 见上 1.6.1.2 及注。
② "……"表示《春秋》文。

2.2.2 分析述宾结构

2.2.2.1 单双宾语

(1) 尔克敬,天惟畀矜尔。【汝能敬行顺事,则为天所与,为天所怜。】《尚书·多士》

(2) 子路曰:"君子死,不免冠。"【不使冠在地。】结缨而死。《左传·哀公十五年》

(3) 昔周克商,使诸侯抚封。【各抚有其封内之地。】《左传·成公十一年》

(4) 吾由子事公孟,子假吾名焉,故不吾远也。【言子借我以善名,故公孟亲近我。】《左传·昭公二十年》

(5) 吾伪固而授之末,【以剑锋末授之。】则必杀也。《左传·定公十九年》

(1)(2)通过句式变换说明"畀矜尔""免冠"为支配与被支配关系,(3)词义训释表现"抚封"为支配与被支配关系,(4)(5)加入"以"或再移位表现出双宾结构。

2.2.2.2 前置宾语 原文宾语位于述语前,释文移位于述语后。

(1) 王惟德用,和怿先后迷民,用怿先王受命。【今王惟用德和悦先后天下迷愚之民。】《尚书·梓材》

(2) 家臣而君图。【家臣而图人君之事。】《左传·昭公十二年》

(3) 鼎有实,我仇有疾,不我能即,吉。【……困于乘刚之疾,不能就我,则我不溢得全其吉也。】《周易·鼎》

(4) 惟尔洪无度,我不尔动;自乃邑。【惟汝大无法度,谓纣无道;我不先动诛汝,乱从邑起,言自召祸。】《尚书·多士》

(5) 皇天无亲,惟德是辅。【天之于人无有亲疏,惟有德者则辅佐之。】《尚书·蔡仲之命》

(6) 岂不榖是为?先君之好是继。【言诸侯之附从非为己,乃寻先君之好。……不榖,诸侯谦称。】《左传·僖公四年》

(7) 枚卜功臣,惟吉之从。【枚谓历卜之,而从其吉。】《尚书·大禹谟》

(8) 我之不共,鲁故之以。【不共晋贡,以鲁故也。】《左传·昭公十三年》

(9) 万姓仇予,予将畴依?【仇,怨也;言我当依谁以复国乎?按:畴,谁。】《尚书·五子之歌》

以上(1)(2)一般前置宾语,(3)(4)代词宾语前置,(5)—(8)"是""之"前置宾语,(9)疑问代词前置宾语①。

2.2.3 分析述补结构　　做补语的介词结构移位述语前。

(1) 夫人使馈之锦与马,先之以玉。【以玉为锦、马之先。】《左传·襄公二十六年》

(2) 大叔为政,不忍猛而宽;郑国多盗,取人于萑苻之泽。【萑苻,泽名;于泽中劫人。】(同上)

2.2.4 分析偏正结构　　加入"之"字表现偏正关系。

(1) 郑人游于乡校。【乡之学校。】《左传·襄公三十一年》

(2) 晋人与姜戎要而击之殽,匹马倚轮无反者。【倚轮,

---

① 此类型魏晋注释书中极其少见,不过也说明魏晋时代,疑问代词宾语还未后置;参看1.6.2.3.4注。

一只之轮。】《穀梁传·僖公三十三年》

(3) 侵车东至海。【侵伐之车。】《穀梁传·成公二年》

以上诸例定语,(1)是名词,(2)是量词,(3)是动词。

2.2.5 分析联合结构

(1) 晋侯归,谋所以息民;魏绛请施舍。【施恩惠,舍劳役。】输积聚以贷。《左传·襄公九年》

(2) "春,滕侯、薛侯来朝。"……特言,同时也。【特言谓别言也,若"穀伯绥来朝,邓侯吾离来朝",同时来,不俱至。】累数,皆至也。【累数,总言之也,若"滕侯、薛侯来朝",同时俱至。】《穀梁传·隐公十一年》

(3) "宋人、蔡人、卫人伐戴。郑伯伐取之。"【三国伐戴,郑伯因其不和,伐而取之。】《左传·隐公十年》

(4) 废日共积。【废行道之日以共具殡殓所积聚之用。】《左传·哀公十五年》

(5) 若其不捷,表里山河,必无害也。【晋国外河而内山也。】《左传·僖公二十八年》

(6) 为夫妇外内,以经二物。【夫治外,妇治内,各治其物。】《左传·昭公二十五年》

以上(1)(2)用解说,(3)(4)加入"而""以"表现并列关系,(5)(6)通过语词重排表现对接关系。

2.2.6 分析方位结构

(1) "六月,卫侯郑自楚复归于卫。""自楚",楚有奉焉耳;"复"者,复中国也。【中国犹国中也。】《穀梁传·僖公二十八年》

(2) "春王正月,公在乾侯。"中国不存公,存公故也。【中

国犹国中也.】《穀梁传·昭公三十年》

以上通过移位表现"中国"为方位结构(区别于中原诸侯国之"中国")。

2.2.7 分析介词结构

2.2.7.1 解说介名组合词序 原文名在介前;释文名在介后。

(1) 义以出礼,【礼以义出。】礼以体政。【政以礼成。】《左传·桓公二年》

(2) 天王省风以作乐,器以钟之,【钟,聚也;以器聚音。】舆以行之。《左传·昭公二十一年》

以上介词"以",表示原由、工具。

(3) 私族于谋,而立长亲。【于私族之谋,宜立亲之长者。】《左传·昭公十九年》

(4) 谚所谓"室于怒市于色"者,楚之谓矣。【言灵王怒吴子而执其弟,犹人怒于室家而作色于市人。】同上

(5) 王贪而无信,惟蔡于感(憾)。【蔡近楚之大国,故楚常恨其不服顺。】《左传·昭公十一年》

(6) 七日不克,必尔乎取之。【言当取女以谢不克之罪。】《左传·襄公十年》

以上介词"于""乎",(3)(4)表示处所(此"于"字句同于1.6.7.1之"谢于诚归"①。),(5)(6)表示受事。

2.2.7.2 加入介后空位名词 原文介后名词空位,释文予以

---

① 这种句式现存先秦文献已少见,盖是远古汉语遗留;如(4)《战国策·韩策二》就是"语曰:'怒于室者色于市。'"

补出。

(1) 昔武王克殷,使斗缗尹之;以叛,【缗以权叛。】围而杀之。《左传·庄公十八年》

(2) 丧先王之乘舟,岂唯光之罪？众亦有焉,请藉取之以救死;【藉众之力以取舟。】众许之。《左传·昭公十七年》

2.2.8 分析复指结构

(1) 侍人贾举止众从者,而入闭门。【重言"侍人"者,别下贾举。按:上有"公鞭侍人贾举",下有"贾举、州绰……偻堙皆死";齐庄公近臣有二贾举,一为侍人,一为死难者。】《左传·襄公二十五年》

(2) "尹氏立王子朝。"……朝之不名何也？别嫌乎尹氏之朝也。【若但言"尹氏立朝",则嫌朝是尹氏之子,故言"王子"以别之。】《穀梁传·昭公二十三年》

2.3 分析语义关系

这里仅谈状述结构、述宾结构中名动语义关系。也如汉代注释书的语义关系分析方法,魏晋注释书仍是用加入、移位方法。

2.3.1 状述结构名动意义关系

2.3.1.1 加入"以""于""从",或再移位,表现名词表示时间、方位

(1) 时用民。【使民以时。】《左传·成公十八年》

(2) 围新密,郑所以不时城也。【郑以非时兴土功。】《左传·僖公六年》

(3) 彼出则归,彼归则出,楚必道散。【罢散于道。】《左

传·昭公三十年》

(4) 女专利而不厌,予取予求,不女疵瑕也。【从我取,从我求;我不以女为罪衅。】《左传·僖公七年》

(5) 晋人逐之,左右角之。【张两角从两旁夹攻之。】《左传·宣公十二年》

2.3.1.2　加入"以"表现名词表示工具、方式、凭借、原因等

(1) 清庙茅屋。【以茅饰屋。】《左传·桓公二年》

(2) 王皮冠,秦复陶,翠被,【以翠羽饰被。按:"被"同"帔"。】豹舄,【以豹皮饰履。】执鞭以出。《左传·昭公十二年》

(3) 王命尹氏……策命晋侯为侯伯。【以策书命晋侯为伯也。】《左传·僖公二十八年》

(4) 宵坎血加书。【掘地为坎以埋盟之余血加盟书其上。】《左传·僖公二十五年》

(5) 帝尧曰放勋,钦明文思安安。【言尧……以敬明文思之四德安天下之当安者。】《尚书·尧典》

(6) 我死,必无以冕服敛,非德赏也。【言公畏季氏而赏其使,非以我有德。】《左传·襄公二十九年》

2.3.1.3　加入"为……所"表现名词表示施事

吾今实过,悔之何及,多遗秦禽,【军师不和,恐多为秦所禽获。】《左传·襄公十四年》

2.3.2　述宾结构动名意义关系

2.3.2.1　加入"于"表现名词表示方位

(1) 铸鼎象物。【象所图物著之于鼎。】《左传·宣公三年》

(2) 石尚欲书《春秋》。【欲著名于《春秋》。】《穀梁传·定

公十四年》

2.3.2.2 加入"以",或再移位,表现名词表示受事、方式、凭借、原因等

(1) 胙之土而命之氏。【报之以土而命氏曰陈。】《左传·隐公八年》

(2) 入有郊劳,出有赠贿。【去则赠之以货贿。】《左传·昭公五年》

(3) 郑、息有违言,【以言语相违恨。】息侯伐郑,郑伯与战于竟。《左传·隐公十一年》

(4) 夫子语我九言,曰:"无始乱,……无骄能。"【以能骄人。】《左传·定公四年》

(5) 王怒曰:"大辱国!诘朝尔射,死艺。"【言女以射,自多必当以艺死也;诘朝犹明朝。】《左传·成公十六年》

2.3.2.3 加入"为……所"并移位,表现名词表示施事

(1) 使疾其民,【为民所疾。】以盈其贯,将可殪也。《左传·宣公六年》

(2) 《诗》曰:"不吊昊天,乱靡有定。"【言不为昊天所恤,则致罪也。】《左传·襄公十三年》

2.3.2.4 加入"与"并移位,表现名词表示与事

(1) 能亡人于国,【言能与人俱亡于晋国。】不能见于此,焉用之?《左传·文公七年》

(2) 无终子嘉父使孟乐如晋,因魏庄子纳虎豹之皮,以请和诸戎。【欲戎与晋和。按:意同欲晋与戎和。】《左传·襄公四年》

2.3.2.5 加入"为"并移位,表现名词表示目的

(1) 夏,四月丙子,享公。【齐侯为公设享燕之礼。】《左传·桓公十八年》

(2) 子死晋国,子孙必得志于宋。【以其为晋国死。】《左传·定公六年》

2.3.2.6　加入"于"表现名词表示对象

(1) 卫文公……务材,训农,通商,惠工,【加惠于百工。】敬教,劝学,授方,任能。《左传·闵公二年》

(2)《周书》曰:"惠不惠,茂不茂。"【言当施惠于不惠者,劝勉于不勉者;茂,勉也。】《左传·昭公八年》

2.3.2.7　加入"于"表现名词表示比较对象

若能孝敬,富倍季氏可也;奸回不轨,祸倍下民可也。【祸甚于贫贱。】《左传·襄公二十三年》

述宾结构中的动名意义关系分了上面七个类型(至于所谓使动、意动关系以及名词做述语跟名词的意义关系,见下),这是就其常见、可以归类的而言。释文表现出的这种结构中的名动意义关系相当复杂,有的非常特殊,只能具体分析,很难定出什么类型。如:

"夏,六月,季姬及缯子遇于防,使缯子来朝。""遇"者,同谋也;"来朝"者,来请己也。【使来朝请娶己为妻。】《穀梁传·僖公十四年》

参照上述状述结构名动意义关系,可看出谓语中的名动结合的不同词序,可表现相同的语义关系。

2.4　分析词的句法功能义

如同汉代注释书,魏晋注释书也表现出了名词、动词、形容词某些句法成分,在原有词汇意义的基础上又增加句法功能义。

2.4.1 名词的句法功能义 名词做谓语、述语、定语增加一个跟名词本体属性有关的句法功能义动词 V_0。(这一点跟汉代注释书所表现相同);而这个 V_0 跟名词可有种种语义关系(参看1.8.1)。

2.4.1.1 做谓语

(1)"六月,辛未朔,日有食之,鼓、用牲于社。"【鼓,伐鼓也。】《左传·庄公二十五年》

(2)子路入,及门,公孙敢门焉。【守门。】《左传·哀公十五年》

(3)公将为之椟。【为(之)作棺也。】《左传·昭公二十九年》

(4)叔孙昭子之不劳,不可能也。【不以立己为功劳。】《左传·昭公五年》

(5)"秦人来归僖公、成风之襚。"秦人弗夫人也,【言秦人弗以成风为夫人,故不言"夫人"。】即外之而不言正焉。《穀梁传·文公九年》

(6)子干奔晋,从车五乘,叔向使与秦公子同食,……使后子与子干齿。【以年齿为高下而坐。】《左传·昭公元年》

(7)卫侯来献其乘马,曰启服,【启服,马名。】堑而死。【堕堑而死。】《左传·昭公二十九年》

(8)冉猛伪伤足而先。【猛,鲁人;欲先归。】《左传·定公八年》

以上释文表现出名词做谓语增加一个相关义动词 V_0。(1)(2)"鼓""门"是 V_0 "伐""守"的受事,(3)"椟"是 V_0 "作"的结果,

(4)(5)"劳""夫人"是所谓意动用法,(6)"齿"是 V₀"坐"的依凭,(7)"堲"是 V₀"堕"的处所,(8)"先"是 V₀"归"的时间。

2.4.1.2 做述语带宾语(用 V_{N1}—N₂ 代)

(1) 必以萧同叔子为质,使齐之封内尽东其亩。【使垄亩东西行。】《左传·成公二年》

(2) "秋,九月,齐高固来逆子叔姬。"诸侯嫁子于大夫,主大夫以与之。【婚礼,主人设几筵于庙以待迎者,诸侯大夫尊卑不敌,使大夫为之主。】《穀梁传·宣公五年》

(3) 大国无厌,鄙我犹憾。【言己事之,则以我为鄙邑,犹恨不足,此吾患也。】《左传·成公十八年》

(4) "纪子伯莒子,盟于密。"或曰:"纪子伯莒子而与之盟。"【纪子以莒子为伯而与之盟。】或年同爵同,故纪子以伯先也。【年爵虽同,纪子自以为伯而先。】①《穀梁传·隐公二年》

(5) "叔弓帅师疆郓田。""疆之"为言犹竟也。【为之境界。】《穀梁传·昭公元年》

(6) 士兵之。【以兵击莱人。】《左传·定公十年》

(7) 舍爵策勋。【爵,饮酒器也;既饮置爵,则书勋劳于策。】《左传·桓公二年》

(8) 陈灵公通于夏征舒家,公孙宁、仪行父亦通其家,或衣其衣,或衷其襦,【衷者,襦在衷也。】以相戏于朝。《穀梁传·宣公九年》

(9) 宋华弱与乐辔少相狎,长相优,又相谤也。子荡怒,

---

① 这是范宁解释穀梁说;左氏"经"文是"纪子帛、莒子盟于密","帛"是纪子之字,名裂繻。

以弓梏华弱于朝。【子荡,乐辔也;张弓以贯其颈,若械之在手,故曰梏。】《左传·襄公六年》

(10) 夏,公会吴于鄫。吴来征百牢,子服景伯对曰:"先王未之有也。"吴人曰:"宋百牢我,【是时吴过宋,得百牢。】鲁不可后宋。……"《左传·哀公七年》

以上释文表现出名词做述语增加一个相关义动词 V_0。V_0 跟 N_1、N_2 均有意义关系,语义指向既是 N_1,又是 N_2。(1)(2) V_{N1} "东""主"含致句法使义 V_{01}("使"),N_2 "亩""大夫"受使而产生(V_{02})N_1(所谓名词使动用法);(3)(4) V_{N1} "鄙""伯"含认定句法义 V_{01}("以"),N_2 "我""莒子"受认而成(V_{02} "为")N_1(所谓名词意动用法);(5) N_1 "疆"、N_2 "郓田"分别是 V_0 "境"的结果、目的;(6) N_1 "兵"、N_2 "之"分别是 V_0 "击"的工具、受事;(7) N_1 "策"、N_2 "勋"分别是 V_0 "书"的结果、处所;(8) N_1 "衷"、N_2 "襦"分别是 V_0 "在"的处所、施事;(9) N_2 "梏"、N_2 "华弱"分别是 V_0 "贯"的所似、受事;(10) N_1 "百牢"、N_2 "我"分别是 V_0 "得"的对象、受事("以百牢赠我")。

下两例 V_0 指向 N_1,而 N_1 又为 N_2 修饰。

(1) 是乱国而恶君王也。【是章君王之恶。】《左传·昭公二十六年》

(2) 女死必于殽之岩唫之下,我将尸女于是。【尸女者,收女尸。】《穀梁传·僖公三十三年》

2.4.1.3 做述语带补语(用 V_{N1}—P—N_2 代)

(1) 舜臣尧,宾于四门。【辟四门,达四聪,以宾礼众贤。】《左传·文公十八年》

(2) 赵孟辞,私于子产【私语。】曰:……《左传·昭公元

(3) 祭仲杀雍纠,尸诸周氏之汪。【汪,池也;周氏,郑大夫;杀而暴其尸以示戮之。】《左传·桓公十五年》

(4) 秋,齐侯师于首止。【陈师首止。】《左传·桓公十八年》

(5) 巴人叛楚而伐那处,取之,遂门于楚。【攻楚城门。】《左传·庄公十八年》

(6) 十二月,吴子诸樊伐楚,以报舟师之役,门于巢。【攻巢门。】《左传·襄公二十五年》

以上释文表现出名词做述语增加一个相关义动词 V_0;语义指向 N_1,跟 N_2 无关。(1)(2) N_1 "宾""私"是 V_0 "礼""语"的方式;(3)(4) N_1 "尸""师"是 V_0 "暴""陈"的受事;(5)(6) N_1 "门""门"是 V_0 "攻"的受事宾语,而 N_2 成为 N_1 的定语。

2.4.1.4 做定语 名词隐含 V_0,表现谓词结构义

(1) (郑)大夫说之,使疆场之司恶于宋。【使守疆场之吏侵犯宋。】《左传·襄公十一年》

(2) 宋人或得玉,献诸子罕,子罕弗受。献玉者曰:"以示玉人。"【玉人,能治玉者。】玉人以为宝也。《左传·襄公十五年》

以上释文表现出名词做定语增加一个相关义动词 V_0,原名词是这个 V_0 的受事。

2.4.1.5 单用 名词隐含 V_0,表现谓词结构义

(1) 小国之事大国也,德,则其人也;【以德加己,则以人道相事。】不德,则其鹿也,铤而走险,急何能择?《左传·文公十七年》

(2)（涉佗）亦以徒七十人旦门焉，步左右，皆至而立，如植。【至其门下，步行门左右然后立待，如立木不动。】《左传·定公十年》

如汉代注释书，魏晋注释书也表现出名词做谓语、述语相当自由与灵活，可表示多种多样的语义关系。还有的同一个词因语境不同而表现不同的意义关系。

(1) 我实不天，子无咎焉。【言我虽不为天所佑，子无大咎。】《左传·襄公二十三年》

(2) 郑国不天，【不获天福。】寡君之二三臣札瘥夭昏，今又丧我先大夫偃。《左传·昭公十九年》

(3) 孔达缢而死，……卫人以为成劳，复室其子。【以有平国之功，复以女妻之。】《左传·宣公十四年》

(4) 敝无存之父将室之，辞，以与其弟。【无存，齐人也；室之，为（之）娶妇。】《左传·定公九年》

(1)(2)同是"不天"，表现语义不同，(3)"室其子"是以女与其子为妻，(4)"室之"是为之娶妻。

2.4.2 谓词的句法功能义

2.4.2.1 做主语/宾语 谓词做（动词、形容词，包括词组）做主语/宾语由表达陈述转为表达指称，分自指与转指（参看1.8.2.1）。下列为转指例。

(1) 卜楚丘占之，曰："齐侯不及期，非疾也；君亦不闻。令龟有咎。"【言令龟者亦凶咎，见于卜兆。】《左传·文公十八年》

(2) 夫狄焉，【放猬之人。】思启封疆以利社稷者，何国蔑有？《左传·成公八年》

(3) 君为三覆以待之。【覆,伏兵也。】《左传·隐公九年》

(4) 其家事无猜,其祝史不祈。【家无猜疑之事,故祝史无求于鬼神。】《左传·昭公二十年》

(5) 子产请其田里,三年而复之,反其田里及其入焉。【田里所收入。】《左传·襄公三十年》

(6) 子产过女,而命速除,乃毁于而乡。【而,女也;毁女所乡。】《左传·昭公十八年》

(7) 伐不逾时,战不逐奔,诛不填服。【来服者,不服填厌之。】《穀梁传·隐公五年》

(8) 则有晋、郑,咸黜不端,【黜,去也;晋文杀叔带,郑厉杀子颓,为王室去不端直之人。】以绥定王家。《左传·昭公二十六年》

(9)《周书》曰:"惠不惠,茂不茂。"【言当施惠于不惠者,劝勉于不勉者;茂,勉也。】《左传·昭公八年》

(10)《郑书》有之,"恶直丑正,实蕃有徒。"【郑书,古书名也;言害正直者,实多徒众。】《左传·昭公二十八年》

(1)(2)主语,下宾语。"令龟"述宾词组,"狡"形容词。(3)—(7)动词,(8)—(10)形容词。(1)(5)(6)(7)(9)(10)用"者""所"表示转指,为名词性结构。

2.4.2.2 做谓语/述语 动词、形容词做谓语/述语含使令(所谓使动用法)或认定(所谓意动用法)句法义,表示名词为所使令或认定。做谓语,受事隐含,语义呈 V_1—[ ]—V_2 关系;做述语带宾语,表现 V_1—N—V_2 兼语结构义。

A. 使令义;N 是 V_1 的受事,V_2 的施事

贰　中国古代语法学的产生(汉魏晋南北朝)

(1) 为叔孙故,申丰以货如晋。叔孙曰:"见我,我告女所行货。"见,而不出。【留申丰,不使得出,不欲以货免。】《左传·昭公二十三年》

(2) 昔夏之方有德也,远方图物,贡金九牧,【使九州之牧贡金。】……《左传·宣公三年》

(3) 若惠顾前好,徼福于厉、宣、桓、武,不泯其社稷,【愿楚要福于此四君,使社稷不灭;泯犹灭也。】……君之惠也,孤之愿也。《左传·宣公十二年》

(4) 尚矣哉,能歆神人!【歆,享也;使神享其祭,人怀其德。】《左传·襄公二十七年》

(5) 吾子取其麋鹿以闲敝邑若何?【使秦戍自取麋鹿以为行资,令敝邑得闲暇若何?】《左传·僖公三十三年》

(6) 今吴不如过,而越大于少康,或将丰之,不亦难乎?【言与越成,是使越丰大,必为吴难。】《左传·哀公元年》

(1)—(4)动词,(5)(6)形容词。

B. 认定义(形容词),N 是 V_1(以)的受事,V_2(为)的主事

(1) 荡泽弱公室,杀公子肥。【轻公室以为弱,故杀其枝党。】《左传·成公十五年》

(2) 秋,秦师侵芮,败焉,小之也。【秦以芮小,轻之。】《左传·桓公四年》

2.4.2.3 "与""自""以"做谓语/述语　此类词做谓语/述语含介词与相关的动词义(V_0),自身跟名词组成介词结构做 V_0 的状语。

(1) 陈,亡国也,不可与也。【不可与(之)结好。】《左传·襄公三十年》

(2) 书曰"晋人杀栾盈",不言"大夫",言自外也。【自外犯君而入,非复晋大夫。】《左传·襄公二十三年》

(3) "五月辛卯,桓宫、僖宫灾。"……自大庙始,外内以俊。【俊,次也;先尊后卑,以次救之。】《左传·哀公三年》

这说明"与""自""以"两属,既是介词,又可做动词做谓语/述语;做谓语/述语仍兼起介词作用。

2.4.2.4 "能""敢""可"做谓语　此类为助动词,做谓语含相关的动词义。

(1) 齐人不能师。【不能整其师。】《左传·哀公十一年》

(2) 卫侯为灵台于藉圃,与诸大夫饮酒焉,褚师声子袜而登席,公怒。辞曰:"臣有疾,异于人;若见之,君将毁之,是以不敢。"【不敢解袜。】公愈怒。大夫辞之,不可。【共辞谢公,公不可解。】《左传·哀公二十五年》

2.4.3 副词的句法功能义　　副词做谓语,释文表现出含相关的动词义。

(1) 执政弗义,弗敢复也。【复,重求也。】《左传·昭公十六年》

(2) 宣子喜,曰:"郑其庶乎?【庶几于兴盛。】……二三君子数世之主也,可以无惧矣。"同上

(3) 寡君以为盟主之故,是以久子。【久执子。】《左传·昭公二十四年》

(4) 其御曰:"又之。"【又欲使射余人。】《左传·昭公二十六年》

2.5 分析句式句型

2.5.1 分析被动句　　如同汉代注释书,魏晋注释书也分析了主语为谓语受事的被动义句即零形式被动句和有被动语法形式("V—于—N_{at}")的被动式句。

2.5.1.1 被动义句

2.5.1.1.1 移位　N_s—V→V—N_0,让做主语的名词移位做宾语。

(1) 君义,臣行;父慈,子孝。【臣行君之义。】《左传·隐公三年》

(2) 若不材,器可得也。【辄若不材可废其身,因得其器。】《左传·哀公十六年》

2.5.1.1.2 加入　加入表现被动义的语法形式。

加入"为—N_{at}—所":

(1) 永畏惟罚,非天不中,惟人在命。【当长畏惧惟为天所罚,非天道不中,惟人在教命使不中,不中则天罚之。】《尚书·吕刑》

(2) 秋,秦师侵芮,败焉,小之也。【秦以芮小,轻之,故为芮所败。】《左传·桓公四年》

加入"为……所":

(1) 弗惟德馨香,祀登闻于天,诞惟民怨。【纣不念发闻其德,使祀见享,升闻于天大行淫虐,惟为民所怨咎。】《尚书·酒诰》

(2) 良臣将死,天命不佑。【良臣不匡救君过,故将死而不为天所佑。】《左传·昭公元年》

加入"见":

(1)"有言不信。"尚口乃穷也。【处困而言不见信之时也,……】《周易·困》

(2)尔尚敬逆天命,以奉我一人,虽畏勿畏,虽休勿休。【汝当庶几敬逆天命以奉我一人之戒,行事虽见畏勿自谓可敬畏,虽见美勿自谓自德美。】《尚书·吕刑》

2.5.1.2 被动式句 被动式句指"V—于—N_{at}"式句,释文用"为—N_{at}—所—V"注释,也即后式替换了前式。

(1)龙,德而隐者也,不易乎世,【不为世俗所移易也。】不成乎名。《周易·乾·文言》

(2)丁丑,楚子入,飨于郑。【为郑所飨。】《左传·僖公二十二年》

(3)逆妇姜于齐,卿不行,非礼也;君子是以知出姜之不允于鲁也。【允,信也;始来不见尊贵,故终不为国人所敬信也。】《左传·文公四年》

(4)子胥父诛于楚也。【子胥父,伍奢也,为楚平王所杀。】《穀梁传·定公四年》

2.5.2 分析判断句 原文判断为零形式,释文加入表示判断的语句。

加入判断副词"乃":

(1)《诗》曰:"乐只君子,邦家之基。"【《诗·小雅》,言乐与君子为治,乃国家之基本。】《左传·昭公十三年》

(2)且夫宣子之刑,夷之搜也。【范宣子所用刑,乃夷搜之法也。】《左传·昭公二十九年》

加入判断系词"为":

(1)匄也,先君守官之嗣也,敢不承命?【言己嗣其父祖

为先君守官,不敢废命。】《左传·襄公八年》

(2) 简子曰:"吾伏弢呕血,鼓音不衰;今日,我上也。"【我功为上。】《左传·哀公二年》

加入判断系词"是":

(1) 震惊百里,不丧匕鬯。【威震惊乎百里,则是可以不丧匕鬯矣。】《周易·震》

(2) 独父受,洪惟作威,乃汝世仇。【言独夫失君道也,大作威杀无辜,乃是汝累世之仇。】《尚书·泰誓下》

(3) 子为正卿,而小君之丧不成,不终君也。【慢其母是不终事君之道。】《左传·襄公四年》

(4) "楚公子婴齐帅师伐莒。庚申,莒溃。"其日,莒虽夷狄,犹中国也。【莒虽有夷狄之行,犹是中国。】《穀梁传·成公九年》

(5) "楚人执郑行人良霄。"行人者,挈国之辞也。【行人是传国之辞命者。】《穀梁传·襄公十一年》

2.5.3 分析疑问句

2.5.3.1 特指问句 一是径直说明是有疑而问,一是加入疑问语气词。

(1) 公曰:"尔有母遗,繄我独无。"颍考叔曰:"敢问何谓也?"【据武姜在,设疑也。】《左传·隐公元年》

(2) "春,王三月甲寅,齐人伐卫。卫人及齐人战,卫人败绩。"于伐与战,安战也。【问在何处战。】《穀梁传·庄公二十八年》

(3) 不其或稽,自怒曷瘳?【不考之先王,祸至自怒,何瘳

差乎?】《尚书·盘庚中》

(4)福祚之不登叔父焉在?【言福祚之不在叔父,当在谁邪?】《左传·昭公十五年》

2.5.3.2 是非问句 于句末加入疑问副词"不""否"。

(1)潘崇曰:"能事诸乎?"【问能事职不?】《左传·文公元年》

(2)昭王南征不反,我将问诸江。【问江边之民有见之者不?】《穀梁传·僖公四年》

(3)君制其国,臣敢奸之?虽奸之,庸知愈乎?【言逐君更立,未知当差否?】《左传·襄公十四年》

(4)请有问于子,余及死乎?【问可得寿死否?】《左传·哀公二十七年》

2.5.3.3 反诘问句 反诘问句是形式与内容不一致,注释书对此句式非常重视,尤其杜预《集解》多处注出,有大量例证。

注明肯定形式表现否定内容:

(1)帝曰:"吁!嚚讼可乎?"【言不忠信为嚚又好争讼,可乎?言不可也。】《尚书·尧典》

(2)《商书》曰:"恶之易也,如火之燎于原,不可乡迩,其犹可扑灭?"【言不可扑灭。】《左传·隐公六年》

(3)信以守礼,礼以庇身,信礼之亡,欲免得乎?【言不得免。】《左传·成公十五年》

(4)"冬,十有一月壬午,公弟叔肸卒。"其曰"公弟叔肸",贤之也。其贤之何也?宣弑而非之也。非之则胡为不去也?曰:兄弟也,何去而之?【言无所至。】《穀梁传·宣公十七年》

注明否定形式表现肯定内容:

(1) 谁敢不让、敢不敬应?【上惟贤是用,则下皆敬应上命而让善。】《尚书·益稷》

(2) 予曷其极卜,敢弗于从?【我何其极卜法,敢不于从? 言必从也。】《尚书·大诰》

(3) 欲加之罪,其无辞乎?【言欲加己罪,不患无辞。】《左传·僖公十年》

(4) 夫大国之人,不可不慎也;几为之笑而不陵我?【言数见笑,则心陵侮我。】《左传·昭公十六年》

2.5.4 分析关系结构 这种结构①原文逻辑语义关系隐含着。如同汉代注释书,释文也给予形式标志,于短语与短语(用 S_1、S_2 代)之间加入关联词,让隐性语义关系具有显性语法形式。

2.5.4.1 并列句 加入"则……则""既……又/且","又"表现 S_1、S_2 为并列关系。

(1) 玩人丧德,玩物丧志。【以人为戏弄则丧其德,以器物为戏弄则丧其志。】《尚书·旅獒》

(2) 巽而止,蛊。【既巽又止,不竞争也;有事而无竞争之患,故可以有为也。】《周易·蛊》

(3) 周《诗》有之曰:"……兆云询多,职竞作罗。"【兆,卜;询,谋也;职,主也。言既卜且谋多,则竞作罗网之难无成功。】《左传·襄公八年》

(4) 天子微,诸侯不享觐。【享,献也;觐,见也。天子微弱,四方诸侯不复贡献,又无朝觐之礼。】《穀梁传·昭公二十

---

① 本书所说"关系结构",即一般语法书上所说的复句结构。参看1.9.4注。

二年》

2.5.4.2 承接句 加入"则""乃""以""如是""如此""然后""而后"表现 S_1、S_2 为承接关系。

(1) 观乎天文,以察时变;观乎人文,以化成天下。【观天之文,则时变可知也;观人之文,则化成可为也。】《周易·贲》

(2) 阳不克莫,将积聚也。【阳气莫然不动,乃将积聚。】《左传·昭公二十四年》

(3) 司徒掌邦教,敷五典,扰兆民。【地官卿司徒主国教化,布五常之教,以安和天下众民,使小大皆协睦。】《尚书·周官》

(4)《诗》曰:"靖共尔位,好是正直;神之听之,介尔景福。"【《诗·小雅》,言君子当思不出其位,求正直之人与之并立;如是则神明顺之,致大福也。】《左传·襄公七年》

(5) 弗连克奔,以役西土。【商众能奔来降者不迎击之,如此则役我西土之义。】《尚书·牧誓》

(6)《夏书》曰:"成允成功。"【允,信也;言信成,然后有成功。】《左传·襄公五年》

(7) 元亨,利牝马之贞。【……至顺而后乃亨,故唯利于牝马之贞。】《周易·坤》

2.5.4.3 递进句 加入"非但/不但/非徒……亦/又/而"表现 S_1 推宕,S_2 推进;加入"犹/且……况"或"况"替换"矧"表现 S_1 推宕,S_2 逼进。

(1) 惟予一人膺受多福,其尔之休,终有辞于永世。【非但我受多福而已,其汝之美名亦终见称诵于长世。】《尚书·君陈》

貳　中国古代语法学的产生(汉魏晋南北朝)　143

(2) 惟动丕应徯志,【徯,待也;帝先安所止动,则天下大应之,顺命以待帝志。】以昭受上帝,天其申命用休。【昭,明也,非但人应之,又乃明受天之报施,天又重命用美。】《尚书·益稷》

(3) 尔不克敬,尔不啻不有尔土,予亦致天之罚于尔躬。【汝不能敬顺,其罚深重,不但不得还本土而已,我亦致天罚于汝身。】《尚书·多士》

(4) "六月,公会单子、晋侯、宋公、卫侯、郑伯、莒子、邾子、齐世子光。己未,同盟于鸡泽。""戊寅,叔孙豹及诸侯之大夫及陈袁侨盟。"……诸侯盟,又大夫相与私盟,是大夫张也。故鸡泽之会,诸侯始失正矣,大夫执国权。曰"袁侨",异之也。【释不但总言"及诸之大夫",而复别言"袁侨"者,是袁侨之得体。】《穀梁传·襄公三年》

(5) 不惟不敢,亦不暇。【非徒不敢,志在助君敬法,亦不暇饮酒。】《尚书·酒诰》

(6) 君子以慎言语节饮食。【言饮食犹慎而节之,而况其余乎?】《周易·颐》

(7) 呜呼!君子所其无逸。【叹美君子之道,所在念德其无逸豫;君子且犹然,况王者乎?】《尚书·无逸》

(8) 元恶大憝,矧惟不孝不友?【大恶之人尤为人所大恶,况不善父母、不友兄弟者乎?】《尚书·康诰》

(9) 不率大夏,矧惟外庶子训人?【夏,常也;凡民不循大常之故,犹刑之无赦,况在外掌众子之官主训民者而辜犯乎?】(同上)

2.5.4.4　选择句　加入"或""宁"表现任选与限选。

(1) 五过之疵,惟官,惟反,惟内,惟货,惟来。【五过之所病,或尝同官位,或诈反囚辞,或内亲用事,或行货枉法,或旧相往来;皆病所在。】《尚书·吕刑》

(2) 虽然,城下之盟,有以国毙,不能从也。【宁以国毙,不从城下盟。】《左传·宣公十五年》

2.5.4.5 转折句 加入"但""而"表现 S_1、S_2 为转折关系。

(1) 予小子旦非克有正,迪维前人光,施于我冲子。【我旦非能有改正,但欲蹈行先王光大之道,施正于我童子;童子,成王。】《尚书·君奭》

(2) 君子以明庶政,无敢折狱。【君子以明庶政,而无敢折狱。】《周易·贲》

2.5.4.6 让步句 加入"虽""虽……而""虽……犹"表现 S_1 让后一步,S_2 转入正意。

(1) 九三,干父之蛊,小有悔,无大咎。【以正干父,虽小有悔,终无大咎。】《周易·蛊》

(2) 贞厉无咎。【虽贞厉而无咎也。】《周易·噬嗑》

(3) 是服也,狂夫阻之。【阻,疑也;虽狂夫犹知有疑。】《左传·闵公二年》

2.5.4.7 假设句 加入"若……则""若"表现 S_1、S_2 为假设关系。

(1) 不臧厥臧,民罔攸劝。【若乃不善其善,则民无所劝慕。】《尚书·毕命》

(2) 楚众我少,鼓险而攻之,胜无幸焉。【若要而击之,必可破,非侥幸也。】《穀梁传·僖公二十二年》

2.5.4.8 因果句 因果句有两种,一是追溯原因以明效果,一是根据效果以索原因;前者加入"以……故""故""所以""是以"表现,后者呈"所以……,是/以……"、"所以……,……"句式。

(1) 有夏服天命,惟有历年。【以能敬德,故多历年数。】《尚书·召诰》

(2) 无妄之药,不可试也。【药攻有妄者也,而反攻无妄,故不可试也。】《周易·无妄》

(3) 好问则裕,自用则小。【问则有得,所以足;不问专同,所以小。】《尚书·仲虺之诰》

(4) 厉,无大咎。【使危厉灾非己招,是以无大咎也。】《周易·姤》

(5) "同人于野,亨;利涉大川",乾行也。【所以能同人于野亨,利涉大川,非二之所能也,是乾之所行。】《周易·同人》

(6) 严惟丕式,克用三宅三俊。【言汤所以能严威,惟可大法象者,以能用三居三德之法。】《尚书·立政》

(7) 孺子来相宅,其大惇典殷献民。【少子今所以来相宅于洛邑,其大厚行典常于殷贤人。】《尚书·洛诰》

(8) 邦之安危,惟兹殷士。【言邦国所以安危,惟在和此殷士而已。】《尚书·毕命》

2.6 分析词的类别特点

魏晋注释书继承汉代注释书,也分析出了词的类别及某些词类的语法特点。

A. 表现词的类别。

(1) 粢盛丰备。【黍稷曰粢,在器曰盛。】《左传·桓公六

年》

(2)（晋）遂袭虞,灭之;执虞公及其大夫井伯,以媵秦穆姬。【送女曰媵。】《左传·僖公五年》

(3) 春,晋师过周北门,左右免胄而下。【御者在中,故左右下,御不下。】《左传·僖公三十三年》

(4) 凡师能左右之,曰"以"。【左右,谓进退在己。】《左传·僖公二十六年》

(5) 予欲左右有民。【左右,助也;助我所有之民,富而教之。】《尚书·益稷》

以上释文表现出(1)"粱"、(3)"左右"(指车左、车右)为名词,(1)"盛"、(2)"媵"、(4)(5)"左右"为动词。

B. 表现某些词带受事语,表示行为及于他物;某些词释文用"貌"字表现性状。

(1) 公入而赋。【赋,赋诗也。】《左传·隐公元年》

(2) 士皆释甲束马。【束,绊之也。】《左传·襄公二十八年》

(3)《诗》曰:"退食自公,委蛇委蛇。"【委蛇,顺貌。】《左传·襄公十年》

(4) 一穀不升谓之嗛。【嗛,不足貌。】《穀梁传·襄公二十四年》

C. 表现名词可重叠并分析其含义。

(1) 日宣三德,夙夜浚明有家。【宣,布;夙,早;浚,须也;卿大夫称家。言能日日布行三德,早夜思之,须明行之,可以为卿大夫。】日严敬六德,亮采有邦。【有国诸侯日日严敬其身,……则可以为诸侯。】《尚书·皋陶谟》

(2) 惟事事乃有其备,有备无患。【事事,非一事。】《尚书·说明中》

(1)表现出时间词"日"可以重叠,(2)说明名词重叠增加"每"之含义。

D. 解释单位词。

(1) 归公乘马,祭马五称。【归,遗也;四马曰乘①;衣,单、复具曰称。】《左传·闵公二年》

(2) 君有楚命,亦不使一介之使告于寡君。【一介,独使也。】《左传·襄公八年》

(3) 申丰从女贾,以币锦二两,【二丈为一端,二端为一两,所谓匹也;二两,二匹。】缚一如瑱,适齐师。《左传·昭公二十六年》

(4) 能货子犹,为高氏后,粟五千庾。【庾,十六斗,凡八千斛。】同上

E. 说明某些词可代实体,有指代作用。

夫　《左传·襄公三十一年》:"子皮欲使尹何为邑,……使夫往而学焉,夫亦愈知治矣。"【夫,谓尹何。】

或　《左传·定公四年》:"晋人假羽于郑,郑人与之。明日,或旆以会。【或,贱者也。】晋于是乎失诸侯。"

他　《左传·昭公五年》:"公室四分,民食于他。"【他,谓三家也;言鲁君与民无异。】

---

① 此是杜预说;章炳麟《左传读》:"乘马者,通指当乘之马,非四马为乘之谓也。"本书诸说均据原注。

是 《左传·昭公十六年》:"子大叔赋《褰裳》……宣子曰:'善哉!子之言,【是,《褰裳》。】不有是事,其能终乎?'"

F. 说明某些词可加入、可删省,起关系作用。加入的分别见前各节,删省的如:

于

(1) 秋,齐侯师于首丘。【陈师首丘,讨郑弑君也。】《左传·桓公十八年》

(2) 晋侯使叔肸告于诸侯。【叔肸,叔向也;告诸侯使赦郑囚。】《左传·襄公十一年》

而

(1) 王虐而不忌。【灵王暴虐,无所畏忌,将自亡。】《左传·昭公十三年》

(2) 鲁有名而无情,【有大国名,无情实。】伐之必得志焉。《左传·哀公八年》

之

(1) 锥刀之末,将尽争之。【锥刀末,喻小事。】《左传·昭公六年》

(2) 《诗》曰:"我无所监,夏后及商;用乱之故,民卒流亡。"【逸诗也;言追监夏、商之亡,皆以乱故。】《左传·昭公二十六年》

与 及

(1) 夫人使馈之锦与马,先之以玉。【以玉为锦、马之先。】《左传·襄公二十六年》

(2) 《诗》曰:"我无所监,夏后及商;用乱之故,民卒流亡。"【逸诗也;言追监夏、商之亡皆以乱故。】《左传·昭公二十六年》

G. 继承汉代注释书"辞""语助"和"叹辞"名称,用以指语气

助词和叹词:

辞

若,辞也。《周易·节》:"六三,不节若则嗟若,无咎。"

思,辞也。《左传·僖公二十二年》:"天惟显思。"

居,辞也。《左传·成公二年》:"谁居。"

只,辞。《左传·襄公二十七年》:"诸侯归晋之德只。"

语助

繄,语助。《左传·隐公元年》:"尔有母遗,繄我独无。"

而,语助。《左传·宣公四年》:"若敖氏之鬼,不其馁而。"

叹辞

嗟,忧叹之辞也。《周易·离》:"大耋之嗟。"

赍咨,嗟叹之辞也。《周易·萃》:"赍咨涕洟。"

都,於叹之辞。《尚书·尧典》:"驩兜曰:'都!共工方鸠僝功。'"

已,发端叹辞也。《尚书·大诰》:"已!予惟小子,……"

嘻,叹声。《左传·定公八年》:"从者曰:'嘻!速驾,公敛阳在。'"

此外,又继承汉人的"发声"提法:

呼,发声也。《左传·文公元年》:"江芈怒曰:'呼!役夫!宜君王之欲杀女而立职也。'"

繄,发声。《左传·襄公十四年》:"王室之不坏,繄伯舅是赖。"

憖,发语之音。《左传·昭公二十八年》"祁盈之臣曰:'钧将皆死,憖使吾君闻胜与臧之死也以为快!'"

2.7 语法分析表现出的语法分析方法

魏晋注释书的语法分析继承汉代注释书的语法分析方法,计有移位(2.2.2.2、2.2.3、2.2.6、2.5.1.1.1)、加入(2.2.1、2.2.4、2.2.5、2.2.7.2、2.3.1、2.3.2、2.4、2.5.1.1.2、2.5.2、2.5.3、2.5.4)、替换(2.5.1.2)、省略(2.2.2.2)、重排(2.2.5)等。

从以上可看出魏晋时代的语法分析内容与方法,大致跟汉代相同。这固然是有继承于汉人,但这说明魏晋学者,特别是杜预,跟汉代学者一样,已具有语法意识。

3.0 汉文佛典对梵文语法的初步介绍

汉文佛典统名为大藏经,吕澂《新编汉文大藏经目录》分经藏、律藏、论藏、密藏、撰述;前四者为"译本",后者为"中国撰述"(指汉僧解经之章疏、音义、目录等)[①]。周一良指出:"中国僧人关于梵文的著作,现存者可以分为两大类,而文法不与焉。第一类是悉昙,第二类是字书。"[②]"后汉佛教传入中国,译经事业开始,直到宋以后才衰歇。……在这一千年间,我们竟找不到研究梵文语法的书!即使有而失传,一定也极少,因为我们现在连目录里都看不见。"[③] 这当然是事实。不过周一良说中国高僧"对于梵文语法不

[①] 齐鲁书社,1980。
[②][③] 《中国的梵文研究》,见《魏晋南北朝史论集》,中华书局,1963。悉昙是梵语 siddha 音译,又音译为悉谈,指梵文字母,周文这里指梵文拼音,举例有《悉谈字记》《天竺字源》;字书指梵文单字书,周文举例有《梵语千字文》《梵语杂名》。

加注意",这一点不完全符合实际情况。

查阅大藏经(据日本《大正新修大藏经》,简称《大正藏》,下引注出卷、页、栏),佛经"译本",尤其是"中国撰述"中也有分散的对梵文语法的介绍,也谈到僧人对梵文语法的重视。这是因为梵文、汉语差别甚大,要将梵文译成汉语不能不注意语法问题。东晋、南梁佛典已有对梵文语法的初步介绍,到隋唐佛典则更有梵文语法的较详介绍。汉文佛典中的梵文语法介绍直接影响、促进了中国古代语法学的发展。

3.1 东晋佛典对梵文语法的介绍,"语法"术语出现

东晋后秦(姚秦)时期,与后世梁陈真谛、唐代玄奘和义净并称我国四大译经僧之一的鸠摩罗什(344—413/350—409)所译《大智度(经)论》卷第四十四有:

> 问曰:"何等是菩萨①句义②?"答曰:天竺语法,众字和合成语,众语和合成句。如"菩"为一字,"提"为一字,是二不合则无语。若和合名为"菩提",秦言③无上智慧。萨埵,或名众生,或是大心。为无上智慧,故出大心名为菩萨埵;愿欲令众生行无上道,是名菩提萨埵。(《大正藏》,25,380c)

这里简单说明了天竺语法的特点。所谓"字"指音节(或字母),所谓"语"指语词;音节组合成词(单是音节不成为词),词组合成句;且举"菩提"(梵文 bodhi)为例,"菩"(bo)"提"(dhi)不合不能

---

① 菩萨,菩提萨埵之简称,梵语 bodhi-sattva 音译。
② 句义,依句释义(逐句释其义理)、依名释义(释名称所指);这里是后义。
③ 秦言,指汉语。鸠摩罗什,东晋龟兹国(今新疆疏勒)人,主要活动在前秦(苻氏)、后秦(姚氏)时代,故称汉语为秦言。

成词。其中"天竺语法"之"语法"乃是指称梵文 vyākaraṇa(唐僧音译为毗耶羯剌谂或毗何羯喇拏,见下叁1.1)。

高名凯《语法理论》说:"印度人称语法为 vyākaraṇa,意思说是'分离,分析',即对语言的各种语法形式加以分离或分析。"[1]高先生没有指出佛典里已经将这个词称为"语法"。现在我们用术语"语法",建国前多说"文法",语法学界公认是意译印欧语 grammaire(法)或 grammar(英);这个词开始是音译为"葛郎玛"(见我国第一部现代化的语法书《马氏文通》"例言")。殊不知公元四世纪的僧人鸠摩罗什已将 vyākaraṇa 称作"语法"[2]了。vyākaraṇa 跟 grammaire、grammar 所指是完全相同的,所属梵文、法语、英语全为印欧语。

汉译《大智度(经)论》出现时间较早,这段译文多为后世"中国撰述"所引用。

如隋僧慧远(523—592)《大乘义章》卷第一:

《大智论·句义品》:天竺语法,众字成语,众语成句。字句语等,增减为异。(《大正藏》,44,468c)

再如南宋僧法云(1088—1153)《翻译名义集》卷第五:

《大论》云:天竺语法,众字和合成语,众语和合成句。如"菩"为一字,"提"为一字,是二不合则无语,若和合名为"菩萨"。(《大正藏》,54,1137a)

《翻译名义集》是类书工具书性质,是为译经、读经服务的,也

---

[1] 商务印书馆,1960。
[2] 王邦维《汉语中"语法"一名最早的出处》(《汉语史学报》第二辑,上海教育出版社,2002)说:"语法"一名是古代僧人以及译经的文士共同创造出来的一个新词,非为 vyākaraṇa 的意译。

予以引用,说明《大智度(经)论》这段话的影响及中国佛僧对天竺语法的重视。

3.2 南梁佛典对梵文语法的介绍

南朝齐梁僧祐(445—518)《出三藏记集》卷第一(《胡汉译经音义同异记》)也有对梵文、梵文语法特点的简略介绍:

夫神理无声,因言辞以写意;言辞无迹,缘文字以图音。故字为言蹄,言为理荃,音义合符不可偏失。是以文字应用弥纶宇宙,虽迹系翰墨而理契乎神。昔造书之主凡有三人。长名曰梵①,其书右行;次曰佉楼②,其书左行;少者苍颉,其书下行。梵及佉楼居于天竺,黄史苍颉在于中夏。梵、佉取法于净天,苍颉因华于鸟迹。……东西之书源亦可得而略究也。至于胡③音,为语单、复无恒,或一字以摄众理,或数言而成一义。寻《大涅槃经》列字五十④,总释众义十有四音,名为字本。观其发语裁音,宛转相资;或舌根唇末,以长短为异。且胡字一音不得成语,必余言足句,然后义成,译人传意岂不艰哉! 又梵书制文有半字满字,所以名半字者,义未具足,故字体半偏,犹汉文"月"字亏其旁也。所以名满字者,理既究竟,故字体圆满,犹汉文"日"字盈其形也。故

---

① 梵,又称梵王,梵名 Brahmā,古代印度传说中的造物仙人之一。
② 佉楼,梵名 Kharoṣṭha,音译为佉楼瑟吒、佉卢虱底;简称佉楼、佉卢。传说中印度古代之仙人,人身驴面,号称驴唇仙人。古代北印度葱岭一带有一种书写左行文字,传说为驴唇仙人所造,故名佉卢书或佉卢文。
③ 胡,周一良说,"隋唐以后胡、梵两字的分别渐严,胡专指中亚胡人,梵指天竺。六朝时胡的用途很广,印度也每每被称为胡。"见前引周文。
④ 五十,指梵文五十字母。梵文字母多少,因标准不同,说法不一。此说五十(下十四指母音),另说四十七或四十九。

半字恶义以譬烦恼,满字善义以譬常住①。又半字为体,如汉文"言"字;满字为体,如汉文"诸"字。以"者""配""言"方成"诸"字。"诸"字两合即满之例也,"言"字单立即半之类也。半字虽单为字根本,缘有半字得成满字。譬凡夫始于无明得成常住。故因字制义以譬涅槃,梵文义奥皆此类也。(《大正藏》,55,4b.c)

这段文字说明三点:一说明文字书写有三种款式:一是梵文书写右行,二是佉楼文书写左行,汉文书写下行。二是说明拼音文字特点;所谓"单、复无恒",指词的音节多少不定;所谓"一音不得成语,必余言足句,然后义成"(余,多),是说一个字音(字母)无义,必须几个相拼才能成词组句。三是以汉字的单体与合体比喻拼音文字的元音、辅音相拼成音节而组合成词:所谓"半字满字","半字"指元音、辅音字母独立不成字(词)或元音、辅音相拼仅是音节不成字(词)的字形符号;"满字"指元音、辅音相拼或音节组合而成的字(词)("满"是成全、成就、圆满之义)。所谓"半字虽单为字根本,缘有半字得成满字",是指元音、辅音及二者相拼重要,为构字(词)根本;缘因有元音、辅音及二者相拼,才得成字(词)。

以上可看出四世纪的鸠摩罗什、五世纪的僧祐已介绍了梵文、梵文语法的特点,并对汉语、梵语作了比较;当然这种介绍还相当简单,仅仅是初步。

---

① 常住,与"无常"相对,指绵亘过去、现在、未来三世,永不变灭。

4.0 《文心雕龙》《颜氏家训》中的语法分析

4.1 《文心雕龙》中句的解说和虚词分析

《文心雕龙》,南朝梁人刘勰(465?—532?)著;其《章句篇》说:

夫设情有宅,置言有位;宅情曰章,位言曰句。故章者,明也;句者,局也。局言者,联字以分疆。

《马氏文通》(卷一)解释"位言曰句"说:"盖句读所集之字,各有定位,不可易也。"又解释"联字""分疆"说:"所谓'联字'者,字与字相配也;'分疆'者,盖辞意已全也。"依据马氏的解释,那刘氏所说就是字(词)按照一定的位置组合成句,句表达一个相对完整而独立的意思。这可以说是继《荀子·正名》之后关于字(词)句组合关系及句子定义的又一说明。

其《章句篇》又说:

诗人以"兮"字入于句限,《楚辞》用之,字出句外;寻"兮"字成句,乃语助余声。舜咏《南风》①,用之久矣,而魏武弗好②,岂不以无益文义耶!至于"夫""惟""盖""故"者,发端之首唱;"之""而""于""以"者,乃札句之旧体;"乎""哉""矣""也",亦送末之常科。据事似闲,在用实切。巧者回运,弥缝文体,将令数句之外,得一字之助矣。

这里讲述了"兮"字的用法;又将虚词分发端、札句、送句三种,并说明其作用。这是汉语虚词最早的明确分类,而且是不按词性

---

① ② 《南风》,古歌名,传说虞舜弹五弦琴唱此歌;见《孔子家语·辩乐篇》:"南风之薰兮,可以解吾民之愠兮;南风之时兮,可以阜吾民之财兮。"此歌特点,四句均用"兮"字。魏武,魏武帝曹操,其诗不好用"兮"字。

(如"故""而"为连词、"于""以"为介词、"乎""也"等为助词),按虚词在句首、句中、句末分布位置不同的分类。

4.2 《颜氏家训》中的虚词分析

《颜氏家训》,北齐颜之推(531—590?)著;其《音辞》篇说:

> 按诸字书,"焉"者鸟名,或云语辞,皆音"於愆反"。自葛洪①《要用字苑》分"焉"字音训:若训"何"、训"安",当音"於愆反"②,"于焉逍遥""于焉嘉客""焉用佞""焉得仁"③之类是也;若送句及助词,当音"矣愆反"④,"故称龙焉""故称血焉""有民人焉""有社稷焉""托始焉尔""晋郑焉依"⑤之类是也。江南至今行此分别,昭然易晓。而河北混同一音,虽依古读,不可行于今也。

> "邪"者,未定之词。《左传》曰"不知天之弃鲁邪?抑鲁君有罪于鬼神邪"⑥、《庄子》云"天邪?地邪"⑦、《汉书》云"是邪?非邪"⑧之类是也。而北人即呼为"也"⑨,亦为误矣。

其《书证》篇说:

> "也"是语已及助句之辞,文籍备有之矣,河北经传⑩,悉

---

① 葛洪(284—364),东晋道教理论家、医学家、炼丹术家,著有《抱朴子》;其《要用字苑》一书,后亡失。
②④ 於愆反,属影母,音嫣;矣愆反,属喻母,音延。
③ 两"于"字句,见《诗经·小雅·白驹》;两"焉"字句,见《论语·公冶长》。
⑤ 两"故"字句,见《周易·坤》;两"有"字句见《论语·先进》;"托"字句见《公羊传·隐公二年》;"晋"字句,见《左传·隐公六年》。
⑥ 见《左传·昭公二十六年》,现本无后"邪"字。
⑦ 见《庄子·大宗师》,原文是"父邪?母邪?天乎?人乎"。
⑧ 见《汉书·外戚传》。
⑨ "邪""也",古多通用,后世音韵有异;《切韵》"邪,以遮反",在麻韵;"也,以者反",在马韵。邪,平声;也,上声。
⑩ 经传,指经书、传注书。

略此字,其间字有不可得无者。至如"伯也执殳""于旅也语""回也屡空""风,风也,教也"①及《诗》"传"云"不戢,戢也;不傩,傩也""不多,多也"②,如斯之类,傥削此文,颇成废阙。《诗》言"青青子衿","传"曰"青衿,青领也,学子之服"③。按:古者,斜领下连于衿,故谓领为衿。孙炎、郭璞注《尔雅》④,曹大家⑤注《列女传》,并云"衿,交领也"。邺下《诗》本⑥,既无"也"字,群儒因谬说云:"青衿、青领是衣两处之名,皆以'青'为饰。"用释"青青"二字,其失大矣。又有俗学,闻经传中时须"也"字,辄以意加之,每不得所,益成可笑。

这里分析了"焉""邪""也"三个虚词。"焉"可做疑问代词(同何"安"),可做语辞(语助词);二者读音有异。"邪"字为未定之词(表示疑问),跟"也"字读音在当时不同。"也"字的作用分析尤详:"青衿,青领也",有"也"字表示青领是解释青衿;"青衿、青领",无"也"字则被误解是并列关系。这是对虚字用法的最早辨析。

5.0 结语

以上谈述了汉代注释书和魏晋注释书中的语法分析、汉文佛

---

① "伯"字句,见《诗经·卫风·伯兮》;"于"字句,见《仪礼·乡射礼》;"回"字句,见《论语·先进》(原文是"回也其庶乎,屡空");"风"字句,见《诗·大序》。

② 见《诗经》之《小雅·桑扈》"不戢不傩"(现本"傩"是"难"、《大雅·卷阿》"矢诗不多"毛亨"传";"不"字语助,无义。

③ 见《诗经·郑风·子衿》及毛亨"传"(现本"服"前有"所"字)。

④ 孙炎,三国魏人,其《尔雅注》,失传;郭璞《尔雅注》收入《十三经注疏》。

⑤ 曹大家(gū姑),班昭,东汉史学家,因嫁丈曹世叔而得名;其《列女传注》,后失传。

⑥ 邺下《诗》本,指当时流传在北朝的《诗经》版本;邺,地名,今河南省安阳市,北朝北魏、东魏、北齐曾在邺建都。

典对梵文语法的初步介绍以及《文心雕龙》《颜氏家训》中的语法分析，可看作是标志了中国古代语法学的产生。

从汉魏注释书看，可说明当时学者已具有语法意识，有明确的语言基本使用单位——句子观念，并对句子的词序、句读、层次作了一些分析；虽然没有出现什么术语，但实际上划分出了词的类别，分析了句法结构成分关系与句法语义结构关系以及关系结构和虚词用法等；并表现出一定的语法分析方法。

汉文佛典对梵文语法的介绍，"语法"术语的出现，表现出中国僧人语法观的树立以及对梵文语法的重视和引进；同时也出现了汉语、梵语简单的比较研究。

《文心雕龙》出现虚词的分类，《颜氏家训》有了具体虚词用法的辨析。

这时期语法学的产生，由于有前代语法学萌芽的基础；有"萌芽"才能有"产生"，汉魏注释书中的语法分析更是对《公羊传》《穀梁传》分析"春秋书法"表现出的语法分析的直接继承。同时，这时期的语法学对后世语法学的发展更有深远、巨大的影响。

叁　中国古代语法学的发展
（隋唐宋元明）

1.0　汉文佛典对梵文语法的较详细介绍并从语法、句法分析解经

1.1　介绍印度古代语法大师班尼尼(Pāṇini)及其著作《班尼尼语法》

高名凯《语法理论》谈古代印度人的语法研究说，"我们今天还能看到的印度的最早的语法著作是纪元前第五世纪的 Yāska 所著的《Nirukta》(解释)"；"不过，印度古代压倒一切的语法著作还要算是纪元前第四世纪末叶的班尼尼(Pāṇini)的 Sūtras，即一般人说的《班尼尼语法》。这部书对梵语雅言的语法结构有过详细的分析，一直是后代印度人所奉为权威的"。班尼尼不仅是印度古代的语法大师，也是世界古代语法学史上的语法大师；而《班尼尼语法》也是世界上最古的一部完整的语法书[①]。

唐代佛典"中国撰述"中多处谈到班尼尼(译为波你尼、波腻尼、波尼你)。

[①]　见季羡林等《大唐西域记校注》，第264页，中华书局，1985。

玄奘(600—664)《大唐西域记》卷第二(健驮逻国①)说(据上注季羡林等"校注"本;文字较《大正藏》有所校正):

> 乌铎迦汉荼城②西北行二十余里,至娑罗睹逻邑③,是制"声明论"④波你尼仙本生处也。遂古之初,文字繁广,时经劫坏,世界空虚。长寿诸天降灵导俗⑤,由是之故,文籍生焉。自时厥后,其源泛滥。梵王⑥、天帝⑦,作则随时。异道诸仙,人相祖述,竞习所传,学者虚功,难用详究。人寿百岁之时,有波你尼仙,生知博物,愍时浇薄,欲削浮伪,删定繁猥,游方问道,遇自在天⑧,遂申述作之志。自在天曰:"盛矣哉,吾当佑汝!"仙人受教而退,于是研精覃思,捃摭群言,作为字书⑨,备有千颂⑩,颂三十二言矣。究极今古,总括文言,封以进上。王甚珍异,下令国中,普使传习,有诵通利,赏千金钱。所以师资传授,盛行当世。故此邑中诸婆罗门硕学高才,博物强识。(《大正藏》,51,881c)

这里将班尼尼看作仙人,介绍了他的出生处,说他"生知博物,愍时浇薄",向自在天"申述作之志",受命作字书《班尼尼语法》,共

---

① 健驮逻国,印度古国名,位于今印度西北喀布尔河下游。
② 乌铎迦汉荼城,健驮逻国之都城,位印度河北岸。
③ 娑罗睹逻邑,健驮逻国城邑,班尼尼故乡。
④ 声明论,关于声明的论著,指班尼尼的《班尼尼语法》(Pāṇinisūtra),参看下《苏呾啰》;声明,梵语 śabda-vidyā 意译,音译摄拖苾驮,指文字、音韵、语法之学。
⑤ "长寿……导俗",长寿诸天神降到凡间,教导俗民百姓。
⑥ 梵王,见贰 3.2"梵"注。
⑦ 天帝又称帝释,梵名 Indra,古代印度传说中的众神之王。
⑧ 自在天,又称大自在天,梵名 Maheśvara,婆罗门教主神湿婆,万物主宰者。
⑨ 字书,指《班尼尼语法》;见下《苏呾啰》。
⑩ 颂,梵语 śloka 意译,古代印度一种诗律名称,长篇著作由颂组成,一颂有两行,一行有两句,一句有八个音节,故曰"颂三十二言"。

一千颂,由此而众婆罗门"硕学高才,博物强识"。此文下面又讲了一个班尼尼死后再生的传说故事。

慧立(615—?)、彦悰《大慈恩寺三藏法师传》卷第三(据孙毓棠、谢方点校本,中华书局,1983)说:

> (法师)兼学婆罗门书。印度梵书名"记论"①,其源无始,莫知作者。每于劫②初,梵王先说传受天人,以是梵王所说,故曰梵书。其言极广,有百万颂,即旧译云"毗伽罗论"者是也。然其言不正,若正应云"毗耶羯剌谂"③,此翻名为"声明记论"。以其广记诸法能诠,故名"声明记论"。昔成劫④之初,梵王先说具百万颂,后至住劫⑤之初,帝释又略为十万颂。其后北印度健驮罗国婆罗门睹罗邑波腻尼仙又略为八千颂,即今印度现行者是。近又南印度婆罗门为南印度王复略为二千五百颂,边鄙诸国多盛流行。印度博学之人所不遵习。此并西域音字之本。(《大正藏》,50,239a)

这里说明班尼尼的语法著作是在前人创作的基础上修订、压缩而成,共八千颂,为当时印度全国所通用。虽有更简略的二千五百颂的本子,但"博学之人"不遵习。

与晋代法显、同时代玄奘齐名并列为中国西行求法最有成就、最有影响的三僧人之一唐代义净(635—713)《南海寄归内法传》卷

---

① ③ 记论、声明记论、毗耶羯剌谂、毗何羯喇拏是唐僧对梵语 vyākaraṇa 的意译(鸠摩罗什指称为"语法")和音译(参看王邦维《南海寄归内法传校注》第189页),文字、语音、语法书之总称。

② ④ ⑤ 劫、成劫、住劫;劫,梵语 kalpa 音译劫波之简称,罗婆门教认为世界经历无数次劫,一劫为大梵天之一白昼,相当人间43亿2000万年,劫末有劫火出现,烧毁一切,大梵天再重创世界。劫的分期有多种说法,一说分中劫、成劫、住劫、坏劫、空劫、大劫六种。

第四(《西方学法》)说(据王邦维"校注"本,中华书局,1995;文字较《大正藏》有所校正):

> 夫声明者,梵云摄拖苾驮①,摄拖是声,苾驮是明,即五明论②之一明也。五天③俗书,总名毗何羯喇拏④。大数有五,同神州之五经也。一则创学《悉谈章》⑤,亦云《悉地罗窣堵》。斯乃小学标章之称,但以成就吉祥为目,本有四十九字,共相乘转,成一十八章,总有一万余字,合三百余颂。……二谓《苏呾啰》,即是一切声明之根本经也,译为略诠意明。略诠要义,有一千颂,是古博学鸿儒波尼你所造也,为大自在天之所加被,面现三目,时人方信⑥。八岁童子,八月诵了。三谓《驮睹章》,……(《大正藏》,54,228b.c)

这里指出班尼尼造《苏呾啰》(梵语 sūtras 音译,意译"经";即指《Pāṇinisūtra》,意译《班尼尼经》或《笺书》,又名《八章书》,通称《班尼尼语法》,英、德有译本);又指出此书是五天俗书之一,但为"一切声明之根本";又说明班尼尼为有三目的大自在天仙人所加被,也"面现三目"。

此外,玄奘大弟子窥基(662—682)《瑜伽师地论略纂》卷第六(《大正藏》,43,95c)两次谈到波腻尼仙"造声明"。

这说明唐僧玄奘、慧立、彦悰、义净、窥基对班尼尼(随印度传

---

① 摄拖苾驮,见上声明论注。
② 五明论,见下"五明四含"解说。
③ 五天,又称"五印";中古时期,印度全域划分为东、西、南、北、中五区,称为五天竺或五印度,简称五天、五印(见下对玄奘的介绍"奘周游五印")。
④ 毗何羯喇拏,见上"记论"等注。
⑤ 《悉谈章》,梵文拼音初级教材,《悉地罗窣堵》,梵语 siddhirastu 之音译。
⑥ 时人方信,指传说时代之人相信,非是义净在印度时(671—693)之人相信。

叁　中国古代语法学的发展(隋唐宋元明)

说,称之为仙人)及其著作《班尼尼语法》的重视；也是我国对这位古代著名语法学家、世界上最古的一部完整语法的最早介绍。

1.2　介绍梵文语法

1.2.1　介绍梵语构词法

一提出"字界""字缘",二提出"六释"。"字界""字缘"多见:

唐代普光(曾在玄奘译场译经二十年,645—664)《俱舍论记》卷第三说:

> 西方声明法,造字有字界、字缘。最胜自在是字界,光显是字缘。(《大正藏》,41,56a)

卷第九说:

> 依声明论,有字界、字缘,其字界有字缘来助,即有种种义出,如米、面等,盐等助时即有种种味出。(同上,162a)

卷第九又说:

> 依声明论,有字缘、字界,其字界若有字缘来助,即有种种义起。(同上,169c)

法宝(师事玄奘,后入义净译场)《俱舍论疏》卷第九说:

> 西方字法有字界、字缘,略如此方字有形有声,如一形上声助不同目种种法。如"水"形上若以"可"助,即目其"河";若以"每"助,即目"海"也；若以"也"助,即目其"池";若以"白"助,即目"泉"也；若以"甚"助,即目其"湛";若以"主"助,即目其"注"。"水"之一形有种种义,由助字异。"注""湛"不同,"河""海"有异。"水"是湿义,由"可"助"水"故目"河"也；若以"可"助"木",即目其"柯"。梵字亦尔,钵拉底是"至"义,翳底界是"行"义,由先翳底界"行"义助钵拉底"至"义,转变成

"缘"。(《大正藏》,41,602c)

这是拿汉字的孳乳比喻梵语词的派生。

字界、字缘是分析派生构词法术语。字界是梵语 dhātu 意译,又作语界、字元、字体,指动词词根。字缘是梵语 pratyaya 意译,又作语缘,指附于动词词根使变为名词、形容词之接尾部分。后字界泛指词根,字缘泛指词根之词缀、词尾等。义净《南海寄归内法传》卷第四(《西方学法》)说:

> 三谓《驮睹章》,有一千颂,专明字元,功如上经[①]矣。

(《大正藏》,54,228c)

"驮睹"是 dhātu 的音译,此书专谈字元(动词词根),其中也谈构词法。

关于"六释",普光《俱舍论记》卷第一说:

> 西方释名,多依六释。言六释者,一依主释,谓此依彼,或云依士,名异义同;二有财释,如人有财,亦名多财,如有多财,名异义同;三持业释,谓一法体双持两业,业谓业用,或云同依,两用同依一体,名异义同;四相违释,谓二法体彼此各别据,互不相属;五邻近释,体非是彼,近彼得名;六带数释,谓法带数,如言五蕴。(《大正藏》,41,10a)

窥基《大乘法苑义林章》卷第一说:

> 论今释者,西域相传,解诸名义皆依别论,谓六合释。梵云"杀三磨娑",此云"六合","杀"者六也,"三磨娑"者合也。诸法但有二义以上而为名者,即当此释;唯一义名即非此释。一义为名理目自体,不从他法而立自名;二义为名理有相滥,

---

[①] 上经,指本书前所说《苏呾啰》。

故六合释无一义名。……此六者何？一持业释，二依主释，三有财释，四相违释，五邻近释，六带数释。(《大正藏》，45，254c.255a)

"杀三磨娑"是ṣaṭ-samāsāḥ音译，所谓"二义以上而为名"是指由两个以上词根或根词构成的词；所谓"一义为名"是指只有一个词根的词。前者构成用此"六合"之法，后者"理目自体"不用此法。

唐代神清(？—820)撰、北宋慧宝注《北山录》卷第九说：

此方六书【象形、指事、会意、形声、转注、假借也】，定文字之所出，故穷大篆则于文字之不惑也；彼方六释【一持业、二依主分同依士、三相违、四带数分同依士、五邻近、六有财也】，辩名题之因致。故穷世语、典语，则于名题有得矣。【一切真俗世谛名题，皆以六释摄之，无不辨认宗旨者也。】(《大正藏》，52，627c)

这是用汉字六书与梵语六释作比较。所谓六释，是梵语ṣaṭ-samāsāḥ意译，指复合词的六种构造法。一曰依主释，又作属主释、依士释，梵文是tat-puruṣa，指前后有格位关系，如"山寺"是山之寺，"王臣"是王之臣。二曰有财释，又作多财释，梵文是bahuvrīhi，指作形容词使用的复合词，如"疲倦""喜笑的"。三曰持业释，又作同依释，梵文是karma-dhāraya，前部分像状语或同位、表示比较等，如"很舒服""非常远""雪白"。四曰相违释，梵文是dvaṃdva，是并列复合词，如"妻子""山川草木"。五曰邻近释，梵文是avyayī-bhāva为副词复合词，如"时刻""一牛一世"。六曰带数释，梵文是dvigu，前者为数词，如"三界""四方"。

梵语作为印欧语，构词法分派生与复合两种，佛典作了介绍；

且与汉字单体、合体之象形、指示、形声、会意相比。构字法与构词法虽然不同，但在"孳乳"这一点上是相似的。

1.2.2 介绍梵语名词变格 梵语名词有多种词形变化，除八个格位（所谓七例八转）外，又分阳性、中性、阴性以及单数、双数、多数，是现在所知道的世界上有复杂词形变化的最有代表性的语言。这一特点唐代僧人除"译本"中表现以外，于"撰述"中更多有说明。

玄奘译《瑜伽师地论》卷第二有：

> 七言论句，此即七例句：谓补卢沙此、补卢衫、补卢息拏、补卢沙耶、补卢沙颏、补卢杀娑、补卢铩。如是等。（《大正藏》，30,289c）

这是名词 puruṣa（丈夫、人）七个变格（详见下）。义净译《根本萨婆多部律摄》卷第二有：

> 依七例声述苾刍①义：一作者声、二作业声、三所由声、四所为声、五所从声、六属主声、七所依声。……若加呼召声，如唤尔来，"苾刍"，便成八转。转各有三，谓一、二、多，成二十四别。（《大正藏》，24,532a.b）

《根本萨婆多部律摄》属律藏，是讲戒律、戒学，这是据七例声讲苾刍义的；所谓苾刍义是苾刍修道所当遵守之戒律（如苾刍三义破恶、布魔、乞士）。

法藏（643—712，我国华严宗第三祖，参与义净译场，曾给武后讲经）《华严经探玄记》卷第三说：

---

① 苾刍，梵名 bhikṣu 之音译，又译作比丘，指出家受具足戒之男僧（具足戒，见下注）。

叁　中国古代语法学的发展(隋唐宋元明)　　167

依西国法[①]，若欲寻读内外典籍，要解声论八转声法。若不明知必不能知文义分齐。一补卢沙此，是直指陈声，如"人斫树"指说其人。二补卢衫，是作业声，如"所作斫树"。三补卢崽拏，是能作具声，如"由斧斫"。四补卢沙耶，是所为声，如"为人斫"。五补卢沙颎，是所因声，如"因人造舍等"。六补卢杀娑，是所属声，如"奴属主"。七补卢铩，是所依声，如"客依主"。《瑜伽》[②]第二名上七种为七例句，以是起解大例故。声论八转更加禊补卢沙，是呼召之声。然此八声有其三种：一男声、二女声、三非男女声。此上具约男声说之，以梵语名"丈夫"为补卢沙故。又此八声复各三，谓一声、二声身、三多声身，则为二十四声。如唤"丈夫"有二十四，女及非男女声亦各有二十四，总有七十二种声。(《大正藏》,35,149a.b)

这里将名词变格讲得相当详细，所谓"八转声"，指梵语名词(包括代词、形容词)的八种格的变化。一直指陈声，指主格(nirdeśe)，又名体格；二作业声，指宾格(upadeśaṇe)，又名业格；三作具声，指具(工具)格(kartṛkaraṇe)，又名作格；四所为声，指为格(sāmpradānike)，又名与格；五所因声，是从格(apādāne)，又名夺格；六所属声，是属格(svāmivacane)，又名所有格；七所依声，是位格(saṃnidhānārthe)，又名于格。此七格称为"七例声"或"七例句"；再加呼格(āmantraṇe)，共称"八转声"。所说补卢沙此、补卢衫、补卢崽拏、补卢沙耶、补卢沙颎、补卢沙娑、补卢铩、禊补卢沙，是梵文阳性名词 puruṣa(丈夫、人)主格 puruṣas、宾格 puruṣam、具

---

① 《华严经探玄记》中"西国法"义指"西国语法"。
② 《瑜伽》，指玄奘译《瑜伽师地论》。

格 puruṣeṇa、为格 puruṣāya、从格 puruṣāt、属格 puruṣasya、位格 puruṣe、呼格 puruṣa 八种变化的音译。所说"男声""女声""非男女声"是指阳性、阴性、中性;所说"一声""二声身""三多声身",是指单数、双数、多数。又说明这是以阴性名词 puruṣa 为例说明有八格、三数二十四个形式;此外,阴性、中性名词,又各有八格、三数二十四个形式。故梵语名词总共有七十二种词形变化。

《大慈恩寺三藏法师传》(卷第三)谈到几种语法书,其中讲梵语"苏漫多声二十四啭";所谓苏漫多是名词格位变化 subanta 一词的音译。原文说:

> 苏漫多声二十四啭者,谓言有总八啭,于八啭中一一各三;谓说一、说二、说多,故开为二十四。于二十四中一一皆三,谓男声、女声、非男女声。言八啭者,一诠诸法体,二诠所作业,三诠作具及能作者,四诠所为事,五诠所因事,六诠所属事,七诠所依事,八诠呼召事。且以男声寄"丈夫"上作八啭者,"丈夫"印度语名布路沙。体三转者,一布路杀、二布路筲、三布路沙;所作业三者,一布路芰、二布路筲、三布路霜;作具作者三者,一布路铩挐、二布路迩、三布路铩鞞,或言布路铩呬;所为事三者,一布路厦邪、二布路沙迩、三布路铩韵;所因三者,一布路沙哆、二布路铩迩、三布路铩韵;所属三者,一布路铩谊、二布路铩迩、三布路铩诵;所依三者,一布路脞、二布路杀喻、三布路铩迩;呼召三者,一系布路杀、二系布路稍、三系布路沙。(《大正藏》,50,239b)

此处的"八啭"名称跟《华严经探玄记》"八转声"名称不同,所指实一。此处所谓"说一、说二、说多"即指单数、双数、多数。puruṣa(丈夫、人)前者译为补卢沙,此处译为布路沙。前者仅列出补卢沙八格的单数形式;此处列出布路沙八格的单数、双数、多数形式,故云"二十四啭"。

窥基《成唯识论掌中枢要》卷上本讲得更为详细:

> 依苏漫多声说,即是八啭也。一你利提势,二邬波提舍,三羯咥唎迦啰,四三钵啰陀你鸡,五褰波陀泥,六莎弭婆者你,七珊你陀那啰梯,八阿曼怛罗泥。上说总八啭,此中各有一言、二言、多言之声,合有二十四声。又有男声、女声、非男女声,更各有二十四;合总别有九十六声。男声八啭者,一婆婆那,……。女声八啭者,一婆婆那帝。……非男女声八啭者,一婆婆多……(《大正藏》,43,613c)

这里的"你利提势"等,是名词八格名称的音译。所说"二十四声"指名词有八格、三性、三数二十四种变化;所说"九十六声"是说这二十四种变化之外,再加上每个具体名词的八格、三性、三数的二十四个形式。

普光《俱舍论记》(卷第一末)中有对名词变格的简略介绍。

> 言八转声者:一体,谓直诠法体;二业,谓所作事业;三具,谓作者作具;四为,谓所为也;五从,谓所从也;六属,谓所属也;七依,谓所依也;八呼,谓呼彼也。(《大正藏》,41,23a)

此外,唐代澄观(我国华严宗第四祖,738—839;一说寿七十余)《大方广佛华严经随疏演义抄》卷第五十(《大正藏》,36,395c、396a)和南宋法云《翻译名义集》卷第四(《大正藏》,54,1124b.c)也基本上照录了《华严经探玄记》关于"八转声"的讲述。这均说明僧人对梵语名词变格的重视。

1.2.3　介绍梵语动词变位　梵语动词变化也相当复杂,中国僧人"撰述"也有介绍。

《大慈恩寺三藏法师传》(卷第三)讲梵语苏漫多声外,又讲到"底彦多声十八啭":

> 其底彦多声十八啭者,有两:一般罗飒迷,二阿答末塑。各有九啭,故合有十八。初九啭者,如泛论一事即一事有三。说他有三,自说有三。一一三中,说一、说二、说多,故有三也。两句皆然,但其声别,故分二九耳。(《大正藏》,50,239a.b)

所谓底彦多声是动词变化 tiṅanta 的音译,又作丁岸哆;所谓般罗飒迷、阿答末塑是动词为他语态 parasmai、为自语态 ātmane 的音译,即所谓"说他""自说"。梵语动词分为他语态 parasmai-pada(为他之词)、为自语态 ātmane-pada(为自之词)。一般地说"为他"是为别人而发的动作,"为自"是为自己而发的动作。两种语态均具有及物不及物的特征,均分单数、双数、多数(即"说一"、"说二"、"说多"),又各分第一、第二、第三人称。故有"二九"十八种变化;即所谓"底彦多声十八啭"。

义净《南海寄归内法传》卷第四(《西方学法》)谈到《驮睹章》(见前谈构词法)书中讲名词七例声、动词二九韵外,又讲到了"十罗声"和"三世"。

> 《驮睹》者,则意明七例,晓十罗声,述二九之韵。……十罗声者,有十种罗字,显一声时,便明三世之异。二九韵者,明上中下尊卑彼此之别,言有十八不同,名丁岸哆声也。(《大正藏》,54,228c)

所谓"十罗声",指梵语动词以"罗(L)"字音起头的表示梵语动词时态和语态变化的十种形式;所谓"三世"是过去、现在、将来三个时态。所谓"显一声时,便明三世之异",是说一个"罗(L)"字音可以表明"三世"区别。这十种语态分两大类:(一)直陈式,即直接叙述之语态,又分六种:a. laṭ表示现在式;b. laṅ,表示第一种过去式;c. liṭ,表示第二种过去式;d. luṅ,表示第三种过去式;e. liṭ,表示第一种未来式;f. luṭ,表示第二种未来式。(二)虚拟式,即表示愿望、命令等之语态,又分四种:a. vidhi-liṅ,表示现在式愿望;b. āśir-lin,表示过去式愿望;c. loṭ,表示现在式命令;d. liṅ,表示过去式条件。

以上从三个方面谈了佛典对梵文语法的介绍,跟我国现在已出版的梵文语法著作相较[①],明显的有两个特点:一是相当简略,因为汉僧不是写梵文语法教科书,而是在解经或介绍印度文化情况时零星的讲述;二是具体而微,大致表现出梵文语法的特点,说明其构词、构形的复杂,特别是讲明梵语名词有七十二种(甚至九十六种)变化。

前面讲佛典对梵语构词法、名词变格、动词变位的具体介绍,可看出汉僧对梵文语法的重视;此外,从汉僧对玄奘的介绍也可看出这一点。唐代智升《开元释教录》(卷第八)讲"沙门释玄奘"说:

> 奘周游五印,遍师明匠,至于五明四含之典,三藏十二之筌,七例八啭之音,三声六释之句,皆尽其微毕究其妙。(《大正藏》,55,558a)

唐代圆照《贞元新定释教目录》(卷第十一)、宋代法云《翻译名义集》(卷第一)谈玄奘时都照录了这一段话(见《大正藏》55,858a;54,1071b)。

---

① [德国]A. F.斯坦茨勒著、季羡林译(段晴、钱文忠续补)《梵文基础课本》(北京大学出版社,1996);罗世方《梵语课本》(商务印书馆,1996)。

"五明"是古代印度学术分类,(1)声明、(2)工巧明(工艺、算历之学等)、(3)医方明(医药学、方术学等)、(4)因明(论理学)、(5)内明(思索五乘因果妙理之学);"四含"是汉译四部阿含经典(杂、中、长、增一阿含经),"三藏"是印度佛典之总称(指经藏、律藏、论藏),"十二"是"十二因缘"简称,指阿含经所说佛教之基本教义。而"七例八啭""三声六释"属于语法问题,跟佛家经典并列。这固然是说明玄奘知识之渊博精深,但也表现出中国僧人对梵文语法的重视。道理很明显,不精通梵文语法,就不能精通梵语;不精通梵语,就不能译经、入佛。

1.3 从语法、句法分析解经

汉文佛典"中国撰述"是汉僧解经著作。汉僧懂得梵文语法,这也标志他们语法观已树立,因而解经也能从语法、句法角度分析。最典型的是法藏《华严经探玄记》,这是解释东晋佛驮跋陀罗(北印度人 Buddhabhadra 音译,"驮"又译作"陀",359—429)译《大方广佛华严经》的;解释方式是按节、按段、逐句(基本上)解说,大致相当我们说的"串讲"。原"经"分"(一)世间净眼品,……(三四)入法界品"三十四节,《探玄记》也分这么多节,且题目完全相同。其中有:

> 今寻此文,及准《兜沙经》,此乃是所化众生,非是能化之佛。以此长句是西国语法,应云"教化一切种种身"等乃至"不同之众生"为一句,"所见亦异"别为一句,义即可解。(《大正藏》,35,170b)

这是解说《华严经·如来名号品》下面一段文字的:

> 十万诸佛说法,知彼心行随化众生与虚空法界等,何以

故?此娑婆世界中,诸四天下教化一切种种身、种种名,处所形色长短寿命,诸得、诸人、诸根、生处、业报,如是种种不同,众生所见亦异。(《大正藏》,九,419a)

《探玄记》是说,原"经"译文断句有误,据西国语法,"众生"当跟上"不同"相接,下"所见亦异"独立作一句。再如:

> 三"知一切"下十一句,明世界自在知,于中初二明真谛智:一了妄空;二深入等证真性;三量知普入,谓不改真而入俗,故云"不坏智"也;四入已回转现身自在;五同时示现多处受生;六知方圆等形类差别;七八二句明广狭自在智,亦是知微细世界智;九得佛持刹智,身能住于佛住,即器世间身也;十净惠照十方;十一自在普周遍。结文可知如来神力是集众所因。此文应在前,但为顺西方语法故,在此后辨。(《大正藏》,35,445c)

这是解说《华严经·入法界品》下面一段文字的:

> 知一切有悉无所有,深入一切法界智海,以不坏智入一切世界。于一切世界普现自在,示现一切世界受生。知一切世界种种形色,以微细境界现广佛刹,以广佛刹现微细境界于一念中,住一切佛住,得一切佛住持智身,得清静慧,了知十方一切刹海于一念中,悉能出生无量自在,遍满十万一切世界海。此诸菩萨皆悉成就如是等无量功德,满祇洹林,皆是如来威神力故。(《大正藏》,九,679中)

这是说为了顺西方语法,将原文从前移后。又如:

> "及劫尽火中"者,此言顺西国语,若顺此应言"劫火尽中"。此言个足,若具应云"劫火尽时在光音中",以颂迕巧略故也。(《大正藏》,35,294c)

这是解说《华严经·十地品》一偈颂中的一句的:

若人闻法宝,则为诸佛护;

渐次具诸地,得以成佛道。

若人堪任闻,虽在于大海,

及劫尽火中,必得闻此经。(《大正藏》,九,544a)

所谓"顺西国语"也是指顺西国语法;所谓"顺此"之"此"指华夏汉语;说仅云"劫火尽中"不能表意,若尽言当云"劫火尽时在光音中"。这是因为颂文短迮精巧而简了。

法宝《俱舍论疏》(卷第五)也有从语法解经的谈述:

《正理》婆沙说:"名、句、文各有三种:一名、二名身、三多名身。句、文亦尔。"……以西方语法,说二名身,合集义故,说三以上,皆名多故。(《大正藏》,41,554b)

这是解说玄奘译《阿毗达磨顺正理论》(简称《正理论》)中"辨差别品六"下面一段文字的:

婆沙[①]说:名、句、文各有三种,名三种者,谓名、名身、多名身,句、文亦尔。(《大正藏》,29,415b)

《正理论》提出"名""名身""多名身",《俱舍论疏》是解释何以有此区别的。它说据"西方语法",说"名身",是有"合集义"之故,说"多名身",是"皆名多"之故。这里关键是"身"字的含义。"身"是汉僧对梵语 kāya(音译迦耶)的称说,kāya 是附加于词的语尾,有"合集、多"之义。《俱舍论疏》是说梵语所以有名、名身、多名身的区别,是"西方语法"有 kāya 之故。

---

① 婆沙,梵语 vibhāṣā(注解书)音译毗婆沙之简称,收入《大正藏》题为毗婆沙论的有多种,如姚秦鸠摩罗什译《十住毗婆沙论》、苻秦伽跋澄译《鞞婆沙论》,此为玄奘译《阿毗达磨大毗沙论》,在第 27 卷。

以上可看出汉僧是明确地从梵文语法解释经文的;当然这是由于他们精通梵语,语法观明确树立的结果。

隋僧慧远《大乘义章》(卷第一)谈到解说经义与"句法相应",即从句法分析:

> 摄字表法,说以为名;拘挛名字,共相属著,以成文颂。说之为句,直说音声,表法便足,何用字等?若直音声,不与字法和合相应,不成言语,与风铃等音声无别;要与字合方成言语。虽与字合得成言语,若当不与名法相应,不得以此表呼前法。良以与彼名法相应,故曰表法。虽得表法,若当不与句法相应,名字分散,不成文颂。良以与彼句法相应,摄字等得成文颂偈句差别。(《大正藏》,44,468b)

《大乘文章》为一部佛教类书,是诠显大乘深义的。此段文字中出现"字法""名法""表法""句法"术语。"字法"之"字"指词,即成词之法,是说词成为词,必须有义;不然仅是一个声音而已,跟风声、铃声无别。名法指名诠自性,即所谓"名体不二";名是能诠者,能诠显表明体,体是所诠义,即事物之本体,名、体不能两离。字(词)有义才能成名,成名才能诠义。表法指表义名言,即表诠义理之名称、言词、文句。佛教讲"名诠自性、句诠差别";所谓"句",即指表法之句。而表法得以实现,必须与"句法"相应,也即要合乎"句法"。这里的句法是指造句之法、句子的语法构造之法;义即 syntax。

当然,梵语的句法跟汉语的句法大不一样,它不是指主语、谓语等句法成分及其结构关系,主要是指句中的词在性、数、格、人称、时态方面的一致(agreement)[①]。《大乘义章》指出了句法在诠

---

① 参看罗世方《梵语课本》第462页。

解经义中的重要,诠解经义必须重视句法。

《大乘义章》是隋代中国"撰述",而东晋佛经"译本"即多见"句法"名称。佛陀跋陀罗(359—429)、法显(我国最早的著名西行求法僧)译《摩诃僧祇律》卷十三有:

  佛告诸比丘①……若比丘教未受具戒②人说句法,波夜提③。(《大正藏》,22,336c)

佛陀跋陀罗译《摩诃僧祇律大比丘戒本》有:

  若比丘教不受具戒人说句法,波夜提。(同上,552a)

法显、觉贤(佛陀跋陀罗意译)译《摩诃僧祇比丘尼戒本》有:

  若比丘尼④教未受具戒人说句法,波夜提。(同上,559c)

姚秦佛陀耶舍、竺佛念等译《四分律》卷第十一有:

  句法者佛所说,……若比丘与未受戒人共诵,一说、二说、三说,若口授,若书授,若了了,波逸提⑤。(同上,639a)

这些"译本"中的"句法"是指佛经中偈颂句子的念法,非同于《大乘义章》之"句法"(syntax);不过可说明"句法"一词在佛典中早出现而多见。

以上说明中国僧人从语法角度解经是由于他们了解梵文语法;不过他们也吸收了中国语法学成果。如:

隋僧慧远《维摩义记》卷第二本末说:

  二比丘言,"上智哉"者,叹胜过劣,解出优波⑥,故曰"上

---

① 比丘,前见苾刍注。
② 具戒,具足戒之简称,指比丘、比丘尼所应受持之戒律,出家男女年满二十,受具戒(有一定的条件与仪式)之后才能取得比丘、比丘尼资格。
③⑤ 波夜提、波逸提,梵语 pāyattika 音译,一种犯戒律罪名,犯此罪即堕入地狱。
④ 比丘尼,梵名 bhikṣuṇī 音译,指出家受具足戒之女尼。
⑥ 优波,一种经义。

智";"哉"是助辞。……"是优波离①所不及"者明智不及。"持律之上而不能说"明说不及。(《大正藏》,38,457b)

这是解说鸠摩罗什译《维摩诘所说经》(卷上)下面一段文字的:

> 诸法皆妄见,如梦、如炎、如水中月、如镜中像以妄想生,其知此者是名奉律,其知此者是名善解。于是二比丘言:"上智哉!",是优波离所不能及,持律之上而不能说。(《大正藏》,14,541b.c)

再如慧远《大般涅槃经义记》卷第一说:

> "哉"是助词,怨嗟之甚,重言以叹。(《大正藏》,37,629a)

这是解说北凉昙无谶(385—433)译《大般涅槃经》(卷第一)下面文字的。

> 尔时大众各相谓言:"苦哉!苦哉!世间空虚。"(《大藏经》,12,370c)
>
> 尔时无边身菩萨,安止如是无量众生,于自身已令舍世乐,皆作是言:"苦哉!苦哉!世间空虚。"(同上,12,371a)

慧远称"哉"为助辞、助词,显然是继承唐代以前中国注释书中的"辞""语助"说法。而此处的"助辞""助词"也是两词在已见到的文献中的最早出现,同时表明二者为同义异体词②。这是隋代僧人对汉语一个词类术语的创造。

以上谈了汉文佛典对语法大师班尼尼及其著作《班尼尼语法》和梵文语法的介绍,以及从语法、句法角度解经,这说明中国僧人

---

① 优波离,Upāli 音译,佛陀十大弟子之一,宫廷执事者——理发师。
② 见笔者《"助词"和"助辞"》,《词库建设通讯》,香港,1998.2。

对梵文语法的重视与精通以及语法观的树立。也表现出中国僧人对梵文研究达到的水平高度。这当看作中国古代语法学的一项重大成果。而这一成果也积极影响唐宋及其以后中国非佛学者,促进他们语法观的树立和语法分析的发展(详后)。周一良先生说:"马眉叔学了拉丁语,才有《马氏文通》,他的方法对不对是另一回事,假如六朝隋唐的高僧像他一样,应用梵文文法的规则编出几部当时的文法,岂非真是'嘉惠后学'?"[①]这一看法当然成立。我国古代高僧虽然没有编出梵文语法书,更没有借鉴梵文语法编出汉语语法书;但他们毕竟介绍了梵文语法(当然不够系统、完整),令当时佛教界以及整个中国学术界知道在没有词形变化的汉语之外,还有这样一种词形变化极其丰富的语言,而且这种介绍也促进了我国古代语法学的发展,确实也称得上"功不可没"。

2.0 孔颖达"五经正义"中的语法分析

孔颖达(574—648),唐经学家,冀州衡水(今属河北省)人,生于北朝;隋炀帝大业(605—616)初,举明经高第,授河内郡博士;到唐代历任国子博士、国子司业、国子祭酒、太子侍讲等职,奉唐太宗命主编"五经正义"[②]。

所谓"五经正义"是指《周易正义》《尚书正义》《诗经正义》《礼记正义》《春秋左传正义》五部书。"正义"的特点是解释"经"文之外,又解释前人对"经"文的注释。"五经正义"作为注释书是前代

[①] 见贰 3.0 注周一良文。
[②] 《旧唐书·孔颖达传》:"与颜师古、司马樟、王恭、王琰等受诏定'五经'义训,凡一百八十卷,名曰'五经正义'。"

注释书的继承与发展;这样,其中的语法分析也就必然在继承前人语法分析的基础上有所发展。

2.1 树立语法观、语法规范观念

《春秋左传正义》出现"语法"术语。《左传·昭公二十年》记载:楚平王听信费无忌谗言要杀伍奢;奢二子尚、员(即伍子胥)在外,楚平王担心兄弟二人反叛复仇,又接受费无忌建议,以免父罪为名诏骗兄弟来京都郢。伍尚、伍员兄弟知道还京必跟父一起被杀,兄尚劝弟出走,自己去京;一是认为自己智、能不如弟,弟可复仇,二是可以成全"孝""仁""智""勇"大节。伍尚最后说:"父不可弃,名不可废;尔其勉之,相从为愈。"对后两句"正义"的解释是:

"勉"谓努力;"尔其勉之",令勉力报仇,比于相从俱死为愈也。病差谓之愈,言其胜共死也。服虔①云"相从愈于共死",则服意"相从",使员从其言也。语法,两人交互乃得称"相";独使员从己,语不得为"相从"也。

这是孔氏批评服虔对"相"字解释,谈自己对"相"字用法的理解②。但孔氏不是就字论字,而是通过个别到一般,提出"语法"术语来。也就是说,按语法标准,两人交互才能用"相";按语法标准,独使伍员从伍尚自己,语句措辞不当说"相从"。"语法"术语的提出,标志着孔氏语法观的树立;表现出古代学者对语法结构的认识从感性到理性的发展。

---

① 服虔,东汉经学家,著有《春秋左传解谊》,后失传;清人有辑本。
② "相从为愈",杨伯峻《春秋左传注》说:"从读为纵,各不相强也。从如字读亦通,谓从我之言。"按古汉语"相"字可以指双方共与,也可指一方参与(参看何乐士等《古代汉语虚词通释》,北京出版社,1985)。本书只是说明孔氏语法观树立,不评比两家的解释。

孔氏也继承前人提出"不辞"现象。《左传·隐公五年》"鸟兽之肉,不登于俎;皮革、齿牙、骨角、毛羽,不登于器","正义"解释说:

> "登于俎"谓升俎以共祭;"登于器"谓在器以为饰,诸器之饰有用此材者。……"登"训为升;服虔以上"登"为升,下"登"为成。二登不容异训,且云"不成于器"为不辞矣。

所谓"不辞"就是不成话,文辞不成立;"不成于器"词义不搭配,不合语法规范。

《左传·襄公十四年》"商旅于市","集解"说旅,陈也;陈其货物以示时所贵尚","正义"分析道:

> "商旅于市"谓商人见君政恶,陈其不正之物以谏君也。《易》云"商旅不行"(按:见《易·复》),"旅"亦是商;此云陈者,彼云"商旅不行",故以"旅"为商,此文连"于市",若以"旅"为商,且云"商旅于市",则文不成义,故以"旅"为陈也。

《诗经·大雅·民劳》"戎虽小子,而式弘大","传"说"戎,大也","笺"说"戎犹女也"。"正义"分析说:

> 必易"传"以"戎"为汝者,……言"大虽小子",于文不便,"笺"义为长。

上例说明"旅"可是名词、可是动词。"商旅不行"之"旅"是名词,而"商旅于市"之"旅"若解为名词,则"文不成义"。下例说明"戎虽小子"之"戎",若解为"大"义,则"于文不便"。这"文不成义""于文不便",义同"不辞",均是指词义不搭配,不合语法规则和规范。

《诗经正义》中有多处依据语法规则、语法规范辨析毛传、郑笺的正误。

(1) 思皇多士,生此王国。【传:思,辞也。笺:思,愿也。……愿天多生贤人于此邦。正义:以"思"之为辞,止在句末,今句首言之,不宜为辞,故易传。】《大雅·文王》

(2) 我将我享,维羊维牛,维天其右之。【传:将,大;享,献也。笺:将犹奉也,我奉养我享祭之羊牛。正义:以"将"与"享"相类,当谓致之于神,不宜为"大";将者,送致之义,故云犹奉养,谓以此牛羊奉养神明也。】《周颂·我将》

(3) 人无兄弟,胡不佽焉。【传:佽,助也。正义:佽,古次字,欲使相推以次第助之耳,非训"佽"为助也。】《唐风·杕杜》

(4) 于以采蘩,于沼于沚。【传:于,於。笺:于以,犹言往以也。正义:经有三"于",传训为"於",不辨上下。笺明下二"于"为"於",上"于"为"往",故叠经"以"训之。言"往"足矣,兼言"往以"者,嫌"于以"共训为"往",故明之。】《召南·采蘩》

以上(1)说明"思"作为辞(语助),其分布止在句末[①],今在句首,则含实义,不当为辞。(2)说明"将""享"同类,均表示行为(动词),共同支配羊、牛;"将"不当训为表示性状(形容词)义的"大"。(3)说明"佽"同次,训"助"是其句法功能义,其词汇义乃是次第。(4)补解传、笺释义,说明三"于"两类(下二为介词,上一为动词),又说明"往"不能等于"于以"结构,故叠经文"以"。

孔氏树立语法观,对语法结构就可能有较为深刻认识,因而"正义"较之前人注释更能准确地表现原文的语法结构并且注意注

---

① 此仅是孔氏说;古汉语作为语助的"思"字,可在句首,杨树达《词诠》"思"字用法"语首助词,无义",举有此例。

文、原文的字词照应。

(1) 多将熇熇,不可救药。【笺:(女)多行熇熇惨毒之恶,谁能止其祸?正义:多行惨酷毒害之恶,谁能止其祸?如人病甚,不可救以药。】《诗经·大雅·板》

(2) 大宾客,令野修道委积。【注:令,令遗人使为之也;少曰委,多曰积,皆所以给宾客。正义:诸侯来朝,大司徒令遗人于野路上修治道途及委积刍薪米禾之等以待宾客。】《周礼·地官·大司徒》

(3) (告尔忧恤,诲尔序爵。)谁能执热,逝不以濯?【传:濯,所以救弱也。笺:当如手执热物之用濯。正义:谁能执火热之物而去之不以手濯水者乎?】《诗经·大雅·桑柔》

(4) 周公东征,四国是皇。【传:四国,管、蔡、商、奄也;皇,匡也。笺:周公既反摄政,东伐此四国,诛其君罪、正其民人而已。正义:周公所以东征者,是止诛其四国之君,正是四国之民。】《诗经·豳风·破斧》

以上(1)"救药"注为"救以药",说明"药"是"救"之所用[①]。(2)说明"野"是状语表示处所,用了"及"字既表现"修道""委积"为并列关系而又有时间先后。(3)说明"谁……濯"是疑问句(补正笺文)。(4)说明"周……皇"是果因结构。

像如此释义,在"五经正义"中不胜枚举;这充分说明孔氏对语法结构有相当清楚的认识,较之前人能有意识表现原文的语法关系,这也标志了注释书中的语法分析在唐代的发展。

[①] 此为成语"不可救药"的出处;现词典、成语词典此成语释义均是如是解释,"正义"则是最早的正确释义。

《春秋左传正义》出现的"语法"术语是中土文献中这一名称的最早出现①。这一名称在唐代出现,孔颖达语法观的树立,是先秦至汉晋汉语语法学发展的结果(这一点前已谈述),也是对汉文佛典梵文语法介绍的借鉴和引用"语法"术语及其含义的成果。孔颖达生活的隋唐时代,正是佛教在中国传播的"鼎盛时期"②。孔颖达较玄奘(602—664)法师生卒虽略早,但玄奘于贞观三年(公元629年,一说贞观元年)赴天竺取经时,孔氏还健在;而此时,"佛教在中国的传播至少有六七百年的历史,很多重要的佛典已经译成汉文,有的甚至有不止一个译本。翻译组织已经形成一个比较固定的体系。"③新旧《唐书》中没有孔氏跟佛教、佛典的直接接触的记载,但从一些有关材料中,可肯定孔氏是知道包括天竺在内的西域诸国以及佛教、梵语的。如《旧唐书·敬播传》说,敬播于贞观初"诣秘书省佐颜师古、孔颖达修《隋史》",而敬播又"与许敬宗等撰《西域图》";又新旧《唐书·孔颖达传》均说孔氏任太宗长子、太子常山王承乾侍讲,而贞观元年,太宗"召沙门玄琬为皇太子诸王授'菩萨戒'"④。生存于佛教这样盛行的时代,孔氏对汉文佛典、天竺语法不可能无所了解,其语法观当会受梵文语法的启发而树立。故《春秋左传正义》中所用的"语法",似可肯定是孔氏引自佛典指称梵语 vyākaraṇa 之语法,义同 grammar,指语言的结构方式,即组词成句规则⑤;而"五经正义"表现出来的词的类别划分、一词多

---

① 见郑奠《汉语词汇史随笔》(《中国语文》,1959.6)。
② 见南怀瑾《中国佛教发展史略》(复旦大学出版社,1996)。
③④ 见季羡林等《大唐西域记校注前言》(中华书局,1985)。
⑤ 前郑奠文说孔氏所用"语法",是指"文理、语脉"等;《汉语大词典》和《辞海》(1999年版)皆据此释义;笔者《语法》(《词库建设通讯》,香港,1998.2)和《简述汉文佛典对梵文语法介绍……——从"语法"的出处讲起》(《古汉语研究》,1994.4/2000.1)两文对此有所评析。

类及其划分标准、动词的语义特征和名词个体与集体区别的分析等等,似可肯定是借鉴了梵文语法而作出。可以看出,梵文语法对孔氏的影响,在词法分析方面是相当明显的。

还应当说明,唐代逐章、逐句解释儒家经典的"正义""义疏"体载,固然是前代传、笺、注书的继承,但也是佛家解经"注""疏""义疏""义记"体载的直接借鉴。《梁书·武帝纪下》记载,"(高祖)笃信正法,尤长释典,制《涅槃》《大品》《净名》《三慧》诸经义记,复数百卷"。吕澂《新编汉文大藏经目录》"撰述"部分"章疏"共列 200部,唐以前就有 29 部之多,如姚秦僧肇《注维摩诘经》、姚秦鸠摩罗什《大乘大义章》、隋慧远《无量寿经义疏》《涅槃经义记》、隋智顗《金刚经疏》《梵网菩萨戒经义疏》等。所以,唐代"正义""义疏"借鉴汉僧解经方法包括从语法角度分析也就是很自然的了。

2.2 分析词的类别及特点

"五经正义"中词的类别及特点的分析,在继承前代分析的基础上有明显的发展。

2.2.1 划分义类词与非义类词并树立词的类聚观念 孔氏将语言中的字(词)分为"为义"的义类词和"不为义"的非义类词。一是概括的总论述:

然字所用,或全取以制义,"关关""雎鸠"之类也;或假辞以为助,"者""乎""而""只""且"之类也。……"之""兮""矣""也"之类,本取以为辞,虽在句中,不以为义;故处末者皆字上为韵。"之"者"左右流之""寤寐求之"之类也,"兮"者"其实七兮""迨其吉兮"之类也,"矣"者"颜之厚矣""出自口矣"之类也,"也"者"何其处也""必有与也"之类也,"乎"者"俟我于著

乎而"。《伐檀》"且涟猗"之篇,此等皆字上为韵,不为义也。《诗经·周南·关雎》

二是具体条目注明"非义类""不为义""为义":

(1) 有孚挛如,富以其邻。【如,语辞,非义类①。】《周易·小畜》

(2) 南有乔木,不可休息(思)。汉有游女,不可求思。【传:思,辞也。】汉之广矣,不可泳思。江之永矣,不可方思。【以"泳思""方思"之等,皆不取"思"为义,故为辞也。】《诗经·周南·汉广》

(3) 式微式微,胡不归?【笺:式,发声也。正义:不取"式"为义,故云发声也。】《诗经·邶风·式微》

(4) 皎皎白驹,贲然来思。……慎尔优游,勉尔遁思。【此"来思""遁思",思皆语助,不为义也。】《诗经·小雅·白驹》

(5) 山有扶苏,隰有荷花,不见子都,乃见狂且。【传:且,辞也。正义:狂者,狂愚之人。下传以"狡童"为昭公②,则此亦谓昭公也。"狡、童"皆以为义,嫌"且"亦为义,故云"且,辞"。】《诗经·郑风·山有扶苏》

(6) 既鹿无虞,惟入于林中,君子几不如舍,往吝。【注:几,辞也。正义:几为语辞,不为义也;知此"几"不为事之几微,凡几微者,乃从无向有,其事未见,乃为"几"也。今"既鹿无虞",是已成之事;事已显者,不得为几微之义。】《周易》

---

① 不引前人注,不再写出"正义"。
② 下章后两句是"不见子充,乃见狡童";毛传:"狡童,昭公也。"

这可看出孔氏按字(词)的意义特点将字(词)分为两类,一是"不为义"①的非义类词,如标出的"辞""语助""语辞"等;一是"为义"的义类词,如"关关"②"雎鸠""狡、童"、几微义之"几"等。而"义类"名称,盖是孔氏继承东汉刘熙《释名》而来③。《释名》所收全是有实义的实词;这样,孔氏所说的"为义"的义类词,即是有实义的实词,而"不为义"的非义类词,则是指无实义的虚词(详下 2.2.3)。这可以说既是汉代义训词、非义训词区分的继承与发展,也是汉语实词、虚词的最早区分,而且是明确的按词义标准,又前者定名为"名称",后者定名为"语辞"(详下)。

孔氏将字(词)分为义类、非义类两种,同时又有次一级的词的语法类聚观念,用他自己的话说就是"相类""不相类"。这除了上 2.1(2)说明"将"跟"享"相类、跟"大"不相类外,再看下两例:

(7) 有噎其馌,思媚其妇,有依其士。【笺:馌,馈饟也,依之言爱也;妇子来馈饟,共农人于田野,乃逆而媚爱之。正义:"依"文与"媚"相类,"媚"为爱,故知"依"亦爱也。】《诗经·周颂·载芟》

(8) 文王曰咨,咨女殷王。【传:咨,嗟也。正义:咨是叹辞,故言"嗟"以类之,非训为嗟也。】《诗经·大雅·荡》

(9) 噫嘻成王,既昭假尔。【传:噫,叹也;嘻,敕也。正义:毛以为噫嘻然嗟叹而有所戒敕者。……孔子见颜渊死,曰"噫!天丧予",成汤见四面罗者,曰"嘻!尽之矣",则噫、嘻皆

---

① 傅东华说:"余谓词虽不为义,而非无意;不为义者,谓不如名之有实可以界画,言之有实可以直指耳。"(《文法稽古篇》,见《中国文法革新论丛》);"不为义",是对"为义"而言。

② 关关,现在语法书为象声词或拟声词;下 2.2.5 再谈。

③ 《释名·叙》:"夫名之与实,各有义类。"

是叹声,为叹以勑之,传因其文重分而属之,非训噫、嘻为叹、勑也。此噫嘻犹上篇(按:指本诗前篇《臣工》)云"嗟嗟"耳。】《诗经·周颂·噫嘻》

这说明"媚""依"同类;"咨""嗟"仅是同类,而用法不同,非训"咨"为"嗟";"噫嘻"跟"嗟嗟"同类,不可分解为"叹""勑"。关于孔氏的词的语法类聚观念,下 2.2.4 再谈。

2.2.2 确立"名称"术语并划分其类别 "五经正义"中随处可见"名""称"(有时二者对举;或又称"号""语""言")术语,如:

(1)羔裘豹袪,自我人居居。【传:袪,袖的。正义:袖是袖之大名,袪是袖头之小称;其通皆为袪。】《诗经·唐风·羔裘》

(2)三言而除三恶,加三利。【集解:三恶,暴、虐、颇也。正义:暴是乱下之称,虐是杀害之名。】《左传·昭公十四年》

总观孔氏所说的"名称"均是指含实义的词,也即他所说的为义的义类词。同是名称,也有类的区别:

(3)焉得谖草?言树之背。【传:谖草,令人忘忧。正义:"谖"训为忘,非草名,故传其本意,言"焉得谖草",谓欲得令人忘忧之草,不谓"谖"为草名。】《诗经·卫风·伯兮》

(4)何以赠之?琼瑰玉佩。【传:琼瑰,石而次玉。正义:琼者,玉之美名,非玉石也;瑰是美石之名也。】《诗经·秦风·渭阳》

(3)说明"谖"是指示行为"忘"之名,非指事物"草"之名;(4)说明"琼"是指性状美之名,"瑰"是事物美石之名。概括孔氏"名称"分出的类别有:

事物名：

(1) 简兮简兮，方将万舞。【万，舞名也。】《诗经·邶风·简兮》

(2) 将仲子兮，无逾我里，无折我树杞。【里者，人所居之名。】《诗经·郑风·将仲子》

(3) 《诗》曰："兕觥其觩，旨酒思柔。"【集解：虽设兕觥，觩然不用，……。正义：兕是兽名，觥是爵称。】《左传·成公十四年》

行为名：

(1) 有匪君子，如切如磋，如琢如磨。【传：治骨曰切，象曰磋，玉曰琢，石曰磨①。正义：此谓治器加功而成之名也。】《诗经·卫风·淇奥》

(2) 六月，齐侯来献戎捷。【献者，自下奉上之称。】《左传·庄公三十一年》

(3) 庚辰，大雨雪。【《说文》云"雨，水从云下也"，然则雨者天上下水之名；既见雨从天下，自上下者因即以"雨"言之，"雨螽"亦称为雨，故下雪称"雨雪"也。……"雨雹"②亦与雪同。】《左传·隐公九年》

(3) 说明"雨"是动词，非名词。

性状名：

(1) 丰：亨，王假之。【丰者，多大之名，盈足之义。】《周易·丰》

---

① "治"字统摄"骨""象""玉""石"四字。
② "雨螽""雨雪""雨雹"分别见《春秋》文公三年、桓公八年、僖公二十九年。

叁　中国古代语法学的发展(隋唐宋元明)

(2) 硕人俣俣,公庭万舞。【传:硕人,大德也。正义:硕者,美大之称;故诸言"硕人"者,传皆以为大德。】《诗经·邶风·简兮》

(3) 寡人不佞,其不能诸侯退矣。【佞是口才捷利之名。】《左传·成公十三年》

数名、量名:

(1) 商之孙子,其丽不亿。【笺:商之孙子,其数不徒亿。正义:以亿为数名,故丽为数也。】《诗经·大雅·文王》

(2) 左执之,右拔戟,以成一队。【集解:百人为队。正义:队是行列之名;百人为队,相传为然。】《左传·襄公十年》

(3) 禹曰:"枚卜功臣,惟吉之从。"【《周礼》有衔枚氏,所衔之物状如箸;今人数物云一枚、两枚,则枚是筹之名也。】《尚书·大禹谟》

(4) 门外米三十车,车秉有五籔。【注:秉、籔,数名也;秉有五籔,二十四斛也。正义:云"秉、籔,数名也;秉有五籔,二十四斛也"者,……】《仪礼·聘礼》

(5) 十斗曰斛,十六斗曰籔,十籔曰秉,【注:秉十六斛,今江淮之间,量名有为籔者,今八籔为逾。】二百四十斗;【注:谓一车之米,秉又五籔。】四秉曰筥。【注:此秉谓刈禾盈手之秉也。正义:云"此秉谓刈禾盈手之秉也",对上文秉为量名也。】(同上)

"数名""量名"郑玄提出("量名"郑玄是继承郑众说,《周礼·冬官·冶氏》"重三垸"郑司农曰"垸,量名"),孔氏继承,(4)说秉、籔"是数名,(5)则认为"斗、斛、籔、秉"为量名。这表现出数、量概念区分尚不清楚。

孔氏的名称分事物名、行为名、性状名、数量名是汉晋词的类别划分和刘熙《释名》的发展。汉晋注释书释义文字表现出事物性、行为性、性状性三类词(见贰 1.5.1、2.6),孔氏以概括性的"名""称"表示。《释名·叙》说:"撰天地、阴阳、四时、邦国、都鄙、车服、丧纪,不及民庶应用之器,论叙指归,谓之《释名》;凡二十七篇。至于事类,未能究备,凡所不载,亦欲智者以类求之。"刘熙并不认为天地间事类只有二十七种,他希望有"智者",按他的"事类"补充。孔氏未照刘氏的思路再补充类别,而是从概括高度分名为五。孔氏的五种名称,正相当现在语法书上作为实词的名词、动词、形容词、数词、量词。孔氏按词义分出实词,又按词义将实词一分为五,因此可以说,孔氏奠定了汉语实词类别区分的基础。

2.2.3 确立"语辞"术语并划定其范围 上 2.2.1 孔氏讲"不为义"之字(词)提出"辞""语助""语辞"(见(2)(4)(1))名称,这些是前代的继承(见贰 1.5.2、4.2);此外,孔氏又用"助句语""助句辞"名称:

(1) 虽微晋而已,天下其孰能当之?【而已是助句语也。】《礼记·檀弓下》

(2) 嗟叹之不足,故不知手之舞之、足之蹈之也。【之是助句辞也。】《礼记·乐记》

不过,孔氏更多的是用"语辞";又前人说"辞""语助""语辞"主要指语气助词,孔氏的"语辞"跟"名称"相对,范围相当宽,有:

A

(1) 师与,有无名乎?【与是语辞。】《礼记·檀弓下》

(2) 夜如何其?夜未央,庭燎之光。【其是语辞。】《诗经·小雅·庭燎》

叁　中国古代语法学的发展(隋唐宋元明)　191

(3) 夫子曰:"由!尔责于人终无已夫!三年之丧亦已久矣夫!"【夫是语助。】《礼记·檀弓上》

(4) 夫武之备戒之已久,何也?【夫是发语之端。】《礼记·乐记》

(5) 乃求千斯仓,乃求万斯箱。【二斯皆为语助。】《诗经·小雅·甫田》

(6) 人喜则斯陶。【斯,语助也。】《礼记·檀弓下》

(7) 无妄之往,何之矣?【上"之"是语辞,下"之"是适也。】《周易·无妄》

(8) 南宫绦之妻之姑之丧,夫子诲之髽曰……【"南宫绦之妻之姑之丧"者,"之"并是语辞也。】《礼记·檀弓上》

(9) 厥孚交如,威如,吉。【如,语辞也。】《周易·大有》

(10) 出涕沱若,戚嗟若,吉。【若是语辞也。】《周易·离》

B

(1) 彼其之子,不称其服。【其是语辞。】《礼记·表记》

(2) 三岁不兴,安行也?【注:安,辞也。正义:安,语辞也,犹言何也。】《周易·同人》

(3) 何天之衢?亨。【注:何,辞也;犹云何畜,乃天之衢亨也。正义:何谓语辞,犹云何畜也,……】《周易·大畜》

(4) 诞我祀如何?【笺:大矣,我后稷之祀天如何乎?正义:如何乎者,问人之辞。】

C

(1) 吾身泯焉,弗良及也。【良是语辞;史传多云"良所未悟""良有以也",是古今共有此语也。而服虔云"'弗良及'者,

不能及也;良,能也",能非"良"之训,妄言耳①。》《左传·昭公十八年》

(2) 戚戚兄弟,莫远具尔。【传:戚戚,内相亲也。正义:相者,两者之辞。】《诗经·大雅·行苇》

(3) 子之哭也,壹似重有忧者。【壹者,决定之辞也。】《礼记·檀弓下》

(4) 仲尼之叹,盖叹鲁也。【言"盖"者,谦为疑辞,不即指正也。】《礼记·礼运》

D

(1) 于以采蘩,于沼于沚。【传:于,於;沼,池;沚,渚也。笺:于以犹言往以也。正义:夫人往何处采此蘩菜乎?於沼池、於沚渚之旁采之也。……经有三"于",传训为"於",不辨上下,笺明下二"于"为"於",上"于"为"往",故叠经"以"训之。】《诗经·召南·采蘩》

(2) 于邑于谢,南国是式。【传:谢,周之南国也。笺:于,往;于,於;……往作邑於谢。正义:以文势宜为往邑於谢,故上"于"为"往",下"于"为"於"。】《诗经·大雅·崧高》

E

(1) 南方之强与,北方之强与?抑而强与?【笺:抑,辞也。正义:抑,语助也。】《礼记·中庸》

(2) 吾有逸子,而弗能杀,吾又不死;抑君有命,可若何?【抑:语助。】《左传·昭公二十一年》

---

① 孔氏认为"良"训"能"为妄言,杨伯峻《春秋左传注》取服虔说;孔氏解释可说明他将助动词排除在语辞之外。

（3）……是以一国之事；系一人之本，谓之风。【是以者，承上生下之辞。】《诗经·大序》

（4）不学操缦，不能安弦；……不兴其艺，不能乐学。故君子之学也，藏焉，修焉，息焉，游焉。【故谓因上起下之辞。】《礼记·学记》

F

（1）於穆清庙，肃雍显相。【传：於，叹辞也。笺：於乎美哉，周公之祭清庙也！……正义："於乎""於戏"皆古之"呜呼"之字，故为叹辞。】《诗经·周颂·清庙》

（2）於呼哀哉！我观周道，幽厉伤之，吾舍鲁何适矣！【於呼哀哉是伤叹之辞。】《礼记·礼运》

（3）鲁哀公诔孔丘曰："天不遗耆老，莫相予位焉！呜呼哀哉！尼父！"【呜呼哀哉，伤痛之辞也。】《礼记·檀弓上》

（4）噫嘻成王，既昭假尔。【传：噫，叹也；嘻，和也。笺：噫嘻，有所多大之声也。正义：孔子见颜渊死，曰"噫！天伤予"，成汤见四面罗者，曰"嘻！尽之矣"；则噫、嘻，皆是叹声。】《诗经·周颂·噫嘻》

（5）嗟嗟臣工，敬尔在公。【传：嗟嗟，勑之也。正义：嗟嗟，叹声，将勑而嗟叹，故云"嗟嗟，勑之"，非训为"勑"也。】《诗经·周颂·臣工》

以上按现在语法学分类，A 属助词（其中"与""其""夫""斯"是语气助词，四个"之"是结构助词，"如""若"是构词成分）、B 属代词、C 属副词、D 训"於"之"于"属介词、E 属连词、F 属叹词；按孔氏标准，均是不为义之非义类词，即全是语辞。D"於"字虽未标出"辞"/"语助"/"语辞"，但"于"训"往"，当属为义之行为名；这样，

"於"无疑为不为义之语辞。汉人将语助、叹辞并列(见贰1.5.2),而按孔氏标准,叹辞也无疑非为义之名称。这样,孔氏的"名称"相当于现在的实词,那其"语辞"就相当于现在的虚词;而其"语辞"范围,也跟现在一般虚词书所说类型基本相同,特别是助词,表现出有不同的分布位置,不同的类型。因此可以说,孔氏堪为汉语虚词研究的奠基人(再见下2.2.6)。

从全面看,孔氏的"语辞"所指也有概念、界限不清楚的情况。看下两例:

(1)曰止曰时,筑室于兹。【笺:时,是;兹,此也。卜从则曰可止居于是,可作室家于此。正义:如笺之言,则上"曰"为辞,下"曰"为"於"也。】《诗经·大雅·绵》

(2)尔毋从从尔,尔毋扈扈尔。【注:尔,女也。……尔,语助。正义:"尔毋从从尔,尔毋扈扈尔"者,上"尔"为女,下"尔"语辞。】《礼记·檀弓上》

按孔氏标准,"於"(介词)、"尔"(代词)肯定不是名称,当属语辞,但此两例被排除在语辞之外。前已说明孔氏的"语辞"所指,范围大大超过前人的"语助",但这里为了说明两个"曰"字、两个"尔"字的区别,孔氏将"语辞"等同于"语助"了。这也说明,孔氏的语辞范围虽然很广,但他只是继用了前人的"语助""叹辞"名目,对介词、代词也就难以称呼。

2.2.4 说明一词多类及其划分标准 孔氏将字(词)分为语辞、名称两大类;名称又分事物名、行为名、性状名、数名、量名。孔氏又说明词可兼类,即一个词可兼是语辞和名称,一个名称又可兼表事物、行为、性状。这实际说明一个词可兼属实词、虚词;一个实词又可兼属名词、动词或名词、形容词等。而且孔氏的解说也表

现出了词的兼类划分标准:

一是由于词的结构地位不同而词义不同,因而类别不同。

上2.1说明"旅"字在"商旅于市""商旅不行"意义不同,就是因为一做述语,一做主语;这样就兼属两类。上2.2.3A(7)"无妄之往,何之矣",说两"之"一是语辞,一训"适"(行为名),也是由于结构地位不同。此外,如:

田　《诗经·齐风·甫田》:"无田甫田,维莠骄骄。"【上"田"谓垦耕,下"田"谓土地。】

道　《礼记·中庸》:"仲尼祖述尧舜,宪章文武。"【注:《春秋传》(按:指《公羊传》)曰"君子曷为为《春秋》? 拨乱世、反诸正,莫近诸《春秋》。其诸君子乐道尧舜之道与?……"正义:"其诸君子乐道尧舜之道与",上"道"论道,下"道"谓道德;与,语辞。】

言、语、处　《诗北·大雅·公刘》:"京师之野,于时处处,于时庐旅,于时言言,于时语语。"【传:直言曰言,论难曰语。正义:此京地乃是大众所宜居之野,故于是处其所当处。……公刘于是言其所当言,语其所当语。】

这说明由于结构地位不同而词义不同,一词可兼类。按现在语法分析,"田""道"皆可是名词、动词;而"处处""言言""语语"表现出前字是动词,后字为动词转指化(见贰1.8.2.1)。再看下例:

丰,大也。【注:音阐大之大也。正义:阐音,弘广之。凡物之大,其有二种:一者自然之大,一者由人之阐弘使大。丰之为义既阐弘微细,则丰之称大,乃阐大之大,非自然之大。】

《周易·丰》

这实际说明,"大"可是形容词,指"自然之大";可是动词(带宾语),指"阐弘使大"。

二是由于词义引申而词义不同,因而词类转化。

藩 《诗经·大雅·板》:"价人维藩,大师维垣。"【传:藩,屏也。正义:藩者;园圃之篱,可以屏蔽行者,故以藩为屏也。】

庐 《诗经·大雅·公刘》:"京师之野,于时处处,于时庐旅。"【传:庐,寄也。正义:庐是居舍之名,宾客寄舍其中,故云"庐,寄也"。】

行 《诗经·周颂·天作》:"彼徂矣,岐有夷之行。"【笺:行,道也。正义:以道者,人所行,故"行"为"道"也。】

洎 《左传·襄公二十八年》:"公膳日双鸡,饔人窃更之以鹜;御者知之,则去其肉,而以其洎馈。"【洎者,添釜之名,添水以为肉汁,遂名肉汁为"洎"。】

肤 《春秋左传序》:"古今言左氏《春秋》多矣,今其遗者可见十数家。……于丘明之《传》有所不通,皆没而不说,而更肤引《公羊》《谷梁》,适足自乱。"【肤谓皮肤,言浅近引之也。】

盛 《左传·哀公十三年》:"旨酒一盛兮,余与褐之父睨之。"【集解:一盛,一器也。正义:酒盛于器,故谓一器为一盛①。】

这说明由于词义引申,名词"藩""庐"转为动词,义是屏蔽、寄;动词"行""洎"转为名词,义是道、肉汁;名词"肤"转为形容词,义是浅近;动词"盛"转为量词,义是量酒之器(杯)。孔氏是从词义引申角度分析的,但词义所以引申,还是由词的结构地位引起的。如"藩"做谓语,"行"做"有"的宾语,"洎"做介词"以"的宾语,"盛"在

---

① 杨伯峻《春秋左传注》:"一盛,一杯也。"《礼记·丧大记》"食粥于盛不盥",郑注:"盛谓今时杯杆也。"

数词"一"后。

孔氏将字(词)分为名称、语辞两大类,名称下又分出不同的"名";皆是据词义特征分类。这表现出孔氏意识到语义对划分词类的重要。孔氏也意识到词的结构地位、词的分布功能特点,结构地位、分布功能相同的算一类,反之则属不同的类。这从本节所述词的兼类和上 2.1 对(1)"思"和(2)"将""享"类属的分析可看出来。因此可以说孔氏具有了词的语法类聚观念。

贰 1.5.4 谈到汉人已看出一词多类现象,但只是在释义的不同上表现。孔氏讲一词多类,能明确的从结构地位、词义引申方面分析,是孔氏的发展。

2.2.5 说明名称类的再分类及其类别特征 2.2.2 说孔氏的名称有事物名、行为名、性状名,即相当名词、动词、形容词;孔氏又对三者作了再分类,对动词、形容词的特征作了进一步的说明。此外,又给拟声词定名并说明其归属。

名词

一、说明有个体名词与集体名词之分,前者可计数,后者不可计数

(1) 伐木丁丁,鸟鸣嘤嘤。【笺:丁丁,嘤嘤,相切直也。……嘤嘤,两鸟声也。正义:言嘤嘤两鸟声,以相切直;若一鸟不得有相切直。……其实一鸟之鸣亦嘤嘤也,故知"嘤其鸣矣"是一鸟也。】……嘤其鸣矣,求其友声。《诗经·小雅·伐木》

(2) 有车邻邻,有马白颠。【传:邻邻,众车声也。正义:车有副贰,明非一车,故以"邻邻"为众车之声。车既多,则马亦多矣,故于马见其毛色而已,不复言众多也。】《诗经·秦风·车邻》

(3) 既登乃依,乃造其曹。【传:曹,群也。正义:《周语》曰"民所曹好",《汉书》每云"吾曹";曹者,辈类之言,故为"群也"。】《诗经·大雅·公刘》

(4) 群舒叛楚。【集解:群舒,偃姓,舒庸、舒鸠之属。正义:《世本》:"偃姓,舒庸、舒蓼、舒鸠、舒龙、舒鲍、舒龚。"以其非一,故言"属"以包之。】《左传·文公十二年》

以上说明"鸟""车""马"为个体名词;"曹""属"为集体名词。

二、说明有物体名词与抽象名词之分

神无方而易无体。【注:方体者皆系于形器者也。正义:方是处所之名,体是形质之称。……凡无方无体各有二义:一者神则不见其处所云为,是无方也;二则周游运动不常在一处,亦是无方也。无体者一是自然而变而不知变之所由,是无形体也;二则随变而往无定在一体,亦是无体也。】《周易·系辞上》

这说明"方"表示具体物之名,"体"表示抽象之名。这表现出一般物体名词与抽象名词之别。

动词

一、说明有他动及物与自动不及物之分

《公羊传》《穀梁传》(见壹2.4.1)和汉晋注释(见贰1.5.3、2.6)已说明动词行为有及于他物与止于自身之别,孔氏则有发展。

(1) 颐:贞吉。观颐,自求口实。象曰:"颐'贞吉',养正则吉也。'观颐',观其所养也。'自求口实',观其自养也。天地养万物,圣人养贤以及万民。颐之时大矣哉!"【颐,养也,贞,正也。所养得正,则有吉也。其"养正"之言,乃兼二义:一者养此贤人,是其养正,故下云"养贤以及万民"。二者谓养身得正,故象云"慎言语,节饮食"。以此言之,则"养正"之文兼

叁　中国古代语法学的发展(隋唐宋元明)

养贤及自养之义也。】《周易·颐》

(2)卫懿公为狄人所灭,国人分散,露于漕邑。【笺:灭者,懿公死也;君死于位曰灭。正义:"君死于位曰灭",《公羊传》文也。《春秋》之例,灭有二义:若国被兵寇敌人入而有之,其君虽存而出奔,国家多丧灭,则谓之灭,故《左传》"凡胜国曰灭","齐灭谭,谭子奔莒""狄灭温,温子奔卫"之类是也。若本国虽存,君与敌战而死,也谓之灭,故云"君死于位曰灭",即昭公二十三年"胡子髡、沈子逞灭"之类是也。】《诗经·鄘风·载驰序》

(3)倬彼甫田,岁取十千。【取者,自此取彼之辞耳;岁取既为税敛之言,十千即是期限之数。】《诗经·小雅·甫田》

(4)我求懿德,肆于时夏。【笺:懿,美也;肆,陈也。我武王求有美德之士而任用之,故陈其功于是夏而歌之;乐歌大者称夏。正义:言"求"是自此求彼之辞,故知求美德之士而用之。】《诗经·周颂·时迈》

(5)敷时绎思,我徂维求定。【传:绎,陈也。笺:敷是文王之劳心能陈绎而行之,今我往以此求定,谓安天下。正义:"今我往以此求定"者,"往"者自己及物之辞,谓行之于天下,以求安定天下也。】《诗经·周颂·赉》

(1)(2)说明"养""灭"可表示他动及物"养贤"、灭国,可表示自动不及物"自养"、"自灭";(3)(4)"自此取彼之辞""自此求彼之辞"则是对他动及物本质特点的说明;而(5)"自己及物之辞",则是动词及物术语的最早提出。

二、说明概括的词类义特征

舍尔灵龟,观我朵颐,凶。【注:朵颐者,嚼也。正义:"朵

颐者,嚼也"者,朵是动义,如手之捉物谓之朵也;今动其颐,故知嚼也。】《周易·颐》

孔氏未简单地说"朵,手之捉物之名",而是先概括说"朵是动义",所谓"动义"即是行为动作之义,这实际上说明了动词的词类义的语义特征①,较之"×,××之名"的提法更为概括。

形容词

一、说明有形容状态与形容性质之分

天下之民,谓之浑敦。【集解:谓驩兜、浑敦不开通之貌。正义:此传所言说《虞书》(按:指《尚书·虞书·舜典》)之事,彼云四罪谓共工、驩兜、三苗、鲧也;此传四凶乃谓之浑敦、穷奇、梼杌、饕餮,检其事以识其人。……此四凶者,浑敦、梼杌以状貌为之名,穷奇、饕餮以义理为之名,古人之意自异耳。】……天下之民,谓之穷奇。【集解:谓共工,其行穷,其好奇。】……天下之民,谓之梼杌。【集解:谓鲧,梼杌,顽凶无俦匹之貌。】……天下之民,谓之饕餮。【集解:贪财为饕,贪食为餮。】《左传·文公十八年》

这说明"浑敦""梼杌"是形容状貌(即状态),"穷奇""饕餮"是形容义理(即性质)。

二、概括说明性质、功能

汉晋注释对形容词用"然""貌"二字标志(见贰1.5.3、2.6),孔氏对形容词的性质、功能作了概括说明。

(1) 公入而赋:"大隧之中;其乐也融融。"【集解:融融,和

---

① 黄伯荣、廖序东主编《现代汉语》(增订版,高等教育出版社,1991)说:"动词表示动作、行为、心理活动或存在、变化、消失等。"这也等于是说动词是表示动义的词。

乐也。正义：融融、和乐、泄泄、舒散，皆是乐之状，以意言之耳。】姜出而赋："大隧之外，其乐也泄泄。"【集解：泄泄，舒散也。】《左传·隐公元年》

(2) 王在在镐，有那其居。【笺：那，安貌；天下平安，王无四方之虞，故其居那然安也。正义：那然为安之状，故"那，安貌也"。】《诗经·小雅·鱼藻》

(3) 舍其坐迁，屡舞僛僛。【传：僛僛然。正义：僛僛，舞貌也；传直云"僛僛"者，是貌状之辞。下"傞傞""傞傞"俱是貌状，亦宜然矣。】……乱我笾豆，屡舞僛僛，……侧弁之俄，屡舞傞傞。《诗经·小雅·宾之初筵》

(4) 平平左右，亦是率从。【传：平平，辩治也。笺：率，循也；诸侯之有贤才之德，能辩治其连属之国使得其所，则连属之国亦循顺之。正义：诸侯之有贤才者，乃平平然辩治其连属左右之国使之得所，此连属之国亦如是相与循顺而从之。……服虔云"平平，辩治不绝之貌"，则平平是貌状也。】《诗经·小雅·采菽》

这可看出，孔氏继续使用"貌""然"字外，又用"×之状"概括，更提出"貌状"。所谓"貌状"意即貌事物之状，这可以说是形容词性质、功能的最早说明。

拟声词

一、说明归类

2.2.1 引孔氏说"然字所用，或全取以制义，'关关''雎鸠'之类也"，可见孔氏是将类拟声词跟"雎鸠"一样，是归入"为义"的名称类的。解释这类词，孔氏用"然""貌""状"字表示：

(1) 关关雎鸠，在河之洲。【传：关关，和声也。正义：毛以

为关关然声音和美者,是雎鸠也,……】《诗经·周南·关雎》

(2)坎坎伐檀兮,置之河之干兮,河水清且涟猗。【传:坎坎,伐檀声。正义:坎坎然身自斩伐檀木,置之于河之厓,……】《诗经·卫风·伐檀》

(3)九扈为九农正。【集解:扈有九种也:……行扈唶唶,宵扈啧啧,桑扈窃脂,老扈鷃鷃,以九扈为九农之号。正义:唶唶、啧啧,鸟声貌也。】《左传·昭公十七年》

(4)大车槛槛,毳衣如菼。【传:槛槛,车行声也。】……大车啍啍,毳衣如璊。【传:啍啍,重迟之貌。正义:啍啍,行之貌,故为"重迟";上言行之"声",此言行之"貌",互见也。】《诗经·王风·大车》

(5)载驱薄薄,簟茀朱鞹。【传:薄薄,疾趣声也。正义:薄薄,车声状。】《诗经·齐风·载驱》

汉人对拟声词的注释也用对形容词注释的方式加"然"和"貌"字(见贰1.5.3),而孔氏有所发展;不但将汉人注明的表声词加上辅助成分"然",而且将汉人的注"声"、注"貌"解释为"互见",又用"状"字来形容声音。如果汉人对形容词、拟声词的关系尚认识不清,那孔氏就明确表示出拟声词是形容词的一类;形容词"貌状",而拟声词是貌声[①]。

二、命名

郑玄称拟声词为"鸣声"(见贰1.5.3),孔氏继续指出是"声"外,又明确予以命名。

[①] 现在语法书上拟声词(又名"象声词")的分类相当不一致,有的作为叹词附类,归入虚词,有的独立一类作为实词;看来孔氏的处理,值得借鉴。

(1) 凤凰于飞,和鸣锵锵。【锵锵,鸣之声。】《左传·庄公二十二年》

(2) 风雨凄凄,鸡鸣喈喈。【下传云"潇潇,暴疾";喈喈、潇潇则俱是鸣辞,故云"犹喈喈"也。】风雨潇潇,鸡鸣膠膠。【传:潇潇,暴疾也;膠膠,犹喈喈也。】《诗经·陈风·风雨》

这"鸣辞"可看作是拟声词的最早定名。

"五经正义"表现出的孔氏词类划分,可概括如下表:

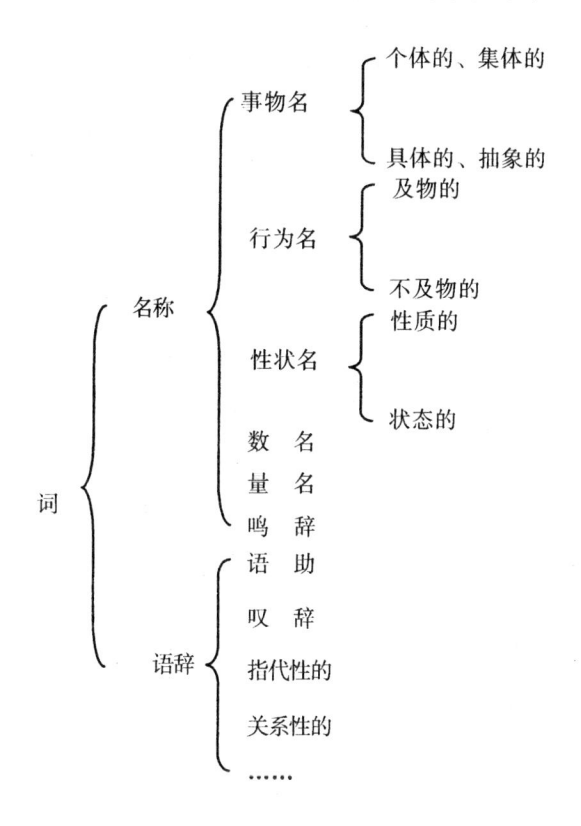

```
                    ┌ 个体的、集体的
            ┌ 事物名 ┤
            │       └ 具体的、抽象的
            │       ┌ 及物的
            │ 行为名 ┤
            │       └ 不及物的
       ┌ 名称┤       ┌ 性质的
       │    │ 性状名 ┤
       │    │       └ 状态的
       │    │ 数  名
  词 ──┤    │ 量  名
       │    └ 鸣  辞
       │    ┌ 语  助
       │    │ 叹  辞
       └ 语辞┤ 指代性的
            │ 关系性的
            └ ……
```

2.2.6 解释语辞用法 上 2.2.3 说孔氏确立的"语辞"术

语及范围,相当于现在的虚词及其范围。孔氏解释虚词也沿用前代的同训方法。

胡,何也。《礼记·礼运》"胡不遄死"。尔,女也。《左传·定公八年》"尔以是继之"。然,如此也。《礼记·学记》"夫然故"。虽,假令也。《礼记·少仪》"虽请退可也"。

孔氏的发展是能具体解释虚词的用法、含义,特别其句法功能义;并且阐述前人的笼统释义。

A

夫 《礼记·礼运》:"夫礼之初,始诸饮食,……"【夫者,发语之端。】

与 《礼记·祭义》:"祀之忠也,如见亲之所爱,如欲色然,其文王与?"【"其文王与"者,唯文王能如此与,与是不执定之辞。】

B

吁 《尚书·吕刑》:"王曰:'吁!来!……'"【传:吁,叹也。正义:凡与人言必吁使来前;吁,叹声也。王叹而呼诸侯曰:……】

猗嗟 《诗经·齐风·猗嗟》:"猗嗟昌兮,颀而长兮。"【传:猗嗟,叹辞。正义:猗是心内不平,嗟是口之喑哑;皆伤叹之声,故云"叹辞"。】

说明"吁"表示感叹之外,还有引起下文作用;较之伪孔传"吁,叹也"的单纯同训为具体。

C

我 《左传·隐公四年》:"秋,翚帅会宋公、陈侯、蔡人、卫人伐郑。"【集解:公子翚,鲁大夫。……鲁之卿佐,不得言鲁人。正义:"郑伯使宛来归祊;庚寅,我入祊"……凡云"我"者,皆上有他国之辞,故对他称我。鲁人出会他国,上未有他国之文,不可发首言我人故也。】

其 《左传·桓公二年》:"春,王正月戊申,宋督弑其君与夷及其大夫孔父。"【凡言"其"者,是其身之所有。君是臣之君,故臣弑君则云"弑其君";臣是君之臣,故君杀臣则云"杀其大夫"。】

D

方 《诗经·大雅·行苇》:"方苞方体,维叶泥泥。"【苞,茂也;体,成形也。正义:成形者谓至秋乃成为苇,此时未成,故言"方";以方为未至之辞。】

独 《诗经·大雅·桑柔》:"维彼不顺,自独俾臧。"【独者自以己身独有才智,谓众人之所不及。】

E

若夫 《春秋左传序》:"若夫制作之文,所以章往考来,情见乎辞。"【若夫者,发端之辞;既答王鲁,更起言端,故云若夫。】

然则 《诗经·大序》:"……是谓四始,诗之至也。然则《关雎》《麟趾》之化,王者之风,故系之周公。"【然者然上语,则者则下事,因前起后之势也。】

以上 A 是语气助词、B 是叹词、C 是代词、D 是副词、E 是连词。孔氏没有此等类别划分,但实际上说出这些词类的特点。

孔氏还说明一个虚词可有多个用法:

遂 《左传·襄公十年》:"春,公会晋侯……齐世子光,会吴于柤。夏五甲午,遂灭偪阳。"【遂者,因上事生下事之

辞。】

《诗经·唐风·蟋蟀》:"蟋蟀在堂,岁聿其莫。"【传:聿,遂。正义:遂者,从始向末之言也。】

相 《诗经·大雅·行苇》:"戚戚兄弟,莫远具尔。"【传:戚戚,内相亲也。正义:相者,两相之辞。】

《左传·昭公二十八年》:"长叔姒生男。"【兄弟之妻相谓姒。正义:相谓者,幼者谓长为姒也。】

或 《礼记·檀弓下》:"君于大夫,将葬,吊于宫。"【注:孝子至此而哀君,或于是吊焉。正义:或是不定之辞。】

《左传·定公四年》:"明日或旆以会。"【集解:或,贱者也。正义:郑玄注《论语》云"或云,言有人",不显其名而略称为"或",是或为贱者也。】

以上说明:"遂""相""或"字各两用,如"相"可指双方,可指一方。

孔氏又说明了同义虚词的细微差异:

故 是故 《礼记·礼器》:"礼之以多为贵者,以其外心者也。……故君子乐其发也。礼之以少为贵者,以其内心者也。……是故君子慎其独也。"【前云"故",此云"是故"者,慎之情深,故加"是"也。】

唯 诺 《礼记·曲礼上》:"父召无诺,先生召无诺,唯而进。"【注:应辞,唯恭于诺。正义:父与先生呼召称"唯",唯,咻也;不得称"诺",其称"诺"则似宽缓骄慢。但今人称"诺"犹古之称"唯",则其意急也;今之称"咻"犹古之称"诺",其意缓也。是今古异也。】

2.3 分析词序与句读

词序、句读皆是语法分析的重要内容,孔氏继承前人的分析(见壹 2.2、贰 1.3 和 1.4),又有所发展。

2.3.1 分析词序

2.3.1.1 说明并列成分以语意轻重为序

(1)"冬,十有二月丙午,齐侯、卫侯、郑伯来战于郎。"……先书齐、卫,王爵也。《春秋》之例,主兵者先书,此则郑人主兵,郑宜在先;而先序齐、卫者,王爵齐、卫为侯,尊于郑伯,故以王爵尊卑为序①。《左传·桓公十年》

(2)帝德广运,乃至乃神,乃武乃文。【……圣无所不通,神妙无方,文经天地,武定祸乱。正义:经纬天地曰文,克定祸乱曰武,经传"文""武"倒者,经取韵句,传以文重故也。】《尚书·大禹谟》

2.3.1.2 说明词序的历史变化

(1)既见君子,不我遐弃。【传:既,已;遐,远也。笺:已见君子,……知其不远弃我。正义:"不我遐弃"者犹云"不遐弃我",古人之语多倒,《诗》之此类众矣。】《诗经·周南·汝坟》

(2)葛之覃兮,施于中谷。【传:中谷,谷中也。正义:中谷,谷中;倒其言者,古人之语皆然,《诗》文多此类也。】《诗

---

① 这是孔氏的解释。按春秋时代,爵位无定称,五等爵位说是战国时出现的。见杨树达《积微居小学述林·古爵名无定称说》和笔者《"郑伯"之"伯"非伯爵》(《中国语文》,2000.1);故侯并不尊于伯。《春秋》作此次序,《左传》说是"鲁以周班后郑",即鲁国按周王封爵先后而定。

经·周南·葛覃》

(3)申伯还南,谢于诚归。【笺:谢于诚归,诚归于谢。正义:言"谢于诚归",正是诚心归于谢,古人之语多倒,故申明之。】《诗经·大雅·崧高》

(1)前置宾语后置,(2)方位词"中"移后,汉人已有多条注释表明(见贰 1.6.2.3、1.6.6.1),(3)"名—介"变"介—名"并移动词后,汉晋人也已有多条注释表明(见贰 1.6.7.1、2.2.7.1)。孔氏不是孤立对一条作解说,而是明确指出"古人之语多倒""古人之语皆然"《诗》之此类众矣""《诗》文多此类",表现出古汉语词序变化规律[①]。

2.3.2 分析句读　　孔氏正面论述了句读问题的重要:

侨闻为国,非不能事大字小之难,无礼以定其位之患。【侨(按:指郑子产)闻为国家者非不能事大字小之难,事大国、爱小国不为难也。……服虔断"字小之难"以下为义,解云"字,养也",言"事大国易、养小国难";然则郑人岂忧养小国乎?尚未能离经辨句,复何须注述大典!且"字"为爱、不为养也。】《左传·昭公十六年》

这是孔氏对汉人论述句读重要性(见贰 1.4.1)的发展,郑玄批评郑众断句错误为"不辞";而孔氏将句读跟离经辨句直接联系起来,认为句读失误,就不能离经辨句,从而也就失去注述"大典"的资格。下例是孔氏的具体分析实践:

(1)(晋公子重耳)及曹,曹共公闻其骈胁,欲观其裸;浴,

[①] 《诗经》中这种"不"字前置宾语句共 47 例,毛传、郑笺、训释 33 例,宾语全后置,见笔者《从〈诗经〉毛传、郑笺谈宾语前置句式的变化》(《中国语文》,1989.3);《诗经》方位结构"中—名",毛传注出 11 例,全变为"名—中",见笔者《"中"字方位结构及其词序变化的最早发现者》(《语文月刊》,1991.9)。

薄而观之。【断"其裸"以上为句。】《左传·僖公二十三年》

(2) 在定王六年,秦人降妖,曰:"周其有颓王,……而受其乱灾。"【自"受其乱灾"以上皆是妖语,"至于灵王"以下是子朝说妖言。】至于灵王,生而有颓。《左传·昭公二十六年》

2.4 分析句法结构

2.4.1 分析句法成分关系
2.4.1.1 主谓结构

(1) 还无社与司马卯言,号申叔展。叔展曰:"有麦麴乎?"曰:"无。""有山鞠穷乎?"曰:"无。""河鱼腹疾奈何?"曰:"目于眢井而拯之。"【上句是叔展之言,"曰"下是无社对语。】《左传·宣公十二年》

(2) 既破我斧,又缺我戕。【有人既破我家之斧,又缺我家之戕。】《诗经·豳风·破斧》

(3) 夫宠而不骄,骄而能降,降而不憾,憾而能眕者,鲜矣。【鲜训少,以一"鲜"总四事,言四事皆鲜也。】《左传·隐公三年》

(4) 大学之道,在明明德,在亲民,在止于至善。【此经大学之道,在于明明德,在于亲民,在止于至善,……言大学之道在于此三事矣。】《礼记·大学》

(1)说明人称变化,(2)说明主语无定,(3)说明四主一谓,(4)说明一主三谓。

2.4.1.2 述宾结构

(1) 父命呼,唯而不诺。【父命呼者,父召子也,命谓遣人呼,非谓自唤也。亦云为父命所呼也。】《礼记·玉藻》

(2) 金奏《肆夏》之三。【奏谓作乐也;作乐必先击钟,钟

是金也,故称金奏。】《左传·襄公四年》

(3) 予美亡此,谁与独旦?【笺:旦,明也;我君子无于此,吾谁与齐乎?独自洁明。正义:我所美之人身无居此,当与谁齐乎?独自取洁明耳!】《诗经·唐风·葛生》

(4) 不节之嗟,又谁咎也?【又谁咎者,由己不节自致祸灾,又欲怨咎谁乎?】《周易·节》

(1)(2)明确"命呼"是述宾关系,(2)(3)(4)说明宾语前置,(3)"谁与"笺文词序未变,正义变为"与谁",表现出"谁"字前置宾语的历史变化[①]。

2.4.1.3 述补结构

(1) 于以采苹,南涧之滨。【言往何处采此苹菜,于彼南涧之厓采之。】《诗经·召南·采苹》

(2) 采苓采苓,首阳之巅。【言人采苓采苓于何处?采之于首阳之巅。】《诗经·唐风·采苓》

两例说明下音句均是处所补语。

2.4.1.4 偏正结构

(1) 大禹谟。【传:禹称"大",大其功;谟,谋也。正义:余文单称"禹",而此独加"大"者,故解之。禹与皋陶同为舜谋,而禹功实大,……于此独加"大"字,与皋陶并言故也。(按:上文有"作大禹皋陶谟"。)】《尚书·大禹谟》

(2) 目逆而送之。【未至则目逆,既过则目送,俱是目也,故以"目"冠之。】《左传·桓公元年》

(3) 铤而走险。【集解:铤,疾走貌。正义:"铤"文连"走",故为疾走貌。】《左传·文公十七年》

[①] 参看贰1.6.2.3.4注。

(1)定心结构,(2)(3)状述结构。

2.4.1.5 联合结构

(1) 作大禹皋陶谟。【传:大禹谟九功,皋陶谟九德。正义:二篇皆是谟也,序以一"谟"总二篇。】《尚书·大禹谟》

(2) 丙子晨,郑文夫人芈氏、姜氏劳楚子于柯泽。【二者共以"夫人"冠之,盖俱是夫人也。】《左传·僖公二十二年》

(3) 军旅数起,大夫久役,男女怨旷,国人患之。【男既从役于外,女则在家思之,故云"男女怨旷"。上二章男旷之辞,下二章女怨之辞。】《诗经·邶风·雄雉序》

(1)说明"大禹皋陶"并列共领属"谟",(2)说明"芈氏、姜氏"并列,共跟"夫人"复指,(3)说明"男女"跟"怨旷"为对接关系。

2.4.2 分析修辞句式

2.4.2.1 分析互文

(1) 公入而赋:"大隧之中,其乐也融融。"姜出而赋:"大隧之外,其乐也泄泄。"【服虔云:"入"言公,"出"言姜,明俱出入,互相见。】《左传·隐公元年》

(2) 尧帝曰放勋,……允恭克让,光被四表。【传:允,信;克,能。……信恭能让。正义:先恭后让,恭言"信",让言"克",交互其文耳。】《尚书·尧典》

(3) 故正得失,动天地,感鬼神,莫近于《诗》。【天地云"动",鬼神云"感",互言耳。】《诗·大序》

所谓"互文""互言"[①]是指前后结构相用彼此成分,如(1)公

[①] "互文""互言"汉人提出,除(1)引服虔说外,又见《周礼·天官·大府》《礼记·杂记下》郑玄注,"互文"可指用词、释义,此处仅从句式谈。

"入"也兼指"出",姜"出"也兼指"入",(2)相当"允克恭、允克让",(3)相当"动感天地""动感鬼神"。

2.4.2.2 分析重复

(1)麟之趾,振振公子,于嗟麟兮!【反复嗟叹,所以深美之也。(按:本诗三章,每章以"于嗟麟兮"结尾)】《诗经·周南·麟之趾》

(2)卬盛于豆,于豆于登。【再言"于豆"者,叠之以足句耳。】《诗经·大雅·生民》

(1)说明重复是为了加深表达,(2)说明重复是为了满足音节需要。

2.4.2.3 分析比喻句

(1)手如柔荑,肤如凝脂,领如蝤蛴,齿如瓠犀,螓首蛾眉。【此经手、肤、领、齿,举物以比之,故言"如";"螓首蛾眉"则指其体之所似,故不言"如"也。】《诗经·卫风·硕人》

(2)所不以为中军司马者,有如先君。【诸言"有如",皆是誓辞。】《左传·定公六年》

前例"如"字句明确比喻句式的本体、喻词、喻体,"螓首""蛾眉"则指明是比喻构词;后例解释表示誓词的固定比喻结构"有如"。

2.5 分析语义关系

2.5.1 分析词的句法功能义

2.5.1.1 名词做谓语/述语

孔氏继承汉晋注释,说明名词做谓语/述语增加一个跟名词本体属性有关的动词 V_0;名词跟这个 V_0 可有种种意义关系(参看贰 1.8.1、2.4.1)。

(1)襄公好田猎,毕、弋,而不修民事。【襄公性好田猎,

用毕以掩兔,用弋以射雁,……】《诗经·齐风·卢令序》

(2) 百堵皆兴,鼛鼓弗胜。【……击鼛、击鼓不能胜而止之。】《诗经·大雅·緜》

(3) 立毋跛,坐毋箕。【箕谓舒展两足状如箕舌也。】《礼记·曲礼上》

(4) 譬如捕鹿,晋人角之,诸戎掎之,与晋踣之。【角之,谓执其角也。】《左传·襄公十四年》

2.5.1.2　谓词做主语/宾语　孔氏继承汉晋注释,说明动词(包括动宾短语)做主语/宾语兼代中心词,转化为指称性"转指"。

(1) 黄鸟于飞,集于灌木,其鸣喈喈。【……其鸣之声喈喈然。】《诗经·周南·葛覃》

(2) 召南之国化文王之政,在位皆节俭正直。【召南之国化文王之政,故在位之卿大夫皆居身节俭,为行正直。】《诗经·召南·羔羊》

(3) 蓺麻如之何?衡从其亩。【种麻之法如之何乎?必横纵猎其田亩而种之。】《诗经·齐风·南山》

(4) 曷予靖之,居以凶矜?【传:矜,危也。正义:何由使我治之,寻复居处我以凶危之地也?】《诗经·小雅·菀柳》

2.5.2　分析句法语义关系　孔氏继承汉晋注释,分析了谓语中的名动语义关系。

2.5.2.1　状述结构名动意义关系　也如前代,加入介词表示。举例如下:

(1) 时迈其邦,昊天其子之。【传:迈,行。笺:武王既定天下,时出行其邦国,……正义:武王既定天下,以时行其邦国,……】《诗经·周颂·时迈》

(2)芃芃黍苗,阴雨膏之。【……此黍苗所以得长者,天以阴雨之泽润之故也。】《诗经·小雅·黍苗》

(3)析薪如之何?匪斧不克。【笺:此言析薪必待斧乃能也。正义:析薪之法如之何乎?非用斧不能斫之。】《诗经·齐风·南山》

(4)无非无仪,唯酒食是议,无父母诒罹。【传:罹,忧也。笺:……无遗父母之忧。正义:无于父母而遗之以忧也。】《诗经·小雅·斯干》

以上加入"以""用""于",表现名词表示时间、凭借、工具、对象等。(1)(3)(4)对照笺文,更显出正义表现语义关系之明确。

2.5.2.2 述宾结构动名意义关系 所谓述宾结构,述语有的由名词充当,孔氏分析了其间种种关系。举例如下:

(1)君人者,将昭德塞违,以临照百官。【昭德谓昭明善德使德益章闻也。】《左传·桓公二年》

(2)诸侯不臣寓公,故古者寓公不继世。【《丧服》传云"寄公者何也?失地之君也"。……诸侯不臣者,不敢以寄公为臣也。】《礼记·郊特牲》

(3)为人臣者,无外交,不敢贰君也。【为人之臣,既无外交,唯专一事君;既从君而行,不敢贰心于他君。】(同上)

(4)举之表旌。【集解:旌旗,以表贵贱。正义:举,立也。为(之)立表贵贱之旌旗也。】《左传·昭公元年》

(5)君人者,将昭德塞违,以临照百官。【君人,谓与人为君也。】《左传·桓公二年》

(1)"昭"为使动,(2)"臣"为意动,(3)(4)(5)宾语分别表示所对、所为、所与。

2.5.3 分析语词组合语义选择限制

孔氏认识到语词组合词义要搭配,即语词组合要符合语义选择限制规则。

2.5.3.1 从语义选择限制分析语词搭配

(1)齐侯伐莱,莱人使正舆子赂夙沙卫以索马牛,皆百匹。【《司马法》"丘出马一匹,牛三头",则牛当称"头",而亦云"匹"者,因马而名牛曰"匹",并言之耳。经、传之文,此类多矣。《易·系辞》云"润之以风雨",《论语》云"沽酒、市脯不食",《玉藻》云"大夫不得造车马",皆从一而省文也。】《左传·襄公二年》

(2)大侯既抗,弓矢斯张。【传:大侯,君侯也;抗,举也。笺:大侯张而弓矢亦张节也。正义:弓可言"张",而并言矢者,矢配弓之物,连言之耳。】《诗经·小雅·宾之初筵》

(3)荡荡上帝,下民之辟。【传:上帝,以托君王也;辟,君也。笺:荡荡,法度废坏之貌。正义:上帝者,天之别名,天无所坏,不得与"荡荡"共文;知上帝以托君王,言其不敢斥王,故托之上帝也。】《诗经·大雅·荡》

(4)七月在野,八月在宇,九月在户,十月蟋蟀入我床下。【户、宇言"在",床下言"入"者,以床在其上,故变称"入"也。】《诗经·豳风·七月》

(5)陈乾昔寝疾,属其兄弟,而命其子尊己,曰……【兄弟言"属",子云"命",轻重之义也。】《礼记·檀弓下》

(1)说明马计量用"匹",牛计量用"头"[①];可以说"润之以雨",

[①] 俞樾《古书疑义举例》"古人行文不嫌疏略例"引(1)正义例,许威汉《俞樾〈古书疑义举例〉一失之我见》(《中国语文》,1997.5)指出:春秋时代,量词"头"未出现,《汉书》中,有马、牛、羊、驴均称"头"例;又指出《司马法》中也无"丘出马一匹,牛三头"此语。孔氏何以引《司马法》,不可得而知,盖他说马、牛之匹、头计量之别,是据唐时语言。

不可说"润之以风",能说"食脯",不能说"食酒"①;能说"造车",不能说"造马"。经、传这样说,是一种修辞手法——"从一而省文"。(2)说明可以说"张弓",不可说"张矢"。(3)说明"荡荡"不可与"上帝"组合,此上帝实是指君王②。(4)"户""宇"用"在","床下"用"入"。(5)说明对兄弟说"属(嘱)",对子说"命"。

2.5.3.2 从语义选择限制分析语词释义 上2.1孔氏批评服虔将《左传·隐公五年》"不登于器"解成"不成于器"为"不辞",所以说"不辞"就是因为词义不搭配,不符合语义选择限制规则。孔氏分析释义是否搭配也是据此规则。

(1)敝笱在梁,其鱼鲂鳏。【传:鳏,大鱼。笺:鳏,鱼子也。】……敝笱在梁,其鱼唯唯。【传:唯唯,出入不制。笺:唯唯,行相随顺之貌。正义:传以敝笱不能制大鱼,故云"出入不制",笺以为小鱼,故(云)"行相随顺之貌",各从其义,故为辞异耳。】《诗经·齐风·敝笱》

(2)先民有言,询于刍荛。【传:刍荛,薪采者。正义:言询于刍荛,谓谋于取刍取荛之人,非谋于草木,故云:"刍荛,薪采者。"】《诗经·大雅·板》

(3)视尔如荍,贻我握椒。【传:荍,芘芣也。笺:男女相会而相说,曰:"我视女之颜色美如芘芣之华然,女乃遗我一握之椒。"正义:知此二句皆是男辞者,言我视尔颜色之美如芘芣之华;若是女辞,不得言男子色美如华也。】《诗经·陈风·东

---

① "沽酒、市脯不食"见《论语·乡党》,邢昺疏:"酒当言'饮',而亦云'不食'者,因脯而并言之耳。"

② 本诗小序说:"荡,召穆公伤周室大坏也。厉王无道,天下荡荡,无纲纪文章,故作是诗也。"

门之枌》

(4)与之一箪珠。【集解:箪,小笥。正义:郑玄《曲礼》注云:"箪、笥,盛饭食者,圆曰箪,方曰笥。"宣二年赵盾见饿人为之箪食(按:原文是"为之箪食与肉")注云"箪,笥也",不言"小"。此言"小笥"者,以盛珠之器不宜与盛饭同,故云"小"耳。】《左传·哀公二十年》

(1)说明传、笺对"唯唯"释义不同,是"各从其义";所谓"各从其义"实为各从他自己所认为语词可搭配之义。(2)说明"刍荛"非能与之谋,当是指取刍荛之人。(3)说明称对方"颜色之美如苤苢之华",定是男子之辞。(4)说明盛珠与盛饭食之"箪"是小大不同之器,故"笥"前之"小"可有可无。

2.6 分析句式句型

2.6.1 分析被动句 孔氏分析被动句对前代既有继承、又有发展。

一是对行为的施事与受事有概括性的明确提法:

(1)觏闵既多,受侮不少。【传:病也。正义:小人见困病于我既多,又我受小人侵侮不少,故怨之也。……"觏闵既多,受侮不少",言"觏"自彼加我之辞,言"受"从己受彼之称耳。】《诗经·邶风·柏舟》

所谓"自彼加我",是说彼的行为加给自己;所谓"从己受彼",是说自己接受彼的行为。前者说明"小人"对"觏"是施事,即主动者;后者说明"我"对"受"是受事,即被动者。

(2)《褰裳》,思见正也;狂童恣行,国人思大国之正己也。【笺:狂童恣行,谓突与忽争国,更出更入,而无大国正之。正义:作《褰裳》诗者,言"思见正"也。所以"思见正"者,见者,自彼加己之辞;以国内有狂悖幼童之人恣极恶行,身是庶子而与正适争国,祸乱不已,无可奈何,是故郑国之人思得大国之正己,欲大国以兵征郑,正其争者之是非,欲令去突而定忽也。】《诗经·郑风·褰裳序》

(3)鼠思泣血,无言不疾。【传:无声曰泣血,无所言而不见疾也。正义:我所以忧恐泣血欲汝还者,以孤特在朝无所出言而不为小人所见憎疾,故思汝耳!……"无所言而不见疾",见者,自彼加己之辞,是诗人言己为人所疾也。】《诗经·小雅·雨无正》

"自彼加己"义同"自彼加我",是解释"见"字的用法,说明"思见正"意思"思大国之正己","大国"是"正"的施事[①];"无所言而不见疾"意即"己为小人所疾","小人"是"疾"的施事。汉人已指出"见"字可表示施事(见贰1.10),孔氏对此有了概括提法。

二是表示被动式继承汉晋注释用"为……N_{at}……所""见"外,多用"被"字:

(1)久将垫隘,隘乃禽也,不如速战。【吴地下湿,久驻于此,……恐为人所禽制也。】《左传·襄公二十五年》

(2)比之无首,无所终也。【无所终者,释比之无首,既不能为比之初首被人所弃,故无能与之共终也。】《周易·比》

(3)鸡其惮为人用乎?人异于是。【集解:鸡牲虽见宠饰,然卒当见杀;若人见宠饰,则当贵盛。正义:鸡被宠饰,终

---

① 杨树达《词诠》"见"字助动词用法引孔氏《褰裳序疏》"见者,自彼加己之辞",说"可释为'被'",与"盆成括见杀"例同。看来,杨氏说不当,此"见"是表施事,非表受事。

当见杀,人被宠饰,则当贵盛。】《左传·昭公二十二年》

(4)"春,王三月甲寅,齐人伐卫,卫人及齐人战,卫人败绩。"【公羊以为伐者为客,被伐者为主,以主及客,故使卫人主齐。】《春秋·庄公二十八年》

可看出,孔氏虽也用"为……所""见"(盖是历史用法的积淀),而更多的用"被"字式,特别是用"被"字代替"集解"的"见"字(3);更突出的是(4),公羊原文是"伐者为客,伐者为主",何休注为"见伐者为主"(见壹2.4.1),而孔氏改写为"伐者为客,被伐者为主"。这可说明"见"字式通用于汉晋,而在唐代多为"被"字代替。

2.6.2 分析判断句

孔氏分析判断句较之汉晋注释也有所发展,这表现在判断词"乃""是"的运用上。

(1)齐侯之子,卫侯之妻。【嫁者乃是齐侯之子,嫁为卫侯之妻。】《诗经·卫风·硕人》

(2)敝笱在梁,其鱼鲂鳏。【……其鱼乃是鲂鳏之大鱼。】《诗经·齐风·敝笱》

汉晋注释表现判断句是"乃""是"分别加入(见贰1.9.2、2.5.2),这表现了"乃"的用法及判断句的发展。

2.6.3 分析疑问句

孔氏分析了特指问、是非问、反诘问句,继承汉晋注释加语气词表现外,又各有所发展。

(1)景员维何?殷受命咸宜,百禄是何。【笺:员,古文云;河之言何也。正义:维何者,皆是设问之辞,与下句发端;此下句言"殷受命咸宜",是对前之语。】《诗经·商颂·玄鸟》

(2)攘其左右,尝其旨否?【攘除田之左右,辟其草莱,尝其气旨士地和美与否也?】《诗经·小雅·甫田》

(3)不知其本,不谋;知本之不枝,弗强。【若不能知其本

之可立与否,则不当谋之。】《左传·庄公六年》

（4）"冬,公子友如陈。"【鲁出朝聘,多有在道复者,假令得到彼国,尚不知受之以否,故皆书"如";如者,往也,直言往彼而已。】《左传·庄公十五年》

（5）还无社与司马卯言,号申叔展。叔展曰:"有麦麴乎?"曰:"无。""有山鞠穷乎?"曰:"无。"【观文势欲使无社逃于泥水中,而问有此物以否。】《左传·宣公十二年》

（6）召穆公思周德之不类,故纠合宗族于成周而作诗,【集解:常棣诗,属小雅。】曰:"常棣之华,鄂不韡韡?【集解:不韡韡,言韡韡。】凡今之人,莫如兄弟。"【正义:不韡韡乎,言其实韡韡也;古之人语有声而倒者,诗文多此类。】《左传·僖公二十四年》

以上（1）特指问,用"设问"明确指出。（2）（3）（4）（5）是非问于肯定词与否定词之间加入"与""以"①,为前代注释书所无。（6）反问词,指出"声而倒"是指声音与意思相倒,也就是文字形式与意义内容相反。这可以说是反诘问句特点的最早说明。

2.6.4 分析关系结构句　"五经正义"中有多个关系结构分析例证,孔氏也是继用前代加入关系词的方法。如加入"既……又""则……则"表现并列句;加入"以""乃"表现承接句;加入"不但""而且"表现递进句;加入"或……或"表现选择句;加入"但""而"表现转折句;加入"纵""虽"表现让步句;加入"由……故"表现因果句。而对于假设句,加入"若""假令"之外,又有特别说明。如:

---

① 此句式现在古汉语语法书上有的称为选择问句。这种句式汉晋注释书中绝无仅有,范宁《穀梁传集解》有一例;隐公元年:"'九月,及宋人盟于宿。'……卑者之盟不日。"【卑者谓非卿大夫也,凡非卿大夫盟,信之与不,例不日。】

(1) 初九曰"潜龙勿用",何谓也?【此夫子叠经初九爻辞,故言"初九曰";方释其义,假设问辞,故言"潜龙勿用,何谓也"。】《周易·乾·文言》

(2) 窈窕淑女,琴瑟友之。【毛氏于《序》不破"哀"字(按:指"序"中"哀窈窕"之"哀"),则此诗所言思求淑女而未得也。……以此知毛意思淑女未得,假设之辞也。】《诗经·周南·关雎》

孔氏此说是汉人"假设而言之""设时势然"解释假设句[①]的继承与发展;较汉人说得更为清楚。

2.7 分析章节、全篇结构

见下 3.5。

2.8 提出释义理论——文势说

"五经正义"特别是《毛诗正义》中多次出现"文势""义势""势""文"[②]的名称,并明确提出"观文势而为训""观文而说"。

(1)(○骍骍角弓,翩其反矣。)兄弟昏姻,无胥远矣。【笺:胥,相也;骨肉之亲当相亲信,无相疏远。】○尔之远民,民胥然矣。尔之教民,民胥效矣。【笺:尔,女;女,幽王也。胥,皆也。言王女不亲骨肉,则天下之人皆如之;见女之教令无善无恶,所尚者天下之人皆学之。正义:上章"胥"为"相",此章"胥"为"皆"者,相、皆并《释诂》(按:指《尔雅·释诂》)文也。

---

① 见贰 1.9.4.7。
② 据笔者考察,《毛诗正义》中"文势""势""文"共17见。

上以王于族亲,故为相于之辞;此言天下之人非一,故为"皆"。观文之势而为训也。】《诗经·小雅·角弓》

(2)顽嚚不友,是与比周。【集解:比,近也;周,密也。正义:比是相近也,周是亲密也;唯是亲爱之义,非为善恶之名。《论语》云"君子周而不比,小人比而不周",以"君子""小人"相对,故郑玄云"忠信为周,阿党为比",观文而说也。】《左传·文公十八年》

(1)说明一诗两章中两"胥"字一释为"相"、一释为"皆",是"观文势而为训",(2)说明此处(《左传》)的"比"跟《论语》中的"比"作不同解释是"观文而说"。总观孔氏所说的"文势""义势""势""文",指词的分布位置、词的组合、词义搭配、上下文、篇章旨意,时代社会背景等,大指相当我们现在说的语境。这样,孔氏说的"观文势而为训""观文而说"即是观语境而释义。

"势"的术语最早出现于刘勰《文心雕龙》,说"势者,乘利而为制""情致异区,文变殊术""因情立体,既体成势",孔颖达盖是将文艺理论中的"势"移植用于语义分析。孔氏的"文势说",是孔氏提出的释义理论,主要用于指导语词释义[1],但也用于语法分析。如:

(1)女曰"观乎",士曰"既且"。"且往观乎?"洧之外,洵訏且乐。【传:訏,大也。笺:洵,信也;女情急故劝男使往观于洧之外,言其土地信宽大又乐也;于是男则往也。正义:士曰"既且",男答女也;"且往观乎"与"女曰观乎",文势相副,故以女劝男辞,言其宽且乐,于是男则往也。】《诗经·郑风·溱洧》

---

[1] 参看笔者《古籍译注树立语境观的重要性——谈孔颖达的文势说》(《古籍整理研究学刊》,1992.5)。

这是说:"且往观乎"跟"女曰观乎""文势"(指句法结构)相称,故断定是女劝男之辞(注意:当时没有标点符号)。

(2) 昊天上帝,则不我遗。胡不相畏?先祖于摧!【笺:摧当作嗺;嗺,嗟也。天将遂旱饿杀我与!先祖何不助我恐惧使天雨也!先祖之神,于嗟乎!告困之辞。正义:此"胡不相畏"责先祖不助己,则"先祖"之天宜在"胡不"之上;但下之,与"于摧"共句耳。……先言所责之意乃呼之,既呼即于嗟告困。故"先祖"与"于嗺"共句,为文势然。】《诗经·大雅·云汉》

这是说,"先祖"二字本应在"胡不"之上,因"文势"(指为了突出"胡不相畏"需要,让"先祖"挪后跟"于摧"共句(按:这是讲主、谓倒装句的表义作用)。下两例是据"文势"分析虚词用法的:

(3)(绝笔于"获麟"之一句者,所感而起,固所以为终也。)曰:然则《春秋》何始于鲁隐公?答曰……【然者然上语,则者陈下事;承前起后之势。】《春秋序》

(4) 将虢是灭,何爱于虞,且虞能亲于桓、庄乎?其爱之也①!【"爱之"谓爱虞也。虞岂能亲于桓、庄乎?其当爱此虞也!服虔"其"作"甚",注云"爱之甚当谓爱桓、庄之族甚也"。爱之若甚,何以诛之?且文势不顺;又改字失真,缪之甚也!】桓、庄之族何罪?《左传·僖公五年》

以上仅就"正义"中出现"文势""势"名称而谈,更多的是未出现这些提法而实际上是"观文势而为训""观文而说",如上2.1谈语法规范、2.2.4说明一词多类、2.5.3分析语词组合语义选择限制

---

① 《集解》以"其爱之也"断句,"正义"将"其"字作"岂"字解,杨伯峻《春秋左传注》连下断"其爱之也,桓、庄之族何罪"为句,并于"其爱之也"下注道:"之指桓、庄之族,此句引起下文,前人多不了";本书据"正义"说。

等。总之,"五经正义"中能有如此丰富的语法分析,除了借鉴梵文语法分析、语法观树立外,也由于孔氏文势观也即语境观的树立①。

3.0 贾公彦、徐彦"义疏"中的语法分析

贾公彦,唐代洺州永年(今属河北省)人。新旧《唐书》介绍相当简略,仅说他高宗永徽(650—655)中官至太学博士,撰《周礼义疏》《仪礼义疏》;生卒时间可能晚于孔颖达。徐彦著《春秋公羊经传义疏》,里第生平不详(不见新旧《唐书》),一说晚于孔颖达,一说早于孔颖达。《周礼义疏》《仪礼义疏》《春秋公羊经传义疏》是郑玄《周礼注》《仪礼注》、何休《春秋公羊经传解诂》的继承与发展;其中的语法分析也是三书的继承与发展。

3.1 分析词序规则

这是继承、发展《公羊传》《穀梁传》关于"春秋书法"的解说。

3.1.1 说明句中词序依时间先后为序

(1) 妇出,祝阖牖户。【先言"牖"后言"户"者,先阖牖、后闭户,故为文然也。】《仪礼·士昏礼》

(2) "雨螽于宋。""雨螽"者何?死而坠也。【正以先言"雨"、后言"螽",则知死而坠者也。】《公羊传·文公三年》

3.1.2 说明句中并列成分以语意轻重为序

---

① 文势说盖是唐代多位学者的释义观,非孔氏独具。如徐彦《春秋公羊义疏·隐公元年》"秋七月,天王使宰咺来归惠公仲子之赠",义疏说:"以义势言之,则乡解王与诸侯者皆是使人,非身自来也。"又隐公四年"于钟巫之祭焉,弑隐公也",义疏说:"直言弑隐公,义势已尽,而必言于钟巫之祭焉者,以起淫祀之无福故也。"

(1) 司刺掌三刺、三宥之法,以赞司寇听狱讼。壹刺曰讯群臣,再刺曰讯群吏,三刺曰讯万民。【此三刺之事所施,谓断狱弊讼之时,先群臣、次群吏、后万民,先尊后卑之义。】《周礼·秋官·司刺》

(2) 校人掌王马之政,辨六马之属。种马一物,戎马一物,齐马一物,道马一物,田马一物,驽马一物。【六者皆有毛;物不同,故皆以"物"言之也。此六者,先善后恶,次第而言也。种马上善,……驽马最在下。】《周礼·夏官·校人》

(3) (大司乐)乃分乐而序之,以祭,以享,以祀。【经所先云祭地、后云祀天①者,欲见不明尊卑,事起无常,故倒文以见义也。】《周礼·春官·大司乐》

(3)特别注出是"不明尊卑""倒文以见义",更说明并列成分正常顺序按语意轻重为序。

3.2 分析句读

句读问题既关系语法单位句子的确定,又关系句子内部层次的切分,汉人重视句读(见贰1.4.1),孔颖达重视句读(见上2.3.2),贾公彦也予以重视。贰1.4.1列《周礼》四条郑玄(所谓后郑)对郑众(所谓先郑)断句的校正,贾公彦逐一加以评析,论证郑玄校正的合理。

(1) 御史掌邦国、都鄙及万民之治令,以赞冢宰,凡治者受法令焉。掌赞书,数凡从政者。【先郑所云以"掌赞书数"为句读之,玄以为不辞,故改之。书数既为三百、三千,有何可赞

---

① 本经下先书"祀天神",后书"祭地祇"。

也?且书数得为三百、三千,下别言"从政者"有何意义乎?故后郑以为"不辞"而改之也。】《春官·御史》

(2)官正掌王官之戒令纠禁。……春秋,以木铎修火禁。凡邦之事,跸;宫中、庙中则执烛。【先郑读"火"绝之,则"火"字向上为句也,其"禁"自与"凡邦之事跸"共为一句;官正既不掌"跸"事,若如先郑所读,则似官正为王跸,非也。云"宫中、庙中则执烛"者,若不以"邦之事"与此"宫中"为一事,则宫中、庙中为何事而遣官正执烛乎?亦非也。】《天官·官正》

(3)太仆掌正王之服位,出入王之大命。……建路鼓于大寝之门外,而掌其政,以待达穷者与遽令,闻鼓声则速逆御仆与御庶子。【先郑以"令"字下读为句,云太仆主令此二官使速逆穷、遽二者。后郑不从者,若御仆、御庶子迎穷与遽,则二官自白王,不告于太仆,事何得在太仆职乎者?以是故后郑以为太仆听其事自白王。】《夏官·太仆》

(4)小宗伯之职,掌建国之神位,右社稷,左宗庙。……若军将有事,则与祭有司,将事于四望。【先郑以"与祭"以上绝读之,若然则与祭者与祭何神乎?其"有司将有事于四望",则有司自有事于四望矣;不于小宗伯,辄于此言之,见何义也?于义不然,故(后)郑合为一事解之也。】《春官·小宗伯》

3.3 分析句法结构

(1)凡丧,为天王斩衰,为王后齐衰。【云"凡丧"者,诸侯、诸臣皆为天王斩衰、王后齐衰,故云"凡"以广之。】《周礼·春官·司服》

(2)医师掌医之政令,聚毒药以共医事。凡邦之有疾病

者、疕疡者造焉,则使医分而治之。【云"造焉"者,此二者皆来造医师也。】《周礼·天官·医师》

(3)吾成败矣。【解诂:吾,鲁也。】吾与郑人末有成也。【解诂:末,无也。义疏:一个"人"字,两国共有。】《公羊传·隐公六年》

(4)疾医掌养万民之疾病。【疾、病两言之者,疾轻、病重,故注《论语》云"疾甚曰病"①,谓疾、病俱疗,故两言之。】《周礼·天官·疾医》

(5)师田则张幕,设重帟、重案。【言"师田"者,谓出师征伐及田猎。】《周礼·天官·掌次》

(6)"天王仍叔之子来聘。"仍叔之子者何?天子之大夫也。【解诂:加"之"者,起"子"辟一人。义疏:若言"仍叔子"则与僖三十三年百里子与蹇叔子之类是一人,故曰"加'之'者,起'子'辟一个"。】《公羊传·桓公五年》

(7)"冬,晋里克弑其君之子奚齐。"【解诂:加"之"者,起先君之子。义疏:若不加"之",嫌是君子为一人故。】《公羊传·僖公九年》

(8)"叔孙豹、鄫世子巫如晋。"……叔孙豹则曷为率而与之俱?盖舅出也。【解诂:巫者鄫前夫人襄公母姊妹之子也,俱莒外孙,故曰"舅出"。义疏:谓巫是襄公舅氏之所出;姊妹之子谓之出也。】《公羊传·襄公五年》

(9)"春,西狩获麟。"……然则孰狩之?薪采者也。【薪采犹言采薪也。】《公羊传·哀公十四年》

---

① 见《论语·子罕》"子疾病"包咸注。

(10) 镈师掌金奏之鼓。【金奏谓奏金；金即钟镈，钟镈以金为之，故言金。】《周礼·春官·镈师》

(1)说明"丧"是全句主语，(2)说明"疾病者、疕疡者"是"造"的主语，(3)(4)(5)说明"吾与郑"（共领有"人"）、"疾病""师田"是并列关系，(6)(7)(8)分析"之"的作用并加"之"说明"舅出"是偏正关系，(9)(10)说明"薪采""金奏"是宾语前置。

3.4 分析语义关系

3.4.1 名词的句法功能义

说明名词做谓语/述语增加一个跟名词本体属性有关的动词 V_0。（参看上 2.5.1.1）。

(1) 酒正掌酒之政令，以式法授酒材；凡为公酒者，亦如之。【言凡为公酒者，谓为公事而作酒。】《周礼·天官·酒正》

(2) 使者玄端至。【今使者服玄端至。】《仪礼·士昏礼》

(3) 匠人建国，水地以具。【此经说欲置国家当以水平地，……】《周礼·冬官·匠人》

3.4.2 状述结构名动意义关系

(1) 制其畿方千里，而封树之。【而封树之者，于畿疆之上而作深沟，土在沟上谓之为封，封上树木以为阻固，故云"而封树之"。】《周礼·地官·大司徒》

(2) 辨其邦国都鄙之数，制其畿疆而沟封之。【而沟封之者，谓于疆界之上设沟，沟上封树以为阻固也。】（同上）

(3) 以乡三物教万民而宾兴之。【兴，举也，三物教成行乡饮酒之礼，尊之以为宾客而举之。】（同上）

(4) 及物揖，皆左足履物，还视侯中，合足而俟。【皆左足履物者，谓先以左足履物，束头合足而俟。】《仪礼·乡射礼》

(1)(2)说明"封""沟"表示方位,(3)(4)说明"宾""左足"表示方式。

3.4.3 述宾结构动名意义关系

(1) 酒人掌为五齐三酒,祭祀则共奉之,以役世妇。【酒人……为世妇所役使。】《周礼·天官·酒人》

(2) 以军礼同邦国。【既云同邦国,则使诸侯邦国和同。】《周礼·天官·大宗伯》

(3) 闽隶掌役畜养鸟,而阜蕃教扰之。【阜,盛也;蕃,息也。使之盛大、滋息,又教扰使从人意。】《周礼·秋官·闽隶》

(4) "冬,十有一月丁酉,楚师灭蔡,执蔡世子有以归,用之。"此未逾年之君也,其称"世子"何?不君灵公,不成其子也。【解诂:不君,不与灵公坐弑父诛,不得为君也。义疏:《春秋》不与灵公为君也。】《公羊传·昭公十一年》

(5) 鼓人掌教六鼓四金之音声,……以金镯节鼓。【注:镯,钲也,形如小钟,军行鸣之。义疏:与鼓为节也。】《周礼·地官·鼓人》

(6) 甸师掌帅其属而耕耨王藉,以时入之,以共粢盛。【掌帅其属……耕种耘耨于王之藉田。】《周礼·天官·甸师》

(1)"世妇"是动词的施事,(2)(3)"同""阜、蕃"是使动,(4)"君"(表示"以……为君")是意动,(5)"鼓"表示所与,(6)"王藉"表示方位。

3.5 分析章节、全篇结构

汉代注释书训释单位是字(词)、读(词组)、句(包括音句、义句);所谓"章句"之法,主要内容是按章串讲语句,很少有涉及章节组织、全篇结构的分析。而孔颖达、贾公彦的"正义""义疏"则在汉人"章句"之法的基础上从句的解释扩大到章、篇节构的分析。这标志了语言单位的解说、分析在唐代的发展。

先要说明,"正义""义疏"中已出现用于诗文篇章结构分析的全部术语,如句、章、节、重(层)、段、篇等,而且清楚地划出了句、章(节、经)、段、篇四级单位——《诗经》称"章"、三"礼"称"节"或"经"(如"此一节""此一经"),节、句之间有时再多一层称"重"(《春秋》结构特别,全书分年,每年又分春、夏、秋、冬,这里不谈)。

3.5.1 分析章节结构 首先是分析章节内部组织:

(1) 鸨羽,刺时也。昭公之后,大乱五世;君子下从征役,不得养其父母而作是诗也。【鸨羽三章,章七句:经三章皆上二句言君子从征役之苦,下五句恨不得供养父母之辞。】《诗经·唐风·鸨羽序》

(2) 扬之水,刺平王也。不抚其民而远屯戍于母家,周人怨思焉。【扬之水三章,章六句:不抚其民三章首二句是也;屯戍母家;次二句是也;思者下二句是也。】《诗经·王风·扬之水序》

(3) 故圣人作则,必以天地为本,以阴阳为端,以四时为柄,以日星为纪,月以为量,鬼神以为徒,五行以为质,礼义以为器,人情以为田,四灵以为畜。【……"则"自此至"四灵以为畜",凡十句,分三重:此至"五行以为质"七句,明圣人制教所法象也;又自"礼义""人情"二句,明圣人为治政之时事也;又"四灵"一句,明徵报之功也。】《礼记·礼运》

(4) 公明仪问于曾之曰:……曾子曰:……曾子曰:……

曾子曰:"夫孝,置之而塞乎天地,……无思不服,此之谓也。"曾子曰"树木以时伐焉,……此之谓礼终。"【曾子曰"夫孝,置之而塞乎天地"者,自此之前皆曾子之言,但此以下事异,故更言曾子曰。……曾子曰"树木以时伐焉"者至"此之谓礼终",亦是曾子言,以语更端故更云曾子。】《礼记·祭义》

(3)说明一节十句分三重(层),(4)说明一节之中,为什么再用"曾子曰"。

其次是分析章节作用,说明本节、本经在全篇中的地位及其上下关系:

(5)鼓人掌教六鼓四金之音声,以节声乐,以和军旅,以正田役。【此一经是与下文总目之语也。】《周礼·地官·鼓人》

这说明此经为全篇之总目。

(6)司救掌万民之衺恶过失而诛让之,以礼防禁而救之。【此经与下文二经为总目也。】《周礼·地官·司救》

这说明全文三经,此经为总论。

(7)敖不可长,欲不可从,志不可满,乐不可极。【此一节承上仁君敬慎之道。】《礼记·曲礼上》

(8)故人者,其天地之德、阴阳之交、鬼神之会、五行之秀气也。【上既言礼,知人情,从此以下言人感天地鬼神而生……】《礼记·礼运》

(7)(8)两节承上启下。

(9)(徙于国中及郊,则从而授之。若徙于他,则为之旌节而行之。)若无授无节,则唯圜土内之。【总结上二经。】《周礼·地官·比长》

(10)(钟声铿,……。石声磬,……。丝声哀,……。竹声滥,……。鼓鼙之声欢,……。)君子之听音,非听其铿锵而已也,彼亦有所合之也。【此一经总结上文五者】《礼记·学记》

(9)(10)两节总结前文。

再其次是概括章节大意：

(11)凡官民材,必先论之；论辨然后使之；任事然后爵之；位定然后禄之。【此一节论择贤材任以爵禄之事】《礼记·王制》

(12)管仲镂簋、朱纮、山节、藻梲,君子以为滥矣。【此一节明奢而失礼之事】《礼记·礼器》

(13)陟岵,孝子行役思念父母也。……【陟岵三章,章六句：首章望父,二章望母,卒章望兄。】《诗经·魏风·陟岵序》

(14)有女同车,刺忽也。……【有女同车二章,章六句：……上章言玉名,此章言玉声,互相足。】《诗经·郑风·有女同车》

3.5.2 分析全篇结构

(1)大宰之职,掌建邦之六典,以佐王治邦国。……以富得民。正月之吉,……三岁则大计群吏之治而诛赏之。【自此以下至职末分为二段：从此职首至"以富得民",一段十条,明经国之大纲、治政之条目；自"正月之吉"以下至职末明颁宣前法,依事而施。】《周礼·天官·大宰》

这就是《大宰职》全篇而论,共分两段。

(2)昔者仲尼与于蜡宾。……【皇氏云：从"昔者仲尼"以下至于篇末,此为四段:自初至"是谓小康"为第一,明孔子为礼不行而致发叹,……至"天下国家可得而正也"为第二,明须礼之急前所叹之意,……至"此礼之大成也"为第三,明礼之所起,……自"孔子曰呜呼哀哉"讫篇末为第四,更正明孔子叹意也……】《礼记·礼运》

这是分析《礼记》第二十一卷全卷结构的,共分四段。

(3) 子言之曰:"为上易事也,为下易知也,则刑不烦矣"。【此篇凡二十四章,唯此云"子言之曰"。余二十三章皆云"子曰",以篇首宜异故也。】子曰:……子曰:……子曰:……子曰:……《礼记·缁衣》

这是说《缁衣》全篇分二十四章(段),又指出第一个"子曰"的写法跟其他不同。

(4) 殷武,祀高宗也。【此诗也,经六章:首章言伐楚之功,二章言责楚之义,三章、四章、五章,述其告晓荆楚,卒章言其修治寝庙。】《诗经·商颂·殷武序》

这是对《殷武》一诗全篇结构的分析,层次、内容,一目了然。

3.6 解释虚词用法

贾公彦"义疏"中解释了一些虚词用法,有的是对前人解释的继承、发展,有的是他新作的解说。

伊 《仪礼·士冠礼》:"旨酒既湑,嘉荐伊脯。"【注:伊,维也。义疏云"伊,维也"者,助句辞,非为义也。】

惟 《周礼·天官序》:"惟王建国。"【惟王建国者,言"惟"谓若《尚书》云"惟三月"之类,皆辞,不为义。】

"不为义"是孔颖达的提法(见上 2.2.1),贾氏也这样称谓,说明"不为义"是唐代学者对虚词特点的认识。

然则 《周礼·地官·大司徒》:"……然则百物阜安,乃建王国焉。"【然则百物阜安者,总结上句,所合已下,然又如是阜盛也,如是四时得所则百物盛安也。】

"然则"孔颖达已有解释(见上 2.2.6E),贾氏再解,说明对此种关系词的重视。

若 《周礼·地官·州长》:"若国作民而师田行役之事,则帅而致之。"【言"若"者,不定之辞;若,如也。如有国家作起其民,……州长则各帅其民而致之于司徒也。】

《周礼·地官·稍人》:"若有会同师田行役之事,则以县师之法……听令于司马。"【云"若"者此等或有或无,故云"若",为不定之辞。】

将 《周礼·地官·县师》:"若将有军旅会同田役之戒,则受法于司马。"【将有,谓事未至。】

乎 《仪礼·聘礼》:"若有献,则曰:'某君之赐也,君其以赐乎?'"【言"乎"者或当意或不当意,故言"乎"以疑之。】

"若""将""乎"三字前人未曾解释。

3.7 提出释义理论——望文为义说

《周礼义疏》中几次出现"望文为义"这一想法。其含义如何,看贾氏自己的解说:

(1)(司市)以量度成贾而征儥。【注:儥,买也;物有定价则买者来也。义疏:知儥为买者,以言征召买者,故以儥为买。此字所训不定,按下文所云"贵儥者",郑注"贵卖之";郑亦望文为义,故注不同也。】《周礼·地官·司市》

(2)（胥师）察其诈伪饰行慝者而诛罚之。【注：郑司农云：慝，卖也；慝，恶也。谓行且卖奸伪恶物者。玄谓饰行慝，谓使人行卖恶物于市，巧饰之令欺诳买者。义疏：郑云："慝，卖也。"此经云"饰行慝，"明慝为卖，不得为买。上文每云"卖慝"，慝不得为卖，故为买。是郑望文为义，故不定也。】《周礼·地官·胥师》

(1)(2)是说"慝"有"买""卖"两义，郑玄注取"买"还是取"卖"是"望文为义"。

贾氏提出的"望文为义"，实际讲的就是释义如何对待多义词的问题。一个词有几个意义，具体处理上要望"文"而定。"文"是什么，据贾疏，"文"就是上下文；而"上下文"这一术语在贾疏中是出现了的：

(3)若国札丧，则令赗补之；若国凶荒，则令赒委之；若国师役，则令槁禬之；若国有福事，则令庆贺之；若国有祸灾，则令哀吊之。凡此物者，治其事故。【义疏：此一经据上下文皆据诸侯国。此文虽单言国，亦据诸侯而言。】《周礼·秋官·小行人》

贾疏是说，此处虽单言国，但据"上下文"是指诸侯，对诸侯而言。此经前，小行人职经文开始为："小行人掌邦国宾客之礼籍，以待四方之使者。令诸侯春入贡，秋献功，王亲受之。"这样，据上文，此经之"国"当指邦国，"令"的对象当是诸侯。

所谓"望文为义"是贾公彦在分析郑玄注的基础上概括、总结出的一条释义原则，一个释义理论；用现代语言学理论术语来讲，即是提出语言词跟言语词的区别问题，语言词可有几个意义，而在具体言语环境中的言语词则仅能一义。"望文为义"是贾氏提出的释义理论,用以指导语词释义[①];但也用于语法分析,也就是分析语法结构,包括虚词用法,也要望"文"来定。

(4)(胥师)察其诈伪饰行儥慝者而诛罚之。【注:郑司农云:……谓行且卖奸伪恶物者。玄谓饰行儥慝,谓使人行卖恶物于市,……。义疏:先郑云"谓行且卖奸伪恶物",以"且"间之,则"行"是"步行"之行,不为"行滥"之行,故后郑不从,以为"行滥"解之。】《周礼·地官·胥师》

本例是上(2)解说的继续。贾疏是说,先郑将"行儥慝者"间以"且"解为并列关系;而后郑解为述宾关系,"儥慝者"是"行"的宾语,这也是望"文"而说。

(5)司稽掌巡市而察其犯禁者与其不物者而搏之;掌执市之盗贼以徇且刑。【上司市市中之刑无过宪、徇、扑,附于刑者归于市。此掌执市之盗贼……云"以徇且刑之",若直徇者,不必有刑,其刑者必徇,故徇、刑两言之也。】《周礼·地官·司稽》

按:这是对比前司市职所说"市刑:小刑,宪罚;中刑,徇罚;大刑,扑罚"而言的。"徇罚"(徇指游街示众)是直罚,不用刑;"徇且刑之"是既徇又用刑,故"两言之"。这是望"文"说明"徇罚"何以不用"且"、"徇且刑之"何以用"且"的(前者是偏正结构,后者是并列结构)。

(6)(司市)上旌于思次以令市,市师莅焉,而听大治小讼。胥师、贾师莅于介次,而听小治小讼。【注:郑司农云:思,辞也;次,市中侯楼也。玄谓思当为司字,声之误也。义疏:先

---

① 参看笔者《古籍译注释词的一条重要原则——谈贾公彦的"望文为义"说》(《古籍整理研究学刊》,1992.1)。

郑云"思,辞也",后郑以为"思"则"司"字。声之误也者,下云"介次"不为辞,明"思"不得为辞,直是"思、司"声同,故误为"思"也。】《周礼·地官·司市》

这是说,下"介次"之"介"不为辞(辞,指语助,无义),故"思次"之"思"也不为辞,望"文"而说①。

(7) 旅师掌聚野之锄粟、屋粟、间粟,而用之以质剂致民,平颁其兴积,施其惠,散其利,而均其政令。【注:而读为若,声之误也;若用之谓……义疏:郑必读"而"为"若"者,所聚之粟,民有艰厄乃用之,无则贮待凶年。则"若"为不定之辞,其"而"字无义例,故郑转为"若"也。……云"而用之"则"若用之"是也。】《周礼·地官·旅师》

这是说,"而"如果解为表示转折之义,则"无义例"(无此用法,义不可通),故郑玄解为"若"字,表示"不定"②。这也是望"文"而说。

贾公彦的"望文为义",指据上下文释义;而上下文是语境的一个重要方面。这是贾公彦提出的语词释义原则,也用来指导语法分析。

4.0 《史记》"注"、《汉书注》、《后汉书注》中的语法分析

《史记》"注"是裴骃"集解"、司马贞"索隐"、张守节"正义";《汉

---

① 据贾疏及许嘉璐主编《文白对照十三经》,"思"非"司"之误;思次是市场管理官吏的办公处。
② "而"作为连词,可表示假设,王宁主编《评析本白话十三经》将此"而"字译为"或"。

书注》作者是颜师古;《后汉书注》作者是李贤。三部史书注者的时代前后不全以史书时代为据。裴骃是南朝刘宋时人,颜师古是唐初人,李贤是唐高宗时人,司马贞是唐玄宗时人,张守节又在司马贞之后。"索隐""正义"中常见"颜师古云""颜云"字样,更说明其时代在颜师古之后;又《史记》"注"中的语法分析主要存在于"索隐""正义"。故谈三书"注"的语法分析,以《汉书》《后汉书》《史记》为序。

4.1 《汉书注》

颜师古(581—645),唐训诂学家,京兆万年(今陕西西安)人,曾任弘文馆学士,官至中书侍郎。与孔颖达同时,新旧《唐书》均记载,他跟孔氏一起奉诏考订"五经"。其代表性的著作是《匡谬正俗》《汉书注》。两书中特别是后书中有丰富的语法分析;这是因为跟前代注释书一样,注释清楚、明白原书文句意思,不能不涉及语法问题。

需要说明的是《汉书注》中的语法分析,继承前代注释书的语法分析外,也借鉴梵文语法。颜师古跟孔颖达一样,也是生在佛教在中国传播的"鼎盛时期",而较之孔氏,颜师古跟佛教、佛典的关系更为密切。其祖父(北齐人)颜之推(531—?590)儒、释并重,出入"内外两教"[①]。《颜氏家训》中专有《归心》篇,极力推崇佛教,宣扬因果报应;教训子孙,为了"树立门户,不弃妻子",虽然"未能出家",也当"兼修戒行,留心诵读(佛典),以为来世津梁"。出生在这样亦儒亦佛的世家,颜师古自然就熟悉佛学、了解梵语及其语法。

---

① 见王利器《颜氏家训集解·叙录》,上海古籍出版社,1980。

表现在《汉书注》中的语法分析,跟前代不同的有突出的两点,一是重视区分词的语法类别特别是动词的用法,一是重视分析复合词的构成。这似是受梵文语法的影响。

4.1.1 分析词类

4.1.1.1 表明词的语法类别　先看下几例:

农　《五行志上》:"初一曰五行;次二曰羞用五事,次三曰农用八政;次四曰叶用五纪;……"【张晏曰:"农,食之本,食为八政首,故以农为名也。"师古曰:"此说非也。农,厚也;'羞用'义例皆同,非田农之义也。"】

弟　《惠帝纪》:"春正月,举民孝弟力田者,复其身。"【师古曰①:"弟者,言能以顺道事其兄也。"】

乐　《元后传》:"其后幸酒,乐宴乐,元帝不以为能。"【乐宴乐,好宴私之乐也。】

事　《陈平传》:"平贫不事事。"【不事产业之事。】

以上"农"表明非名词,而是形容词,跟上"羞"、下"叶"②同一"义例",均非名词;"弟"表明是动词;两"乐"、两"事"表明前者是动词,后者是名词。颜氏没有提出词的语法类别名称,实际上表现出了词的语法类别。

值得注意的是《汉书注》通书随处可见"读曰"释义方式,如"伯读曰霸""罢读曰疲""蜚读曰飞""卒读曰猝"等,一字(词)多次重注,甚至一篇、一段中重注。"读曰""读如"本是汉人训诂术语,清人段玉裁总结汉人所用二者的规律是:"拟其音曰读,凡言'读如'

---

① 《汉书注》中凡颜师古注均书"师古曰";下不跟他人注对比者,"师古曰"省掉。
② 师古曰:"叶读曰叶,和也。"

'读若'皆是也；易其字以释其义曰读，凡言'读为''读曰''当为'皆是也。"(《说文解字》"读"字注)所谓"拟其音"是拟其同音字(反切出现前的一种原始注音方法)，所谓"易其字"是破读假借字(指出本字)。《汉书注》的"读曰"大为扩大，不仅包括"拟其音"，而且包括古今字[①]。因此，有人说《汉书注》讹乱"读曰"用法规律。

我们抛开汉人所用"读曰"体例，将《汉书注》的"读曰"看为是颜氏自己"独创"(或者说发展汉人)的释义方式。那从语法角度看，也是区别词类的方法，也就是颜氏用"读曰"既是释义的，也是区别词性的。因为《汉书注》的"读曰"兼有表明该字所代表之词的语法类别的作用。

与 《武五子(燕剌王旦)传》："郡臣连与成朋，非毁宗室。"【与谓党羽也。】

《淮南王传》："皇帝不使吏与其间。"【与读曰豫，谓不令吏干豫治其事。】

《楚元王传》："独不念先王之德与？"【与读曰欤。】
表明三个"与"分别是名词、动词、语气词。

繇 《沟洫志》："令吏民劝农，尽地利，平繇行水，勿使失时。"【平繇者，均齐渠堰之力役，谓俱得水利也；繇读曰徭。】

《萧何传》："高祖以吏繇咸阳。"【繇读曰徭；徭，役也。】

《食货志上》："故曰'如有王者，必世而后仁'，繇此道也。"

---

① 见杨端志著、殷焕先校订《训诂学》(山东文艺出版社，1986)和陈绂《训诂学基础》(北京师范大学出版社，1990)。

【繇读与由同；由，用也，从也。】
表明三个"繇"分别是名词、动词、介词。

　　適　《贾山传》："秦王贪狼暴虐，残贼天下，穷困万民，以適其欲也。"【適，快也。】

　　《叔孙通传》："陛下必欲废適而立少，臣愿先伏诛。"【適读曰嫡。】

　　《吴王濞传》："贼臣晁错擅適诸侯，削夺之地。"【適读曰谪。】

表明三个"適"（读音不同）分别是形容词、名词、动词。

　　辟　《王莽传中》："辟、任、附城食其邑。"【辟，君也；辟音壁。】

　　《沟洫志》："凿龙门，辟伊阙。"【辟读曰闢；闢，开也。】

　　《艺文志》："五经乖析，儒学浸衰，此辟儒之患。"【辟读曰僻。】

表明三个"辟"分别是名词、动词、形容词。

　　道　《张良传》："（良）乃学道，欲轻举。"【道谓仙道。】

　　《地理志下》："痛乎，道民之道，可不慎哉！"【"道"读曰导。】

　　《淮南王传》："诸使者道长安来，为妄言。"【道，从也。】

表明三个"道"分别是名词、动词、介词。

以上皆是一字所代表之词三属，下面是一字所代表之词两属。

　　畜　《赵充国传》："将军将万余之众，不早及秋共水草之利争其畜食；【此畜谓畜产牛羊之属也。】欲至冬，虏皆当畜食，【此畜读曰蓄；蓄，聚也。】……"

　　食　《李广利传》："宛乃出其马，令汉自择之，而多出食食

汉军。"【下食读曰饲。】

能 《高帝纪上》:"吾非敢自爱,恐能薄,不能完父兄子弟。"【能谓材也。】

《晁错传》:"鸟兽氄毛,其性能寒。"【能读曰耐。】

左右 《何武传》:"会成帝崩,……左右或讥武事亲不笃。"【左右谓天子侧近之臣。】

《师丹传》:"陛下以臣托师傅,……位为三公,职在左右。"【左右,助也;左读曰佐,右读曰佑。】

以上皆是名、动两属。

说 《匈奴传下》:"义动君子,利动贪人,如匈奴者,非可以仁义说也,【此说谓劝喻。】独可说以厚利,结之于天耳!【此说读曰悦。】"

解 《外戚传上》:"太后独有帝,今哭而不悲,君知其解未?"【解犹解说其意。】

《艺文志》:"及至衰世,解于斋戒。"【解读曰懈。】

表明"说""解"既可是动词,又可是形容词。

数 《汲黯传》:"上退,谓人曰:'甚矣,汲黯之戆也!'群臣或数黯。【数,责之。】……黯多病,病且满三月,上常赐告者数,终不愈。【如淳曰:"数者,非一也。"①师古曰:"数音所角反。"】"

表明"数"既可是动词,又可是数词。

以上表现出颜师古对词的语法类别的重视;而说明词的语法

---

① 《汉书注》中颜师古多引他人之说,凡同意的则无评述,不同意则以"师古曰"评述。

类别,直接与对句法结构的认识与分析有关。

4.1.1.2 分析动词类别及语义特征 先看下例:

闻 《董仲舒传》:"胶西王闻仲舒大儒,善待之。"【素闻其贤也。】

《食货志上》:"失时不雨,民且狼顾;……既闻耳矣,安有为天下贻危者若是而上不惊者。"【闻于天子之耳。】

效 《田蚡传》:"蚡虽不任职,以王太后故亲幸,数言事,多效。"【效谓见听用。】

事 《宣帝纪》:"父母丧者勿繇事,使得收敛送终,尽其子道。"【繇读曰徭。事役使之。】

长、雄 《鲍宣传》:"宣既被刑,乃徙之上党,以为其地宜田亩,又少豪俊,易长雄。"【长,为之长帅也。雄,为之雄豪也。】

以上"闻仲舒大儒"跟"闻耳"用法不同,前"闻"为及物动词,后者为不及物动词。"效"注出表示被动义,"事"注出表示使动义,"长""雄"注出表示为动义。这说明认识并重视动词的用法及其语义特征。

4.1.1.2.1 划分及物动词、不及物动词

及物动词:

禀 《礼乐志》:"天禀其性而不能节也。"【禀谓授给也。】

喻 《高五王传》:"(灌婴)乃屯兵荥阳,使人喻齐王及诸侯,与连和。"【喻谓晓告也。】

拔 《高帝纪上》:"二月,攻砀,三日拔之。"【拔者,破城邑而取之;言若拔树木,并得其根本也。】

哺　《高帝纪上》:"有一老父过请饮,吕后因哺之。"【哺食之哺,屈原曰"哺其糟"是也;以食食人亦谓之哺。】

茹　《董仲舒传》:"怒而出其妻,食于舍而茹葵。"【食菜曰茹。】

伐　《匈奴传下》:"其后或谗伊秩訾自伐其功。"【伐谓矜其功力。】

草　《艺文志》:"汉兴,萧何草律。"【草,创造之。】

度　《陈胜传》:"会天大雨,道不通,度已失期。"【度谓量计之。】

渐、摩　《董仲舒传》:"渐民以仁,摩民以谊。"【渐谓浸润之,摩谓砥砺之。】

调、护　《张良传》:"上曰:'烦公幸卒调护太子。'"【调谓和平。护谓保安之。】

捃摭　《艺文志》:"武帝时,军政杨仆捃摭遗逸,纪奏兵录。"【捃摭,谓拾取之。】

以上解释及物动词"禀""喻"用释义形式,"拔"到"伐"后加受事词,"草"到"捃摭"后加"之"。这些方式表现及物动词,汉人已采用(见贰1.5),只是颜氏用得更为自觉、更为广泛。

不及物动词:

矜　【晁错传】:"奉法令不容私,尽心力不敢矜。"【矜谓自伐也。】

振　《高帝纪上》:"章邯复振,守濮阳,环水。"【如淳曰:"振,起也;收散卒自振迅而起。"】

奋　《灌夫传》:"夫不肯随丧归,奋曰:……"【张晏曰:"自奋厉也。"】

观 《张释之传》:"上登虎圈,问上林尉禽兽簿。……虎圈啬夫从旁代尉对上所问禽兽簿甚悉,欲以观其能口对响应亡穷者。"【观犹示也。】

见 《贾山传》:"古者大臣不媟,故君子不常见其齐严之色、肃敬之容。"【见,显示也。】

释义加上"自"字表示自动不及物(二例引他人注)。值得注意的是"观"注为"示","见"注为"显示";说明"观""见"后面名词"能口""色""容"非二者的受事。这似可看出颜氏对动词的及物不及物有相当明确的认识而有意识地加以划分。

4.1.1.2.2 解释被动词、被动句

(1)上奏畏却,则锻练而周内之。【却,退也;畏为上所却退。】《路温舒传》

(2)未见运世无本,功德不纪。【不纪,不为人所记。】《叙传上》

(3)君不君则犯。【为臣下所干犯也。】《司马迁传》

(4)鲁二君弑,夫人诛。【谓子般为圉人所杀,闵公为卜齮所杀也。哀姜为齐人所杀。】《五行志下下》

(5)適不答,兹谓不次。【適读曰嫡。答,报也;言妻有承顺之心,不见报答也。】《五行志下上》

(6)(杜周)奏事中意,任用。【以奏事当天子之意旨,故被任用也。】《杜周传》

(7)方今君命犯而主威夺。【君命犯者,谓大臣犯君之命。】《梅福传》

(8)臣闻之,农夫劳而君子养焉。【言农夫勤力于耕稼,所得五谷以养君子也。】《严助传》

以上原文被动词、被动句为零形式,(1)—(4)加入"为—N_{at}—所"表现,(5)(6)加入"见""被"表现,(7)(8)用移位方法表现。

(9) 幽王见杀。【为犬戎所攻,杀幽王于骊山下。】《楚元王传》

(10) 善战者致人,不致于人。【致人,引致而取之也。致于人,为人所引也。】《赵充国传》

(9)有表示被动义之词"见",(10)有被动式"V—于(乎)—N_{at}",注文换以"为—N_{at}—所"式。

这些注释被动句的方法如加入、移位、替换等,虽然是前代注释书的继承(见贰 1.9.1、2.5.1),但也说明颜氏对被动词、被动句的重视[①]。

以上谈了颜氏对动词的及物、不及物以及被动用法的分析,至于述(包括名词做述语)宾意义关系,见下 4.4.3。

4.1.1.3 分析集体名词 这突出表现在对"曹"字的注释上,不惮重复,几处出现[②]。

(1) 我曹言愿自杀。【曹,辈也。】《外戚传下》

(2) 王曰:"老虏曹为事当族!"【曹,辈也。】《武五子(燕刺王旦)传》

(3)(布)乃率其曹耦,亡之江中为群盗。【曹,辈也。】《英(黥)布传》

(4)(刺者)见盎曰:"臣受梁王金刺君,君长者,不忍刺

[①②] 颜师古与孔颖达均分析被动句、集体名词。朱庆之《汉译佛典语文中的原典影响初探》(《中国语文》,1993.5)谈到原典影响汉语"被动句的大量使用""人称代词复数形式的大量使用"。朱文讲的是汉语的发展,本书讲的是颜氏、孔氏对此语言现象的重视,从而探索二氏受梵文语法影响的情况。

君。然后刺者十余曹,备之!"【曹,辈也。】《爰盎传》

（5）分曹为党,往往群朋,将同心以陷正臣。【曹,辈也。】《楚元王传》

（6）会稽东接于海,南近诸越,北枕大江。【越种非一,故言诸。】《严助传》

4.1.1.4 分析单位词 本书重视单位词的分析,特别是个体量词,且对同一单位词重复注释,这是前代注释书所未曾见过的①。

袭 《匈奴传下》："赐以冠带衣裳,……黄金二十斤,钱二十万,衣被七十袭。"【一称为一袭,犹今人之言一副衣服也。】

《昭帝纪》："有不幸者赐衣一袭,祠以中牢。"【一袭,一称也;犹今言一副也。】

《叔孙通传》："二世喜,……乃赐通帛二十疋,衣一袭,拜为博士。"【一袭,上下皆具也,今人呼为一副也。】

两 《货殖传》："轺车百乘,牛车千两。"【车一乘曰一两;谓之两者,言其辕轮两两相耦。】

《食货志下》："浑邪王率数万众来降,于是汉发车三万两迎之。"【一两,一乘。】

《酷吏(田延年)传》："初,大司农取民牛车三万两为僦,……"【一乘为一两。】

个 《刑法志》："(魏氏)操十二石之弩,负矢五十个。"【个读曰个;个,枚也。】

《货殖传》："木千章,竹竿万个。"【孟康曰："个者,一个两

---

① 郑玄,孔颖达只是提出"量名",无单位词的具体解释,见上 2.2.2。

个。"师古曰:"个读曰个;个,枚也。"】

溢 《张良传》:"汉元年,沛公为汉王,王巴蜀,赐良金百溢,珠二斗,良具以献项伯。"【服虔曰:"二十两曰溢。"师古曰:"秦以溢名金,若汉之论斤也。"】

《食货志》:"秦兼天下,币为二等,黄金以溢为名。"【孟康曰:"二十两为溢。"师古曰:"改周一斤之制,更以溢为金之名数也。"】

艘 《沟洫志》:"谒者二人发河南以东漕船五百艘。"【一船为一艘。】

级 《卫青传》:"捕伏听者三千一十七级。"【本以斩敌一首拜爵一级,故谓一首为一级;因复名生获一人为一级也。】

编 《张良传》:"有顷,父亦来,喜曰:'当如是。'出一编书,曰:'读是则为王者师。……'"【编谓联次之也;联简牍以为书,故云一编。】

这是解释单位词并说明几个单位词的形成和变化(如"两""编""级""溢");下面是用当时的单位词解释原著:

(1) 千足羊。【凡言千足者,二百五十头也。】《货殖传》

(2) 陆地牧马二百蹏。【孟康曰:"五十匹也。"师古曰:"蹏,古蹄字。"】(同上)

(1)用"头"计羊,(2)引孟康(魏人)注用"匹"计马。

4.1.1.5 解说虚词

A. 继承前代"辞""语助""语辞"术语

与,辞也。《武帝纪》:"猗与伟与。"

止,语助也。《元帝纪》:"《诗》不云乎?'民亦劳止,……

以绥四方。'"

云,语辞也。《郊祀志上》:"文公获若石云。"

B. 说明叹辞

於,叹辞也;於读曰乌。《叙传下》:"於惟帝典,戎夷猾夏。"

噫乎,叹辞也。《沟洫志》:"烧萧条兮噫乎何以御水!"

於戏,叹声也;於读曰乌,戏读曰呼。《司马迁传》:"於戏!余维先人尝掌斯事,显于唐虞。"

C. 区分发语辞、语终辞

爰,曰也;发语辞也。一曰,爰,於也。《司马迁传》:"爰及公刘,以尊后稷也。"

抑,发语辞也。《五行志中上》:"鲁侯曰:'敢问天道也,抑人故也?'"

唯,发语之辞。《张良传》:"且楚唯毋强,六国复桡而从之,陛下焉得而臣之?"

无,发声助也[①]。《货殖传》:"宁爵无刀。"

已,语终辞。《游侠(剧孟)传》:"吴楚举大事而不求剧孟,吾知其无能为已。"语终之辞。《张良传》:"十三年,孺子见我,济北穀城山下黄石即我已。"[②]

也,语终辞也。《哀帝纪》:"六月甲子制书,非赦令也,皆蠲除之。"

而者,句绝之辞。《韦贤传》:"我虽鄙耇,心其好而;我徒

[①] 引孟康注;孟康,三国魏人。
[②] "已"注"语终辞""语终之辞"多见,仅列两例。

侃尔,乐亦在而。"

D. 解释复合虚词

得无,犹言无乃也。《朱博传》:"事已前决,得无不宜?"

假令,犹言或当也。《匈奴传下》:"假令单于初立,欲委身中国,……"

何若,犹言何如也。《韩信传》:"仆欲北攻燕,东伐齐,何若有功?"

期须,犹须臾。《礼乐志》:"治身者,斯须忘礼,则暴入之矣。"

4.1.2 分析复合词的构成　《汉书注》分析了大量复合词,解释其构成成分(所谓词素或语素)义及其结构关系,说明复合词构成的语义理据与构成方式。这是本书语法分析的一显著特色,为颜氏语法分析较之前人发展的一个重要方面。

首先,颜氏对短语与复合词的区别有较明确认识。看下例:

(1) 于阗国,王治西城,去长安九千六百七十里。……多玉石。【玉石,玉之璞也。一曰石之似玉也。】《西域传上》

(2) 乌弋地暑热莽平。【言有草莽而平坦也。一曰莽莽平野之貌。】《西域传上》

"玉石"两解,按"玉之璞"说则是复合词;按"石之似玉"说则是短语。"莽平"两解[①],按"有草莽而平坦"说则是短语,按"莽莽平野之貌"则是复合词。对两解颜氏未定取舍(参看下 4.5 分析歧义

---

① 此两解又见《西域传下》"乌孙国,……地莽平,多雨,寒";同在《西域传》,不惮重复,再作注释,可见颜氏看两解之重要。

现象),均认可。这可看出颜氏认识到两词各可作两种结构分析,从而表现出短语与复合词的区别。

4.1.2.1 主谓式

躬圣,言身有圣德也。《律历志》

陵夷,言如山陵之渐平;夷谓颓替也。《诸侯王表》

毂击,言使者交驰,其毂相击也。《匈奴传下》

肉袒,谓脱其衣袖而见肉。《朱建传》

物故,谓死也;言其同于鬼物而故也。《苏武传》治平,言其政治和平也。《贾谊传》

自裁,自杀也。《霍光传》

自若,言自如故也。《礼乐志》

4.1.2.2 动宾式

编户,言列次名籍也。《高帝纪下》

称职,克当其任也。《成帝纪赞》

喋血,杀人流血滂沱为喋血①。《文帝纪》

服膺,俯服其胸臆也。《东方朔传》

举籍,举其名籍也。《哀帝纪》

厥角,厥,顿也;角者,额角也②。《诸侯王表》

倾盖,犹交盖驻车也③。《邹阳传》

尸位,尸,主也;尸位者,不举其事,但主其位而已。《朱云传》

失职,失其常业。《元帝纪》

---

① 引如淳注;如淳,三国魏人。
② 引应劭注;应劭,东汉人。
③ 引文颖注;文颖,东汉人。

属文,谓会缀文辞也。《楚元王传》

无几,言无多时也。《游侠(原涉)传》

无状,无善状也。《楚元王传》

悉意,尽意也。《文帝纪》

执金吾,金吾,鸟名也,主辟不祥,天子出行,职主先导,以御非常,故执此鸟之象,因以名官。《百官公卿表上》

4.1.2.3 联合式

惨怛:惨,痛也;怛,悼也。《武帝纪》仓廪:仓,新穀所藏也;廪,穀所振入也。《昭帝纪》

阿保:阿,倚;保,养也①。《宣帝纪》

号召:号令召呼之。《陈胜传》

羁縻:系联之意;马络头曰羁也,牛靷曰縻。《效祀志下》

奸轨:轨与宄同;乱在外曰奸,在内曰轨。《元帝纪》

匡饬:匡,正也,饬,整也。《高后纪》

魁梧:魁,大貌也;梧者,言其可惊悟,今人读为吾,非也。《张陈王周传赞》

劳来:言慰勉而招延之也。《宣帝纪》

剽悍:剽,急也,轻也;悍,勇也。《地理志下》

阡陌:田间道也;南北曰阡,东西曰陌,盖秦时商鞅所开也。《成帝纪》

孝廉:孝谓善事父母者,廉谓清洁有廉隅者。《武帝纪》

修正:谓修身正行者。《贾山传》

要领:要,衣要也;领,衣领也。凡持衣者则执要领。《张

---

① 引臣瓒注:《汉书·叙例》:"臣瓒,不详姓氏及郡县。"

骞传》

椎埋：椎杀人而埋之，故曰椎埋。《景十三王（赵敬肃王）传》

4.1.2.4 偏正式

便殿，凡言便殿、便室、便坐者，皆非正大之处，所以就便安也。《武帝纪》

不肖，肖，似也；不肖者，言无所象类，谓不材之人也。《武帝纪》

采地，采，官也，因官食地，故曰采地；《尔雅》曰"采，寮、官也"。说者不晓采地之义，因谓菜地，云以种菜，非也。《刑法志》

菜色，人专食菜，故肌肤青黄，为菜色也。《翼奉传》

苍天，天色苍苍，故曰苍天。《高五王（赵幽王友）传》

大故，谓国之大丧。《匈奴传下》

道人，有道术之人。《京房传》

鼎士，举鼎之士也。《邹阳传》

复道，上下有道，故谓之复①。《高帝纪下》

金匮、石室，以金为匮，以石为室；重缄封之，保慎之义。《高帝纪下》

锢疾，坚久之疾。《贾谊传》

黄发，老称，谓白发尽落，更生黄者。《王莽传下》

昆虫，昆，众也；昆虫，言众虫也。……郑康成以昆虫为明虫，失之矣。《成帝纪》

---

① 引如淳注。

凌室,藏冰之室也。《惠帝纪》

素餐,素,空也;素餐者,德不称官,空当食禄。《朱云传》

微行,于后门出,从期门郎及私奴客十余人;白衣组帻,单骑出入市里,不复警跸,若微贱之所为,故曰微行[①]。《成帝纪》

微言,精微要妙之言耳。《艺文志》

以上按四个类型谈颜氏对复合词的分析(少数是继承前人注)。这些类型的结构方式颜氏没有明确指出,但在解释中具体表现出来了。这四种复合词是汉语复合词的基本结构类型,现代汉语复合词类型也是如此。

4.1.2.5 重言和带辅助成分词 《汉书注》也解释了大量重言词和带辅助成分词。

灌灌,水流盛也。《地理志下》

皇皇,急速之貌也。《董仲舒传》

兢兢,慎也。《元帝纪》

恳恳,至诚也。《司马迁传》

芒芒,广远之貌。《礼乐志》

拳拳,忠谨之貌。《司马迁传》

洋洋,美盛之貌也。《郊祀志下》

卒卒,卒读曰猝,匆遽之貌也。《霍光传》

豁如,豁然,开大之貌。《高帝纪上》

晏如,安然也。《诸侯王表》

介然,特异之意。《律历志》

---

① 引张晏注;张晏,三国魏人。

瞿然,无守之貌。《吴王濞传》

4.1.3 分析句法结构
4.1.3.1 分析短语结构

(1) 攻开封,先至城下【 】为多。【多谓功多也。】《周勃传》

(2) 王宪北至频阳,所过迎降。【所至之处,人皆来迎而降附也。】《王莽传下》

(3) 遭值匈奴乖乱,推亡固存,……【言有亡道者则推而灭之,有存道者则辅而固之。】《宣帝纪赞》

(4) 王曰:"季父不吾与,我起,先取季父矣。"【不我与,言不与我同心。】《楚元王传》

(5) 夫虎豹马牛,禽兽之不可制者也,及其教训服习之,至可牵持驾服,唯人之从。【从人意。】《公孙弘传》

(6) 《书》曰:"乃用其妇人之言,四方之逋逃多罪,是信是使。"【《周书·泰誓》也;言纣惑于妲己,而昵近亡逃罪人,信用之。】《五行志下下》

(7) 信曰:"然则何由?"【由,从也;言当从何计也。】《韩信传》

(8) 风之以德,感之以乐。【以德化之,以乐动之。】《律历志》

(9) 旦遣孙纵之等前后十余辈,多赍金宝走马,赂遗盖主。【走马,马之善走者。】《武五子(燕刺王旦)传》

(10) (卫青)又兴兵十余万人筑卫朔方。【既筑其城,又守卫之。】《食货志下》

(11) (季)至,留邸一月,见罢。【既引见而罢,令还郡

也。》《季布传》

(12) 诸禁锢及有过者,咸蒙厚赏,得免减罪。【有罪者,或被释免,或得减轻。】《武帝纪》

以上表现出(1)主语空位,(2)主语是"所过",(3)"亡""存"为宾语,(4)(5)(6)(7)"吾""人""四……罪""何"为前置宾语,(8)"以乐""以德"为补语,(9)"走"为定语,(10)(11)"筑卫""见罢"为联合关系,(12)"得免"为选择关系。

本书对对接关系较为重视,有多个例证,用重排、再组合方法表现。

(1) 秦二世元年秋七月,陈涉起蕲。……九月,沛令欲以沛应之;掾、主吏萧何、曹参曰:"……"【曹参为掾,萧何为主吏。】《高帝纪上》

(2) 齐桓晋文、鲁僖二伯贤君新没。【齐桓、晋文,二伯也;鲁僖,贤君也。伯读曰霸。】《五行志下上》

(3) 红阳长仲兄弟交通轻侠,藏匿亡命。【姓红阳而兄字长,弟字仲。……一曰红阳侯王立之子,兄弟长少①者也。】《酷吏(尹赏)传》

(4) 王有孽子不害,最长;后、太子皆不以为子、兄数。【如淳曰:"后不以为子,太子不以为兄秩数。"】《淮南王安传》

(5) 君父至尊亲。【父至亲,君至尊。】《杨敞传》

(6) 延寿闻之,对掾吏涕泣,遣吏医治视,厚复其家。【遣医治之而吏护视之。】《韩延寿传》

(7) 妄发期中,进退履获。【言矢虽妄发而必有中,进则

---

① 兄弟长少,指兄长弟少,仍是对接关系。

履之,退则获之。】《扬雄传》

(8) 岁有凶穰,故谷有贵贱;令有缓急,故物有轻重。【李奇曰:"上令急于求米,则民重米;缓于求民,则民轻米。"】《食货志下》

4.1.3.2 分析关系结构

(1) 太常其议予博士弟子,崇乡党之化,以厉贤材焉。【为博士置弟子,既得崇化于乡党,又以奖厉贤材之人。】《武帝纪》

(2) 安其所,乐终产。【万物各安其所,而乐终其生也。】《礼乐志》

(3) 尽小者大,慎微者著。【能尽众小,则致高大;能慎至微,则著明也。】《董仲舒传》

(4) 必若所云,则是蜀不变服而巴不化俗也,仆尚恶闻若说。【尚,犹也;若,如也。言仆犹恶闻如此之说,况乎远识之人也?】《司马相如传下》

(5) (数岁而道不通,蛮夷因以数攻,吏发兵诛之。)悉巴蜀租赋,不足以更之。【悉,尽也;更,偿也。虽尽租赋,不足偿其功费也。】《食货志下》

(6) 人之好德,克明显光;义之不图,俾君子怠。【言人若好德,则能明显光辉;若不图于义,则君子懈怠,无归附之者。】《武五子(齐怀王闳)传》

(7) 大山崔,百卉殖。【言大山以崔嵬之故,能生养百卉。】《礼乐志》

(8) 欲久生兮无终,(长不乐兮安穷?)【人所以欲久生者,贵其安豫无所终极。】《武五子(广陵厉王胥)传》

(9) 俯有拾,仰有取。【俯仰必有所取拾。】《货殖传》

(10) 信赏必罚。【有功必赏,有罪必罚。】《宣帝纪赞》

以上加入相应的连词表现出(1)为并列句,(2)(3)为承接句,(4)递进句,(5)为让步句,(6)为假设句,(7)(8)为因果句(前例溯因明果,后例据果索因),(9)(10)为并列关系结构的句式变换。

4.1.4 分析语义关系

4.1.4.1 名词的句法功能义 如前代注释,说明名词做谓语/述语增加一个跟名词本体属性有关的句法功能义动词 V_0,名词跟 V_0 可有种种语义关系(见贰 1.8.1、2.4.1)。

(1) 春幸茧馆,(莽)率皇后列侯夫人桑,遵霸水而祓除。【桑,采桑也。】《元后传》

(2) 遣太师王匡、更始将军东。【东谓东出也。】《王莽传下》

(3) 涉曰:"尹君,何壹鱼肉涉也!"【言以涉为鱼肉,不以人遇之。】《游侠(原涉)传》

(4) 庐江王以边越,数使使相交。【边越者,边界与越相接。】《淮南厉王传》

(5) 陛下垂德惠以覆露之。【露谓使之沾润泽也。】《严助传》

(6) 如罢戍卒,省候望,单于自以保塞守御,必深德汉。【于汉自称恩德也。】《匈奴传下》

以上说明(1)"桑"是 V_0"采"的受事,(2)"东"是 V_0 出的方位,(3)(4)(5)(6)是所谓意动、与动、使动、对动用法。

4.1.4.2 状述结构名动意义关系

状述结构的名词动词之间可有多种语义关系;本书也有多个

例证表现出这一点。仅以加入"以""如""若"表现名词表示工具、方式、凭借等为例说明。

(1)(莽)又感汉高庙神灵,遣虎贲武士入高庙,拔剑四面提击,斧坏户牖。【以斧斫坏之。】《王莽传下》

(2)四人为寿已毕,趋去,上目送之。【以目瞻之讫其出也。】《张良传》

(3)将军已下更尉,以理正之。【理,法也;言以法律处正其罪。】《武帝纪》

(4)莽秉政,方欲文致太平,使使者分行风俗,采颂声。【言欲以文教致太平。】《叙传上》

(5)王莽少与稚兄弟同列友善,兄事旉而弟畜稚。【事旉如兄,遇稚如弟。】《叙传上》

(6)民闻当免,皆恐失之,大家牛车,小家担负,输租襁属不绝,课更以最。【襁者,索也;言输者接连,不绝于道,若绳索之相属也。】《兒宽传》

4.1.4.3 述宾结构动名意义关系

述宾结构的动词名词之间可有多种语义关系。本书也有多个例证表现出这一点。仅以加入"以"并移位表现名词表示工具、方式、凭借等为例说明。

(1)(甘延寿)投石拔距绝于等伦。【投石,以石投人也。】《甘延寿传》

(2)(司马相如)少时好读书,学击剑,名犬子。【击剑者,以剑遥而中之,非斩刺也。】《司马相如传上》

(S)楚数进取,前陈王、项梁皆败,不如更遣长者扶义而西,告喻秦父兄。【扶,助也;以义自助也。】《高帝纪上》

(4) 赵王死,太后断戚夫人手足,去眼熏耳,饮瘖药,使居鞠域中,名曰"人彘"。【瘖,不能言也;以瘖药饮之也。】《外戚传上》

(5) 会稽守欲距法,不为发。【以法距之,为无符验也。】《严助传》

(6) 今边郡困之,……常恐不能自存,难于动兵。【不可以兵事动之。】《魏相传》

这可看出,谓语中名词、动词结合的不同词序可表示相同的语义关系。

4.1.5 分析歧义现象 现代语言学承认一个语言形式可有两种(或两种以上)意义解释,即所谓"歧义",分词汇歧义(由词的多义性造成)和语法歧义;语法歧义又分表层歧义(几种句法关系分析),和深层歧义(几种语义关系分析)。语法歧义是语法分析问题,跟词义本身无关;而词汇歧义则可导致语法歧义。《汉书注》中有"一曰"(也称"一说")一种释义方式,说明对同一句话可有两种解释。而所以能有两种解释,原因就在于同一句话可作两种句法或语义分析。这样,《汉书注》中的"一曰"可看作是分析歧义现象的用语。

(1) 天人之所不予,必有祸而无福,市道皆共知之,朝廷莫肯壹言,臣窃伤心。【市道,市中之道也。一曰市人及行于道路者也。】《刘辅传》

(2) (沛公)遂西入咸阳,欲止宫休舍,樊哙、张良谏,乃封秦重宝财物府库,还军霸上。【舍,息也;于殿中休息也。一曰舍谓屋舍也。】《高帝纪上》

(3) (孝文)即位十三年,齐太仓令淳于公有罪当刑,诏

狱逮系长安。【逮,及也;辞之所及,则追捕之,故谓之逮。一曰逮者,在道将送,防御不绝,若今之传送囚也。】《刑法志》

(4) 经《尚书·洪范》曰:"初一曰五行。五行:一曰水,二曰火,三曰木,四曰金,五曰土。水曰润下,火曰炎上,木曰曲直,金曰从革,土爰稼穑。"【爰亦曰也。一说爰,于也,可于其上稼穑也①。种之曰稼,收聚曰穑。】《五行志上》

(5) 遭值匈奴乖乱,推亡固存,信威北夷,单于慕义,稽首称藩。【信读为申,古通用字。一说恩信及威并著北夷。】《宣帝纪赞》

(6) 恭移病出,后复视事。【移病者,移书言病也。一曰言以病移出,不居官府。】《楚元王传》

上怒,以为不能,弘乃移病免归。【移病,谓移书言病也。一曰以病移居。】《公孙弘传》

(7) 六月癸酉,未央宫东阙罘罳灾。【如淳曰:"东阙与其两旁罘罳皆灾也。"晋灼曰:"东阙之罘罳独灾也。"师古曰:"罘罳,谓连阙曲阁也,以覆重刻垣墉之处,其形罘罳然。"】《文帝纪》

以上(1)—(6)是由词义的不同导致的语法歧义。(1)"市道"可是偏正结构,可是并列结构;(2)"休舍"可是并列结构,可是述宾结构("舍"表示方位);(3)可是承接结构,可是偏正结构("逮"表示方式);(4)"土爰稼穑"可是主谓结构,可是偏正结构("土爰"做状

---

① 古代汉语由"于"字组成的表示方位的介名结构做状语,名词可位介词前,如《诗经·大雅·崧高》"谢于诚归"、《左传》"昭公十九年"谚所谓'室于怒市于色'",参看贰 1.6.7.1、2.2.7.1。

语);(5)"恩信"可是述宾结构,可是并列结构;(6)"移病"可是承接结构;可是述宾结构("病"表示原因)。"移病"《汉书》中多见,上两处之外尚出现于《张汤传》《杜周传》《杨敞传》《萧望之传》《疏广传》《王莽传上》等。颜氏不惮重复,均一一以"一曰"形式注出二说。从此例可看出颜氏对歧义现象的重视。(7)承认两说并存,"东阙罘罳"可是并列结构,可是偏正结构。这纯属语法问题,即所谓表层歧义。

(8)哀帝为太子,亦颇得赵太后力,遂不竟其事。傅太后恩赵太后,赵太后亦归心,故成帝母及王氏皆怨之。【恩谓以厚恩接遇之。一曰恩谓衔其立哀帝为嗣之恩也。】《外戚传下》

"恩赵太后"是名词做述语构成的述宾结构(名词做述语增加一个句法功能义动词,用 V_0 代)。这样,由于词义不同,"恩赵太后"的语义关系也就不同(所谓深层歧义)。"恩"可是 V_0 ("接遇")的状语;"恩"可是 V_0 ("衔")的宾语,而"赵太后"为其定语(参看贰1.8.1对诸例的语义关系分析)。

颜师古没有提出"歧义"术语,更不知什么是词汇歧义、语法歧义以及表层歧义、深层歧义等;但他看出有可作两种句法、语义分析的现象,而用"一曰"的提法表示,承认两种解释可以并存。

4.2 《后汉书注》

范晔《后汉书》的注释,中华书局本"校点说明"有所交代:最先作注的是南梁刘昭。范书原无"志",现所见"志"是刘昭将他作注的司马彪《后汉书》八篇"志"补入。刘注绝大部分散失,只有八篇

"志"的注传下。其注"略同于裴松之注《三国志》,偏重于事实的补充,而略于文字的训诂"①。继续给范书作注的是唐代章怀太子李贤,其内容"着重训诂,跟刘昭不同"。故本书所述《后汉书注》的语法分析,当然也就只是指李贤的注了。

章怀太子李贤(653—684),唐高宗第六子,武后所生;因谥号"章怀"得名。据新旧《唐书》记载,《后汉书》是他召集当时学者张大安、刘讷言、格希元(玄)等共同注释。李贤等人注书当然要继承前代注释书的方法;不过也不能不正视梵文语法的影响,因为他们所处的时代——唐朝仍是佛教在我国传播的鼎盛时期。前曾说明东晋、南梁及隋唐僧人已对梵文语法做了较详介绍(贰3、叁1);又说明,孔颖达、颜师古了解佛典,闻晓梵文语法,"五经正义"、《汉书注》中的语法分析,某些方面是受梵文语法启发而致。而从《后汉书注》中可看出,李贤等人对佛典不但了解,并且相当熟悉;书中有关于佛典词语的多条注释。《光武十三王(楚王英)传》《陶谦传》《西域传》注"浮图",说"佛也";《楚王英传》注"伊蒲塞桑门"说:"'伊蒲塞'即优婆塞也,中华翻为近住,言受戒行堪近僧住也;'桑门'即沙门。"《西域传论》注"神迹诡怪,则理绝人区;感验明显,则事出天外"引《维摩经》《涅槃经》;又注"精灵怨灭,因报相循"说:"'精灵怨灭'谓生死轮回无穷已;'因报相循'谓行善恶,各缘业报也。"李贤等人这样熟悉佛典,比起孔颖达、颜师古对梵文语法当更为了解。这样,他们对语法的认识,跟孔颖达、颜师古一样较之前人要深刻;似可以说由感性进到初步的理性程度。

---

① 笔者查阅八篇"志"注,发现仅有"遂,垂也;延,冕上覆。""一云古缅布冠之象也;或曰繁冠"(《舆服下》"冕冠,垂旒,前后邃延"、"武冠"注)、"一本作'妖女'"(《五行一》"河间姹女工数钱"注)这极个别语词释义、版本考证条。

4.2.1 调整词序 语句是语词按照句法结构规则组合而成的线性序列。由于古今词序变化或著者措辞习惯以及文体要求等原因,原句词序费解,释义需做调整。

(1) 范蠡收责勾践,乘扁舟于五湖。【收责,谓收其罪责也。】《隗嚣传》

(2) 伯升……部署宾客,自称柱天都部。【柱天者,若天之柱也。】《宗室四王三侯(齐武王缜)传》

(3) 将以道周性全,无德而称乎?【无德而称,言其德大无能名焉。】《黄宪传论》

(4) 言羌一气所生,不可诛尽。【言羌亦禀天之一气所生,诛之不可尽也。】《段颎传》

(5) 直情忤意,则叁夷五宗。【夷,灭也;叁夷,夷三族也。五宗,五服内亲故也。】《宦者传》

(6) 御六艺之珍驾兮,游道德之平林。【以六艺为车而驾之也;以道德为林而游之也。】《张衡传》

(7) 杨氏载德,仍世柱国。【言世为国柱臣也。】《杨震传赞》。

(8) 密勿朝夕,聿同始卒。【密勿,黾勉也,聿,循也;卒,终也。言朝夕黾勉,终始如一也。】《文苑(傅毅)传》

(1)(2)说明修饰语"勾践""天"在被修饰语"责""柱"之后,(3)说明"无"修饰"称",(4)说明"不可"修饰"尽",(5)说明"叁""五宗"共是"夷"的受事。(6)(7)(8)是因文体要求而词序错综:(6)是赋体,(7)(8)是韵文。(7)"国"位"柱"后是为了协下韵字"惑""忒""则";(8)"始卒"位"聿同"后,是为了协上韵字"逸""曰""迄";"朝夕"位"密勿"后是为了跟"聿同始卒"对称。

4.2.2 分析句读与语词组合层次　语句是语词按照句法结构规则组合而成的层次线性序列。句读分析既关系句子单位的划定,也关系句子内部的层次划分;而正确说明语词组合的关系层次,才能正确理解句意。

(1)(操)闻衡善击鼓,乃召为鼓史,因大会宾客,阅试音节。……次至衡,衡方为渔阳参挝,蹀躞而前……(衡)复参挝而去,颜色不怍。【"参挝"是击鼓之法,而王僧孺诗云:"散度广陵音,参写渔阳曲。"而于其诗自音云:"参音七绀反。"后诸文人多同用之。据此诗意,则"参"曲奏之名;则"挝"字入于下句,全不成文。下云"复参挝而去",足知"参挝"二字当相连而读。"参"字音为去声,不知何所凭也。"参",七甘反。】《文苑(称衡)传》

这说明"参挝"①当连续,不能断开。

(2)刘氏享天永明,陛下顺节盛衰,取之以天,还之以天,可谓知命矣。【享,受也;永,长也。汉家受天长命,运祚未绝;劝莽当顺其时之盛衰,衰则取之,盛则还之。】《郅恽传》

(3)光武、明帝躬好吏事,亦以课核三公,其人或失而其礼稍薄,至有诛斥诘辱之累。【课其殿最,核其得失。】《朱浮传论》(四,1147[四])

(4)子实秦人,矜夸馆室,保界河山。【保,守也;谓守河山之险以为界。】《班彪传下》

---

① "参挝"是一种击鼓方法,既是名词,又是动词。"挝"李贤认为音去声误,当注平声;现《辞海》《辞源》注音 càn。

（5）赞曰：端操有踪，幽闲有容；区明风烈，昭我管彤。【妇人之正其节操有踪迹可纪者，及幽都闲婉有礼容者，区别其遗风余烈，以明女史之所记也。】《列女传赞》

据注释，(2)"顺节盛衰"、(3)"课核三公"、(4)"保界河山"、(5)例的结构层次是：

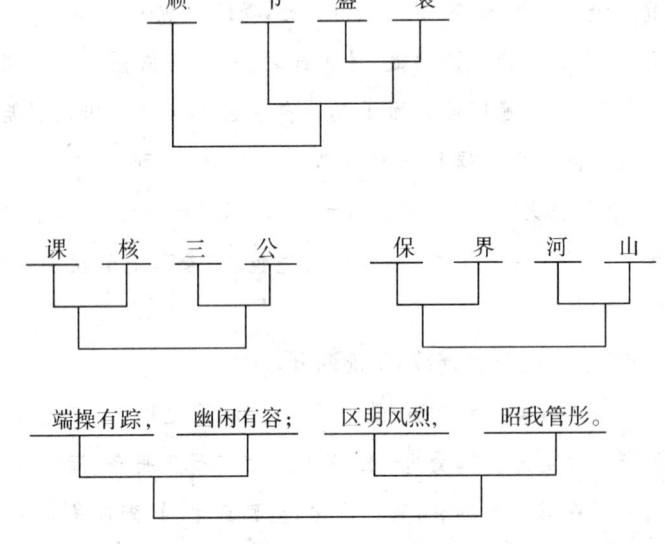

```
顺  节  盛  衰
└──┘
└─────┘
└────────┘
```

```
课  核  三  公       保  界  河  山
└──┘                       └──┘
└─────────┘          └────────┘
                     └───────────┘
```

```
端操有踪，  幽闲有容；  区明风烈，  昭我管彤。
└─────────┘           └────────┘
└───────────────────┘
```

当然，李贤等人不可能作出全句逐层到底分析；只是说明他们认识到语词组合的层次性，从而能对句义作出清楚的解释。如(3)(4)结构层次同，而语义关系不同。(3)之"三公"共为"课""核"的受事，(4)"河山"是"保"的受事，而为"界"所认定（所谓意动关系）。

4.2.3 分析复合词的构成 颜师古《汉书注》别于前代注释书的语法分析的一个特点是，注意分析复合词的构造。这一点为《后汉书注》所继承。

4.2.3.1 联合式

老成：言老而有成德也。《和帝纪》

涂炭：若陷泥、坠火，喻穷困之极也。《赵宪传》

恺悌：恺，乐也；悌，易也。言有和乐、简易之德也。《贾逵传》

出纳：谓尚书，喉舌之官也。出谓受上言宣于下，纳谓听下言传于上。《刘般传》

姑息：姑，且也；息，安也。小人之道，苟且取安也。《朱晖传》

涉猎：涉如涉水，猎如猎兽。言不能周悉、粗窥览之也。《班超传》

流亡：谓流遁、亡去也。《张衡传》

4.2.3.2 偏正式

冰纨：纨，素也，冰言色鲜洁如冰。《章帝纪》

刀笔：古者记事书于简册，谬误者以刀削而除之，故曰刀笔。《刘盆子传》

便室：便坐之室，非正室也。《彭宠传》

赤地：言在地之物皆尽。《臧宫传》

什物：军法，五人为伍，二伍为什则共其器物，故通谓生生之具为什物。《宣秉传》

椒房：后妃以椒涂壁，取其繁衍多子，故曰椒房。《第五伦传》

素餐：素，空也，无功受禄为素餐。《陈龟传》

导行费：导，引也，贡献外别有所入，以为所献希之导引也。《宦者传》

4.2.3.3 动宾式

上寿:寿者人之所欲,故卑下奉觞进酒,皆言上寿。《明帝纪》

侧席:谓不正坐,所以待贤良也。《章帝纪》

亡命:命者,名也,言背其名籍而逃亡也。《王常传》

眭眦,《广雅》:"眭,裂也。"或谓裂眦瞋目貌。《窦融传》

稽颡:稽,止也。《方言》曰:"颡,额颡也。"以额至地而稽止也。《文苑(杜笃)传》

4.2.3.4 主谓式

藩卫:诸侯为天子藩屏,故曰藩卫。《章帝纪》

雷同:雷之发声,众物同应;俗人无是非之心,出言同者谓之雷同。《桓谭传》(四,960[六])

肺附:若肝肺相附者,犹言亲戚也。《卢芳传》

从《后汉书注》对复合词的分析,可反映出汉语的复合词结构主要是并列式、偏正式。

4.2.4 分析句法结构

4.2.4.1 分析主谓结构

(1) 沉几先物。【几者,动之微也;物,事也。沉深之几,先见于事也。】《光武帝纪赞》

(2) 夫以约失之鲜矣。【《论语》孔子之辞也;言俭则无失。】《王龚传》

(3) 公旦道行,故制典礼以尹天下。【尹,正也;道行言道得申也。】《张衡传》

(4) 皇家帝世,德臣列辟,功君百王。【皇家帝代(世)谓汉家历代也,列辟谓之古之帝王也;言汉家德可以臣彼列辟,

叁 中国古代语法学的发展(隋唐宋元明) 269

功可以君彼百王。】《班彪传下》

(5)(班)固又作《典引篇》,叙述汉德。以为相如《封禅》,靡而不典;【文虽靡丽,而体无古典。扬雄《美新》,典而不实。【体虽典则,而其事虚伪;谓王莽事不实。】同上

(6)帝以穆(按:窦融子)不能修尚,而拥富贵……【不能修整,自高尚也。】《窦融传》

(7)秩秩大猷,纪纲庶式。【秩秩,美也;猷,道也;庶,众也;式,法也。言美哉乎大道,可以纲纪众法。】《文苑(傅毅)传》

(1)(2)说明主语是"沉几""以约失之";(3)说明主语是"公旦(周公)",谓语"道行"是主谓结构;(4)说明主语是"皇家帝世",谓语是两个并列主谓结构;(5)(6)说明主语("文""体""其事""自")空位;(7)说明主、谓易位。

4.2.4.2 分析述宾结构

(1)孔公绪清谈高论,嘘枯吹生。【枯者嘘之使生;生者吹之使枯;言谈论有所抑扬也。】《郑太传》

(2)卓纵放兵士,突其庐舍,淫略妇女,剽虏资物,谓之"搜牢"。【言牢固者皆搜索取之也。】《董卓传》

(3)危心恭德,政察奸胜。【奸胜犹言胜奸佞。】《明帝纪赞》

(4)意曰:"罪自我归,义不累下。"【言罪归于我,不累于丞掾。】《钟离意传》

(5)《夏书》曰:"念兹在兹,庶事恕施。"忠智之谓矣。【言众事恕己而施行,斯可谓忠而有智矣。】《文苑(刘梁)传》

(6)猛夫捍将,莫不顿足攘手,争言卫霍之事。帝方厌

兵,闲修文政,未之许也。【帝厌其用兵,欲修文政,未许猛夫捍将之事。】《南匈奴传论》

(7) 帝绩思乂,庸功是存。【庸,勋也;言将兴帝绩,则念勋功之臣也。】《朱景王……马传赞》

(8) 匪贤是上,番为司徒。【幽王淫色,不尚贤德之人,宠其后亲,而以番为司徒之官。】《文苑(崔琦传)》

(1)(2)说明"枯""生""牢"是宾语,(3)(4)一般宾语"奸""我"前置,(5)(7)(8)说明"之""是"前置宾语,(6)说明否定句代词宾语前置。

4.2.4.3 分析偏正结构

(1)(蜀地)掾史家赀多至千万,皆鲜车怒马,以财货自达。【怒马,谓马之肥壮,其气愤怒也。】《第五伦传》

(2) 是时唯有高庙、京兆府舍,遂便时幸焉。【便时,谓时日吉便。】《董卓传》

(3) 前在方外,仍统军实。【军实,谓军之所资也。】《宋弘传》

(4) 获觐乎在位通人、处逸大儒,得意者咸从捧手,有所受焉。【处逸谓处士隐逸之大儒。】《郑玄传》

以上定中结构,(1)(2)定语移后表示,(3)(4)加入"之"字表示。

(5) 光武乃与敢死者三十人,从城西水上冲其中坚。【敢死,谓果敢而死者。】《光武帝纪上》

(6) 丙午,赤眉君臣面缚,奉高皇帝玺绶。【面,偝也;谓反偝而缚之。】同上

(7) 瑞以和降,异因逆感。【言君政纯和则瑞气降,若逆

时令则灾异感。】《顺冲质帝纪》

（8）援妻孥惶惧，不敢以丧还旧茔，裁买城西数亩地稿葬而已。【稿，草也；以不归旧茔，时权葬，故称"稿"。】《马援传》

以上状述结构，(5)(6)加入"而"字表示，(7)(8)释义表示。

4.2.4.4 分析联合结构

（1）顷者，官人俱匮，加以水虫为害。【水灾及蝗虫也。】《朱穆传》

（2）幸蒙威灵，遂振国命，羌戎诸种，大小稽首，辄移书营郡，以访诛纳，所省之费，一亿以上。【访，问也；规言羌种既服，臣即移书军营及郡，勘问诛杀并纳受多少之数目也。】《皇甫规传》

（3）立言践行，岂徒徇名安己而已哉。【立其言，必践而行之。】《杜乔传论》

以上并列结构，加入"及""并""而"字表示。

（4）每至岁时，县当案比。【案验以比之，犹今貌阅也。】《江革传》

（5）懿忧惧，移病不试。【移病，谓作文移而称病也。】《翟酺传》

（6）族灭奸规，先行后闻。【先行文而后闻奏也。】《酷吏传》

以上承接关系，加入"以""而""而后"表示。

（7）浚遒县有唐、后二山，民共祠之；众巫遂取百姓男女以为公姬，……前后守令莫敢尽。【以男为山公，以女为山姬，犹祭之有尸主也。】《宋均传》

（8）地势便利，介胄剽悍，可与守近，利以攻远。【剽，急

疾也;悍,勇也。所据险要,故可守近;士卒勇疾,故可攻远也。】《文苑(杜笃)传》

(9) 如此,性尚分流,为否异适矣。【人之好尚不同,或为或否,各有所适。】《独行传》

(10) 意者多迷其统,取遣颇偏。【取遣,谓信与不信也。阴阳之术,或信或不信,各有所执,故偏颇也。】《方术传》

(7)(8)对接关系,"男"对"公","女"对"妪";"便利"对"守近","剽悍"对"攻远"。(9)(10)选择关系,加入"或……或"表示。

4.2.4.5 分析兼语结构

(1) (王堂)初举光禄茂才,迁谷城令,治有名迹。【光禄举之为茂才也。】《王堂传》

(2) 时鲜卑寇边,(耿)夔与温禺犊王呼尤徽将新降者连年出塞,讨击鲜卑;还,复各令屯列冲要。【还,使新降者屯列冲要。】《南匈奴传》

(1)是"光禄举王堂为茂才",(2)补出兼语"新降者"。

4.2.5 分析语义关系

4.2.5.1 主谓结构名动意义关系

主谓语义关系常见者有三:主语是谓语的施事、主语是谓语的受事,主语是话题。无论从语感或认知看,施事主语易明,无需解说;只谈对受事主语、话题主语的解释。

(1) 彼二子之所本得乎天,故言信而志行也。【言而见信,谏而必从,故曰志行。】《钟离宋寒传论》

(2) 夫士进则世收其器,贤用即人献其能。【言贤人见用,则人竞献其所能。】《张晧王龚传论》

(3) 候列郊甸,火通甘泉。【列置候兵于近郊畿。】《南匈

奴传》

(4) 若使主人少垂古人忠恕之情，来者侧席，去者克己，……【来者侧席而待之，去者克己自责，不责人也。】《臧洪传》

(5) 富贵有人籍，贫贱无天录。【富贵者为人所载于典籍也，贫贱者不载于天录。】《文苑(郦炎)传》

(6) 报答之辞，令必有适。【适犹所也；言报答之辞必令得所也。】《南匈奴传》

(1)(2)(3)受事主语，加入"见"或主谓易位表示；(4)(5)(6)话题主语，释义表示。

4.2.5.2 状述结构名动意义关系

4.2.5.2.1 加入"以""在""于"或再移位，表现名词表示时间方位

(1) 帝勤时登，爰考休征。【时登，以时登之。】《班彪传下》

(2) 强见召未知所闻，而就外草自屏，有奸明审。【外草自屏，谓在外野草中自杀也。】《宦者(吕强)传》

(3) 待旦将退，范乃令军中蓐食，晨往赴之。【蓐食，早起食于寝蓐中也。】《廉范传》

(4) 淮阴廷论项王、审料成势，则知高祖之庙胜矣。【庙胜，谓谋兵于庙而胜敌也。】《耿弇传论》

4.2.5.2.2 加入"因""以"表现名词表示原因、方式、凭借

(1) 九年，征拜颍川太守。召见辞谒，帝劳之曰……【囚辞而谒见也。】《郭伋传》

(2) 大飨将士，班劳策勋。【其有功者，以策书纪其勋

也。》《光武帝纪下》

(3) 夫时有薄而厚施,行有失而惠用。【俗之凋薄,以厚御之;行之有失,以惠待之。】《朱穆传》

(4) 吴翁温爱,义干刚烈。【谓以义干梁冀争李固也。】《吴延史卢赵传赞》

4.2.5.2.3 加入"以"表现名词表示工具、原料

(1) 节等宦官……嫉妒忠良,有赵高之祸,未被辕裂之诛。【辕裂,以车裂也。】《宦者(吕强)传》

(2) 田田相如,镈钁株林。【镈,铲也;谓以铲钁去林木之株蘖也。】《文苑(杜笃)传》

(3) 四年,赐以病罢。居无何,拜太常,诏赐御衣一袭,……金错钩佩。【金错,以金间错其文。】《杨震传》

(4) 惟陛下……开东序金縢史官之书,从尧舜禹汤文武致兴之道。【縢,缄也;以金缄之,不欲人开也。】《刘瑜传》

4.2.5.2.4 加入"若""如"表现名词表示施事

(1) 吴公鸷强,实为龙骧。【骧,举也;若龙之举,言其威盛。】《吴盖陈臧传赞》

(2) 今奴婢厩马皆有千余,增无用之口,以自蚕食。【言如蚕之食,渐至衰尽也。】《光武十王(济南安王康)传》

(3) 府署第馆,棋列于都鄙。【棋列,如棋之布列。】《宦者传》

(4) 王莽陵纂,扰动戎夷,续以更始之乱,方夏幅裂。【更始无道,扰乱方内,诸夏如布帛之裂也。】《南匈奴传》

(5) 鹰扬之校,螭虎之士。【鹰扬,如鹰之飞扬也。】《窦融传》

(6)百姓惊动,必有糜沸之乱。【如糜粥之沸也。】《杨震传》

这种N—V结构,是古汉语的特点。(1)—(4)做谓语,(5)(6)做定语。

4.2.5.3 述宾结构动名意义关系

4.2.5.3.1 加入"在""于"表现名词表示方位

(1)赐遂上书言之,会去位,事留中。【谓所论事留在禁中,未施用之。】《杨震传》

(2)弟子自远至者,著录且万人。【著于籍录。】《儒林(张兴)传》

(3)中兴之初,更通旧好,报命连属,金币载道。【金帛常载于道,言其赏遗常行。】《南匈奴传论》

(4)中平中,黄巾贼起,郡县皆弃城走,宠有强弩数千张,出军都亭。【置军营于国之都亭也。】《孝明八王(陈敬王羡)传》

(4)"都亭"是次宾语。

4.2.5.3.2 加入"于"表现名词表示原因、方面

(1)贪夫殉财,夸者死权。【言夸华者必死于权势也。】《蔡邕传》

(2)武为人嗜酒,阔达敢言。【敢言谓果敢于言,无所隐也】《马武传》

(3)(黄琼)果于从政,明达变复。【言明于变异消复之术也。】《朗𫖮传》

(4)固靡惭兮独建,冀异州兮尚贤。【建,立也;言已无惭于独立,……冀异州之人贵尚贤德。】《逸民(梁鸿)传》

4.2.5.3.3　加入"以"并移位,表现名词表示凭借

(1) 有司其按旧典,告类荐功。【荐,进也;以功进告于天。】《殇帝纪》

(2) 公虽婴城固守,将何待乎?【婴,绕也;谓以城自婴绕而守之。】《岑彭传》

(3)(大汉)累世十余,历载数百。【汉兴至此二百余年,言"数百"者,谓以百数之。】《祭遵传》

4.2.5.3.4　加入"于"或加入"与"并移位,表现名词表示比较、对象、受事、与事

(1) 吏举度田,欲令多前,至于不种之处,亦通为租。【多于前岁。】《刘般传》

(2) 丞掾皆争;意曰:"罪自我归,义不累下。【言罪归于我,不累于丞掾。】《钟离意传》

(3) 有司其按旧典,告类荐功。【类,祭天也;荐,进也。以功进告于天】。《殇帝纪》

(4) 三公上应台阶,下同元首;【言三公上象天之台阶,下与人君同体也。】《郎颛传》

4.2.5.3.5　加入"为……所""为"并移位,表现名词表示施事

(1) 宽尝于坐被酒睡伏。【被,加也;为酒所加也。】《刘宽传》

(2) 外伤羌虏,内困征赋。【为羌虏所伤也。】《庞参传》

(3) 夫刻意则行不肆,牵物则其志流。【牵物,谓为物所牵制。】《党锢传》

(4) 暴军伊吾之野,以忧三族之外。【言劳师救远,以为亲戚之忧虑。】《庞参传》

4.2.5.3.6 加入"以……为"并移位,表现名词为所认定(所谓意动用法)

(1) 膺免归乡里,居阳城山中,天下士大夫皆高尚其道,而污秽朝廷。【以朝廷为污秽也。】《党锢(李膺)传》

(2) 若乃经生所处,不远万里之路。【经生,谓博士也,就之者不以万里为远而至也。】《儒林传论》

4.2.6 分析词的句法功能义 像前代注释书,释文也表现了词的句法功能义的变化,即名词做谓语/述语由表指称转化为表陈述,谓词(动词、形容词)做主语/宾语由表陈述转化为表指称。

4.2.6.1 名词的句法功能义 名词做谓语/述语保留原名词义外,释文增加一个与名词本体属性有关的句法义动词 V_0;而 V_0 跟名词又产生种种语义关系。这个 V_0 是指称转为兼表陈述的具体表现,也是表现这种转化的具体方法。

4.2.6.1.1 做谓语

(1) 向使臣退军官渡,绍必鼓行而前。【鼓行谓鸣鼓而行,言无所畏也。】《荀彧传》

(2) 献生不辰,身播国屯。【辰,时也;言献帝生不逢时。】《献帝纪赞》

(3) 时军士疲弊,遂大败奔还,壁范阳,数日乃振。【壁谓筑垒壁也。】《耿弇传》

(4) 子在,吾忧而不手;子亡,吾手而不忧也。【言子在,吾忧子仇未能报,而不须手自挥锋;子若亡,吾直为子手刃仇人,更不须心怀忧也。】《郅恽传》

(1)"鼓"是 V_0"鸣"的受事,(2)"辰"是 V_0"逢"的对象,(3)

"壁"是 V_0"筑"的结果,(4)"手"是 V_0"刃"的方式。

4.2.6.1.2 做述语(用 V_{N1}—N_2 代)

(1) 太尉杨赐特辟,使饰巾出入,请与讲议。【以幅巾为首饰,不加冠冕。】《赵咨传》

(2) 臣闻师臣者帝,宾臣者霸。【言以臣为师,以臣为宾也。】《陈元传》

(3) 定远慷慨,专功西遐。坦步葱、雪,咫尺龙沙。【葱岭、雪山,白龙堆沙漠也;八寸四咫;坦步言不以为艰,咫尺言不以为远也。】《班梁传赞》

(4) 兴子尝发教欲署吏,棱拒执不从,因令怨者章之。【章谓令上章告言之。】《韩棱传》

(5) (周党)复被征,不得已,及著短布单衣,榖皮绡头,待见尚书。【以榖树皮为绡头也。】《逸民(周党)传》

(6) 人如禽兽,长幼无别。项髻徒跣,以布贯头而著之。【为髻于项上也。】《南蛮西南夷传》

(7) 时河南尹田歆外甥王谌,名知人。【有知人之名也。】《种暠传》

(8) 势家慕其高节,多欲女之,鸿并绝不娶。【以女妻人曰女。】《逸民(梁鸿)传》

(1)(2)(3) V_{N1}"饰""师""宾""坦步""咫尺"含认定句法义 V_{01}("以"), N_2"巾""臣""葱、雪""龙沙"受认而成(V_{02}"为")N_1(所谓名词意动用法),(4)N_1"章"、N_2"之"分别是 V_0"告"的方式、受事,(5)N_1"榖皮"、N_2"绡头"分别是 V_0"为"的原料、结果,(6)N_1"项"、N_2"髻"分别是 V_0"为"的方位、结果,(7)N_1"名"为 V_0"有"所有而为 N_2"知人"修饰,(8)N_1"女"、N_2"之"分别是 V_0"妻"的凭借、受

事。

4.2.6.2　谓词的句法功能义

谓词(包括谓词语)做主语/宾语由表陈述转为表指称,又分两种情况,一是自指,一是转指。自指基本词义未变,只是所表示的行为动作、性状名物化;转指则基本词义已变名词化,由表示行为动作、性状转为指跟行为动作、性状有关的人或物。看下例:

(1) 其书刊落不尽,尚有盈辞,多不齐一。【刊,削也;谓削落繁芜,仍有不尽。】《班彪传上》

(2) 好丑必上,不在远近。【好丑谓善恶也;言事之善恶,必以闻上……】《张酺传》

(3) 行迈屡税,胡能有迄?【行迈之人,屡税驾停止,何能有所至也?】《文苑(傅毅)传》

(4) 会末世贵戚食禄之家,温衣美饭,乘坚驱良,而面墙术学,不识臧否。【坚谓好车、良谓善马也。】《皇后纪上》

(1)(2)"刊落""好丑"只是将行为动作、性质名物化,(3)(4)"行迈""坚""良"已经名词化,分别指"行迈之人""好车""良马",由指行为动作、性质转成指跟行为动作、性质有关的人或物。

转指的表现方法有二:一是直接写出所指之人或物,一是用形式标志"者""所"。

4.2.6.2.1　做主语

(1) 走以摩研编削之才,与国师公从事出入,校定秘书。【走谓驰走之人,谦称也;犹司马迁与任少卿书云"牛马走"之类也。】《苏竟传》

(2) 位疑隙生,累近则丧大。【忧累既近,所丧必大。】《光武十王传论》

(3) 夫广厦成而茂木畅,远求存而良马絷。【远求谓远方珍异之物也,存犹止息也;言所求之物既止,不资良马之力也。】《崔骃传》

(4) 垂发服戎,功成皓首。【垂发,谓童子也。】《宦者(吕强)传》

(5) 亡徒当传,勿传。【徒囚逃亡当传捕者,放之勿捕。】《顺冲质帝记》

(6) 独慷慨而远览兮,非庸庸之所识。【衍喻己有高才而不申,所以独慷慨远览,非庸庸之徒所能识也。】《冯衍传》

(7) 夫士进则世收其器,贤用即人献其能。【言贤人见用,则人竞献其所能。】《张皓王龚传论》

(8) 伊优北堂上,抗脏倚门边。【伊优,屈曲佞媚之貌;抗脏,高亢婞直之貌也。佞媚者见亲,故升堂;婞直者见弃,故倚门。】《文苑(赵壹)传》

(1)—(5)动词,(6)—(8)形容词。

4.2.6.2.2 做宾语

(1) 祖父纯,字桓公,有高名,性强切而持毁誉。【持,执也;执毁誉之论,谓品藻其臧否。】《苏章传》

(2) 太宗至仁,除去收孥。【除去收孥相坐之律也。】《杨终传》

(3) 得拘洁而失才能,非立功之实也。【拘洁,谓自拘束而洁其身者,即隐逸之人也。】《仲长统传》

(4) 尝到官,革易前敝,求民病利。【人所病苦及利益之事也。】《孟尝传》

(5) 己亥,诏三公……刺史举所部,郡国太守相举墨绶,

隐亲悉心,勿取浮华。【墨绶,谓令、长之属也。言令三公以下各举所知,皆隐审尽心,勿取浮华不实者。】《安帝纪》

(6) 永言国逼,甘心强波。【波,佞谄也;窦宪兄弟奢僭上逼,敝冒死切谏,是甘心于强波之人也。】《朱乐何传赞》

(7) 悠轻举以远遁兮,托峻嵬以幽处。【峻嵬谓山也。】《崔骃传》

(8) 齐人归乐,孔子斯征,雍渠骖乘,逝而遗轻。【遗轻,谓若弃轻细之物而去,言恶之甚也。】《蔡邕传》

(1)—(4)动词,(5)—(8)形容词。

转指结构也可做定语:

(1) 朝有世及之私,下多抱关之怨。【抱关,谓守门者。】《马武传论》

(2) (陛下)微行近习之家,私幸宦者之舍。【近习,谓亲近狎者。】《刘瑜传》

(3) 臣以负薪之资,拔于陪隶之中。【负薪,谓贱人也。】《袁绍传》

(4) 境塠之人,屡婴涂炭,父战于前,子死于后。【境塠,谓险要之地。】《南匈奴传》

4.2.7 分析句式句型

4.2.7.1 分析判断句

(1) 存器而忘本,乐之遁也。【遁,失也;言盛饰钟簾之器而忘移风之本,是失乐之意也。】《刘赵淳于江刘周赵传序》

(2) 霆发昆阳,凭怒雷震。【凭,盛也;言盛怒如雷之震。】《班彪传下》

(1)加入"是",(2)加入"如"为准判断句。

4.2.7.2 分析反诘问句

疑问句类型多种,而反诘问句有其特点;这就是肯定形式表现否定义,否定形式表现肯定义。古书无标点,故此种问句历来为注释家所重视。

(1) 王莽何足效乎?【言不足仿效也。】《公孙述传》

(2) 岂有员园委屈,可以每其生哉!【每,贪也;言宁正直以倾覆摧折,不能委曲以贪生也。】《孔融传论》

(3) 直辔安归,高谋谁佐?【直辔,直道也;言其道无所归,谋谟之高欲谁佐也?】《郑孔荀传赞》

(4) 天盖高而为泽兮,谁云路之不平?【言天高尚为泽,谁云路之不平?言可行也。】《张衡传》

(5) 窦武、何进借元舅之资,据辅政之权,……身死功颓,为世所悲,岂智不足而权有余乎?【言智非不足,权也有余?盖天败也。】《窦武何进传论》

(1)(2)(3)用"不""无"否定词表示原文是表现否定义,(4)(5)用"可""非不"(双重否定)肯定词表示原文是表现肯定义。

4.2.7.3 分析关系结构句

(1) 献生不辰,身播国屯。【辰,时也;播,迁也。言献帝生不逢时,身既播迁,国又屯难。】《献帝纪赞》

(2) 感鸾鹭之特栖兮,悲淑人之稀合。【淑,善也;特,独也。言灵鸟既独栖,善人亦少合也。】《张衡传》

(3) 惠此中国,此绥四方。【言先施恩于中国,然后乃安四方。】《班超传》

(4) 戮力一意,勉同断金。【金者,刚之物也;言人能同心,则其利可以断之也。】《桓帝纪》

叁　中国古代语法学的发展(隋唐宋元明)

(5) 通人暗于好恶兮,岂爱惑之能剖?【剖,分也;言通人尚暗于好恶,况爱宠昏惑者岂能分之?】《张衡传》

(6) 旅力既愆,迄无成功。【旅,众也;愆,过也。言众力已过,而功不成。】《王梁传》

(7) 哀我经营,旅力靡及。【旅,陈也;言己欲经营仁义之道,然非陈力之所能及也。】《文苑(傅毅)传》

(8) 三才理通,人灵多蔽。【三才,天、地、人;言人虽与天地通为三才,而性灵多蔽,罕能知天道也。】《张衡传赞》

(9) 夫焕乎文章,时或乖用。【文章虽美,时敝则不用也。】《方术传论》

(10) 匪勤非昭,匪壹匪测。【若不勤励,则不能昭明其道;不专一,则不能深测。】《文苑(傅毅)传》

(11) 令拔刃自向以要恽曰:"子不从我出,敢以死明心。"【恽若不去,欲自刺以明心也。】《郅恽传》

(12) 斯文未陵,亦各有承。【言斯文未陵迟,故学者分门,各自承袭其家业也。】《儒林传赞》

(13) 武丁兴商,伊宗皇士。【皇,美也;言武丁所以能兴殷者,惟尊皇美之士。】《文苑(傅毅)传》

(1)(2)加入"既……又""既……亦"表示并列关系,(3)(4)加入"然后""则"表示承接关系,(5)加入"尚……况"表示进层关系,(6)(7)加入"而""然"表示转折关系,(8)(9)加入"虽……而""虽……则"表示让步关系,(10)(11)加入"若……则""若"表示假设关系,(12)(13)加入"故""所以"表示因果关系。

4.2.8　分析修辞词句

4.2.8.1　分析夸张、讳忌用词

(1) 陛戟百重,各有攸司。周庐千列,徼道绮错。【百重、千列,言多也。】《班彪传上》

(2) 夫大汉之开原也,奋布衣以登皇极,由数期而创万世。【万代,盛言之也。】《班彪传下》

(3) 惟陛下垂《尸鸠》之平,绝邪谄之论,无令愚臣结恨三泉。【三者,数之小终,言深也。】《袁绍传》

(4) 身犯雾露于云台之上,家婴缧绁于囹狴之下。【雾露谓疾病也;不可指言死,故假雾露以言之。】《皇后纪上》

(5) 如有不讳,无忧家室也。【不讳谓死也;死者人之常,故言不讳也。】《桓荣传》

4.2.8.2 分析比喻词、比喻句

(1) 永以吏人疻伤之后,乃缓其衔辔,示诛强横而镇抚其余,百姓安之。【衔辔,喻法律以控御人也。】《鲍永传》

(2) 磐备位方伯,为国爪牙。【爪牙,以猛兽为喻,言为国之捍卫也。】《度尚传》

(3) 安帝乳母……潜邓骘兄弟及翼,云与中大夫赵王谋图不轨,窥觎神器,怀大逆心。【神器,喻帝位也。】《章帝八王(河间孝王开)传》

(4) 陛下起兵十有三年,将帅和睦,士卒凫藻。【言其和睦欢悦,如凫之戏于水藻也。】《杜诗传》

(5) 野无青草,室如悬磬。【言其屋居如磬之悬,下无所有。】《陈龟传》

(6) 桓灵之间,君道秕僻。【秕,穀不成也,以喻政化之恶也。】《儒林传论》

4.2.8.3 分析借代词

(1) 国家乐闻驳议,黄发无愆。【黄发,老称。】《朱晖传》

(2) 固靡惭兮独建,冀异州兮尚贤。【建,立也;言已无惭于独立,……冀异州之人贵尚贤德。】《逸民(梁鸿)传》

4.2.8.4 分析语用措辞

(1) 竟时在南阳,与龚书晓之曰:"君执事无恙。……"【执事犹言左右也?敬前人,故呼其执事者。】《苏竟传》

(2) 尚书问勇(按,班超少子)曰……长乐卫尉镡显、廷尉綦母参、司隶校尉崔据难曰:"……今车师已属匈奴,鄯善不可保信,一旦反覆,班将能保北虏不为边害乎?"【以勇为军司马,故以"将"言之。将音子亮反。】《班超传》

(3) 钧时为虎贲中郎将,……烈马曰:"死卒!父挝而走,孝乎?"【以其武官,故骂为"卒"。】《崔骃传》

4.3 《史记》"注"

《史记》"集解"作者裴骃,刘宋河东闻喜(今山西闻喜)人,《三国志注》作者裴松之之子,曾任南中郎参军。其"集解"是"集"前人之"解",不过也都是为他所认可的。"索隐"作者司马贞,唐河内(今河南沁阳)人,玄宗时任国子博士、弘文馆学士,感于裴骃"集解"多有散失,而作"索隐"。"正义"作者张守节,里第生平不详,据云攻读经、子等书三十余年,以半生精力撰成此书。

4.3.1 调整词序 语句是语词按照语法规则组成的线性排列;由于版本辗转流传,前人措辞习惯以及语法规则变化等原因,原文词序或表义不明、或文不成义、或有歧义、或不合当代语法规范,故需要调整词序以表明原文句意。

(1) 臣故曰过可振而谏可觉也。【索隐：振者，救也。然语亦倒；以言前人受谏可觉，则其过乃可救。】《蒙恬列传》

(2) 今弘羊令吏坐市列肆，贩物求利。【索隐：坐市列，谓吏坐市肆行列之中。笔者按：市肆，市中商店。】《平准书》

(3) 天子使使者持大将军印，即军中拜车骑将军（卫）青为大将军，……大将军立号而归。【索隐：谓立大将军之号令而归。】《卫将军骠骑列传》

(4) 非教士不得从征。【索隐：韦昭云：士非素教习，不得从军征发。】《三王世家》

(5) （良）求客刺秦王，为韩报仇，以大父、父五世相韩故。【索隐：谓大父及父相韩五王，故云五代。】《留侯世家》

(6) 今日长者为寿，乃效女儿咕嗫耳语。【索隐：女儿犹儿女也。《汉书》作"女曹儿"；曹，辈也，犹言几女辈。】《魏其武安侯（灌夫）列传》

(7) 两虎相与斗而驽犬受其弊。【索隐：谓两虎斗乃受弊于驽犬也。刘氏云受犹承也。】《春申君列传》

(8) 天不享殷，乃今有成。【索隐：上天不歆享殷家，故见灾异，我周今乃有成王业者也。】《周本纪》

(9) 比《乐书》以述来古，作《乐书》第二。【索隐：来古即古来也，言比《乐书》以述自古已来乐之兴衰也。】《太史公自序》

(10) 端心愠，遂为无訾省。【正义：颜师古云："訾，财也；省，视也。言不能视录资财。"】《五宗世家》

(11) 秦以任刀笔之吏，……然其敝徒文具耳，无恻隐之

实。【索隐:谓空具其文而无其实也。】《张释之传》

(12) 无与同好,谁与同恶?【集解:服虔曰:"言无党于内,当与谁共同好恶?"】《楚世家》

以上(1)(2)(3)(4)原词序表义不明:(1)明确注出"语亦倒"(词序与时序颠倒)。(5)(6)(7)有歧义。(5)会被理解为张良祖父辈五世相韩,(6)会被认为是指女儿,(7)会被认为弩犬受毙,(8)(9)"乃今""来古"不合当代语法规范,(10)(11)(12)表现了古今动宾结构的词序变化。

4.3.2 分析句读与语词组合层次　　语句是语词的层次线性组合;分析句读实际上就是确定句子单位及其组成语序的层次切分问题。句读错误,则文不成义;句读不同,则有歧义。古代没有现代的标点符号,语句是方块字的逐个排列,句读问题尤为重要。

(1) 日夜劳来定我西土,【索隐:八字连作一句读。】我维显服,及德方明。《周本纪》

(2) 箕子不忍言殷恶,以存亡国宜告。【索隐:六字连一句读。】同上

(3) 不威不伐恶,【正义:此五字为一句也。】不笃不虚亡。《秦始皇本记》

(4) 秦王贪,【索隐:绝句。】其势必得所愿矣。《刺客(荆轲)列传》

(5) 大王今日至,听小人之言,与沛公有隙,臣恐天下解,【正义:至此为绝句。】心疑大王也。《樊哙列传》

(6) 诸众逸嬖臣,君德诚施皆清矣。【索隐:"诸众逸嬖臣"为一句,"君"字宜属下文。】《夏本纪》

(7) 孔将军、费将军纵,楚兵不利。【正义:二人韩信将也,纵兵击项羽也。以"纵"字为绝句。】《高祖本记》

(8) 人若已卜不中,……灼以荆若刚木,土卵指之者三。【索隐:"土"字合依刘氏说,当连下句】《龟策列传》

(9) 南抚交阯、北发,【索隐:一句。】西戎、析枝、渠廋、氐、羌,【索隐:一句。】北山戎、发、息慎,东长、鸟夷;四海之内,咸戴帝舜之功。【索隐:此言帝舜之德皆抚及四方夷人,故先以"抚"字总之。】《五帝本纪》

(10) 文公初立,轻赋平罪,身自劳,与百姓同苦,以收卫民。【索隐:轻赋税,平断刑也。"平"或作"卒",卒谓士卒也;"罪"字当下读,盖亦一家之义耳!】《卫康叔世家》

(11) 文帝辇过,问唐曰:"父老何自为郎?家安在?"【索隐:崔浩云:"自,从也;帝询唐何从为郎。"又小颜云:"年老矣,乃自为郎,怪之也。"】《冯唐列传》

(12) 今夫人事太子,甚爱而无子,不以此时早自结于诸子中贤孝者,举立以为嫡而子之,【索隐:以此为一句;子谓养之为子也。然欲分"立以为嫡"作上句,而"子之夫在则重尊"作下句,意亦通。】夫在则重尊,……此所谓一言而万世之利也。《吕不韦列传》

以上例子中所说"句"是指短语,所说"句读""绝句"是指确定短语单位,这实际是全句的层次(第一个层次)切分。如(6)(7)(8)明确指出"君""纵""土"三字的分句归属。(4)不注明"贪"字绝句,则会误为"贪"字下连。(9)的注释说明"交阯、北发"属南方,"戎、析枝、渠廋、氐、羌"属西方,"山戎、发、息慎"属北方,"长、鸟夷"属东方;又说明"抚"字总括南、西、北、东("西""北""东"字下承前

"抚"字省)四方夷人。(10)(11)由于用词、词义不同而引起的层次不同;(10)"平"作"卒"则以此字切分,"罪"字下连。(11)因"自""何"的不同义可切分为"自何/为郎"或"何/自为郎"。(12)则纯属层次切分问题;"立以为嫡而子之夫在则重尊"可切分为"立以为嫡而子之/夫在则重尊"或"立为以嫡/而子之夫在则重尊"。按现代语法理论分析,这属于表层歧义。

4.3.3 分析语义关系

词跟词组合有句法结构关系,也有句法语义关系;"三家注"中分析出两种结构中的语义关系。

4.3.3.1 状述结构名动意义关系

4.3.3.1.1 加入"若""如"表现名词表示施事

(1)西门豹簪笔磬折,向河立,待良久。【正义:磬折,谓曲体揖之,若石磬之形曲折也。】《滑稽(西门豹)列传》

(2)今君起江东,楚蜂午之将皆争附君者,以君世世楚将,为能复立楚之后也。【集解:如淳曰:"蜂午犹言蜂起也;众蜂飞起,交横若午,言其多也。"】《项羽本纪》

(3)铜、铁则千里往往山出棋置。【正义:言出铜铁之山方千里,如围棋之置也。】《货殖列传》

(4)周昌,木强人也。【正义:言其质直掘强如木石焉。】《张丞相列传》

四例是古汉语常见句法、语义结构,实为比喻,(1)(2)(3)(4)分别是"若磬折""若蜂午""如棋置""如木石强"。

4.3.3.1.2 加入"为"表现名词表示目的、对象

(1)令徒隶衣七緵布,止马春。【索隐:止人为马春粟,为岁不登故也。】《孝景本纪》

(2) 于其毋好,女虽锡之福,其作女用咎。【集解:郑玄曰:"无好于女家之人,虽锡之以爵禄,其动作为女用恶。"】《宋微子世家》

4.3.3.1.3　加入"以"表现名词表示工具、方式、凭借

(1) 洒削,薄技也,而郅氏鼎食。【索隐:洒削,谓摩刀以水洒之。】《货殖列传》

(2) 布币而策告之,龙亡而䰯在。【集解:韦昭曰:"以简策之书告龙,而请其䰯也。"】《周本纪》

(3) 人有闻者,共俳笑之。【索隐:谓众共以俳优辈笑之。】《黥布列传》

(4) 彼秦者,……权使其士,虏使其民。【索隐:言秦人以权诈使其战士,以奴虏使其人也。】《鲁仲连列传》

(5) 强不友刚克,内友柔克。【集解:孔安国曰:"友,顺也;世强御不顺,以刚能制之。""世和顺,以柔能治之也。"】《宋微子世家》

4.3.3.1.4　加入"以""顺""在",或加入"于"并移位,表现名词表示时间、方位

(1)(禹)以揆百事,莫不时序。【正义:言禹度九土之宜,无不以时得其次序也。】《五帝本纪》

(2) 惟时相天事。【正义:相,视也。……惟在顺时视天所宜而行事也。】同上

(3) 今君又左建外易,非所以为教也。【索隐:外易谓在外革易君命也。】《商君列传》

(4) 河鱼大上,轻车重马东就食。【索隐:言河鱼大上,秦人皆轻车重马,并就食于东。】《秦始皇本纪》

4.3.3.2 述宾结构动名意义关系
4.3.3.2.1 加入"为"并移位或径移位，表现名词表示施事

(1) 于商郊，不御克奔，以役西土。【集解：克，杀也；不得暴杀纣师之奔走者，当以为周之役也。】《周本纪》

(2) 舜乃璇玑玉衡，以齐七政。【正义：今七政齐，则己受禅为是。】《五帝本纪》

(1)"役西土"即为西土所役；这是武王誓词；武王自称是"西土之人"。

4.3.3.2.2 加入"于"表现名词表示受事

(1) 吾闻之，人众者胜天，天定亦能破人。【正义：闻人众者虽一时凶暴胜天，及天降其凶，亦破于强暴之人。】《伍子胥列传》

(2) 汉兴有朱家、田仲……之徒，虽时捍当时之文罔，然其私义廉洁退让，有足称者。【索隐：违捍当代之法网，谓犯于法禁也。】《游侠列传》

4.3.3.2.3 加入"使"表现名词为所使令（所谓使动用法）

(1) (秦)抑八州而朝同列。【索隐：谓秦强而抑八州使朝己也。】《陈涉世家》

(2) 与父老约，法三章耳：杀人者死，伤人及盗抵罪。【索隐：秦法有三族之刑，汉但约法三章耳：杀人者死，伤人及盗使之抵罪，余并不论其辜，以言省刑也。则抵训为至，杀人以外，唯伤人及盗使至罪名耳！】《高祖本纪》

(3) 昔虞夏之盛，远方皆至，贡金九牧。【集解：服虔曰："使九州之牧贡金。"】《楚世家》

(1)"朝同列"、(2)"抵罪"分别是"使同列朝""使罪抵"，(3)是

V—N₁—N₂ 结构,"使九牧贡金"。

4.3.3.2.4 加入"以……(为)"表现名词为所认定(述语形容词,所谓意动用法)

(1)(亚夫)足己而不学。【索隐:亚夫自以己之智谋足,而不虚己,不学古人。】《绛侯周勃世家》

(2)丞相岂少我哉?且固我哉!【索隐:谓以我幼,故轻我也。】《李斯列传》

4.3.3.2.5 加入"与"并移位,表现名词表示与事

(1)我远田氏矣。【集解:服虔曰:"言我与陈氏宗疏远也。"笔者按:田氏祖陈完,食菜于田,改姓田氏;一说陈、田音相近。见《田敬仲完世家》"陈字为田氏"注。】《齐太公世家》

(2)吴,诸侯也,以即山铸钱,富埒天子。【集解:孟康曰:"富与天子等而微减也。或曰埒,等也。"】《平准书》

4.3.3.2.6 加入"于"或加入"为"并移位,表现名词表示目的、对象

(1)缪公学著人。【索隐:著即贮也;门屏之间曰贮,谓学于贮门之人。】《秦始皇本纪》

(2)论其所憎,则以为尝己。【正义:论说人主所憎恶,人主则以为尝试于己也。】《韩非列传》

(3)诸侯或骄奢,忕邪臣计谋为淫乱。【索隐:忕训习;言习于邪臣之谋计。】《汉兴以来诸侯王年表》

(4)今者臣从东方来,见道旁有禳田者。【索隐:为田求福禳。】《滑稽(淳于髡)列传》

4.3.3.2.7 加入"以"或加入"以""用"并移位,表现名词表示工具、方式、凭借

叁　中国古代语法学的发展(隋唐宋元明)　293

(1) 子路性鄙,好勇力,志伉直,冠雄难,佩豭豚,陵暴孔子。【集解:冠以雄鸡,佩以豭豚。二物皆勇,子路好勇,故冠带之。】《仲尼弟子列传》

(2) 秦王弗信,使舍食草具。【索隐:谓亦舍之,而食以下客之具;然草具谓粗食草莱之馔具。】《范雎列传》

(3) 错衣朝衣斩东市;则遣袁盎奉宗庙、宗正辅亲戚,使告吴如盎策。【正义:以亲戚之意辅汉训谕。】《吴王濞列传》

(4) 楚人曹丘生,辩士,数招权顾金钱。【集解:孟康曰:"招,求也。……"正义:言曹丘生依倚贵人,用权势属请,数求他人。】《季布列传》

4.3.3.2.8 加入"顺",或加入"于"再移位,表现名词表示时间、方位

(1) 汝后稷播时百谷。【正义:稷,农官也;播时,谓顺四时而种百谷。】《五帝本纪》

(2) 凡音者,生人心者也。【正义:人心即君人心也。乐音善恶由君上心之所好,故云生于人心者也。】《乐书》

(3) 十八年,雨金栎阳。【正义:言雨金于秦国都,明金瑞见也。】《秦本纪》

(4) (天子)用事泰山,诸侯有朝宿地;其令诸侯各治邸泰山下。【正义:诸侯各于泰山朝宿地起第,准拟天子用事泰山而居止。】《孝武本纪》

(5) 贯高等乃壁人柏人,要之置厕。【索隐:谓于柏人县馆舍壁中著人,欲为变也。】《张耳陈馀列传》

(3)(4)(5)是 V—N_1—N_2 结构,加入"于"或并移位表现 N_2 是 V—N_1 的方位。

4.3.4 分析词的句法功能义

像前代注释书,"三家注"也表现了词的句法功能义,即名词做谓语/述语由表指称转化为表陈述,谓词(动词、形容词)做主语/述语由表陈述转化为表指称。

4.3.4.1 名词的句法功能义 名词做谓语/述语,释文增加一个与名词本体属性相关的动词 V_0;而 V_0 与名词又可有种种语义关系。这个 V_0 是名词由表指称转化为兼表陈述的具体表现;同时也是表现这种转化的具体方法。

4.3.4.1.1 做谓语

(1) 五千顷故尽河壖地,民茭牧其中耳。【索隐:茭,干草也;谓人收茭及牧畜于中也。】《河渠书》

(2) 陈涉之位,……锄櫌棘矜。【集解:服虔曰:"以锄柄及棘作矛槿也。"笔者按:矜,载柄,见《主父偃列传》"奋棘矜"索隐。】《秦始皇本纪》

(3) 十九人相与目笑之而未废也。【索隐:郑玄曰:"皆目视而轻笑之,未能即废弃之也。"】《平原君列传》

(4) (丈夫)起则相随椎剽。【索隐:椎杀人而剽掠之。】《货殖列传》

(1) "茭"是 V_0 "收"的受事;(2) "矜"是 V_0 "作"的结果。(3) "目"是 V_0 "视"的依凭。(4) "椎"是 V_0 "杀"的工具。

4.3.4.1.2 做述语 名词做述语构成述宾结构(用 V_{N1}—N_2 代),V_{N1} 增加的 V_0 跟 N_1、N_2 皆有语义关系,V_0 既指向 N_1,也指向 N_2。

(1) 唯天监下典厥义。【集解:孔安国曰:"言天视下民以义为常也。"】《殷本记》

叁　中国古代语法学的发展(隋唐宋元明)　295

(2) 楚介江淮。【索隐:言楚以江淮为界。】《十二诸侯年表》

(3) 燕相将渠以处和。【集解:以将渠为相。】《燕召公世家》

(4) 据鲁,亲周,故殷,运祖祖辈辈三代。【索隐:言夫子修《春秋》,以鲁为主,故云据鲁。】《孔子世家》

(5) 陈涉,瓮牖绳枢之子。【集解:服虔曰:"以绳系户枢也。"】《秦始皇本纪》

(6) 贯高等乃壁人柏人,要之置厕。【索隐:谓于柏人县馆舍壁中著人,欲为变也。】《张耳陈馀列传》

(7) 宗祝辩乎宗庙之礼,故后尸;商祝辩乎丧礼,故后主人。【正义:在尸后。在主人后。】《乐书》

(1)—(4) V_{N1}"典""介""相""据"含认定句法义 V_{01}("以"), N_2 "厥义""江淮""将渠""鲁"受认而成(V_{02}"为")N_1(所谓意动用法),(5)N_1"绳"、N_2"枢"分别是 V_0"系"的工具、受事,(6)N_1"壁"、N_2"人"分别是 V_0"著"的处所、受事,(7)N_2"后"是 V_0"在"的方位,又为 N_1"尸"修饰。

4.3.4.2 谓词的句法功能义　谓词(动词、形容)做主语/宾语由表述转化为表指称。

(1) 筮逆,卿士逆,庶民逆,作内吉,作外凶。【集解:此逆者多,以故举事于境内则吉,境外则凶。】《宋微子世家》

(2) 君不幸罹霜露之病,何恙不已。【索隐:恙,忧也;言罹霜露寒凉之疾,轻,何忧于病不止。】《公孙弘列传》

(3) 强不友,刚克。【集解:孔安国曰:"友,顺也;世强御不顺,以刚能治之。"】《宋微子世家》

(4)（舜）能和以孝，烝烝治，不至奸。【正义：舜皆和以孝，进之于善，不至于奸恶也。】《五帝本纪》

(5) 凡贤主者，必将能拂世磨俗，而废其所恶，立其所欲。【索隐：磨俗，言磨砺于俗使从己。】《李斯列传》

(6) 及周之盛时，天下和洽，四夷乡风，慕义怀德，附离而并事天事。【索隐：谓使离者相附也。】《刘敬列传》

(7) 禹收九牧之金，铸九鼎；皆尝烹鬺上帝鬼神。【集解：徐广曰："烹，煮也；鬺音殇。"皆尝以烹牲牢而祭祀。】《封禅书》

(8) 废格沮诽穷治之狱用矣。【索隐：谓废格天子之命而不行及沮败诽谤之者，皆被穷治。】《平准书》

(9) 仁（周文仁）宠最过庸。【索隐：言任最被恩宠，过于常人。】《佞幸列传》

(10) 悲廉直不容于邪枉之臣。【索隐：悲奸邪谄谀之臣不容廉直之士。】《韩非列传》

谓词做主语、宾语，由表示陈述转为表示指称，但又有所不同。(1)(2)(3)(4)(5)中的"作""不已""强""奸""俗"是自指，语义基本未变，只是所指行为动作、性状名物化，(6)(7)(8)(9)(10)"离""烹""废格沮诽""庸""廉直"是转指，"离"指"离者"（远离之人）、"烹"指所烹之牲牢、"废本沮诽"指"废格沮诽者"、"庸"指"庸人"，"廉直"指"廉直之士"；基本语义已变名词化，由指行为动作或性状本身转化为指与行为动作或性状相关的人或事物。

4.3.5 分析句式句型

4.3.5.1 分析被动句

汉语 N_s—V（N_s 代名词性主语）结构句，N_s 可以是施事，可以是受事。N_s 是受事一般名之为被动句，认识 N_s 是受事需要靠前

后语义制约及其他特定语境。历代注释书均重视此种句式的解释,"三家注"当也如此。其分析方法也同于前代:

移位:$N_s—V \rightarrow V—N_0$,让主语名词移位做宾语,表示 N_s 是受事

(1)廉直不容于邪枉之臣。【索隐:奸邪谄谀之臣不容廉直之士。】《韩非列传》

(2)丈人曰:"四体不动,五谷不分,孰为夫子?"【集解:包氏曰:"丈人曰不动劳四体,分植五谷,谁为夫子而索也。"】《孔子世家》

加入:加入表示被动义的标志字与形式"见""被""为—N_{at}—所"

(1)芒卯以诈重。【索隐:谓卯以智诈见重于魏。】《魏世家》

(2)仁(周文仁)宠最过庸。【索隐:庸,常也;言仁最被恩宠,过于常人。】《佞幸列传》

(3)君不君则犯。【正义:颜云:"为臣下所干犯也。"】《太史公自序》

变换:"见"变"被",或介词引出施事的"V—于—N_{at}"式变换为有被动义标志的形式

(1)王若欲讲,少割而有质;不然,必见欺。【索隐:谓与秦欲讲,少割地而求秦质子;恐不然必被秦欺也。】《穰侯列传》

(2)夫破人之与破于人也,……岂可同日而论哉!【正义:破人谓破前敌也;破于人,为被前敌破。】《苏秦列传》

(3)今人主沉于谄谀之辞,牵于帷裳之制。【集解:《汉书音义》曰:"言为左右便辟侍帷裳臣妾所见牵制。】《邹阳列传》

4.3.5.2 分析判断句 加入"犹""是"

(1) 光曰:"我身,子之身也。"【集解:服虔曰:"言我身犹尔身也。"】《吴太伯世家》

(2) 人生而静,天之性也。【正义:人初生未有情欲,其情欲至静禀于自然,是天之性也。】《乐书》

(3) 感于物而动,性之颂也。【正义:其心虽静,感于外情,因物而动,是性之贪欲也。】同上

(4) 此所以亲近不疑,知尽之难也。【正义:此所以亲近而不见疑,是知尽之难。】《韩非列传》

4.3.5.3 分析反诘问句

反诘词句的特点是肯定形式表现否定语义,否定形式表现肯定语义;故需注释说明。

(1) 及夏之时,有卞随、务光者,此何以称焉?【正义:"何以称焉,为不称说之也。"】《伯夷列传》

(2) 内省不疚,夫何忧何惧?【集解:包氏曰:"疚,病;自省无罪恶,无可忧惧。"】《仲尼弟子列传》

(3) 且帝宁能为石人耶!【索隐:谓帝不如石人得长存也。】《魏其武安侯列传》

(4) 成王作颂,推己惩艾,悲彼家难,可不谓战战恐惧,善守善终哉?【正义:言成王作颂,悲文主战战恐惧,推已戒励为治,是善守善终也。】《乐书》

(5) 吾岂匏瓜也哉,焉能系而不食?【集解:何晏曰:"言匏瓜得系一处者,不食故也。吾自食物当东西南北,不得如不食之物系滞一处。"】《孔子世家》

(6) 以义兵从思东归之士,何所不散!【索隐:何不散;刘

氏云:"用东归之兵击东方之敌,此故无不散败也。】《淮阴侯列传》

(1)(2)(3)原文无否定词,注义说明是表现否定义。(4)(5)(6)原文有否定词,注文说明是表现肯定义;(5)(6)注文双重否定表示肯定。

4.3.5.4 分析关系结构句

词与词、词组与词组的组合有一定的逻辑语义关系,如并列、承接、进层、假设、因果等;分析这种逻辑语义关系的方法是加入关系词(连词、关系副词等)。

4.3.5.4.1 并列句 加入"及""而""又""并""则……则"

(1)敢犯令,没入田僮。【索隐:若贾人更占田,则没其田及僮仆,皆入之于官也。】《平准书》

(2)宋忠、贾谊瞿然而悟,猎缨正襟危坐。【索隐:猎犹揽也;揽其冠缨而正其衣襟,谓变而自饰也。】《日者列传》

(3)殷既小大,好草窃奸宄。【集解:孔安国曰:"草野盗窃,又为奸宄于外内。"】《宋微子世家》

(4)吕不韦取邯郸诸姬绝好善舞者与居,知有身。【索隐:言其姿容绝美而又善舞也。】《吕不韦列传》

(5)河鱼大上,轻车重马东就食。【索隐:言河鱼大上,秦人皆轻车重马,并就食于东。】《秦始皇本纪》

(6)筮逆,卿士逆,庶民逆,作内吉,作外凶。【集解:郑玄曰:"此逆者多,以故举事于境内则吉,境外则凶。"】《宋微子世家》

4.3.5.4.2 承接句 加入"以""则""乃""而""然后"

(1)公以臣能听微决疑。【索隐:言能听察微理,以决疑

狱。】《循吏(李离)列传》

(2) 五者来备,各以其序,庶草繁庑。【集解:孔安国曰:"言五者备至,各以其序,则众草木繁庑滋丰也。】《宋微子世家》

(3) 是以无财作力,少有斗智,既饶争时,此其大经也。【正义:言少有钱财,则斗智巧而求胜也。既饶足钱财,乃逐时争利也。】《货殖列传》

(4) 动静之物,大小之神,日月所照,莫不砥属。【集解:王肃曰:"砥,平也;四远皆平而来服属。"】《五帝本纪》

(5) 子路问政。孔子曰:"先之,劳之。"【集解:孔安国曰:"先导之以德,使民信之,然后劳之。"】《仲尼弟子列传》

4.3.5.4.3 进承句　加入"非但"

(1) 不用命,僇于社,予则孥僇女。【集解:孔安国曰:"非但止身,辱及女子;言耻累之。"】《夏本纪》

(2) 殷既小大好草窃奸宄,卿士师师非度。【集解:马融曰:"非但小人学为奸宄,卿士已下转相师效,为非法度。"】《宋微子世家》

4.3.5.4.4 转折句　加入"但""而"

(1) 君子固穷,小人穷斯滥矣。【集解:何晏曰:"滥,溢也;君子固亦有穷时,但不如小人穷则滥溢为非。"】《孔子世家》

(2) 此所谓衣褐怀宝者也。【索隐:此指东郭先生也,言其身衣褐而怀宝玉。】《滑稽(东方朔)列传》

4.3.5.4.5 选择句　加入"或""宁"

(1) 跂行喙息蠕动之类,莫不就安利而辟危殆。【索隐:言

虫豸之类,或企踵而行,或以喙而息,皆得其安也。】《匈奴列传》

(2) 弥融爚以隐处兮,夫岂从虾与蛭螾。【正义:言宁投水合神龙,岂陆葬从蚁与蛭螾?】《贾生列传》

4.3.5.4.6 假设句 加入"若""如"

(1) 大车不较,不能载其常任。【索隐:较者,校量也;若大车不较,则车不能载常任。】《田敬宗完世家》

(2) 子贱,君子哉!鲁无君子,斯焉取斯?【集解:包氏曰:"如鲁无君子,子贱安得此行而学?"】《仲尼弟子列传》

4.3.5.4.7 因果句 加入"由""故"

(1) 官乱则荒,其君骄。【正义:官乱,则其声放散,由其君骄溢故也。】《乐书》

(2) 汤既胜夏,欲迁其社,不可。【集解:孔安国曰:"欲变置社稷,而后世无及句龙者,故不可而止。"】《殷本纪》

4.3.5.4.8 分析让步关系 加入"虽"

(1) 礼之貌诚深矣,坚白同异之察,入焉而弱。【正义:言礼之貌信深厚矣,虽有邹子坚白同异之辨明察,入于礼仪之中,自然懦弱败坏也。】《礼书》

(2) 不协于极,不离于咎,皇则受之。【集解:孔安国曰:"凡民之行虽不合于中,而不罹于咎恶,皆可进用大法受之。"】《宋微子世家》

4.3.5.4.9 时间句 加入"(之)时"

(1) 社稷臣,主在与在。【集解:如淳曰:"人主在时,与共治在时之事。"】《袁盎列传》

(2) (秦王)居约易出人下。【正义:言始皇居俭约之时,易以谦卑。】《秦始皇本纪》

(3) 乌氏倮畜牧,及众,【索隐:谓畜牧及至众多之时。】斥卖,求奇缯物。《货殖列传》

4.3.6 解释虚词用法 "三家注"像其他注释书一样,解释虚词多用"同义辞训式"(例略),并沿用前人所用的"语助""语辞""语助辞""助声辞"(例略)等名称。需要特别提出的是,"三家注"注意说明虚词的语义特征与分布位置。例如:

倘,未定之词也。盖天道不敢的言是非,故云"倘"也。《伯夷列传》"倘所谓天道,是邪非邪"正义。

唯唯,谦应也;否否,不通者也。《太史公自序》"太史公曰:'唯唯,否否,不然。……'"集解。

盖 自"西北盖即位五十年"以下至"太王兴",在西伯崩后重述其事,为经传不同,不可全弃,乃略而书之,引次其下,事必可疑,故数言"盖"也。《周本纪》"西伯盖即位五十年。其囚羑里,……盖王瑞自太王兴"正义。

且夫 说五事既竟,而迟久之意未周,故更广其象成之事。非答前五事,故云"且夫"也。《乐书》"子曰:'居,吾语汝。夫乐者,象成者也。总干而山立,武王之事也;发扬蹈厉,太公之志也;武乱皆坐,周召之治也。且夫《武》,始而北出,再成而灭商……'"正义。

所 所说,谓所说之主也。《韩非列传》"凡说之务,在知饰所说之所敬"索隐。

时君以禄养其臣者,乃皆安禄养交之臣,非勇悍忠鲠及折冲御侮之人也。人主今临时任用,并非常所禄养之士。《韩非列传》"今者所养非所用,所用非所养"索隐。

释文说明"所 X"结构是名词性结构,指代中心语。

其,发声也。《孝文帝纪》"其安之"索隐。

已,语终之辞也。《太史公自序》"察其所以,皆失其本已"索隐。

5.0 诗论、文论、史论、笔记、字书中的实字、虚字、语助和语法/句法解说

唐宋时代,有关诗论、文论、史论、笔记、字学等著作中,多处论说到实字、虚字、语助和句法等问题。尽管论说者不完全或完全不是为了语法分析而谈述,但这些问题实际上也属于语法学领域内容。这说明唐宋学者对这些语法学领域问题的重视,从而也就成为唐宋时代语法学的一个组成部分。

5.1 "实名""虚名""实字""虚字"的出现及其含义变化

5.1.1 唐代的"实名""虚名"及其含义

唐代来华日人高僧弘法大师(774—835)《文镜秘府论》[①],有《二十九种对》一文,是专论当时格律诗的属对规则的。文中出现"虚名""实名"名称并多见虚、实相对提法。如:

第一,的名对。【又名正名对,又名切对。】……又曰:"日月光天德,山河壮帝居。"[②]有虚名、实名,上对实名也。按:指

---

① 王利器校注,中国社会科学出版社,1983。
② 两句是陈后主从隋文帝东巡,登芒山所作,见《南史·陈后主纪》。

"日月""山河"为两实名相对。

　　第廿三，偏对。……诗曰："春豫过灵沼，云旗出凤城。"①此例多矣。但天然语，今虽虚亦对实。

按："豫"义同"游"(见《孟子·梁惠王下》引夏谚"吾王不游，吾何以休？吾王不豫，吾何以助？一游一豫，为诸侯度"，赵岐注："豫亦游也。")，为动词，是虚；"旗"为名词，是实。"春豫"一实一虚，"云旗"两实，二者为偏对。

　　第廿四，双虚实对。诗曰："故人云雨散，空山来往疏。"②此对当句义了，不同互成。

按：王利器注："盖'故人'对'空山'，实也；'云雨散'对'来往疏'，虚也：故名双虚实对，而非互成也。"

　　第廿八，叠韵侧对。……或云风景心色等，可以对虚，亦可以对实。

本书不谈此文所讲的属对规则，只是注意其中出现的"虚名""实名"名称以及语词虚、实相对的提法。《文镜秘府论》是弘法大师于唐德宗贞元二十年(804)到唐宪宗元和元年(806)在长安留学归国后所作。一个日本人的著作中都出现"虚名""实名"和语词虚、实相对提法，可以想象这两个名称在当时中国学者中使用之广泛以及当时中国学者语词虚实对立观念树立之明确。

不过，可明显看出唐人说的"实名""虚名"不同于后来一般说的实词、虚词；"实名"是指名词，"虚名"是指动词、形容词等。但是，也可肯定，唐代的"实名""虚名"乃是宋代的"实字""虚字"以及

---

① 沈佺期《昆明池侍宴应制》句。
② 引自皎然《诗议》。

后来说的"实词""虚词"的源头。

5.1.2 宋代的"实字""虚字"及其含义　　南宋孙奕(约1190前后在世)《示儿编(卷九)·诗说·偏枯对》说：

> 诗贵于"的对"，而病于偏枯，虽子美①尚有此病。……"往还时屡改，川水日悠哉"，是以实对虚也。大手笔如老杜则可，然未免为白圭之玷，恐后学不可效尤。

罗大经(约1224前后在世)《鹤林玉露》(卷十三)说：

> 杜陵②诗云"桑麻深雨露，燕雀半生成"，后山③诗云"辍耕扶日月，起废极吹嘘"，或谓虚实不类。殊不知"生"为"造"，"成"为"化"，"吹"为"阴"，"嘘"为"阳"；气势力量，与"日月"字正相配也。

魏庆之(约1240前后在世)《诗人玉屑》(卷三)"眼用实字"(五言诗第三字为眼、七言诗第五字为眼)列例有：

> "夜潮人到郭，春雾鸟啼山""旅愁春入越，乡梦夜归来""后峰秋有月，远涧夜鸣泉""星河秋一雁，砧杵夜千家"。

"首用虚字"列例有：

> "无风云出塞，不夜月临关""无人花色惨，多雨鸟声寒""以吾为世旧，怜尔继家风""出关逢落叶，傍水见寒花"。

三书中的"实""实字"、"虚""虚字"，含义同于唐人，"实"指名词，"虚"指名词以外的动词、形容词等。

南宋周煇(1126—?)《清波杂志》(卷七)说：

---

① 子美，杜甫字。
② 杜陵，杜甫号。
③ 后山，北宋诗人陈师道号；其诗集名《后山集》。

东坡放诸子作文,或辞多而意寡,或<u>虚字</u>多,<u>实字</u>少,皆批喻之。

张炎(1248—1320?)《词源(卷下)·虚字》说:

词与诗不同,词之句语,有二字、三字、四字,至六字、七、八字者,若堆叠<u>实字</u>,读且不通,况付之雪儿[①]乎?合用<u>虚字</u>呼唤,单字如"正""但""任""甚"之类;两字如"莫是""还又""那堪"之类;三字如"更能消""最无端""又却是"之类。此等<u>虚字</u>,却要用之得其所。若使尽用<u>虚字</u>,句语又俗,虽不质实,恐不无掩卷之诮。

沈义父(约1247前后在世)《乐府指迷·句上虚字》说:

腔子[②]多有句上合用<u>虚字</u>,如"嗟"字、"奈"字、"况"字、"更"字、"又"字、"料"字、"想"字、"正"字、"甚"字,用之不妨。如一词中两三次用之,便之好,谓之空头字。不若径用一静字,顶上道下来,句法又健;然不可多用。

后两书以"虚字"标目,从其列例,范围所指相当后来一般说的虚词(虚字)。前书未列例,但从其所说"虚字多""实字少"看,所指当跟后两书同。魏庆之《诗人玉屑》(卷三)"句中当无虚字"也说:

或问余:东坡有言,诗至于杜子美,天下之能事毕矣。……如《画马》诗云"玉花却在御榻上,榻上庭前屹相向",则曹将军能事与造化之功,皆不可有加矣。至于其他吟咏人情、模写物景,皆如是也。老杜《谢严武》诗云"雨映行官辱赠诗",山谷云"只此'雨映'两字,写出一时景物,此句便是雅健。"余然

---

① 雪儿,唐李密爱姬,善歌舞;后用以泛指歌女。
② 腔子,宋时一种文体(与词相近),又泛指曲调。

后晓句中当无虚字。

魏氏此处说的"虚字"所指跟前首用"虚字"所指不同,是将动词、形容词等排除在外。这说明南宋时代是汉语语词虚、实区别的变动、分化时期。南宋前期,虚、实范围还同于唐代的虚名、实名;南宋后期的实字、虚字以及虚字范围大致相当后来一般说的实词、虚词(虚字)了。这样就大致可以说,汉语语词实词(字)、虚词(字)之分,始于南宋后期。

5.2 虚字的字源解说

5.2.1 虚字的字义解释

五代徐锴(920—974)《说文系传·类聚卷》第二"类聚"是"於、者、尔、只、乃、曰、兮、于、粤、乎、可、曾、弦(况)、矣、知"。这些字在东汉许慎《说文解字》中是分散在各部中讲解的,徐锴集中作为一个类聚,列在一起,说明徐锴认识到这些字有共同的特点,可以说是《系传》一书对《说文》研究的一个成果。为了说明徐锴的认识,先将《说文》对这些字的解释列下(据段注《说文解字》):

於,象古文乌省。[①](四上)

者,别事词也。(四上)

尔,词之必然也。(二上)

只,语已词也。(三上)

乃,曳词之难也。(五上)

曰,词也。(五上)

---

① "於"在《说文》中列"乌"字下:"乌,孝鸟也,象形,孔子曰:'乌,亏呼也。'取其助气,故以为乌呼;凡乌之属皆从乌。"

> 兮,语所稽也。(五上)
>
> 于,於也。(五上)
>
> 粤,于也。(五上)
>
> 乎,语之余也。(五上)
>
> 可,肎也。① (五上)
>
> 曾,词之舒也。(二上)
>
> 㠯,况词也。② (五下)
>
> 矣,语已词也。(五下)
>
> 知,词也。(五下)

这表现出许慎已看出这些字所表现的词无实义可解;跟当时的注释书相配合,从字书说明这些词的特点,当属于汉代语法学的组成部分。徐锴的发展是,能看出这些字的类聚关系,有共同的语义特征。

徐氏开始总说道：

> 右皆词也。词者,语之助也;始或先之,终或送之。声之大者莫大乎雷,息之大者莫大乎风。风之飘飘或先之也;雷之隆隆将遣之也。洼者、污者,风之曲折了;禽也、激也,气之将转也。《春秋》曰"於越入吴",《诗》曰"晋不畏明",皆语之先也。《诗》曰"母也天只""不谅人只",《语》曰"吾无隐乎而",此皆语之余也。

这说明这些字(词)皆是"语之助"(即助语词、虚字),或在语之

---

① 段玉裁注:"肎者,骨肉间肎肎箸也,凡中其肎綮曰肎。"肎,即"肯"字,后用作助动词。

② 段玉裁注:"况当作兄,兄词者,增益之词,其意益其言曰㠯。……今俗所云已如是,'况又如是也'。《尚书》多用㠯字,俗作矧。"

先,或在语之余(终)。

下面徐氏逐个解释:

於　於者,始也,古之乌字也,异盛气以发言也,故象气之乌聚。今试言"乌"则气自口出而分散且众。

者　凶[①]者,词言之,气从鼻出与口相助,故象口之气左右出而上合也。者也者,亦辞之助,故从之。

尔　尔者,词之必然,犹云如此也。……今试言"尔"则口气出旁四散而尽也。

只　只者,语已辞也,故象口气下引之形,在句之外。今试言"只"则下唇收,而气下出而微也。

乃　乃者,曳辞之难,若《春秋》曰"公至河,有疾乃复",又曰"郊牛之口伤,乃免牲",皆中有事而改,非便止,故加"乃"以缓之,容有谋也;故象气之出难。今试言"乃"则气缓而迂也。

曰　曰,词也,故从口乚,乚气上出也,与粤异。

粤　粤,於也,上有所连,曰直发端而已,故气自上出无所阂;粤从亏,亏上阂于一也。

兮　兮者,词之所考也,若言"美人兮""西方之人兮"。……今试言"兮"则气越出而稽留。

于　于者,於也,象气之舒。……今试言"于"则其气在口郁纡,既口平直而往上,若有所制也。

乎　乎者,语之余也,若《诗》曰"亶其然乎"、《传》曰"其是之谓乎",在句之外。今试言"乎"则声出口而扬,举讦而大。

---

① "者"在《说文》"自"部:"凶,此亦自字也,省自者,词言之,气从鼻出,与口相助也。"

可　丂,气也;丂者,气欲舒而有阂,今试言"丂"则其气自口而下去口不远。反丂为己,音诃则气蔺而无阂,己犹词也,故可从己。可,肯也,既可则声蔺而通也;故可从口、己,以言可之也。

曾　曾者,词之舒也,《诗》曰"曾是莫听"。……今试言"曾"则气出口而分,故象之也。

矤　矤者,词之况也,《书》曰"矤内史友外史友"。况譬当劲疾,故从矢,矤亦抽引之词,故从引省,今试言"矤"则气直激而疾也。

矣　矣者,语已词也,《诗》曰"何嗟及矣""谁昔然矣",《语》曰"宾不顾矣",皆事之决绝,无可奈何者也。……今试言"矣"则气亦直而出也。

知　知者,谓也,憭也,觉也,觉知之欲其速,故从矢。心术之深,非明者不能见,故以口则易知也。今试言"知"则气亦直而激也。

最后,徐氏总说道:

凡此数者,皆虚也;无形可象,故拟其口气之出入、舒疾、高下、聚散以为之制也。……然则词之虚立,与实相扶,物之受名,依词取义。

说明这些字,皆为"虚"字,因"无形可象"(即无实体可形象),故从发音"口气"之不同来解释。而所谓"词之虚立,与实相扶",是说虚字的作用在于"扶实",即扶助实字以组句。

5.2.2　虚字的来历说明　南宋郑樵(1103—1162)《通志(卷三四)·语辞之借》说:

语辞之用,虽多而主义不立,并从假借之。菌也者,阴也。

於,乌也;云,雲也;焉,鸢也;邪,琅邪之地;每,原田之貌;惟,思也;唯,应也;而,面毛也;须,髭也;夫,本丈夫也;害,本灾害也。【本去声,借音曷;《诗》:"害澣害否。"】斯,析也;然,燎也;盖,草覆也;其,箕也;岂,铠也;以,薏苡实也;矣,箭镞也;员,物数也。【音云,《诗》:"聊乐我员。"】已,几也;既,小食也;盍,覆也;荐几也;为,母猴也;居,蹲也;诸,辨也;【《诗》:"日居月诸。"】与,授也;【为语辞,平声。】尔①,繁华也;【《诗》:"彼尔维何?维常之华。"】耳,人耳也;哉,言之间也;乎,气也;兮,气也;于,气也;只,气也;乃,气也;思,虑也;旇,旆也;【《诗》:"舍旇舍旇。"】承,奉也。【音惄,楚人语辞。】凡语辞,惟"哉""乎""兮""于""只""乃"有义,他并假借以语辞之类。虚言难象,故因音而借焉。

这说明,"凡语辞(虚词)",除"哉"、"乃"几个外,其他皆是假借有实义的实字而来。所说"有义",是说这几个字本有虚词之"义",即虚词作用。所说"虚言难象",是说虚字表示之义,难以用具体形象表达;所说"因音而借"是说因字同音而借实字做虚字用。

徐锴的《说文系传》、郑樵的《通志》说明汉语表示虚词之字(虚字),从字源看可分作两类:一类是本无实义(造字之初即表示无实义之"词")之字(有的书上称为"纯虚词");一类是借用有实义的假借字。

5.3 语助词的类型与作用分析

唐代刘知几(661—721)《史通·浮词》说:

---

① 尔,爾之简化。《说文》:"爾,麗爾,犹靡麗也。"《诗经·小雅·采薇》"彼爾维何";《说文》"薾,华盛",引《诗》曰:彼薾惟何"。

> 夫人枢机之发,叠叠不穷,必有余音足句,为其始末。是以"伊""惟""夫""盖",发语之始也;"焉""哉""矣""兮",断句之助也。去之则言语不足,加之则章句获全。而史之叙事,也有时类此。

这说明语助词的作用并分为"发语""断句"两类。

柳宗元(773—819)《复杜温夫书》说:

> 吾虽少为文,不能自雕斫,引笔行墨,快意累累,意尽便止,亦何所师法?立言状物,未尝求过人,亦不能明辨生之才致。但见生用助字不当律令①,唯以此奉答。所谓"乎""欤""耶""哉""夫"者,疑辞也;"矣""耳""焉""也"者,决辞也。今生则一之;宜考前闻人所使用与吾言类且异,慎思之,则一益也。

这将语末语助词分为疑辞、决辞两种②。

北宋欧阳修(1007—1072)《六一居士诗话》说:

> 李白戏杜甫云:"借问别来太瘦生,总为从前(一作"来")作诗苦。""太瘦生"唐人语也。至今犹以"生"为语助,如作"麽生""何似生"之类是也。

这说明"生"是唐时语助,至宋还用。

南宋洪迈(1123—1202)《容斋五笔(卷第四)·毛诗语助》说:

> 《毛诗》所用语助之字,以为句绝者,若"之""乎""焉""也""者""云""尔""兮""哉",至今作文者皆然。他如"只""且""忌""止""思""而""何""斯""旐""其"之类,后所罕用。……

---

① 律令,法则;此处指虚词使用规律。
② 这盖是《马氏文通》"助字"分传疑、传信所本。

"忌"唯见于《郑诗》,"而"唯见于《齐诗》。《楚辞·大招》一篇全用"只"字。……至于"些"字,独《招魂》用之耳。

这讲了语助词的历史发展,说明《毛诗》中的某些语助至"今"(指宋代)仍为"作文者"所用,某些已"后所罕用";又说明某些语助用于特定文体。

南宋陆游(1125—1210)《老学庵笔记》(卷三)说:

> 张文潜言王中父诗喜用助语,自成一体。予按:韩少师持国亦喜用之。如"酒成岂见甘而坏,花在须知色皆空""居仁由义吾之素,处顺安时理则然""不尽良哉用,空令识者伤""用舍时焉尔,穷通命也欤"。

南宋王质(1127—1189)《诗总闻·大雅·思齐五章》说:

> "思齐大任,文王之母。思媚周姜,京室之妇。"总闻曰:此"思"是真思。凡"思"有在上者:此之"思齐大任""思媚周姜",思①也。……有在下者:"不可射思"(按:《大雅·抑》"不可度思,矧可射思"两句概括),辞也。大率在下者,多语助辞也。

南宋陈叔方《颍川语下》(卷下)说:

> 文之隐显起伏,皆由语助。虽西方之书②,犹或用之;盖非假此以成声,则不能尽其意。其精微杳眇,惟在所用之确,而不问乎多少也。

罗大经《鹤林玉露》(卷八)说:

> 诗用助语,字贵帖妥,如杜少陵"古人称逝矣,吾道卜终

---

① 据杨树达《词诠》,两例"思"是"语首助词,无义。"王氏盖是据孔颖达说,见2.1。

② 西方之书,当指佛典;佛典译文中有用"哉"字的。见1.3末。这也可看出,南宋时代中土文人熟悉佛典。

焉",又云"去矣英雄事,荒哉割据心"。山谷云"且然聊尔耳,得也自知之"。韩子苍云"曲槛以南青嶂合,高堂其上白云深",皆浑然帖妥。吾郡前辈王才臣云"并舍者谁清可喜,各家之竹翠相交",曾幼度云"不可以风霜后叶,何伤于月雨余云",亦佳。

这是说的诗句中巧用助语。不过陆氏、罗氏说的"助语",范围不限于语气助词,大致相当虚词(虚字)①

5.4 "句法""语法"使用及造句格式的分析与类比

贰3.1和上1.3谈到"语法""句法"术语在晋隋时代的佛典里已经出现;"语法"一词在《春秋左传正义》中一见(上2.1),"句法"使用在中土文献则较晚,北宋人的著作中才看到,不过少见。到南宋学者的著作中,"句法"广泛使用,"语法"也几见;用来说明造句格式及作句式类型的比较分析。下先后依次列"句法""语法"用例。

苏轼(1037—1101)《次韵范淳父送秦少章》诗有:

句法本黄子②,二豪③与揩磨。

南宋严羽(约1200前后在世)《沧浪诗话·诗辩》说:

(诗)用工有三:曰起结、曰句法、曰字眼。

本书《诗评》又说:

《十九首》"青青河畔草,郁郁园中柳。盈盈楼上女,皎皎当窗牖。娥娥红粉妆,纤纤出素手",一连六句皆用叠字,今人

---

① 这也可能是元卢以纬《助语辞》书名之所据。
② 黄子,黄庭坚。
③ 二豪,秦少章兄秦少游与张文清。

必以为句法重复之甚;古诗正不当以此论也。

张炎《词源(卷下)·句法》说:

词中句法,要平妥精粹。……姜白石《扬州慢》云:"二十四桥仍在,波心荡,冷月无声。"此皆平易中有句法。

魏庆之《诗人玉屑(卷三)·句法》讲了种种句法。

有"错综句法":

老杜云:"红稻啄残鹦鹉粒,碧梧栖老凤凰枝。"舒王云:"缲成白雪桑重绿,割尽黄云稻正青。"……以事不错综,则不成文章。若平直叙之,则曰:"鹦鹉啄残红稻粒,凤凰栖老碧梧枝。"以"红稻"于上,以"凤凰"于下者,错综之也。言"缲成"则知"白雪"为丝,言"割尽"则知"黄云"为麦也。

有"少陵坡谷句法"(杜少陵,杜甫;苏东坡;山谷,黄庭坚号,字鲁直):

前人文章各自一种句法。如老杜"今君起柂春江流,予亦江边具小舟""同心不减骨肉亲,每语见许文章伯",如此之类,老杜句法也。东坡"秋水今几竿"之类,自是东坡句法。鲁直"夏扇日在摇,行乐亦云聊",此鲁直句法也。

孙奕《示儿编(卷七)·句法同》说:

黄鲁直《学优斋铭》曰"学哉身哉！身哉学哉",句法使班孟坚《典引》曰"唐哉皇哉！皇哉唐哉";其祖出《益稷》曰"臣哉邻哉！邻哉臣哉"。杜子美《南郊赋》曰"九五之后人人自以为遭唐虞,四十年来家家自以为稷契",句法使曹子建《与杨德祖书》曰"人人自谓握灵蛇之珠,家家自谓抱荆山之玉";其源出崔骃《达旨》曰"家家有以和乐,人人有以自忧"及扬雄《解嘲》曰"家家自以为稷契,人人自以为皋陶"。退之《进学解》曰"口不绝吟于六艺之文,手不停披于百家之篇",句法使夏侯湛《抵疑》曰"志不辍著述之业,口不释雅颂之音"。李白《上斐长史书》曰"何王公大人之门不可挥长剑乎",句法用邹阳《上吴王书》曰"何王之门不可挥长剑乎"。

洪迈《容斋四笔(卷九)·作文句法》说:

作文旨意句法,固有规仿前人、而音节锵亮不嫌于同者。如《前汉书·赞》云:"竖牛奔仲叔孙卒,邴伯毁季昭公逐,费忌纳女楚建走,宰嚭谮胥夫差丧,李园进妹春申毙,上官诉屈怀王执,赵高败斯二世缢,伊戾坎盟宋痤死,江充造蛊太子杀,息夫作奸东平诛。"《新唐书》效之云:"三宰啸凶牝夺辰,林甫将蕃黄屋奔,鬼质败谋兴元蹶,崔、柳倒持李宗覆。"刘梦得《因论儆舟篇》云:"越子膝行吴君忽,晋宣尸居魏臣怠,白公厉剑子西哂,李圆养士春申易。"亦效班史语也。然其模范,本自《荀子·成相篇》[①]。

王质《诗总闻·周南·桃夭三章》说:

《诗》举物,多华而后实,实而后华(按:据前"灼灼英华""有蕡其实""其叶蓁蓁"句);不然,亦以丰约别深浅。不惟记事,亦句法当尔。

陈叔方《颍川语小》(卷上)说:

"楚狂接舆歌",《史记》作"往者不可谏兮,来者犹可追也",比《论语》多二字(按:原文在《微子》:"往者不可谏,来者犹可追"),宛是《楚辞》句法。

---

① 《荀子·成相篇》全文56条,由结构对称的句式组成,如前两条是"请成相,世之殃,愚暗愚暗堕贤良;人主无贤,如瞽无相,何伥伥。""请布基,慎听之,愚而自专事不治;主忌苟胜,群臣莫谏,必逢灾。"

《颖川语小》(卷下)说：

> 句法有正有奇，有呼有应。呼应者一唱一和，律吕相宣，以成文也。

以上"句法"例，下"语法"例。

王质《诗总闻·邶风·式微三章》说：

> "式微式微，……胡为乎中露？""式微式微……胡为乎泥中？"总闻曰："中露""泥中"，言行役冒犯之苦。语法如此，未必是地名也（按：毛传释"中露""泥中"为卫邑）。

《诗总闻·魏风·汾沮洳三章》说：

> "彼汾一曲，言采其藚。"闻迹曰：班氏（曰）："魏在河南，故曰彼汾一曲，置诸河之侧。"不必如此；水岂有无曲？莫不有侧。特语法若此耳！

陈叔方《颖川语小》(卷上)说：

> 《孟子》乃有数句皆长而语复合者，……虽然，以《论语》较之，则又有大不侔者。如云"夫子之求之也，其诸异乎人之求与"，譬犹一串白玉数珠，颗颗圆净，连连而不杂。语法之清空精到无以复加矣。

《颖川语小》卷下：

> 《庄子》云："与之配天乎。彼且乘人而无天，方且本身而异形，……方且与物化而未始有恒。夫何足以配天乎？"……此八用"且"字；而上下呼应，则用"乎"之，语法尤紧。

这些著作所用"句法""语法"术语，可肯定是来自佛典；这是佛学、佛典长期、广泛传播的结果。到南宋时代，佛教传入中国已上千年，不少学者亦"儒"亦"佛"，多人有僧人挚友，诗、词相互赠和多见。所用"句法""语法"诸例，虽然不是从语法学角度作句子结构分析;但是所讲的确实是句子的构造,特别是句子结构的类型比较。这表现了南宋时代学者句法观念的树立,能用"句法""语法"术语来表述(参看下"结语")。孙奕、洪迈等人能看出句子跟句子构造格式的相同,这可以说是句子结构类型的最早的比较分析。这一点对清人的句式类比分析(见下肆 7.0)有直接影响。

5.5 字、句灵活使用的修辞说明——死字、活字、半虚半实字、死句、活句

南宋范晞文(约 1279 前后在世)**《对床夜语》**(卷二)说:

虚活字极难下,虚死字尤不易;盖虽是死字,欲使之活,此所以为难。老杜"古墙犹竹色,虚阁自松声"及"江山有巴蜀,栋宇自齐梁",人到于今诵之。予近读其《瞿塘两崖》诗云"入天犹石色,穿水忽云根","犹""忽"二字,如浮云著风,闪烁无定,谁能迹其妙处?他如"江山且相见,戎马未安居""故国犹兵马,他乡亦鼓声""地偏初衣袷,山拥更登危""诗书遂墙壁,奴仆且旌旄,皆用力于一字。

罗大经《鹤林玉露》(卷十六)说:

作诗要健字撑住,要活字斡旋。如"红入桃花嫩,青归柳叶新""弟子贫原宪,诸生老伏虔","入"与"归"字、"贫"与"老"字乃撑住也。"生理何颜面,忧端且岁时""名岂文章著,官应老病休","何"与"且"字、"岂"与"应"字,乃斡旋也。撑住如屋之有柱,斡旋如车之有轴。文亦然;诗以字,文以句。

魏庆之《诗人玉屑》(卷三)"眼用活字",列有下例:

"孤灯燃客梦,寒杵捣乡愁""夜灯移宿鸟,秋雨禁行人"

"危峰入鸟道,深谷富猿声""春阴妨柳絮,月黑见梨花""风枝惊散鹊,露草覆寒虫。草砌消寒翠,花缸敛夜红""反照开风翠""寒潮荡浦沙""万里山川分晓梦,四邻歌管送春愁""莺传旧语娇春日,花学严妆妒晓风"

朱熹(1130—1200)《朱子语类·孟子二·公孙丑上之上》说:

今人把"守气不如守约"做题目,此不成题目。气是实物,"约"是半虚半实字,对不得。

陆游(1125—1210)《剑南诗稿(卷三十一)·赠应秀才》说:

我得茶山一转语,文章切忌参死句。

严羽《沧浪诗话·诗法》说:

诗难处在结裹,譬如番刀,须用北人结裹,若南人便非本色。须参活句,勿参死句。词气可颉颃,不可乖戾。

宋人讲的死字、活字、半虚半实字、死句、活句无甚解释。从其论说看,盖是指字(包括实字、虚字)、句的灵活使用,属于修辞问题;不过与语法也密切相关。这些提法,可以说是明代"对类"中的"死字""活字""半虚字""半实字"(见下 9.0)以及今天的"词类活用"说法的滥觞(如魏庆之"眼用活字"例有动词、形容词的使动用法)。

5.6 语法规范术语"语病"的出现

北宋欧阳修(1007—1072)《六一诗话》说:

诗人贪求好句,而理有不通,亦语病也。如"袖中谏草朝天去,头上宫花侍燕归",诚为佳句矣;但进谏必以章疏,无直用稿草之理。唐人有"姑苏台下寒山寺,夜半钟声到客船①",说者亦云"句则佳矣";其如三更不是打(一作"撞")钟时。如贾岛《哭僧云》"写留行道影,焚却坐禅身";时称烧杀活和尚,此尤可笑也。

严羽《沧浪诗话·诗法》说:

　　有语忌,有语病。语病易除,语忌难除。语病古人有之,唯语忌则不可有。

"语病"一词的出现,说明宋人已重视文理不通现象;也是继《公羊传》说的"不辞"(见壹2.1)之后,宋人提出的又一个语法规范术语,一直为后人(直到现在)使用。

以上讲唐宋诗论、文论、史论、笔记中的实字、虚字,语助的解说,当然是属语法学内容;但作者的主要目的是为修辞服务;这跟注释书中讲虚字是为了训诂明显不同。因此,我国古代的虚词研究,就分训诂与修辞两个系统,或者说两派。唐宋以前无虚词专著是如此,唐宋以后出现的虚词专著也是如此。

6.0　王若虚《滹南遗老集》中的语法分析

王若虚(1174—1243),金文学家,生于金世宗大定十四年,卒于元太宗皇后称制三年,所著《滹南遗老集》旧时图书分类属诗文别集,但全书45卷,41—45为诗文作品,38—40为诗话外,绝大部分是讲的"辨惑",这从卷目上可清楚的看了出来,如"论语辨惑"(4

---

① 诗句见唐张继《枫桥夜泊》。此乃千古名篇,欧阳修引为"语病"例,是其一人之言;后人考察,唐代苏州一带寺庙里,有半夜打钟之规,名为"分夜钟"。

卷)、"史记辨惑"(11卷)、"诸史辨惑"(2卷)、"新唐书辨惑"(3卷)、"文辨"(4卷)。"四库全书总目提要"说,"'杂辨'二卷(按指第32卷"杂辨"、第33卷"谬误杂辨")于训诂亦多订正"。其实,"杂辨"两卷以外,其他众多的"辨惑""辨"亦是"于训诂""多订正"。其订正的内容,相当部分是语句的语法错误,也即对语句作语法分析;其中有的卷目下标明是语言问题(如"史记辨惑七"副题是"字语冗复辨"),有的全卷是讲的语法问题(如"史记辨惑十"专讲《史记》"而""于是""乃""遂"等虚词的误用)。书中不仅明确提出按语法标准分析语句的语法错误,而且这种分析也是多方位的。

6.1 语法观、语法规范观的较明确树立

(1)"子曰:'十室之邑,必有忠信如丘者焉,不如丘之好学也。'"或训"焉"为"何",而属之下句。"厩焚,子退朝,曰:'伤人乎?'不问马。"或读"不"为"否",而属之上句。意谓圣人至谦,必不肯言人之莫己若;圣人至仁,必不至贱畜而无所恤也。义理之是非,姑置勿论,且道世之为文者,有如此语法乎?故凡解经,其论虽高,而于文势、语法不顺者,亦不可从,况未高乎?《论语辨惑二》

(2)"学则不固。"旧说以"固"为"蔽",而新说曰"固,坚也;不能敦重,则学亦不能坚"。以语法律之,旧说为长。《论语辨惑一》

(3)"始吾于人",此一章而再称"子曰",胡氏疑其衍文,或曰非一日之言。予谓以语法律之,只是一事,其为衍文无疑也。《论语辨惑二》

(4)"子夏曰:'仕而优则学,学而优则仕。'"……上蔡曰:

"学与仕一也,学优则仕亦优,仕优则学亦优,何必读书,然后为学。"……此论虽新,人亦多行之者。以予观之,不唯于语法不顺,而亦义未完也。……《论语辨惑四》

(5)《申屠嘉传》云:……"嘉对文帝责邓通。上曰:'君勿言,吾私之。'罢朝坐府中,嘉为檄召邓通。"此语法不顺,不若言"坐府檄召"也。《史记辨惑十一》

这可看出,王氏是明确的按语法标准分析正误。前四例是按语法"顺"否分析如何正确解释《论语》,后例是按语法"顺"否说明《史记》措辞不当。特别是王氏说"故凡解经,其论虽高,而于文势、语法不顺者,亦不可从",将是否合乎语法作为衡量解"经"正误的标准,充分表现了王氏对语法的重视。

王氏书中多次出现"不成语""语病"提法;其所谓"不所语"是不合语法而语句难以成立,所谓"语病"是指不合语法之病。

(6)《陆贽传》云:"始帝仓卒变故,每自克责。……"……"始帝仓卒变故"亦不成语也。《新唐书辨下》

(7)李斯出狱,与其中子俱执,"遂父子相哭。此而夷三族"。"此而"不成语。《史记辨惑十一》

(8)杜牧之《阿房宫赋》……尾句云"亦使后人而复哀后人也",此亦语病也。有"使"字则"哀"字下不当复云"后人",言"哀后人"则"使"字当云。《文辨三》

(6)"不成语"是因为副词"仓卒"跟名词"变故"不能组合,(7)"不成语"是虚词"此""而"连用误,(8)"语病"是用词前后重复。这些均是语法问题。

王氏未对"语法"术语作解释,但从全书6次(见前5例)出现的"语法"用例及几处出现的"不成语""语病"来看,其"语法"所指实为句中语词的组织结构规则；可以说大致同于我们现在对"语法"一词的理解。王氏在全书的"辨惑"中虽未处处讲"语法不顺""不成语"，但"辨惑"的实际上是语法"顺"不"顺"、语"成"不"成"的问题（具体见下各类实例）；也即语法规范问题。因此可以说王氏树立了较为明确的语法规范观。当然，其语法规范观的树立，基于较为明确的语法观的树立。因为只有树立了语法观，对语言的语法结构有相当深刻的认识与了解，才能作语法规范的分析。

王氏书中表现出的语法分析，也即表现出的王氏的语法观，固然是由于对前代中土学者语法分析的继承，但看来相当重要的原因，是对佛典所述梵文语法及佛典从语法解"经"方法的借鉴。王氏所生存的时代，不仅佛教传播，佛典翻译在中国已有千年历史，而且仍是佛教的"鼎盛时期"[①]。更为重要的是，王氏与佛教有直接接触与密切关系。《金史·王若虚传》记载："金亡，微服北归镇阳，与浑源刘郁东游泰山，至黄观峰，憩萃美亭，顾谓同游曰：'汩没尘土中一生，不意晚年乃造仙府，诚得终老此山，志愿毕矣。'乃令子忠先归，遣子恕前行视夷险，因垂足坐大石上，良久瞑目而逝，年七十。"这简直如同佛僧，圆寂而去。故王氏了解佛典，引用梵文"语法"术语及概念，并借鉴其分析方法，乃是很自然的了。

上面是从王氏引用"语法"术语说明其借鉴梵文语法，下面再从王氏使用"句法"（全书8见）来谈：

（1）东坡，文中龙也；理妙万物，气吞九州，纵横奔放，若游戏然，莫可测其端倪。鲁直区区持斤斧准绳之说，随其后而与之争，至谓未知句法。东坡而未知句法，世岂复有诗人？

[①] 见南怀瑾《中国佛教发展史略》，复旦大学出版社，1996。

《诗话中》

(2)《宋世家》云:"襄公及楚人战于泓。公曰:'君子不困人于厄,不鼓不成列。'子鱼曰:'如公言,即奴事之耳!又何战为?'""奴事"字不似当时语,盖迁撰出者,三"传"(按:指《左传》《公羊传》《穀梁传》)初无此意也;抑其句法亦自不顺。凡尊奉其人,则有曰"师事""父事""兄事"者;鄙贱其人,则有曰"奴使""奴视""奴畜"者。上一字属乎彼而已。今此"奴"字,以意则属乎我,以句法则属乎彼。岂非思之不慎欤!《史记辨惑十一》

上 5.4 说南宋学者(跟王若虚大致同时)广泛使用"句法"术语,并依据句法结构作句式类比分析;但从句法作语法规范(如(2))的分析,则始于王氏。

上 1.3 说佛典"中国撰述"中汉僧从语法、句法解"经"(佛经);而王氏也从语法、句法解"经"(儒经)以及其他著作,这不是偶然的巧合,当看作是有意识的借鉴。佛典中的"语法"术语开始由孔颖达引用(见上 2.1);南宋学者引用以分析诗文句式,那王氏的引用,则是作语句语法分析,这是孔氏引用的直接继承。

前面说王氏书中的语法分析主要是"辨惑",即辨解论著原文和前人对原文的解释是否合乎语法。下看王氏的具体分析。

6.2 分析句法结构

语句合乎语法,必须符合句法结构规则。句法结构规则是多方位的,王氏也是作多方位的分析。

6.2.1 分析词序句读 语句是语词的线性层次组合。线性组合表现为词序,层次表现在读诵上为句读;词序、句读误则为语病。

(1)《史记》言四皓定太子,书云"留侯本招此四人之力",当作"本留侯"。石庆数马事,云"犹然如此",当作"犹然"。《通鉴》称苻坚喜王猛诛诸侯豪强,云"吾始今知天下之有法",当作"今始"。郭从谨言于唐明皇,云"草野之臣,必知有今日",当作"知必"。德宗闻李泌补戍卒之说,云"如此,天下复无事矣",当作"无复"。权德舆论光武封子密事,云"反乃爵以通侯",当作"乃反"。《谬误杂辨》

(2)《新唐》记姚崇汰僧事,云"发而农者余万二千人",此本"万二千余人"耳,如子京①所云,则是多余许数也,可谓求文而害理。然此病人多犯之者,不独子京也。《文辨四》

(3)《赵禹传》云:"公卿相造请,禹终不行报谢,务在绝知友宾客之请,孤立行一意而已。"此当以"不行报谢"为句,而师古以"报谢"属下文;予固疑之,及读三刘《汉书》,既已刊正矣。《诸史辨惑下》

(4)汲黯拜睢阳太守,谢曰:"臣常有狗马之心,今病,力不能任郡事。"师古以"病力"为句,曰"力谓甚也"。训"力"为"甚",未知何据。予谓此字当通属下句,及读《史记》,则云"黯常有狗马病",而《通鉴》但云"有病",乃知"力"字属下无疑。《诸史辨惑上》

6.2.2 分析词的组合规则　　语句中词跟词的组合有一定的规则,违反则为语病。

(1)《论语》云"夫子之言性与天道,不可得而闻",其文甚

---

① 子京,《新唐书》作者之一宋祁的字。

明,非难辨也。而唐太宗旌赏孙伏伽诏曰:"朕惟寡德,不能性与天道。"……何其谬耶!《谬误杂辨》

(2)李靖论萧铣士卒云:"藉以拒师,本非所情。"《杜如晦传》云:"傮属共才之,莫见所涯。"李勉朝京师,"诏还所镇"。三"所"字下不得,"藉以拒师",亦不成语。《新唐书辨中》

(1)说明助动(能愿)词跟名词不能组合;(2)说明结构助词"所"跟名词不能结合。

6.2.3 分析词的句法功能　　语法词类各有其特定的造句功能,即充当特定的句子结构成分的能力;使用不当,则为语病。

(1)《李光颜传》云:"其师劲悍,常为诸军锋。""锋"字不安。《新唐书辨下》

(2)赵尧荐周昌曰:"其人有坚忍质直。"何用"有"字?《史记辨惑十一》

(1)说明名词不能在叙述句中做谓语,更不能受介词短语修饰;(2)说明描写句中形容词可径直做谓语,不能作"有"字的宾语。

6.2.4 分析句法结构关系　　语句有一定的句法结构成分关系,结构成分分析不当,则会曲解语意。

(1)《司马相如传》云:"相如奏《大人赋》,天子大悦,飘飘然有凌云之气,似游天地之间意。"盖武帝好仙,而相如所陈,皆飞腾超世之语,适当其心,故自有凌云之气。而学者多以为文辞可以凌云,何也?《谬误杂辨》

(2)"子曰:'君子耻其言而过其行。'"晦庵曰:"耻者,不敢尽之意;过者,欲有余之辞。"盖以"而"字故生此论耳。初若可喜,而义训终不安,止当从旧。【按:晦庵是朱熹号,所引见其《论语集注》,"从旧"指从邢昺《论语正义》①】《论语辨惑四》两例正确分析了句法结构关系:(1)"飘飘然……"的主语是"天子"(非未出现的"文辞"),(2)"其言而过其行"当从《论语正义》的解释,看作是"耻"的宾语("耻""过"非联合关系)。

6.2.5 分析语义结构关系 句中实词跟实词存有语法结构关系(如主谓、述宾等)外,还有语义结构关系(如名词、动词的施受关系);语义结构关系表达或分析不当,也会影响语意的表现或理解。

(1)《通鉴》云:"吴主孙皓恶人视己,群臣侍见,莫敢举目。左丞相陆凯曰:'君臣无不相识之道,猝有不虞,不知所赴。'吴主乃听凯自视,而他人如故。"予谓"自视"字不安,若云"独听凯视"可矣。《文辨四》

(2)《循吏传》云:"网漏于吞舟之鱼。"多却"于"字。《史记辨惑十一》

(3)《韩信传》云:"此所谓驱市人而战之。""之"字不安。(同上)

(4)"高祖纵观秦皇帝。"师古曰:"纵,放也;天子出行,放人令观。"予谓此于文势为悖,恐只是恣观之耳。《诸史辨惑上》

前三例语义关系表达不当:(1)"自"字指代不明,既可理解为指"吴主",又可理解为指"陆凯";(2)"于"字误用,"吞舟之鱼"是"漏"的受事,有"于"则成为施事;(3)"之"字误用,"市人"本是"战"的施事,有"之"则会误解为受事。后一例原释文语义关系分析不

---

① 《论语正义》的解释是:"此章勉人使言行相副也,……有言而行不副,君子所耻也。"这是将"其言而过其行"作为"耻"的宾语。

当,"纵观"的施事是"高祖",反而解为兼语结构,施事成了"秦皇帝"。

6.2.6 分析句法结构成分完整 句法结构成分完整是对不完整而言;所谓"不完整",指成分残缺,也属语病。

(1)《王琚传》云:"自佣于扬州富商家,识非庸人,女以嫁之。""识"字上当有"其家""其主"等字。《新唐书辨下》

(2)"席豫出郑州刺史"、"李杰出衢州刺史"、"于邵出杭州刺史"、"李朝隐出通州都督"、"沈传师出江南观察史",此等甚多,得为欠"为"字乎?盖"出""入"字不同"迁""擢""贬""降"例也。《新唐书辨中》

(3)《李翱传》云:"始调校书郎,累迁。元和初为国子博士史官修撰。""累迁"下岂有缺文乎?不然,岂可通也?(同上)

(4)"肃宗欲以李辅国为常侍,苗晋卿奏曰:'常侍近密,非贤不可居,岂宜任等辈?'罢之。""等辈"上当加"此"字,不然,何等辈也?(同上)

(5)"萧钧为谏议大夫,卢文操盗库财。高宗以其职主干,当自盗罪死。钧曰:'囚罪诚死;然恐天下闻,谓陛下重货轻法,任喜怒杀人。'诏原死。"予谓"罪死""罪诚死"俱道不过,须加"当"字乃可耳!《新唐书辨下》

五例说明句法结构成分残缺:(1)缺主语"其家"或"其主",(2)缺述语"为",(3)缺宾语(累迁官职),(4)缺定语"此",(5)缺状语"当"。

6.3 分析语义选择限制

语词组合成句有一定的意义选择限制,也就是句法结构成分的语词在语义上相互要搭配;否则是语病。

(1)《留侯世家》云:"留侯性多病。""多病"何关"性"事?《史记辨惑十一》

(2)《王忠嗣传》:"上与论兵,应对蜂起。""应对"下不宜言"蜂起"二字。(同上)

(3)《通鉴》:唐文皇时权万纪言宣饶二州银利事,上曰:"卿欲以桓、灵俟我邪?""俟"当作"待";盖"俟"虽训"待",乃"俟待"之"待",非"待遇"之"待"也。《文辨四》

(4)《张巡传》:"睢阳、雍邱赐徭税三年。""赐"字便当得蠲免之意否?(同上)

(5)《史记·田敬叔完世家》云:"太史敫女奇法章状貌,以为非恒人而怜之。"《梁鸿传》云:"邻里耆老见鸿非恒人。"……此等"恒"字皆当作"常"。盖"恒"虽训"常",止是"久远"之意,非"寻常"之"常"也。《文辨四》

(6)史称杜如晦云"当时浩然归重"、王徽云"公议浩然归重"、王余庆云"公论浩然归重"、许孟容云"四方浩然想见其风"。古人用"浩然"字多矣,曷常以为"归重""想见"之意哉!《新唐书辨上》

(7)《高祖纪》云:"父老皆曰:'平生所闻刘季诸珍怪,当贵。'""珍"字不安,《汉书》改为"奇",是矣。《史记辨惑十一》

(8)《申屠嘉传》云:"高帝时,大臣又皆多死。""皆""多"二字,不可连用。(同上)

以上(1)(2)主谓不搭配:"性"不能称"多病","应对"不能说"蜂起"。(3)(4)述宾不搭配:能说"待我",不能说"俟我";"徭税"能说"蠲免",不能说"赐"。(5)(6)偏正不搭配:"人"当用"常"修饰,不宜用"恒";"归重""想见"不能用"浩然"形容。(7)(8)联合成分不搭配;"珍""怪"不能并列,"皆""多"不能连用。

6.4 分析语用

语句中语词选用、配置有语用的选择,也就是要合乎表达的需要。一个句子孤立看来是合格的,但是对特定的上下文、文体风格、讲话的语境、讲话人的身份、逻辑事理等等语用条件来说未必就是合用的。王氏从多种角度作了语用分析。

(1)"老爹相高祖曰:'君相贵不可言。'高祖乃谢曰:'诚如父言,不敢忘德。'"此但其术可贵耳,何"德"之有?《史记辨惑十一》

(2)《吕后纪》云:"吕后被还过轵道,见物如苍犬,据高后掖。""吕后""高后"似是两人,但云"据其掖"可矣。"丁公窘高祖彭城西,沛公顾曰:'两贤岂相厄哉!'"方言"高祖",遽曰"沛公",此亦同病也。《史记辨惑十一》

(3)伍被谏淮南王,"王于是气怨结而不扬,涕满匡而横流"。其辞不典,殆似古赋,岂史氏实录之体哉!《史记辨惑十一》

(4)"旧史"(按:指《旧唐书》。)云"……武后遣医人却内安金藏五脏,以桑白皮为线缝合",语固近俗,然子京云"褫桑衽紩之",大小依样也。《新唐书辨上》

(5)《燕世家》云:"民人思召公之政,怀棠树不敢伐。""赞"云:"甘棠且思之,况其人乎?"谓之"爱棠树"则可,云"怀"与"思"不可也。《史记辨惑一》

(6)《韦述传》云:"入元行冲室观书,不知寝食。"言"忘"

则可,"不知"则过矣。《新唐书辨下》

(7)赵忠儒迁吏部侍郎,德宗召见,劳曰:"曩与先臣并命,尚念之邪?"古者人臣称其亡父于君,则有"先臣"之辞,君称于臣,未见其例。《新唐书辨上》

(8)《高祖纪》云称"刘季"者,在当时人可也,而迁亦数称之,不但于文体为非,而臣子之道亦不当尔也。《汉书》正之为是。《史记辨惑十一》

(9)"疾雷不及掩耳。"此兵家成言,初非偶语,古之文人未有改之者。宋子京于《李靖传》乃易"疾雷"为"震霆"、易"掩"为"塞"。不惟失真,且其理亦不安矣。雷以其疾,故不及掩耳,而何取于"震"。掩且不及,复何暇塞哉! 此所谓欲益反弊者也。《新唐书辨上》

(10)《吴志》:"蜀陵太守郝普为吕蒙所绐而降,渐恨入地。"此不成义理;谓有欲入地之意则可,直云"入地"可乎?《文辨四》

以上诸例皆是不合语用之"病例":(1)(2)从上下文看不当;(3)(4)于文体不合,"气怨……横流"是赋体,不适于史书;用于史传"缝合"太俗,"襭桑衼纴之"生涩;(5)(6)用词于语境不合;(7)(8)"先臣""刘季"称呼与人物身份不切;(9)(10)于句法结构规则无误,但是于逻辑事理不合。

6.5 分析虚词

分析虚词主要是分出虚词中的助词

(1)《孔子世家》载楚狂接舆歌曰:"往者不可谏兮,来者犹可追也。"加两助字,不唯非其本语,抑亦乱其声韵矣。《史

记辨惑一》

（2）欧公散文自为一代之祖，而所不足得，清洁峻健耳。《五代史·论》曲折太过，往往支离蹉跌，或至涣散而不收，助词、虚字亦多不惬。如《吴越世家·论》尤甚也。《文辨三》

（3）《曲礼》云："若夫坐如尸，立如齐。""若夫"云者，止是语辞，而注云"若欲为丈夫"。……郑氏之谬妄如此。《五经辨惑下》

"助字""助词""虚字""语辞"名称，前人已经提出，王氏是继承使用；但是将"助词""虚字"并列，突出助词，从虚字中分出作为其一种，是从王氏始。

（4）南越尉佗谓陆贾曰："使我居中国，何遽不若汉？""何遽"犹言"岂便"也。与越大夫种言"何遽不为福同意"，而注云"有何迫促而不如汉"，……是皆何理邪？《诸史辨惑上》

（5）王戎问阮瞻，老庄与圣人其旨同异，瞻以"将无同"答之。……夫"将无"云者，犹"无乃""得无"之类。《谬误杂辨》

（6）古人言"底事""底物""底处""有底""作底"，"底"之训"何"也，今人或认为"此"字之义，误矣。（同上）

（7）《赵世家》云："智伯与韩赵魏尽分其范中行故地。"多"其"字。《史记辨惑十一》

（8）司马迁用"于是""乃""遂"等冗而不当者，十有七八，今略举之：如殷武丁梦傅说事云："于是乃使百工营求之野。"既有"乃"字，何须更云"于是"。……《晋世家》云："武王与叔虞母会时，梦天谓己曰：'余命女生子名虞。'及生子，有文在其手曰'虞'，故遂因命之曰'虞'。""故""遂""因"三字岂可连用？……《史记辨惑十》

(9) 欧公赞唐太宗,始称其长,次论其短,而终之曰:"然春秋之法,常责于贤者。"此一"然"字甚为不顺。公意本谓太宗贤者,故责备耳。若下"然"字,是不足责也;必以"盖"字乃安。《文辨三》

(10) 陆贾谓陈平曰:"天下虽有变,即权不分。""即"当作"而"。《史记辨惑十一》

以上(4)(5)(6)解释"何遽""将无""底"之义,(7)说明"其"字衍用,(8)说明"于是乃"重复,(9)说明"然"字误用,(10)说明"虽"跟"即"不配对。王氏不是仅是解释虚词用法,而且讲述虚词错用;这是王氏不同于前人者。

6.6 运用比较方法

吕叔湘《中国文法要略·初版例言》中说:"要明白一种语言的文法,只有用比较的方法。"吕先生提出文言跟文言、白话跟白话、文言跟白话、汉语跟英语多种比较法。王氏训诂匡谬、分析语法正误也是用了比较方法,具体的说就是《史记》跟《汉书》比较、《旧唐书》跟《新唐书》比较。这除了上面一些例证看了出来外,再列例于下:

(1) 班固《汉书》删润迁史,往往胜之,然亦有反不及者。如《史记》高祖闻田横死,曰:"嗟乎!有以也夫!起自布衣,兄弟三人更王,岂非贤乎哉!"《汉书》但云:"嗟乎!有以起布衣。"其语太简,读之殆不可晓也。《诸史辨惑上》

(2) 迁、固记事,互有得失。如《史记·孝文纪》云:"高祖中子也。高祖十一年春,已破陈豨军,定代地,立为代王,都中都,太后薄氏子。"《汉书》云:"高祖中子也,母曰薄姬。高祖十

一年诛陈豨,定代地,立子恒为代王。"固之序薄氏,文顺于迁矣;而加"子恒"二字,复为赘也。(同上)

(3) 封伦……说建成作乱曰:"为四海者不顾其亲,汉祖乞羹,此之谓也。""新书"但云"乞羹者谓何",若无"旧史",安知其为高祖事哉!《新唐书辨上》

(4) 炀帝见李密瞻视异常,谓宇文述曰:"勿令宿卫。"而"新史"但云"无入卫",乃是面戒密也。杨素问密曰:"何处书生,耽学若此?""新史"减"处"字,便别却本意。素谓诸子曰:"吾观李密识度,汝等不及。""新史"云:"非若等辈。"意亦不明。(同上)

以上可具体看出王氏《滹南遗老集》一书语法分析的内容特点,它不是一般的句子语法结构规则的分析,而是据语法结构规则分析句子是否合乎语法。现代语法学研究,句子合乎语法要合法(合乎句法结构规则)、合义(合乎语义制约即选择限制规则)、合用(合乎语用规则)[①],王若虚没有、也不可能明确提出这些规则,但他实际上是从合法、合义、合用三个角度分析的。

7.0 语法修辞、虚词专著的出现

7.1 陈骙的《文则》

南宋陈骙(1128—1200)著《文则》(两卷)一书,所以称"文则",其"自序"说"古人之文,其则著矣,因号曰文则",明赵瀛文"刊文则序"说"夫文以则名何也?文乃道之则,则犹法也"。顾名思义,所

---

① 参看范晓《关于句子合语法或不合语法问题》(《中国语文》,1993.5)。

谓"文则"是指载道之文的法则；从全书内容看，主要是讲经、子等书的修辞句法问题。如"取喻之法"（比喻方法）就分了"直喻""隐喻""类喻""诘喻""对喻""博喻""简喻""详喻""引喻""虚喻"（卷上）十种；语法方面，着重讲了助辞作用及用例以及种种句法。故《文则》一书堪是我国出现的第一本语法修辞专书。《四库全书·提要》虽然批评它"分门别类颇嫌于太琐、太拘，亦不免舍大而求细"，但也肯定它"该括诸家，而大旨皆准经以立制""取格法于圣籍，终胜摹机调于后人"。现谈其语法方面的两内容。

7.1.1 说明助辞的作用及类例

7.1.1.1 助辞的作用

陈氏论述道：

> 文有助辞，犹礼之有傧、乐之有相也。礼无傧则不行，乐无相则不谐，文无助则不顺。【唐有杜温夫者，为文不识助辞，……柳宗元所以深言其病①，可不知哉！】《檀弓》曰"勿之有悔焉耳矣"，《孟子》曰"寡人尽心焉耳矣"，《檀弓》曰"我吊也与哉"，《左氏传》曰"独吾君也乎哉"，凡此一句而三字连助，不嫌其多也。《左氏传》曰"其有以知之矣"，又曰"其无乃是也乎"，此二者六字成句而四字为助，亦不嫌其多也。《檀弓》曰"南宫绦之妻之姑之丧"，《乐记》曰"不知手之舞之足之蹈之也"，凡此不嫌用"之"字为多。《礼记》曰"言则大矣美矣盛矣"，此不嫌用"矣"字为多。《檀弓》曰"美哉奂焉"，《论语》曰"富哉言乎"，凡此四字成句，而助辞半之，不如是文不健也。《左氏传》曰"美哉泱泱乎，大风也哉，表东海者其太公乎，国未可量也"，

---

① 见上 5.2 柳宗元《复杜温夫书》。

此文每句终用助,读之殊无龃龉艰辛之态。《左氏传》曰"以三军军其前";欲见下"军"字有陈列之意,则当用"其"字为有力。《公羊传》曰"入其大门则无门焉者";欲见下"门"字有守御之意,则当用"焉"字为有力。(卷上)

这可以说是关于助辞作用的最早的详细透彻论述。明确指出"文有助辞,犹礼之傧,乐之有相";以"经"文实例说明助辞对造句的重要性,提出"文无助则不顺",又特别指出助辞与所谓名词活用句式的关系。同时也可看出,作者讲的助辞,主要是语助词之外,也包括一般的虚词(如"之""其")。

7.1.1.2 助辞的类例

陈氏先总的论说道:

文有数句用一类字,所以壮文势、广文义也,然皆有法。……用一类字,不可遍举,采经、子通用者志之,可触类而长矣。(卷下)

所谓"一类字"是指数句连用一个助辞,有单音的、有复合的;书中先列出条目,下面举例、计有"或法""者法""之谓法""谓之法""之法""可以法""方且法""足以法""所以法""矣法"等共45条。为了说明,列举其中几条:

或法 《诗·北山》曰:"或燕燕居息,或尽瘁事国;或息偃在床,或不已于行;或不知叫号,或惨惨劬劳;或栖迟偃仰,或王事鞅掌;或湛乐饮酒,或惨惨畏咎;或出入风仪,或靡事不为。"退之《南山》诗云:"或连若相从,或蹙若相斗;或妥若弭伏,或疏若惊鹍;或散若瓦解,或赴若辐辏;或翩若船游,或决若马骤。"此句稍多,不能备载,皆广《北山》"或"字法而用之也。《老子》曰:"故物或行或随,或呴或吹,或强或羸,或载或堕。"又一法也。

者法 《考工记》曰:"脂者、膏者、臝者、羽者、鳞者。"又曰:"以脰鸣者、以注鸣者、以旁鸣者、以翼鸣者、以股鸣者、以胸鸣者。"《庄子》曰:"激者、谞者、叱者、吸者、叫者、号者、实者、咬者。"韩退之《画记》云:"行者、牵者,奔者、涉者,陆者、翘者,顾者、鸣者,寝者、讹者,立者、龁者,饮者、溲者,陟者、降者。"凡此用字,其原出于《考工记》,因用《庄子》法也。

可以法 《论语》曰:"《诗》可以兴,可以观,可以群,可以怨。"《月令》曰:"可以登高明,可以远眺望,可以升山陵,可以处台榭。"《庄子》曰:"可以保身,可以全生,可以养亲,可以尽年。"

所以法 《礼运》曰:"祭帝于郊,所以定天位也;祀社于国,所以列地利也。祖庙所以本仁也,山川所以滨鬼神也,五祀所以本事也。"

可看出,所谓"×法"或"××法"是指"×"或"××"连用之"法"。作者讲的是助辞(实为虚词)连用,实际是讲的相同句式的助辞连用。从条目下列例来看,有的仅是用法示例;有的还说明用"×"字句式的源流。如"者"字列例就说"者"字连用句式始于《考工记》(《周礼·冬官·梓人》);而韩退之(韩愈)《画记》则是用《庄子》"者"字句法。

汉语虚词研究论著中,有所谓"词训式研究""词例式研究"。前者指注释书中依据原句所用虚词解释其用法,后者指词典式的列虚词条目排比例证解释其用法。《文则》列出的"×法""××法"虽然未对条目的用法作解释,更没有说明一个虚词可有不同的用法;但这种列条目、排例证的方式实为汉语"词例式"虚词研究的滥筋。

7.1.2 说明句法

7.1.2.1 长短句法 书中有"长句法""短句法"标题;先论述道:

> 凫胫虽短,续之则忧;鹤胫虽长,断之则悲。《檀弓》文句,长短有法,不可增损,其类是哉。
>
> 长句法
>
> 毋乃使人疑夫不以情居瘠者乎哉。 孰有执亲之丧而沐浴佩玉者乎? 黄尚不如杞梁之妻之知礼也。 苟无礼义忠信诚悫之心以莅之。
>
> 短句法
>
> 华而睆。 立孙。 畏。 厌。 溺。

又论说道:

> 《春秋》文句,长者逾三十余言,短者止于一言。【如"季孙行父、臧孙许、叔孙侨如、公孙婴齐帅师会晋郤克、卫孙良夫、曹公子首及齐侯战于鞌"之类,是长句也。如"螽"之类,是短句也。】

7.1.2.2 倒语句法

> 倒言而不失其言者,言之妙也。倒文而不失其文者,文之妙也。文有倒语之法,知者罕矣。《春秋》书曰"吴子遏伐楚,门于巢卒";《公羊传》曰:"'门于巢卒'者何?入门乎巢而卒也。"然夫子先言"门"后言"于巢"者[①],寓意深矣。【何休曰:"吴子欲伐楚,过巢而不假途,卒暴入巢门;门者以为欲犯巢而

---

① 作者此说,是认为《春秋》为孔夫子所作。

射杀之。故与巢得杀之,若吴为自死,文所以强守御也。"①】仲山甫诚归于谢,《诗》则曰"谢于诚归";隐盗所得器,《左氏传》则曰"盗所隐器",于义皆不害也。(卷上)

陈氏引《春秋》《诗经》文,说明看出了古籍中有倒词序句的存在②。

7.1.2.3 复杂结构关系、意义层次句法

陈氏看出古籍中一些结构关系、意义层次复杂的句组,总结出若干类型加以分析。

数【音所】人行事,其体有三:或先总而后数之,如:"孔子谓子产,有君子之道四焉:其行己也恭,其事上也敬,其养民也惠,其使民也义。"此类是也。或先数之而后总之,如:"子产数郑公孙黑曰:尔有乱心无厌,国不女堪,专伐伯有,而罪一也;昆弟争室,而罪二也;薰隧之盟,女矫君位,而罪三也。有死罪三,何以堪之?"此类是也。或先总之而后复总之,如"孔子言臧文仲,其不仁者三、不知者三:下展禽,废六关,妾织蒲,三不仁也;作虚器,纵逆祀,礼爰居,三不知也"。此类是也。同上

这说明文有"先总而后数""先数而后总""先总之而后复总"三句法。

载事之文,有先事而断以起事也,有后事而断以尽事也。如《左氏传》欲载晋灵公厚敛雕墙,必先言"晋灵公不君";《公羊传》欲载楚灵王作乾谿台,必先言"灵王为无道";《中庸》欲言舜好问而好察迩言,亦先曰"舜其大智也与";《孟子》欲言梁

---

① 引文较何休《解诂》原文有所压缩。
② 作者认为"倒语"是"文之妙",这仅是作者看法。倒语现象原因较为复杂,如《诗经》"谢于诚归",孔颖达认为是"古人之语多倒",见上2.3.1.2。

惠王以其所不爱及其所爱,亦先曰"不仁哉,梁惠王也"。若此类皆先断以起事也。如《左氏传》载晋文公教民而用,卒言之曰"一战而霸,文之教也";又载晋悼公赐魏绛和戎乐,卒言之曰"魏绛于是乎始有金石之乐礼也"。若此类皆后断以尽事也。(同上)

这说明文有"先事而断以起事""后事而断以尽事"两句法。

文有上下相接,若继踵然,其体有三。其一曰叙积小至大,如《中庸》曰:"能尽其性,则能尽人之性;能尽人之性,则能尽物之性;能尽物之性,则可以赞天地之化育,则可以与天地参矣。"此类是也。其二曰叙由精及粗,如《庄子》曰:"古之明大道者,先明天道,而道德次之;道德已明,而仁义次之;仁义已明,而分守次之;分守已明,而形名次之;形名已明,而因任次之;因任已明,而原省次之;原省已明,而是非次之;是非已明,而赏罚次之。"此类是也。其三曰叙自流极原,如《大学》曰:"古之欲明明德于天下者,先治其国;欲治其国者,先齐其家;欲齐其家者,先修其身;欲修其身者,先正其心;欲正其心者,先诚其意;欲诚其意者,先致其知。"此类是也。(同上)

这说明文有"叙积小至大""叙由精及粗""叙自流极原"三句法。

现代语法学著作分析复句有总提分割式、申说注释式、事效相因式、断事推理式等[1];分析句组结构关系,讲"起始句""后续句"(总结句)、承接关系、递进关系、解记关系、分合关系[2]等。陈氏没

---

[1] 见黎锦熙、刘世儒《汉语语法教材》第三编(商务印书馆,1962)。
[2] 见张拱贵、沈春生《句群和句群教学》(宁夏人民出版社,1991)。

有提出"复句""多重复句""句组",但他所分析的以及提出的一些名堂,实际是复句、多重复句和句组结构关系的分析。

7.1.2.4 病辞意安句法

夫文有病辞,……究其意则安。如《曲礼》曰"猩猩能言,不离禽兽";《系辞》曰"润之以风雨"。盖"禽"于"猩猩"为病,"润"字于"风"为病也。【说者曰:凡可擒者皆谓之禽,《大宗伯》以禽作六挚,而羔在其中;凡物气和则润生,言润则风之和可知矣。】(卷上)

这是承认为"病辞"(猩猩是兽,非禽;可润之以风,不可润之以雨。二者语义不搭配),但"其意则安",并引"说者"对此作解释;说明这也是古籍中一种句法[1]。

7.1.2.5 讲究炼句

陈氏对同一句意在两书中的不同表达作比较,说明炼句之重要。如拿《论语》跟《左传》、司马迁《史记》比较;举例说:

子曰[2]:"孟子反不伐,奔而殿。将入门,策其马:'非敢后也,马不进也。'"质之左氏,则此文缓而周。【左氏传曰:孟子侧后入以为殿,抽矢策其马曰:"马不进也。"】"南容三复白圭。"【司马迁则曰"三复白圭之玷",辞虽备而其意竭矣。】"在邦必达,在家必达。"【司马迁则曰"在邦及家必达",辞虽约而其意疏矣。】(卷上)

《文则》是语法修辞书,其中有不少颇有见地的修辞现象分析;偏重在语法方面的大致有以上内容。

---

[1] 孔颖达已谈到此句法,认为是"从一而省文"的修辞手法(见上2.5.3.1);说明古人对此现象颇为重视。

[2] 以下孔子的三句话,见《论语》之《雍也》、《先进》、《颜渊》。

7.2 卢以纬的《助语辞》

《助语辞》是我国目前所能见到的最早的讲述古汉语（文言）虚词的专书[1]，作者元人卢以纬，字允武，浙江永嘉人，生卒时间不详；本书出现可肯定在元泰定帝元年（公元 1324 年，见下胡长孺《语助序》）之前。

7.2.1 书名的来历及意义

《助语辞》一书早见刊于明代嘉靖（1522—1565）年间的《奚囊广要丛书》，书名为《语助》，正文前有胡长孺（与卢以纬同是浙江人且为好友）于泰定元年写的《语助序》（末署"泰定改元龙集阏逢困敦端月既望永康[2]胡长孺笔诸卷首"）。而称为《助语辞》则跟明人胡文焕有关。胡文焕于万历（1573—1619）年间编《格致丛书》收录此书，改名为《新刻助语辞》（结尾删去六条），并写了《助语辞序》。胡文焕为什么改书名，何九盈所引叶德辉《书林清话》说，明人刻书有删节易名恶习[3]。这是对胡文焕改书名的批评。不过就名称而论，"助语辞"较"语助"为优。"语助"一词，汉人提出，魏晋唐宋人沿用，但其所指，限于语气助词；而本书虽名"语助"（书中也多次称"语助"），而所指远不止语气助词，其条目范围可以说已同于后来的虚词专著。况且，"助语"名称也非胡文焕"杜撰"，而是继承宋人的提法（见上 5.3 陆游、罗大经书）。故胡文焕改《语助》为《助语辞》，不能说没有道理和根

---

[1] 下关于此书的介绍参考了刘燕文《语助校注》（中州古籍出版社）和王克仲《助语辞集注》（中华书局，1988）。

[2] 龙集，岁次；阏逢（yān péng）、困敦，我国古代历法纪年名称，指甲子年，《尔雅·释天》："太岁在甲曰阏逢"，"太岁在子曰困敦"；端月，正月；既望，指农历每月的十六日；永康，今浙江省永康市。

[3] 见刘燕文《语助校注·序》。

据。清人魏维新、陈雷作《助语辞补》,王鸣昌、魏维新作《助语辞补义》①;此书又于清代传至日本,天和三年(1983年)日人梅村弥右卫门翻刊,称《鳌头助语辞》。这些书均不称"语助"也可得到解释。因此可以说,"助语"跟孔颖达的"语辞"(见上2.2.3)②一样,是虚字(虚词)在古代的另一名称。

7.2.2 收词范围与编排撰写体例 全书书列条目六十六,收虚词和与虚词有关的词组共计百三十六;其中单音节词六十八个,复合词和词组六十八个。这较之以单音节词为主要训释单位的古代注释书,无疑是个重大发展。全书的编排撰写体例可概括如下:同用同条、连及相类、义近相接、立论无例有据。

条目六十六,一条一词之外,有相同用法的列为一条。如:

若夫　乃若　至若

此皆欲指别事、别意、别名件入此文中,故以此转唤起。

只　　止　　忌　　居
诸　　且　　思　　斯

句末助声,如"母也天只""既曰归止""叔马慢忌""日居月诸""椒聊且""神之格思""无射于人斯"之类,皆语辞也。"只""止""诸""且""思""斯"本同一辞,特书异之耳。

条目六十六,而讲述了虚词和有关词组共计百三十六,这除了一条数词之外,还由于"连及相类",即连及讲述跟条目相类的虚词或词组。如:

毋

---

① 见王克仲《助语辞集注》后附。
② 本书也出现"语辞"以及"助字",见下引"只……斯"条;本条中又说:"'施''之'声相近,想当时说话之间自有此等助字。"

禁止之词。韵书云"女"中加一直,禁其勿为奸邪之意。又"无"字与之通用。……诸书中又"亡"与"无"通,只是俗语"没"字。其有"毋亦""无亦""毋乃""无乃""毋宁""无宁"之类,此"毋"字,却是带"莫"字之意。

岂

反说以见意,有俗语"那[上]里是"之意,或有如"莫"字之意。……"焉"也【焉得知?】"曾"也【曾是以为孝乎?】。又曰"非然之辞"。

然

训"如是"。曰"然""以为然""然之",皆是许其如此。若云"伊然""睟然""盼盼然""嘟嘟然",却是形容之语助,实有"恁地"之意。"嘑尔"之"尔"字,"禽如"之"如"字,"活若"之"若"字,义皆类此。

"然"字后条目依次是"然后""虽然""然则、然而、不然"。带"然"字条目紧接排列,也便于比较释义。最有意味的是全书最后两条为"已焉哉""已矣乎";二者虽均可用于句首,但均可用于句末。"已"表示"完毕""停止"之意;两条放在全书末尾,表现出作者之匠心安排。

这本书是本小册子,引原书例句很少,对条目的用法大都仅有立论或提出某些格式。刘燕文《语助校注》、王克仲《助语辞集注》注明,书中的立论或提法,皆是有据的。

如"或"字条,原书说:

有带疑辞者(1);有未定之意者(2);有不指明其人、指名其事,但以"或"字代之者(3);有未有此事、预度其事物设若如此者(4);有言其事之多端,连称几"或"字以指陈之者(5)。

刘燕文"校注":

(1)"或"是副词,大概,或许。《左传·宣公三年》:"天或启之,心将为君。"

(2)《广韵·德韵》:"或,不定也。"《史记·封禅书》:"其神或岁不至,或岁数来。""或"是连词。

(3) 这个"或"是无定代词,表示"有人"。《论语·为政》:"或谓孔子曰:'子奚不为政?'"又如《左传·襄公十四年》:"宋人或得玉,献诸子罕,子罕弗受。"

(4) 这个"或"是连词,表示假设,意思是"如果"。《贾谊集·大都》:"今大城陈、蔡、叶与不羹,或不充,不足以畏晋;……"

(5) 这个"或"也是代词,"有的",与注(3)同。《诗经·小雅·北山》:"或燕燕居息,或尽瘁事国,或息偃在床,或不已于行。"

如"哉"字条,原书说:

句绝而有嗟叹之意。……更有"矣哉"(1);"也哉"(2);"乎哉"(3);"者哉"(4)之类,文各有旨,宜随所指而味之。

王克仲"集注":

(1)《论语·子罕》:"久矣哉,由之行诈也!"

(2)《国语·楚语上》:"彼若谋楚,其亦必有丰败也哉!"

(3)《论语·述而》:"子曰:'仁远乎哉?'"又《颜渊》:"为仁由己,而由人乎哉?"

(4)《说苑·敬慎》:"恶有满而不覆者哉?"

从刘燕文《语助校注》、王克仲《助语辞集注》看,卢氏此书虽列例相当少,但其立论以及一些提法是以语言事实为据的;由此可看出作者撰写态度之严谨。

7.2.3 划分助语辞与非助语辞 前谈"书名的来历"说明"助语辞"实为虚字的又名;作者认为非虚字的用"非语助""不为语助""本训""本字义"等说法表示。这可看出作者有较为明确的虚词、实词观念,并注意划分二者的区别。

"庸、顾、殆"条下说:

"庸"训常、训用,"顾"训回视,然非语助。……"言顾行",乃"照管"之意;"顾諟天亡明命",乃"目在"之意。此类自当以本义训之。……又如"西曹地忍之",犹言"但忍之也";"行将见之",犹言"自此去将见之"也。声随意发,意不加重,且不训本字义,此等字多有之,亦语助之类也。

"云"条下说:

《出师表》"不知所云",却是不知所言;"礼云""乐云"是礼之说、乐之说。此等"云"字不为语助。

"已"条下说:

本训"止"。亦有语终而止为语助。

"岂"条下说:

韵书云"安也",乃"安可""安能"之安,非"安宁"之"安"。

"安"未明讲"本义",但实际说明"安可""安能"之"安"是语助,"安宁"之"安"非语助。

7.2.4 说明一个助语辞多个用法 元代没有虚字再分类的下位术语如代词、副词、连词等,但本书实际上说明一个语助可有几个用法,属于几个类别。如前讲"或"字,据刘燕文"校注"说明释文表现出分属副词、连词、代词。再如:

恶

《孟子》"恶！是何言也"，释"恶"字为惊叹声，微带些嗔意。……又与"恶在其为民父母""夫子恶乎长"不同。此"恶"字释为"犹何"，有俗语"那[平]里"之意。"时子恶知其不可"，是说时子那里知道是使不得。

这说明"恶"可是叹词，可是疑问代词，又可是疑问副词。

乎

"乎"字，多疑而未定之辞，或为问语，只是俗语"么[平]"字之意。……句中夹着"乎"字，如"浴乎沂"之类，此"乎"字与"于"字、"夫"字相近。

这说明"乎"字既可是语气助词，又可是介词。

7.2.5 释义方法

首先，本书注意继承前人虚字用法解释的成果。如：

夫 "夫"字在句首者为发语之端。

这是继承刘勰（"夫，……发语之首唱"，贰4.1）、孔颖达（"夫者，发语之端"，叁2.2.6）的解释。

毋 禁止之辞。

这是继承郑玄（"毋，禁止之辞"，贰1.10）的解释。

然则 "然则"者，其事理如此，转引下文正是如此如此。

这是继承孔颖达（"然者然上语，则者则下事，因前起后之势也"，叁,2.2.6）的解释

或 有带疑辞者，有带木空之意者，有不指其人、指名其事，但以"或"字代之者……

这是继承孔颖达（"或是不定之辞"不显其名而略称为"或"，叁2.2.6）的解释。

7.2.5.1 概括性的义界　用定义式的一句话说明条目的用

法。这种说明也是继承了前人的虚字解释方法。

  必 "断然决定不易"之意。

  姑 "聊尔且如此"之意。

  凡 "一概总说"之意。

  倘 "若还、设或"之意。

7.2.5.2　比较解释

一是同组近义、近用比较：

呜呼　吁

  "呜吁",嗟叹之辞,其意重而切。"吁",亦咨嗟之辞,其意稍轻。

然则　然而　不然

  此皆是承上文。"然则"者,其事事理如此,转引下文正是如此如此。"然而"者,其事理如此,句又转别有说。"不然"者,反前意,言若不如此。

二是文言与俗语比较：

  亦 是俗语"也"字之意。

  乃 或又如俗语"却又"之"却"字意。

  岂 有如俗语"那[上]里是"之意。

  已 此有俗语"了"字之说。

  未尝 俗语"未曾"之意。

  者 或有俗语"底[平]"之意①

  之 凡"之"字多有"底[平]"字义②。

7.2.5.3　句法结构关系、位置说明　虚字别于实字的特点,

---

①② 章炳麟《新方言》、王力《汉语史稿》(中册)说"底"来自"者""之",征之本书为信。

在于其语法意义、语法功能。本书能从句法功能、结构关系、结构位置、句式特点方面解释语助用法。

者

"也者"二字连下,必有后句应接而解释之。"孝弟也者,其为人之本与。"

这说明"者也"用于判断句之主语下,后面必有谓语相接。

哉

句绝而有嗟叹之意。又如《尚书》"禹曰:'俞哉!'"《左氏传》"公曰:'诺哉!'",却是口以为然,心不以为然之意。在句中,如:"贤哉,回也!""君子哉,若人!"直是叹其果贤、果君子。

这说明"哉"字可在句末;可在句中,而在句中有提前谓语的作用。

夫

"夫"字在句首者为发语之端。……有在句中者,如"学夫诗"之类,与"乎"字似相近,但"夫"字意婉而声衍。在句末者,为句绝之余声。

这说明"夫"字可在句首、句中、句末;而作用各不相同。

兮

有在句中者,有在句末者,皆咏叹之助声。

这说明"兮"字可在句中、可在句末,但均表示语气,为语气助词。

以上介绍了《助语辞》的大致内容,可看出作者对语助(虚词)的认识及解释水平。在汉语虚词研究史上,本书占有重要地位。它继承前人的虚词注释成果,开虚词汇释成专书之先河;通行于元明清三代,流传于日本。其价值不可低估。还需要特别提出的是本书有胡长孺、胡文焕分别作的《语助序》《助语辞序》。前《序》说："文岂易言？……个中妙用无穷，只在一二虚字为之机括，昧者未达也。"后《序》说："助语之在文也，多固不可，少固不可，而其间误用更不可。……故谚有之云：'之乎也者矣焉哉，用得来的好秀才。'"这是对虚词的作用具体而浅显的说明。当然，本书也不是没有缺点，如收录几个非虚词的实词与动词词组（如"几希""施及"）；有的虚词用法讲述不全、释义欠贴切。但这些是不应该苛求卢氏的。

8.0 胡三省《资治通鉴音注》中的语法分析

《资治通鉴音注》作者胡三省是宋元之际史学家，训诂学家；《新元史》记载："天台胡三省，字身之，笃于史学。宋宝祐四年进士，以贾似道辟从军芜湖，言辄不用。及败，隐居不仕。著《资治通鉴音注及释文辨误》百余卷。"

胡氏《音注》中的语法分析跟前代注释书相较，有两个显著特点：一是继承前人成果，二是修正前人失误。分别谈述于下：

8.1 胡氏语法分析对前人的继承

胡氏语法分析继承前人成果，一是因缘注释书本身发展的规律，二是因缘《资治通鉴》一书的特点。注释书语法分析发展的规律，是后人继承前人。魏晋时期的杜预《春秋左传集释》中的语法分析继承汉代注释书，唐代孔颖达"五经正义"中的语法分析又继承汉魏晋注释书。宋元之前已有多种经、子、史、集等方面的注释书,其中的语法分析内容与方法胡三省著书当然会继承。又《资治通鉴》一书是司马光等人依据前代史书改编而成,其《周纪》《秦纪》《汉纪》部分,主要依据《尚书》《左传》《史记》《汉书》《后汉书》等书;而这些书都早已有了注释,除前说杜预书外,如《史记》"三家注"(裴骃《集解》、司马贞《索引》、张守节《正义》)、《尚书》"伪孔传"、《汉书》颜师古"注"、《后汉书》李贤"注"。《资治通鉴》依据这些书,胡氏《音注》的《周纪》《秦纪》《汉纪》部分的注释自然也就引用这些书的注释。

又注释书的语法分析有其共同的内容与方法,内容有虚词解释和词序、句读层次、句法结构、语义关系、词的句法功能、句式句型分析以及修辞说明等,方法是虚词加入、省略和实词移位、重排等。胡氏语法分析也继承了这些内容与方法。限于篇幅,本书不依次谈这些方面,仅从《音注》一书明署前人名字的注释来看胡氏对前人语法分析的继承。

(1) 蔡泽曰:"吁!【孔安国曰:"吁,疑怪之辞也。"孔颖达曰:"吁者,心有所嫌而为此声,故以为疑怪之辞也。"】君何见之晚也!……"《秦纪·昭襄王》

(2) 朕初临万机,虑不周悉,故称尔耳!【颜之推曰:"如是为'尔',而已为'耳'。"】《陈纪·文帝上》

(3) 匈奴畏李广之略,士卒亦多乐从李广,而苦程不识。【师古曰:"苦谓厌苦之也。"】《汉纪·武帝上上》

(4) (苏武骂卫律曰)汝为人臣子,不顾恩义,叛主背亲,为降虏于蛮夷;何以汝为见?【师古曰:"言何用见汝为也?"】《汉纪·武帝下上》

(5) 继治世者,其道同;继乱世者,其道变。今汉继大乱

之后,若宜少损周之文,致【师古曰:"致,至极也。"贡父曰:"'致'当属下句。"】用夏之忠者。《汉纪·武帝上上》

(6)(帝)乃叹曰:"吴公差强人意,隐若一敌国矣。"【贤曰:"隐,威重之貌;言其威重若敌国。"】《汉纪·光武帝中上》

(7)朕既不敏,常惧过行,以羞先帝之遗德。【师古曰:"过行,行有过失也。"】《汉纪·文帝下》

(8)沛令后悔,恐其有变,乃闭城城守。【师古曰:"城守者,守其城也。"】《秦纪·二世上》

(9)春,以岁不登,禁内郡食马粟,没入之。【师古曰:"食读曰饲;以粟食马者,没其马入官。"】《汉纪·景帝下》

(10)(燕王)旦遣孙纵之等前后十余辈,多赍金宝走马,赂遗盖主桀、弘羊等。【师古曰:"走马,马之善走者也。"】《汉纪·昭帝上》

(11)外内异言。【师古曰:"外内谓外朝及内朝也。"】同上

(12)孔公绪清谈高论,嘘枯吹生。【贤曰:"枯者嘘之使生;生者吹之使枯;言谈论有所抑扬也。"】《汉纪·献帝甲》

(13)二人入其第,见志宁寝处苫块。【孔颖达曰:"寝苫处块,谓孝子居于庐中寝卧于苫头、枕于块处。"】《唐纪·太宗中中》

(14)(斛斯)椿入帷门,磬折延首而不敢前。【张守节曰:"磬折,谓曲体揖之若石磬之形曲折也。"】《梁纪·武帝一一》

(15)(上)乃还甘泉,类祠太一。【师古曰:"类祠,谓以事类而祭也。"】《汉纪·武帝中下》

(16) 虏谓汉兵救至大惊,待旦将退。(廉)范令军中蓐食,晨往赴之。【贤曰:"蓐食,早起食于寝蓐中也。"】《汉纪·明帝下》

(17) 上牵制文义,优游不决,孝宣之业衰焉。【师古曰:"为文义所牵制,故不断。"】《汉纪·元帝下》

(18) (外国)度汉兵远不能至,而禁其食物以苦汉使。【师古曰:"令其困苦也。"】《汉纪·武帝中下》

(19) 匈奴之俗,本上气力而下服役。【师古曰:"以服役于人为下。"】《汉纪·宣帝下》

(20) 援枹秉麾之将,拔距投石之士,含怒作色如赴私仇。【师古曰:"投石者以石投人。"】《梁纪·武帝一六》

(21) 平原君乃与之俱;十九人相与目笑之。【(司马贞)索隐曰:"谓目视而侮笑之。"】《周纪·赧王下》

(22) (丧事)经带毋过三寸,毋布车及兵器。【应劭曰:"毋以布衣车及兵器也。"】《汉纪·文帝下》

(23) 北桥余吾水,令可度以备奔走。【师古曰:"于余吾水上作桥。"】《汉纪·昭帝上》

(24) 处舍收藏,欲周以固。【杨倞曰:"处舍,营垒也;收藏,财物也。周密严固,则敌不得而陵夺也。"】《秦纪·昭襄王》

(25) 天下之初发难也,忧在亡秦而已。【师古曰:"志在灭亲,所忧者唯此。"】《汉纪·高祖上下》

(26) 大狱一起,无辜者众;死囚久系,纤微成大。【贤曰:"言久系之,则细微之事牵引以成大也。"】《汉纪·顺帝下》

(27) 末世贵戚食禄之家,温衣美饭,乘坚驱良,而面墙术

学,不识臧否。【贤曰:"坚谓好车,良谓善马。"】《汉纪·安帝中》

(28)今兵久不决,四夷卒有动摇;相因而起,虽有知者不能善其后;羌独足忧邪?【师古曰:"言倘如此,则所忧不独在羌。"】《汉纪·宣帝中》

(29)臣伏而思之,可谓至恩,未可谓本务也。【师古曰:"言天子如此,虽于百姓为至恩,然未尽政务之本也。"】(同上)

(30)三辅遭王莽更始之乱,重以赤眉延岑之丑,元元涂炭;【贤曰:"涂炭者若陷泥坠火,喻穷困之极也。"】无所依诉。《汉纪·光武帝上上》

以上注释胡氏一一写出前人名字。(1)(2)解释虚词"吁""尔""耳";(3)加"之"说明"苦"是他动词;(4)调整原文词序;(5)说明句读;(6)明确主语"隐";(7)说明主语"行"位谓语"过"后;(8)说明宾语"城"位动词"守"前;(9)说明"食马粟"是双宾结构;(10)说明"走"是"马"的定语;(11)加入"及"说明"外内"是并列关系;(12)(13)说明"嘘枯吹生""寝处苦块"是对接结构;(14)(15)(16)说明N—V状述语义关系,状语"磬""类""蓐"分别是述语"折""祠""食"的施事、方式、处所;(17)—(20)说明V—N述宾语义关系,宾语"文义""汉使""服役""石"分别是述语"牵制""苦""下""投"的施事、所使令、所认定、工具;(21)(22)(23)名词"目""布""桥"作述语有行为义表示陈述;(24)(25)动词"处舍""收藏""忧"和(26)(27)形容词"纤微""坚""良"作主语、宾语名词化表示指称;(28)说明是反诘问句,肯定形式表现否定义;(29)加入"虽"然"表示是让步关系;(30)说明"涂炭"是比喻词。

8.2 胡氏语法分析对前人的发展

《音注》中的语法分析,在内容、方法方面对前人有所继承,可也明显的有所发展。这表现在两个方面:

8.2.1 修正前人语法分析失误 从上面可看出,胡氏继承前人的语法分析成果,更多的是引用颜师古、李贤《汉书注》《后汉书注》;胡氏修正前人的语法分析失误,也更多的(或者说主要的)是更正颜、李二氏的分析失误。

8.2.1.1 修正实词词性及句法功能的解释

(1) 是时于窴王广德雄张南道,【贤曰:"雄张犹炽盛也。"予谓:张者,自大之意。】《汉纪·明帝下》

(2) 以万骑之众,逐数千之虏,追尾掩截,【贤曰:"尾犹寻也。"余谓:尾者,随其后而击之也。】其道自穷。《汉纪·安帝上》

(3)(王莽向太后进言,红阳侯立)宜可遣就国,安后复征召之。【师古曰:"安犹徐也。"余谓:安,定也;犹言事定后也。】《汉纪·哀帝下》

(4) 上问上林尉诸禽兽簿,十余问,尉左右视,尽不能对。【盖帝问之而不能对,故仓皇失措而左右视也。师古曰:"视其属官,尽不能对。"非也。】《汉纪·文帝中》

(5)(窦)宪恃宫掖声势,……以贱值请夺沁水公主园田;主逼畏不敢计。后帝出过园,指以问宪,宪阴喝,不得对。【贤曰:"阴喝犹喑噎也。"余谓:喝,诃也;阴,密也;潜也。当帝问之时,密呵左右不得对也。观帝以赵高指鹿为马责宪,则阴喝之义可知矣。】《汉纪·章帝上》

(6)(刘)秀乃与敢死者三千人,从城西水上冲其中坚。【贤曰:"敢死,谓果敢而死者。"余谓:敢死者,敢于致死者也。】《汉纪·淮阳王》

(7)帝性褊察,好以耳目隐发为明。【贤曰:"隐犹私也。"余谓:隐者,人耳目之所不及,帝好以耳目窥其隐而发之。】《汉纪·明帝上》

(8)北单于所以要致汉使者,欲以离南单于之众,坚三十六国之心也。【贤曰:"武帝开通西域本三十六国。"余谓:坚其心者,欲使之专附匈奴。】《汉纪·明帝下》

以上(1)李氏释"雄张"为"炽盛",属形容词;胡氏释"张"为"自大"(张大、扩张),属动词;(2)李氏释"尾"为"寻",属动词;胡氏释"追尾"为"随其后";"属"属名词;(3)"安",颜氏释为"徐",属副词;胡氏改释为"定",属动词;(4)"视",颜氏释为上林"视其属官",属他动词;胡氏改释为上林尉自己"左右视",属自动词;(5)"阴喝",李氏释为"喑塞",属自动词;胡氏改释为"密诃",属他动词。胡氏据下文帝谈赵高指鹿为马事,确定"不得对"是对左右人;(6)李氏释"敢死",为"果敢而死","敢"属形容词;胡氏改释为"敢于致死","敢"属助动词;(7)"隐",李氏释为"私",属名词;胡氏改释为"窥其隐",属名词谓用,表达陈述;(8)"坚心",李氏未解出其义,胡氏释为"欲使……",说明"坚"属形容词,使动用。

8.2.1.2 修正虚词用法的说明

(1)我故群臣从官,安得罪而大将军尽系之乎?【师古曰:"安,焉也。"余谓:安得罪,犹言何所得罪也。】《汉纪·昭帝下》

(2)（史丹涕泣言道路流言,太子有动摇之议）天子素仁,不忍见丹涕泣,言又切至,意大感悟,喟然太息曰:"……驸马都尉安所受此语?"【师古曰:"安,焉也。"余谓:安,何也。】《汉纪·元帝下》

(3)（王根）为上言其利,上直欲从单于求之。【师古曰:"直犹正也。"余谓:直,径直也。】《汉纪·成帝中》

(4)唯北狄为不然,直中国之坚敌也;三垂比之悬矣,前世重之兹甚,【师古曰:"兹,益也。"余谓:兹,此也;兹甚,此为甚也。】未易可轻也。《汉纪·哀帝中》

以上(1)(2)胡氏释"安",改"焉"为"何",而跟"所"组合;"何所"为惯用词组,意思是哪里、何处,"焉所"无此用法。(3)胡氏释"直",改"正"为"径直",明确表现"直"是副词。(4)"兹"是指示代词,理当训为"此",不当训为副词"益"。

8.2.1.3 修正句法结构的分析

(1)（项王）顾见汉骑司马吕马童曰:"若非吾故人乎?"……项王乃曰:"吾闻汉购我头千金,邑万户;吾为若德。"【《史记正义》(张守节)曰:"言吕马童与己是故人,旧有恩德于己。"余谓:羽盖谓我为汝自刎以德汝】乃自刎而死。《汉纪·高祖中》

(2)战死,壮士所有也。【师古曰:"言人皆有此事耳。"余谓:壮士健斗,则战死乃本分必有之事。】《汉纪·宣帝下》

(3)汉虽强犹不能兼并匈奴,奈何乱先古之制臣事于汉,卑辱先单于,【师古曰:"言忝辱之,更令卑下也。"余谓:此言先单于与汉争为长雄,而令单于臣事之,是卑辱先单于地下也。】为诸国所笑。（同上）

(4)(萧)望之始见(郑)朋,接待以意。【师古曰:"与之想见,纳用其说也。"余谓:接待以意者,推诚待之,接以殷勤。】《汉纪·元帝上》

　　(5)(谷)永自知有内应,展意无所依违;每言事,辄见答礼。【师古曰:"如礼而答之。"余谓:答礼者,答之而又加礼也。】《汉纪·成帝上下》

　　(6)(张)禹虽家居,以特进为天子师,国家每有大政,必与定议。【师古曰:"与读曰豫。"余谓:与,读如字;言天子与禹定其可否也。】《汉纪·成帝中》

　　(7)高安侯(董)贤佞幸之臣,陛下倾爵位以贵之,单货财以富之;损至尊以宠之。【师古曰:"言上意倾惑,为下所窥也。"余谓:帝为贤治第拟于宫阙,乘舆器物充牣其家,此所谓捐至尊以宠之也。】《汉纪·哀帝下》

以上诸例,《史记正义》(张守节)、颜氏释义或未表现、或未正确表现原文的句法关系。胡氏释义说明:(1)"吾为若德"之"为若德"为承接结构("德",名词谓用,表陈述);(2)"战士"是话题主语,为谓语"有"所领;(3)加入指示词"是"表明"卑辱先单于"是表述"臣事于汉";(4)"接待以意"是承接结构,"以意"隔"待"说明"接";(5)加入"而又"表示"答礼"为承接关系;(6)"与"非读去声 yù,动词"参与"义;读上声 yǔ,介词"跟、和"义。"与定议"为状述结构(介词"与"后省名词"禹");(7)加入"此所谓"表示"捐至尊以宠之"是总结前句。

8.2.1.4 修正句法语义关系的解说

　　(1)掖庭见亲有加赏赐,属其人勿众谢。【师古曰:"掖庭官人有亲戚来见而帝赐之者,属其家勿使于众人中谢也。"余

叁　中国古代语法学的发展(隋唐宋元明)

谓:有见亲幸者加之赏赐,则属其人勿于众中谢也。】《汉纪·哀帝下》

(2)海内贪污之人受其货赂,至有臧锢弃世之徒,【贤曰:"有赃贿禁锢之人。"余谓:弃世者,见弃于世也。】复见显用。《汉纪·安帝中》

(3)楚数进取,前陈王、项梁皆败,不如更遣长者扶义而西。【师古曰:"扶,助也,以义自助也。"余谓:扶义犹言仗义也。】《秦纪·二世下》

(4)吾欲捐关以东等弃之,谁可与共功者?【师古:"捐关以东,谓不自有其地,将以与人、令其立功共破楚也。"余谓:等弃之者,言捐以与人与弃等也。】《汉纪·高祖上上》

(5)外家何甘乐祸败,【师古曰:"言此罪过并身自为之。"余谓:言商等奢僭必将得罪,何乃甘心为之以为乐也。】而欲自黥劓,相戮辱于太后前?《汉纪·成帝上下》

(6)赵魏濒山,【师古曰:"濒山犹言以山为边界也。"余谓:赵魏之地一边接山则地势高,非边界也。】齐地卑下。《汉纪·成帝下》

(7)萧王推赤心置人腹中,安得不投死乎?【贤曰:"投死犹言致死。"余谓:投,托也;托以死也。】《汉纪·淮阳王》

(8)唯陛下留神于择贤,记善忘过,容忍臣子,勿责以备。【师古曰:"不求备于一人也。"余谓:责备者,求全也。】《汉纪·哀帝中》

(9)(班超)目见西域平定,陛下举万年之觞,荐勋祖庙,布大喜于天下。【贤曰:"荐,进也;勋,功也。《左氏》传曰:'反行、饮至、舍爵、策勋也。'"余谓:超盖言平西域,告成功于祖庙

也。《汉纪·章帝上》

以上诸例,颜、李释义或未表现、或未正确表现原文的语义关系,胡氏释义说明:(1)"见亲"是被亲幸;"见"表示受事;(2)"弃世"是为世人所弃,"世"为施事;(3)"扶义"之"义"是"扶"的所依(非所用);(4)"等弃之"是与弃之相等,"弃之"是"等"的与事;(5)"乐祸败"是以祸败为乐,"祸败"为"乐"的所认(意动用法);(6)"濒山"是与山相接,"山"为"濒"的所与(非"濒"的意动用);(7)"致死"是以死相托,"死"为"致"的受事(非"死"的目的);(8)"责以备"是求全,"备"为"求的受事(与"人"无关);(9)"荐勋祖庙"是告功于祖庙,"祖庙"为"荐勋"的方位。

8.2.1.5 歧义确定取舍

(1)(史丹)涕泣而言曰:"皇太子以適长立积十余年,名号系于百姓,天下莫不归心臣子。【师古曰:"自托为臣子。"仲冯曰:"'臣子'当属下句,不当断之。"余以下文大意观之,颜说为是。】见山阳王雅素爱幸。……"《汉纪·元帝下》

(2)死者恨于下,生者愁于上。臣甚惛焉。【师古曰:"惛谓不了,言惑于此事也。一云惛,古闵字,忧病也。"余谓:当从后说。】《汉纪·成帝上》

(3)(杨)敞素谨畏事,不敢言,乃移病卧。【师古曰:"移病谓移书言病;一曰以病而移居。"余谓:前说是。】《汉纪·昭帝上》

(4)帝亦以为太子颇得赵太后力,遂不竟其事。傅太后恩赵太后,【师古曰:"恩谓以厚恩接遇之;一曰恩谓衔其立哀帝为嗣之恩也。"余谓:一说是。】赵太后亦归心。《汉纪·哀帝上》

叁 中国古代语法学的发展(隋唐宋元明) 361

8.2.2 修正《通鉴》原文语法失误
8.2.2.1 说明主语残缺

(1) 难将作,江阳长张惠绍驰告裴蕴,与惠绍谋矫诏发郭下兵收化及等,扣门援帝。【"与"上更有"蕴"字,文意乃明。】《唐纪·高祖上上》

(2) 上以告国忠,曰:"此议,他人不知,必张垍兄弟告之也。"【"国忠"之下,更有"国忠"二字,文意乃明。】《唐纪·玄宗下下》

(3) 光启三年多四月甲辰朔,约逐苏州刺史张雄,帅其众逃入海。【此句上更有一"雄"字,文意乃足。】《唐纪·僖宗下下》

(4) 会于渑池。王与赵王饮,【此句作"秦王与赵王饮",文意乃明。】秦王请赵王鼓瑟。《周纪·赧王中》

(5) 丙午,契丹自白马渡河,谓宣徽使高勋曰:"……"【"契丹"之下,当逸"主"字。】《后汉纪·高祖上》

8.2.2.2 说明为谓语残缺、字误

(1) 湘州平侯瑱与贺若敦相持日久,瑱不能制,乃借船送敦等渡江。【按《贺若敦传》"借船"之上有"求"字。】《陈纪·文帝上》

(2) 丙戌,以世充为太尉尚书令内外诸军事。【"内外诸军事"上当有"总督"二字。】《唐纪·高祖上中》

(3) 董昌将称帝,……又问会稽令吴镣;对曰:"大王不为真诸侯以传子孙,乃欲假天子以取灭亡耶!"【"乃欲"之下有"为"字,文意方足。】昌亦族诛之。《唐纪·昭宗上下》

(4) 丙子,上谓侍臣"近朝征敛縠帛,多不俟收获纺绩之

毕。"【"侍臣"之下有"曰"字,文意乃足。】乃诏三司自今夏税以六月,秋税以十月起征。《后周纪·世宗中》

(5) 燕乐浪王温为尚书右仆射。【"燕"下当有"以"字。】《晋纪·武帝中下》

(6) 己未,武兴王杨绍先为秦南秦二州刺史。【"己未"之下当有"以"字;《梁书》亦然。】《梁纪·武帝一二》

(7) 时建康虚弱,粮运不继,朝臣皆欲与齐和,请以霸从子昙朗为质。……(霸先)乃与昙朗及永嘉王庄、丹杨尹王冲之子珉为质,【"与"当作"以",文意明顺。】与齐人盟于城外。《梁纪·敬帝》

"以……为"为兼语式格式;(5)(6)脱"以",(7)"与"当改"以"。

8.2.2.3 说明联合成分残缺、字误

(1) 兵出而相当,不十日而战,胜存亡之机决矣。【"而战"句断,"胜"下当有"负"字;以此观之,文意明通。窃谓《通鉴》承《史记》元文之误。】《周纪·显王》

(2) 更立新法,冬至徙上三日五时。日之所在,移旧四度;又月有迟疾,前历合朔。月食不在朔望。【"月食"上当有"日"字。】《宋纪·文帝中中》

(3) (韩)建又奏:"陛下送贤任能,足清祸乱,何必置殿后四军?显有厚薄之恩,乖无偏无党之道。【一本"厚"下更有"有"字。】《唐纪·昭宗中上》

(4) 梁主为人温恭约,【"约"上当有"俭"字,句断。】无荒淫之失。《后唐纪·庄宗上》

(5) 其强杰愎勃者,则挠削法制,……其阴泥巧狡者,【恐

"泥"当作"昵"。】亦能家算口敛,委于邪幸。《唐纪·文宗上下》

以上(2)下有"朔望",上当有"日月";(3)"有厚薄"义也成立,但下有"无偏无党",当作"有厚有薄";(5)"泥"当是"昵";联合成分必须词性相同,"泥"是名词,"阴""巧""狡"均是形容词。

8.2.2.4 说明介名结构成分残缺

(1) 敕刘道怜司空出镇京口。【"司空"之上当逸"以"字。】《晋纪·恭帝》

(2) 凉州刺史赵持满多力善射,……其舅驸马都尉长孙铨,无忌之族弟也。铨坐无忌流巂州。许敬宗恐持满作难,诬云无忌同反。【"诬云"之下恐脱"与"字。】《唐纪·高宗上下》

(1)脱"以",不能表现是刘道怜以司空之名。(2)脱"与",不能表现是诬与无忌同反;无"与","同"字没着落。

8.2.2.5 说明虚词"以""甚"误用及"所"字脱用

(1)(张镐)闻史思明请降,上言思明凶险,因乱窃位,……又言滑州防御使许叔冀狡猾多诈,临难必变,请征入宿卫。时上以宠纳思明,【"以"当作"已";唐人多通用"以、已"二字,但于此作"以",文意不通。】……以镐为不切事机。《唐纪·肃宗中下》

(2)上问(关播)以为政之要;对曰:"为政之本,必求有道贤人与之为理。"上曰:"朕比以下诏求贤,【"以"当作"已"。】又遣使臣广加搜访,庶几可以为理乎?《唐纪·代宗下》

(3)陛下践阼,今以周岁,【"以"当作"已"。】未闻有受伏伽之赏者。《唐纪·宪宗上上》

(4)（张）令昭奏："（刘）延皓失于抚御，以致军乱；臣以抚安士卒，权领军府，【"臣以"之"以"当作"已"。】乞赐旌节。"《后晋纪·高祖上上》

(5) 毛仲视宦贵近者若无人，甚卑品者【"甚"当作"其"。】小忤意辄詈骂如僮仆。《唐纪·玄宗中上》

(6) 臣昔与晦同从北征，入关十策，晦有其久，才略明练，殆为少敌。然未尝孤军决胜，戎事恐非其长。【"其"下当有"所"字。】《宋纪·文帝上上》

(6)加"所"，标记指称，说明"所长"指所长之处。

从胡氏对前人语法分析失误及《通鉴》原文语法错误的修正，可看出胡氏对语法结构的认识较前人更深刻，其语法观念较前人更明确。

8.3 提出释义理论——文理说

胡氏释义，特别是订正前人释义、原文错误，有自己的明确理论——依据文理。

(1)（董）贤母病，长安厨给祠具，道中过者皆饮食。【如淳曰："祷于道中故行人皆得饮食。"余谓：若据文理，则饮音於禁翻，食读饲。】《汉纪·哀帝下》

(2) 若有谏者，正当斩之；不杀百许人，自然永息。【以文理观之，"不"字必误。】《隋纪·文帝中》

(3) 壬寅，侯景以火车焚台城东南楼，材官吴景有巧思，于城内构地为楼。火才灭，新楼即立；贼以为神。景因火起，潜遣人于其下穿城；城将崩，乃觉之。【详观上下文，"景因火起"，作"贼因火起"，于当时事势、文理为明顺。

盖"侯景"与"吴景"淆乱也;读者难以明辨。】《梁纪·武帝一七》

(4) 吴贼侜张遂至于此。【侜,旧音张流切,盖因《书》"诗张为幻",《尔雅》"诗作侜",遂有此音。按《类篇》"侜,音张流切",其义华也。《书》所谓"侜张",其义诞也。以文理求之,皆于此不近;姑缺之,以待知者。】《陈纪·宣帝上下》

以上说明:据文理(1)"饮食",当读去声 yìnsì、使动义(使之饮食);(2)状语"不"字衍;(3)"景"当是侯景,非吴景;改为"贼"字,明确主语;(4)"华"义、"诞"义于此均不适合。这可看出,胡氏讲的"文理"即相当"语境";这样"据文理而训"即据语境而训。

语境的一个重要内容,是上下文,这点胡氏也明确指出。

(5) 以为不壹劳者不久逸,不暂费者不永宁;是以忍百万之师以摧饿虎之喙,【师古曰:"喙,口也;摧百万之师于兽口也。"余谓:顺文而为说,其义自通。唐讳虎,故师古改曰兽。】运府库之财填庐山之壑而不悔也。《汉纪·哀帝中》

(6) 商之服民,所以养生之者,无异周人。【以上下文观之,"商""周"二字恐误倒。】《秦纪·昭襄王》

(7) 陛下所谓比见奏对论事皆是雷同道听途说者,臣窃以众多之议,足见人情,必有可行,亦有可畏;恐不宜一概轻侮而莫之省纳也。陛下又谓试加质问,即便辞穷;臣但以陛下虽穷其辞而未穷其理,能服其口而未服其心。【"但以"若依上文作"窃以又觉",文从字顺。】《唐纪·德宗四》

(8) (毛喜)自草敕请画,以师知付廷尉,……王暹、殷不佞并付治。【付治,付有司治罪也。或作"付冶",付东冶使徒作也。以下文不害免官言之,"治"字为是。】不佞,不害之弟

也,少有孝行;琐雅重之故,独得不死,免官而已。《陈纪·临海王》

胡氏释义(包括对前人和原文的订正)也注意到从作品旨意、全书体例、事件背景、地点方位、人物身份等等方面考虑。

(9) 劲弩长戟,射疏及远,【仲冯曰:"'长戟'恐误,或者劲弩如今九牛大弩,以枪为矢欤! 故可射疏及远也。然戟有钩,又不可射。"余谓:文意各有所属,劲弩所以射疏,长戟所以及远也。】《汉纪·文帝下》

(10) (滕胤)勒兵自卫,召典军杨崇、将军孙咨告以綝为乱,迫融等使有书难綝,【"有"者对"无"之称,于此则文义不为通。《通鉴》既因《三国志》旧文,今亦不欲轻改。】綝不听。《魏纪·高贵乡公下》

(11) 辛未,高澄入朝于邺,固辞大丞相。【以《通鉴》书法言之,"辛未"之下当有"东魏"二字。】《梁纪·武帝一六》

(12) (翟)斌怒,密与前秦长乐公丕通谋。【《通鉴》凡苻秦事书曰"秦",此"前"字衍。】《晋纪·武帝上下》

(13) 晋以(杨)盛为都督陇右诸军事征西大将军。【《通鉴》以晋纪年,则"以盛为都督"之上不必书"晋","晋"字当作"诏"字。】《晋纪·安帝己》

(14) 昔秦伯有千乘之国,而不能容其母弟,《春秋》讥焉;周、召则不然。【师古曰:"言周公、召公无私怨也。"余谓:不然者,不为秦伯之为也。】《汉纪·成帝上》

(15) (王)莽宜赐号"安汉公",益户畴爵邑。【贤曰:"畴,等也;言功臣子孙袭封与先人等。"余谓:此言莽进号为公,益其户使与爵等也。】《汉纪·平帝上》

(16) 袁车骑引军东向,【自河内至延津为东向。】其意未可量也。《汉纪·献帝乙》

(17) 汉王辍食吐哺,骂曰:"竖儒!几败而公事!"【而,汝也;公,尊称也。高祖嫚骂人率曰"而公、乃公",盖自尊辞。】《汉纪·高祖上下》

(18) 左丞张说自东都遣人遗上佩刀,意欲上断割。【遗,于季翻,君臣之礼,当言"献佩刀",此因旧史成文,失于改定耳。】《唐纪·玄宗上上》

胡氏的"文理说"是继孔颖达的"文势说"、贾公彦的"望文为义说"之后,又一古代的语境论。

9.0 蒙学语法训练及语法训练教材《对类》的出现

中国古代基础教育没有专门性的语法教学,但这并不意味着中国古代基础教育没有语法训练。这就是旧时代蒙馆里进行的属对(又名对课)教学。

9.1 属对教学的内容及其历史

关于属对(对课)的教学内容与方法,蔡元培在《我在教育界的经验》[①]中作过具体介绍:

> 对课与现在的造句法相近。约由一字到四字,先生出上联,学生想出下联来。不但名词对名词,静词要对静词,动词要

---

① 见《蔡元培选集》(香港文学研究社出版)。

对动词,而且每一种词里又要取其品性相近的。例如先生出一"山"字是名词,就要用"海"字或"水"字来对他;因为都是地理的名词。又如出"桃红"二字就要用"柳绿"或"薇紫"等词来对他;第一字都用植物的名词,第二字都用颜色的静词,别的可以类推。这一种功课,不但是作文的开始,也是作诗的基础。

张志公指出:"属对练习是一种不讲语法理论而实际上相当严密的语法训练;经过多次的练习之后,学生可以纯熟地掌握了词类和造句的规律,并且用之于习作。"①这是因为属对的目的与结果是产生对偶句,严正的对偶句上下两联除了声律要求之外,在语法上横向(古人竖写)语词必须是同一聚合关系(同一词类),竖向语词必须是同一组合关系。以杜甫《绝句》一著名属对为例:

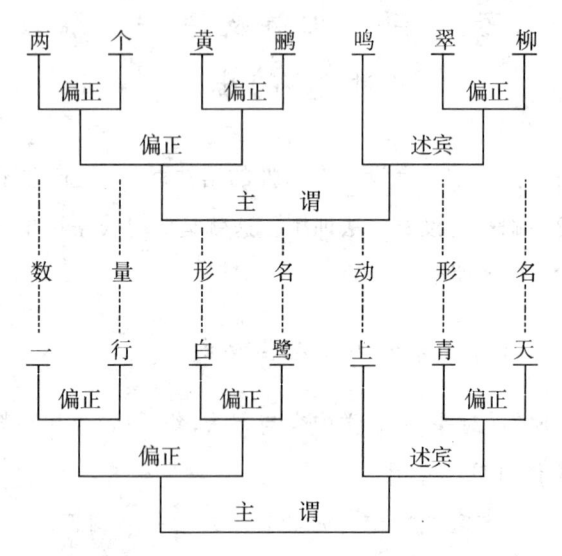

```
两    个    黄    鹂    鸣    翠    柳
└─偏正─┘  └─偏正─┘        └─偏正─┘
   └────偏正────┘      └────述宾────┘
            └──────主 谓──────┘

数    量    形    名    动    形    名
一    行    白    鹭    上    青    天
└─偏正─┘  └─偏正─┘        └─偏正─┘
   └────偏正────┘      └────述宾────┘
            └──────主 谓──────┘
```

古人没有明确的词的语法类别概念及相应的名称,也没有明

---

① 见《传统语文教育初探》(上海教育出版社,1962);写本题参考此书。

确的句法结构成分概念及相应的名称,但他们认识到属对的构成横向必须是同一词类,竖向须句法相同。因此,属对的操作实际上就是语词的类聚划分、组合关系分析的认识与实践。用现在语法学术语来说,就是从组合中定聚合,从聚合中定类别;从聚合中定组合,从组合中定关系①。

古代蒙馆里的属对教学有相当长的历史,从苏洵(苏老泉)《送石昌言使北引》记载看,北宋时代这种教学方法即开始。他说:

> 昌言举进士时,吾始数岁,未学也。……吾后渐长,亦稍知读书,学句读、属对、声律,未成而废。

元代专门指导学童读书方法和程序的程端礼《读书分年日程》(卷一)说:

> 小学不得令日日作诗作对,虚费日力。今世俗之教,十五岁前不能读记"九经"正文,皆是此弊。但令习字演文之日,将已说《小学》书作口义,以学演文。每句先逐字训之,然后通解一句之意,又通结一章之义。相接续作去,明理、演文,一举两得。更令记《对类》单字,使知虚实、死活字;更记类首"天、长、永、日"字。但临放学时面属一对便行,使略知对偶、轻重、虚实足矣。

这里说明元代已有《对类》教材(其类首按"天、长、永、日"即阴、阳、上、去四声代表字排列);又说明属对练习是使学童掌握虚实、死活字,以配合"习字演文"即进行语言基本功训练。

明代属对教学更有进一步发展,出现的《对类》教材流传至今

---

① 一般书上讲诗词格律,谈到对偶,对仗,仅谈平仄声律,对其中的语词聚合、组合关系,则有所忽略。

(详下)。直到清末,蒙馆里仍沿用这种教学内容与方式。这除了前面引的蔡元培所说外,鲁迅《从百草园到三味书屋》里也有记载:

> 我才知道做学生是不应该问这些事的,……我就只读书,正午习字,晚上对课。先生最初几天对我很严厉,后来却好起来了,不过给我读的书渐渐加多,对课也渐渐地加上字去,从三言到五言,终于到七言。

从以上可信资料看,从北宋到清末,长达千年时间里,蒙馆里一直有属对教学,一直用这种方法对学童进行语法训练。

9.2 属对教材《对类》的出现

前面元人程端礼已提到《对类》,可见当时已有此书出现。不过现在能见到的最早的完整本子是明代吴勉学《对类考注》(署嘉靖壬寅菊月重梓①)和屠隆订正《缥缃对类大全》(署古吴陈长卿梓,未署时间)②。两书同中有异,据此两书可看出属对教学的具体内容。两书开头有一相同的"习对发蒙格式":

> 凡入小学教之识字,便教读得分明。每字各有四声,……第一声是平声,第二声、第三声、第四声皆是仄(声)。以故平上去入别之,平字用仄字对,仄字用平字对。平仄不失,又以虚实、死活字教之。盖字之有形体者为实,字之无形体者为虚;似有而无者为半虚,似无而有者为半实。实者皆是死字,惟虚字则有死、有活。死谓其自然而然者,如"高、下、洪、纤"

---

① 嘉靖壬寅菊月,是公元 1542 年农历 9 月;"重梓",是重刻再印,说明早有此书。
② 张志公《传统语文教育初探》列清代"对类"书多种,如程锡类《对类便读》、章庆《对语四神》、赵实秋王晓亭《对类指掌》、黄坤《对类引端》。这些书内容大同小异,皆是仿明代两书而编写;不过可看出清代蒙馆属对教学之盛行。

之类是也;活谓其使然而然者,如"飞、潜、变、化"之类是也。虚字对虚,实字对实;半虚、半实者亦然。最是死字不得对以活字,活字不得对以死字。此而不审,则文理谬矣。……若夫以实字作虚字使,以死字作活字用,是作家有此活法,初学未易语此。

这是说明字(词)的分类标准与划分的类别,分实字(有形体者)、虚字(无形体者)、半虚字、半实字;实字皆为死字,虚字分死(自然而然者)、活(使然而然者)。实字作虚字使,死字作活字用,是作家用的"活法"(即所谓"活用")。

两书皆有"习对歌",讲属对规则,大致按义类分,共计28条。如("格式对""虚字对""助辞对"全录外,其他"对"示例):

1. 格式对

平对仄,仄对平,反切要分明。有无虚对实,死活兼重轻。上去入音为仄韵,东西南字是平声。实对实,虚对虚,轻重莫偏枯。留心勤事业,满腹富诗书。古人已用三冬足,年少今开万卷余。

2. 五音对

宫商角徵羽,牙齿舌喉唇。难呼语气皆为浊,易纽言辞尽浊清。

3. 天文对

天对地,地对天,天地对山川。清风对皓月,暮雨对朝烟。

5. 地理对

泉对石,水对山,峻岭对狂澜。柳堤对花圃,涧壑对峰峦。

23. 虚字对

长对短,盛对衰,大小对高低。古今对终始,否泰对安危。

数盘棋罢收成败,一幅画藏息是非。

26. 将乍对

堪对可,乍对将,欲绽对初芳。偏宜对雅称,所愧对何妨。

27. 助辞对

然对则,乃对於,往矣对归欤。懿哉对章若,乐只对加于。暴君似此之类也,廉吏如此而已乎。

28. 勤学对

歌对读,偶对联,勤学对迁延。成名应有日,得志可朝天。

两书正文都按义类分"门",列二字对、三字对、四字对等属对例,也都是以"一、天文门,二、地理门"始,以"一九、通用门,二〇、巧对门"终。不同的是吴勉学《对类考注》有数以千计的标明"实""虚""死""活"和"平""仄"及其组合的实例。如:

高　远　【虚字·死】

平　高、崇、洪、深、明、长、奇、丰

仄　远、大、厚、好、细、小、浅、妙

来　去　【虚字·活】

平　来、行、收、飘、流、飞、开、升

仄　去、动、撼、出、入、洗、坠、逐

初　乍　【虚字·死】

平　初、方、才、将、曾、频、还、都

仄　乍、渐、既、已、又、再、甚、未

宜　称　【虚字·死】

平　宜、当、应、须、虽、因、由、安、宁、何、恶、胡、乌、奚、那

仄　称、可、肯、敢、足、不、勿、莫、匪、矧、岂、苟、况、弗、盍

乎　也　【虚·死】

平	乎【疑辞】、夫【发语辞】、诸【语辞】、於【于也】、于【於也】、哉【言之间也】、之【语助】、而【语助辞】、兮【语所稽】、焉【语助辞】、邪【语未定之辞】、居【语助】、猗【叹美辞】、嘻【叹辞】
仄	也【辞之终也】、者【别事辞】、耳【语已辞】、已【语终之辞】、彼【对此之称】、乃【辞之缓也】、则【语助】、若【发语辞】、但【语辞】、盖【发语辞】、抑【发语辞】、或【不定之辞】、倘【或然之辞】、亦【承上之辞】、只【语辞】

以上见"通用门"(卷十九)

天 日 【实字】

平	天、风、星、烟、云、雷、霜
仄	日、月、雨、雪、电、雾、兔

声 色 【半实】

平	声、光、威、华、文、情、姿
仄	色、气、影、意、韵、理、信

窗风 槛雨 【并实】

平平	窗风、楼风、檐风、楼云、亭烟
仄平	寺方、瓦霜、屋霜、巷风、舍烟
仄仄	槛雨、院雨、巷雪、牖丹、榭月
平仄	窗雨、阶雨、庭月、庭日、檐露

吹开 洗出 【并虚·活】

平平	吹开、凝成、飞来、吹来、吃飞
仄平	扫开、摆开、选来、送来、积成
仄仄	洗出、映出、湿透、隔开、送上
平仄	吹倒、吹坏、推出、吹透、扶起

　　　　　　　轻清　皎洁　【并虚·死】

平平　　轻清、高明、光明、轻盈、清高
仄平　　肃清、穆清、晦冥、渺冥、郁葱
仄仄　　皎洁、磊落、错落、广大、暗淡
平仄　　和畅、空阔、嘹亮、晴朗、明媚

　　　　　　　清光　淡影　【上虚·死】【下半实】

平平　　清光、斜光、明辉、余威、严威
仄平　　薄阴、淡光、细声、细音、素辉
仄仄　　淡影、瑞色、正色、雅韵、盛魂
平仄　　斜影、余影、清籁、幽韵、余韵

　　　　　　　生寒　布暖　【上虚·活】【下半虚·死】

平平　　生寒、生暄、添寒、添凉、消炎
仄平　　厉寒、送凉、夺炎、变阴、载阳
仄仄　　布暖、送暖、解冻、却暑、饯腊
平仄　　驱暑、消暑、开冻、生暖、回暖

　　　　　　　东升　北指　【上半虚·死】【下虚·活】

平平　　东升、东生、西沉、西倾、南来
仄平　　上升、北倾、左旋、右旋、上腾
仄仄　　北指、北拱、下降、右转、左转
平仄　　西坠、西没、东指、南指、南至

　　　　　　　三光　五色　【上虚·死】【下半虚·死】

平平　　三光、孤轮、三才、三仪、双清
仄平　　一方、一轮、一声、十分、九层
仄仄　　五色、半点、数点、万叠、几缕
平仄　　千丈、千颗、千缕、千片、三合

以上见"天文门"（卷一）

　　　　　谁能　　我信　【并虚·死】

平平　　谁能、谁堪、谁应、吾能、吾当

仄平　　我能、我宜、汝宜、尔能、孰当

仄仄　　我信、我可、孰信、孰可、孰欲

平仄　　谁信、谁肯、吾欲、吾与、吾可

以上见"通用门"（卷十九）

根据其"习对发蒙格式"界说、"习对歌"以及所列字之实、虚、半实、半虚和死、活例，跟我们现在的词类划分相较，大致可以对照如下：

实字·死（名词）：天、风、兔、窗、巷

　半实字·死（抽象名词）：威、情、文、意、理

虚字·活（动词）：来、吹、飞、洗、开

虚字·死（形容词）：高、大、细、厚、妙

虚字·死（数词）：一、三、九、千、万

虚字·死（代词）：我、汝、谁、何、奚

虚字·死（助动词）：宜、可、须、敢、肯

虚字·死（副词）：才、将、曾、既、弗

虚字·死（介词）：於、于、因、由

虚字·死（连词）：虽、矧、苟、况、但

虚字·死·助辞：乎、也、哉、兮、邪

　半虚字·死（方位词）：东、西、左、右、上

　半虚字·死（单位词）：丈、颗、层、叠、缕

　半虚字·死（气候词）：暖、寒、凉、冻、炎

这可以说是吴勉学《对类考注》中字（词）类划分的情况。其界限固

然不是一清二楚,但是按其实、虚、半实、半虚和死、活①标准,字(词)的类别大致划分出来。编者是按平平、仄平、仄仄、平仄这样编排,通过数以千计的标明实、虚、半实、半虚和死、活的不同字序的组合实例,训练学童掌握和辨别字的平、仄声律以及字(词)的实与虚、死与活的类别能力。

前面说,属对的操作实际上就是语词的类聚划分、组合关系分析的认识与实践,现在以屠龙《缥缃对类大全》中的实例来具体说明。本书"天文""地理""花木""人事"各"门"都是按字数分类列对;最少的是一字对,最多的是二十字对。一字对如"天、日""来、往""深、浅""千、万",此表现出一对是一个类聚(同一词类)。二字对以上则不仅表现语词的聚合关系,而且表现语词的组合关系。且看本书的二字对例,

   a. 天高 b. 高山 c. 为霜 d. 吹开
    →   →   →   →
   ⋮   ⋮   ⋮   ⋮
   日远 远水 作雪 洗出

   e. 初升 f. 千山 g. 乾坤 h. 油然
    →   →   →   →
   ⋮   ⋮   ⋮   ⋮
   乍起 万水 日月 沛若

以上每对,⋯⋯表示聚合相同,→表示组合相同。如 a "天、日"同是名词,b "高、远"同是形容词,c "为、作" d "吹、洗"同是动词,e "初、乍"同是副词,f "千、万"同是数词,h "然、若"同为词缀;a "天

---

① "半实字""半虚字""死字""活字"宋人均已提出,但无解释,且少例证(见上5.5);本书是继承,又是发展。

高、日远"同是主谓关系,b"高山、远水"同是定中关系,c"为霜、作雪"同是述宾关系,d"吹开、洗出"同是述补关系,e"初升、乍起"同是状述关系,g"乾坤、日月"同是并列关系。

三字对可表现多重组合关系,而且字数越多的对,表现的组合关系越复杂。摘选于下:

三字对例:

a. 一江风　b. 会风云　c. 水连天　d. 鸡犬村
　 千里月　　 依日月　　 山吐月　　 牛羊径

四字对例:

a. 烈风迅雷　b. 云淡风清　c. 天日清明
　 层水积雪　　 天长地久　　 风月光霁

五字对例:

a. 山深烟不断　b. 击石乃有水　c. 夜月家家共
　 溪浅水长流　　 淘沙始见金　　 春风处处同

六字对例:

a. 日月明四时行　b. 岂无用其心哉
　 风雨调百姓足　　 何莫由斯道也

十八字对例:

　 月明星稀鹊南飞无枝可依方信投林之不易
　 夜静水寒鱼不饵满船空载应知下钓之实难

从以上几类例证可看出,属对确实是一种不讲语法理论而实际上是"相当严密的语法训练"。通过属对练习,学生可以认识、分析词的类聚并掌握汉语的各种(或者说全部)句法结构。这样,属对这种方法也就可以看作分析汉语语词类聚与组合关系的一种方法。

9.3 属对的来源及其发展

属对就是要造对偶句,即连缀上下两句成对仗形式。汉语音节整齐且有声调变化,自古诗文中就有对仗工整的对偶句,如《易经·文言》中的"水流湿,火就燥"、《尚书·大禹谟》中的"满招损,谦受益"。经过汉赋、齐梁骈文到唐代近体诗,对偶的发展到了至美至善之顶峰。故古代诗文论也多有关于属对的论述。最早的专论是南朝梁人刘勰的《文心雕龙·丽辞》,说"夫心生文辞,远裁百虑;高下相须,自然成对",提出"言对""事对""反对""正对"四种。南宋曾慥《类说》(卷五十一)载唐代上官仪"六对""八对"说。其"六对"是:"一曰正名对,'天地、日月'是也;二曰同类对,'花叶、草芽'是也;三曰连珠对,'萧萧、赫赫'是也;四曰双声对,'黄槐、柳绿'是也;五曰叠韵对,'彷徨、放旷'是也;六曰双拟对,'春树,秋池'是也。"〔日〕僧弘法大师《文镜秘府论》①有《论对》《二十九种对》《论对属》三文,则是对"对属"(即"属对")最全面、最完整的论述。

明人属对说显然是唐人"对属"理论的继承。吴勉学、屠龙讲属对格式有"详属对格",内容相同,列十种"对",如:"一曰正名对,又曰的名对,'送酒东南去,迎琴西北来'是也;二曰因类对,'圆荷浮小叶,细麦落轻花'是也;……九曰联绵对,'前河河若带,初月月如眉';十曰隔句对,'思忆复思忆,夜夜泪沾衣。空叹复空叹,朝朝君未归'是也。"这些从名称到例句都是唐人"对属"诗论的继承。明人的发展是:《对类》读者不是诗人、学者,而是蒙馆里的学童;讲

---

① 见上 5.1.1。

属对,平仄练习跟语法练习(实字、虚字、助辞)结合;目的不单纯是为了作诗,如元人程端礼所说是为了"习字演文"和蔡元培所说"是作文的开始",也即是学童的语言基本功训练,是语法知识在基础教育中的运用。

因此,明清时代的属对教学,既是前人属对研究成果的继承,也是前人语法学研究成果的吸收。

10.0 结语

隋唐宋元明时期的语法学,是中国古代语法学的明显发展。唐代僧人发展东晋南梁僧人对梵文语法的介绍,较全面的介绍了梵文语法,出现梵语 vyākaraṇa(语法)音译词毗耶羯剌谂/毗何羯剌拏,并从语法、句法解经。中土学者孔颖达、颜师古、李贤、王若虚等人继承汉魏人的语法研究成果,特别是借鉴梵文语法,引用"语法"术语,因而树立较为明确的语法观,对词类、句法较之前人有了更为清楚的认识。突出表现在:明确划分词的类别,认识到一词多类及转类标准,重视动词的语义特征和名词数的分析并分析复合词的构成,进一步分析句型句式并能认识歧义现象。孔颖达,特别是王若虚树立语法规范观念,从句法、语义、语用角度分析语法错误。宋人明确提出"实字""虚字"名称并大致确定其范围,划分语助词类别并深入分析其作用;又引用佛典"语法"特别是"句法"术语,分析句式类型。胡三省《资治通鉴音注》语法分析,对前人成果有意识地既继承又发展。孔颖达"文势说"、贾公彦"望文为义说"、胡三省"文理说"谈到语境问题。这时期出现语法修辞专著《文则》和虚字(词)专著《助语词》;又将语法知识用于蒙学,也出现蒙学语法教材《对类》。

特别要指出的是,晋隋特别是唐代的梵文语法介绍,是汉人(指佛僧)第一次对印欧语语法的研究,知道了世界上还有这样词形变化复杂的语言;唐宋(包括金)时期中国语法学的发展,也是由于借鉴(当然简单、粗疏,不过是第一次)印欧语语法。季羡林说:"不研究佛教对中国文化的影响,就无法写出真正的中国文化史、中国哲学史甚至中国历史。佛教在中国的发展是一个非常有意义的问题。公元前传入中国以后,经历了试探、适应、发展、改变、渗透、融合许许多多阶段,最终成中国文化、中国思想的一部分。"[①]中国音韵学的发展,如反切法的产生、三十六字母的出现是受梵文翻译的影响,已为中国音韵学界所共认;看来,唐宋以来中国语法学的发展也是如此。这从而也说明胡适的一个观点的错误。他谈到中国文法学发生迟晚的一个原因说:"中国语言文字孤立几千年,不曾有和高等语言文字相比较的机会。只有梵文与中文接触较早,但梵文文法太难,与中文文法相去太远,故不成为比较的材料。"[②]这里不谈语言是否有"高等""低等"之分,也不谈汉语是否"孤立几千年",只谈汉语能否与梵文比较。汉僧翻译了大量梵文佛经,不比较如何翻译。汉僧指出梵文书写右行、佉卢文书写左行、汉文书写下行,又拿汉字孳乳比喻梵文词的派生;这不能不承认也是一种比较。

还要说明,"语法""句法"均出自佛典,但唐宋学者(包括后来的清代学者,见下)多用"句法"。"语法"仅孔颖达在《春秋左传正

---

① 见《我和佛教研究》(《佛教与中国文化》,中华书局,1988)。
② 见《国语文法概论》(《胡适文存》卷三)。

义》中一见,南宋多位学者著作中仅4见,即使王若虚《滹南遗老集》也是"语法"6见,"句法"8见。这盖是因为梵文语法有相当复杂的词形变化,表示 vyākaraṇa 概念的"语法"不适用于汉语;汉语以句法为主,重在造句格式①,故学者多用"句法"。这也说明古人吸收意译外来词也是结合汉语的特点。

〔丹麦〕裴特生著《十九世纪欧洲语言学史》②说,19世纪初欧洲人才知道并开始研究梵文语法;这样,中国人研究梵文语法至少比西方人早一千年。

---

① 丁声树等《现代汉语语法讲话》说:"语法就是讨论句子的各种格式。"现代汉语如此,古汉语也是如此。
② 钱晋华译,科学出版社,1958。

肆　中国古代语法学的大成
（清代）

汉魏晋以及唐、元时代的语法学材料，除存在于汉文佛典及诗论、文论、字书等著作中外，主要是蕴存于中国古代训诂学的一个部门注释书中。到了清代，是"训诂学发展的登峰造极的时代"，清人对"以前的所有训诂部门和专书都进行了深入系统的研究，取得了辉煌的成就"[①]。语法学方面也是如此。清人在继承前人的语法分析基础上，发展语法分析，也取得了"辉煌的成就"，集中国古代语法学之大成。

清代语法学的"辉煌的成就"，除了人所共知的几部虚字（词）专著外，更丰富、更有价值的语法分析是蕴存在"经解"及其他训诂考据著作中。这是因为"经解"及训诂考据是考释经、子、史、集等书中具体句子的用字正误及前人注释的正误的，其判断正误的一个重要标准即是语法标准。因而其中就蕴存着多方位、多层次的语法分析内容。

---

① 见杨端志著、殷焕先校订《训诂学》（山东文艺出版社，1986）。

肆　中国古代语法学的大成(清代)

1.0　文法观的明确树立

1.1　"文法"术语的出现及其含义

清人"经解"及其他训诂考据著作,从清初经乾嘉时代到清末,频频出现宋元时代已经使用的"句法"名称外,又频频出现"文法"名称,二者所指看来无别。

先看"句法"例:

(1)《论语》:"《书》云'孝乎惟孝,友于兄弟,施于有政'",三句是也。伪作《君臣篇》者竟将"孝乎"二字连属上,为孔子之言。历览载籍所引《诗》《书》之文,从无此等句法。然则载籍中亦有"孝乎惟孝"句法耶?余曰:"有之。《仲尼燕居》子贡曰:'敢问将何以为此中者也?'子曰:'礼乎礼。夫礼所以制中也。''礼乎礼'非此等句法耶?伪作古文者,又不于句读间现露一破绽耶?"(阎若璩《尚书古文疏证》卷一·第十)

(2)"母氏圣善。"传:"圣,睿也。"笺:"睿作圣,母乃有睿知之善德。"瑞辰按:"善"本众善之名,此诗以连"圣"言,则"圣""善"二字平列而同义,与"母氏劬劳""母氏劳苦"句法正同。(马瑞辰《毛诗传笺通释·邶风·凯风》)

(3)"夫颛臾,昔者先王以为东蒙主,且在邦域之中矣,是社稷之臣也。何以伐为?""何以伐为"与"何以文为"同一句法。(刘宝楠《论语正义·季氏》)

(4)"吾闻先生相与言,则以仁与义;市井相与言,则以财与利,如其富,如其富?"樾谨按:"如其富"言如何其以富也。重言之者,深疾之辞。此句法本于《论语》"如其仁,如其仁"。

(俞樾《诸子平议·杨子法言·学行》)

再看"文法"例:

(1)"且志曰。"此与《左传》"且谚曰'匪宅是卜,惟邻是卜'",文法正同。依赵注,疑"且"字下夺"曰"字。(阮元《十三经注疏校刊记·孟子·滕文公上》)

(2)"始见于君,执贽,至下,容弥蹙。"郑注曰:"下,君所也。"敖继公曰:"至下,谓当带也。《曲礼》曰'凡孝者当心,提者当带',此执物高下之节也。执贽当带,见至尊者之礼也。"引之谨按:君所不得谓之"下",郑说诚未安矣。敖云"至下"为"当带",则是解"至下"为极卑也。然但云极卑而不指其处,则安知不更下于带乎?恐古人无此不了之文法也。……(王引之《经义述闻·仪礼·士相见礼·至下》)

(3)"职凉善背。"传:"凉,薄也。"笺:"凉,信也。"瑞辰按:"职凉善背"与"职竞用力""职盗为寇"文法相类,谓凉薄者善相欺背,从"传"训"凉"为"薄"是也。……"笺"以"凉"为"谅"之假借,故训为"信",然非诗义。(马瑞辰《毛诗传笺通释·大雅·桑柔》)

(4)"其实人则甚不安,之二者,臣为大王无取焉。"樾谨按:"则"字衍文也,"人"乃"又"字之误。"其实又甚不安"与上文"其名又甚不荣"相对。"之"字属下句,"之二者"犹言此二者,与《庄子》"之二虫"文法正同。《先识篇》曰"之二国者,皆将亡",《慎势篇》曰"之二臣者,甚相憎也",皆可为证。(俞樾《诸子平议·吕氏春秋·顺说》)

这可看出,"句法"、"文法"实为同义词,均是指句子的结构方式,也即语句中语词的配置法则。二者互易使用,而所指仍同。为

了说明这一点,可再从一条考据中"文法"、"句法"两用来看:

(1)"方斲是虔。"传:"虔,敬也。"笺:"椹谓之虔,正斲于椹上。"瑞辰按:"方斲是虔"与"是断是迁"对举,正与《鲁颂》"是断是度""是寻是尺"文法相类。"斲"与"虔"二字平列,"方"犹"是"也。或言"方",或言"是",互文以见参错。……"传"训"虔"为"敬",固非诗义;若如"笺"训为椹质,必改经文为"方斲于虔"而后明,又与"是断是迁"句法不相类。胥失之矣。(马瑞辰《毛诗传笺通释·商颂·殷武》)

(2)"故其事大配乎天地,参乎日月。"樾谨按:"大"字绝句。"故其事大"乃结上之辞,当连文读曰"大道者,所以变化而凝成万物者也;情性者,所以理然不然取舍者也,故其事大"。《礼记·礼运篇》"大顺者,所以养生送死、事鬼神之常也,故事大",与此文法正同。《荀子·哀公篇》作"大道者,所以变化遂成万物也,情性者,所以理然不然取舍也,是故其事大。辨乎大地,察乎日月",与此文小异而句法正同。(俞樾《群经平议·大戴礼记·哀公问五义》)

尤为有说服力的是,对同一句的考释,既用"文法",又用"句法":

(3)"予告女训女,猷黜乃心。"传曰:"告女以法教,谋退女违上之心。"樾谨按:此当以"予告女训女"五字为句,与中篇"承女俾女"文法正同。……(俞樾《群经平议·尚书·盘庚上》)

(4)"承女俾女。"传曰:"今我法先王惟民之承,故承女使女徙。"樾谨按:"俾"之训"使",盖本《释诂》文。然如"传"义,则"俾"下必增出"徙"字,于文方足矣。《说文·人部》"俾,益也"。……"承女俾女"者,承引女俾益女也,与"予告女训女"

句法相似。(俞樾《群经平议·尚书·盘庚中》)

以上诸例可充分说明,清人用的"文法""句法"两术语所指、含义相同,诚为一实两名。又总观清人著作,用"文法"还是用"句法"存有任意性,似是各随习惯。据笔者对几部书的统计,王念孙(1744—1832)《读书杂志》用"句法"75次(其中转引卢文弨两例、孙星衍1例、陈昌齐1例),不用"文法";王引之(1766—1834)《经义述闻》用"句法"5次,用"文法"3次(转引段玉裁、陈昌齐各1例);马瑞辰(?—1855)《毛诗传笺通释》用"句法"47次,用"文法"8次;刘宝楠(1791—1855)《论语正义》用"句法"5次;俞樾(1821—1907)《诸子平议》用"文法"30次,用"句法"23次;《群经平议》用"文法"42次,用"句法"20次。看来,乾嘉学人多用"句法",少用"文法";晚清俞樾多用"文法",少用"句法"。

清人广泛使用"文法",说明产生于汉代、表示"法制、法令条文"①的"文法",经过表示"作文方法"义②,到了清代有了"句法"义,指句子的结构方式或语词的配置法则。

1.2 "文法"使用标志文法观的明确树立

清人著作中频频出现的"文法""句法",决不单纯是术语名词的使用,说明他们是依据文法(句法)构造作训诂考据,是有意识的观察句子的结构规则并能够辨认句子结构规则的正误。这标志了清人文法观的明确树立。这除了从前面诸例可看出外,再看下例:

(1)"敬慎重正而后亲之,礼之大体而所以成男女之别而

---

① 见《辞源》,引书证是《史记·李广传》《汉书·黄霸传》。
② 胡长孺《语助序》:"是编也,匪语助之与明,乃文法之与授。"

肆　中国古代语法学的大成(清代)　　387

立夫妇之义也。"樾谨按:"礼之大体而"五字,衍文也。……不独于义不当,且以文法论,"所以"上亦不当有"而"字也。(俞樾《群经平议·礼记·昏义》)

(2)"林有朴樕。"传曰:"朴樕,小木也。"笺云"朴樕之中及野有死鹿,皆可以白茅包裹束以为礼。"樾谨按:"林有朴樕,野有死鹿",两文相对,郑笺之意,则"林有朴樕"为一处,"野"为一处,"有死鹿"三字总承上两处而言。不辞甚矣,古人无此文法也。……(俞樾《群经平议·毛诗·召南·野有死麕》)

(3)念孙按:《吊屈原文》"世谓随夷为混兮,谓跖蹻为廉",本无两"为"字,今有之者后人以下文"莫邪为钝兮,铅刀为铦",故加之也。不知此二句言"谓"不言"为",下二句言"为"不言"谓",互文也。若此二句有"为"字,则不成句法矣。《史记/汉书·贾谊传》均无"为"字。(王念孙《读书杂志·余编下·文选·世谓……》)

(4)"田农掘业,而秦阳以盖一州;掘冢,奸事也,而曲叔以起;博戏,恶业也,而桓发用之富;行贾,丈夫贱行也,而雍乐成以饶。"念孙按:"桓发用之富"本作"桓发用富"。"用"亦"以"也,与上下三"以"字互文;后人于"用"下加"之"字,则失其句法矣。(王念孙《读书杂志·史记·货殖列传·用之富》)

四例明确说明是不合文法(句法),或文法(句法)失误。

由于文法(句法)观的明确树立,清人已认识到了句法结构的最显著特征——抽象性:

(1)《西征赋》:"当音凤恭显之任势也,乃熏灼四方,震耀都鄙,而死之日曾不得与夫十余公之徒隶齿。才难,不其然乎?"〔今李善本如此。〕六臣本作"名才难,不其然乎",五臣作

"名难,不其然乎"。……念孙按:作"名难"者是也。音凤恭显,生前赫奕而死后无名,是富贵易得而名难得,故曰"名难,不其然乎"。此用《论语》句法①,故李善引"才难,不其然乎"为证。其实,《论语》言"才难",此言"名难",句法虽同,而意不同也。(王念孙《读书杂志·余编下·文选·才难》)

(2)"虽不能尽道术,必有所由焉;虽不能尽善尽美,必有所处焉。"家大人②曰:"虽不能尽善尽美"本作"虽不能尽善美";与"虽不能尽道术"对文。今本作"尽善尽美",下"尽"字乃浅人依《论语》加之也。《荀子》作"虽不能尽道术,必有率也;虽不能遍美善,必有处也",亦以"遍美善"对"尽道术"。……汉《酸枣令刘熊碑》:"虽未尽道美,必有所由处。"并四句为两句,而句法仍与此同,则此文本作"尽善美"明矣。(王引之《经义述闻·大戴礼·哀公问五义篇·尽善尽美》)

上例说明"才难"、"名难",意思不同而句法结构相同;下例说明"尽道术"、"尽善美"、"遍美善"与"尽道美"四者及四者所在句"虽……必……"意思不同而句法结构同。

清人也认识到文法(句法)与修辞的关系:

(3)"腐知足矣,归反朴,则终身不辱。"鲍于"归"下补"真"字。吴曰:"上言'大朴不完',以喻士之形神不全;故曰'归反朴'云云,文意甚明,添字谬。"念孙按:吴说是也,"足"、"朴"、"辱"为韵。《后汉书·蔡邕传注》引作"归反于朴,则终身不辱",句法较为完善。(王念孙《读书杂志·战国策·齐·

---

① 《论语·泰伯》:"才难,不其然乎?"
② 家大人,《经义述闻》中王引之对其父王念孙的称呼。

归质朴》)

(4)"长安号曰:'谷子云笔札,楼君卿唇舌。'"念孙按:此本作"谷子云之笔札,楼君卿之唇舌",后人删去两"之"字,则句法局促不伸。(王念孙《读书杂志·汉书·游侠传·谷子云……》)

两例说明不是不合文法(句法);按文法(句法)是通的,只是"较为不完善""局促不伸"。

又由于文法(句法)观的明确树立,清人也注意观察并认识到了古人的某些句式特点:

(1)"以敝邑之为盟主,缮完葺墙,以待宾客。若皆毁之,其何以共命?"唐李涪刊误曰:"'缮完葺墙',文理不达,所疑字误,遂有繁文。予辄究其义,是'缮宇葺墙,以待宾客'。此则本书'字',误为'完',《书》曰'峻宇雕墙',足以为比。"段若膺曰:"古三字重叠者时有,安可以后人文法绳之?下文'无观台榭',岂非三字重叠邪?况此篇因垣坏属辞,士文伯夸垣之好不应见毁,添设'宇'字则无谓矣。"引之谨按:段说是也。(王引之《经义述闻·左传·襄三十一年·缮完葺墙》)

(2)"其降曰命,其官於天也。"樾谨按:"曰"犹"於"也。《尔雅·释诂》"粤、于、爰,曰也",而"爰、粤、于"三字又训"於",是"曰""於"义同。"其降曰命"即其降於命,言其降於教命者,皆其法於天者也。上句用"曰"字,下句用"於"字,古人每有此文法。《尚书·洪范篇》"水曰润下,火曰炎上,木曰曲直,金曰从革,土爰稼穑","曰""爰"互用,即其例也。(俞樾《群经平议·礼记·礼运》)

(3)"我祖底遂陈于上。"传曰:"言致遂其功陈列于上。"

樾谨按:"厎遂陈于上",盖以德言。下文曰:"我用沉酗于酒,用乱败厥德于下。"纣所败者,即汤所厎遂而陈者也。上句不言"德"者,文见于下故省于上,古人自有此文法也。"传"不知此而增出"功"字,失之。(俞樾《群经平议·尚书·微子》)

(4)"缇缟。"樾谨按:"缇"字古《夏小正》当作"是";"是"与"寔"通,"寔"与"实"通,故传曰"是也者,其实也"。上文"梅杏杝桃则华",先言"梅杏杝桃"而后言"华"。此文"实缟",先言"实"而后言"缟",犹下文"剥枣""栗零";正古人文法之错综。(俞樾《群经平议·大戴礼记·夏小正》)

再由于文法(句法)观的明确树立,清人也注意观察并认识到了某些专书的句式特点:

(1)"平王之孙,齐侯之子。"传:"平,正也;武王女,文王孙,适齐侯之子。"瑞辰按:《诗》中凡叠句言为某之某者,皆指一人,未有分指两人者。如《硕人》诗"齐侯之子,卫侯之妻,东宫之妹,邢侯之姨",言庄姜也;《韩奕》诗"汾王之甥,蹶父之子",言韩姞也;《閟宫》诗"周公之孙,庄公之子",言僖公也。正与此诗句法相类,不应此诗独以"平王之孙",指王姬,"齐侯之子",为齐侯子,娶王姬也。(马瑞辰《毛诗传笺通释·召南·何彼秾矣》)

(2)"意舍此。"樾谨按:此三字乃承上文而作转语也。"意"通作"抑",《论语·学而篇》"抑与之与",汉石经"意"作"抑",是其证也。"抑舍此"者,言舍此弗论,更论它事也。上文言乐无益于饥者、寒者、劳者,下文言乐无益于大国攻小国、大家伐小家;而以此三字作转语,正《墨子》文法之妙。王氏念孙谓此下有脱文,非也。(俞樾《诸子平议·墨子·非乐上》)

（3）"今蠢今翼日。"传曰："今天下蠢动,今之明日。"樾谨按："今之明日"义不可通。疑"今蠢""今翼"两义相对,"翼"本作"翌"。……"日"字属下为义,"文七年"《左传》"日卫不睦"、"襄二十六年"《传》"日其过此也"、"昭七年"《传》"日君以夫公孙段为能任其事"、"二十六年"《传》"日起请夫环",并与此"日"字同。盖左氏正因《尚书》有此文法而循用之耳。"日民献有十夫予翼",言近日民之贤者十夫来翼佐我也。枚传见"翌日"连文,适与《金縢篇》同,遂读"今翌日"为句,误矣。（俞樾《群经平议·尚书·大诰》）

（4）"城上之人亦噪。"《释文》无"城"字,曰"一本作城上之人亦噪"。樾谨按：此当以无"城"字为正。上文"托于纪鄣","鄣"者"障"之假字,小城也。……其下诸句皆蒙此"障"字为文：曰"以度而去之"者,以"度障"而去之也；曰"及师至则投诸外"者,投诸"障外"也；曰"子占使师夜缒而登"者,缒而"登障"也。此曰"上之人亦噪"者,"障上"之人亦噪也。"上"即"障上",犹"外"即"障外"也。皆蒙"障"字为文,正左氏文法之变也。今增"城"字,失左氏之雅意矣。（俞樾《群经平议·春秋左传·昭十九年》）

清人文法观的明确树立,是汉魏晋人语法意识、唐宋（包括金）元人语法观的继承与发展；其中也包括前人所受的梵文语法的影响。另外,清代学者,特别是王氏父子和俞樾,作训诂考据常引佛家释义书唐代玄应《一切经音义》[①]、慧苑《华严经音义》；这说明清

[①] 《中国大百科全书·语言文字卷》说乾隆时代孙星衍等人曾对此书作过校订；此外,另有材料说王念孙也参与了此事。

代学者也了解佛典,并吸收了佛家释义研究的成果。

2.0 划分词的类别

2.1 依据句法位置划分

依据词在句法结构中位置的类同[①]划分词的类别,王念孙、王引之父子和俞樾均有明确谈述(见下 7.1.6 和 7.2.6)。现据马瑞辰《毛诗传笺通释》来谈。

2.1.1 区别实词、虚词

(1)"止基乃理。"笺:"止基,作官室之功也,而后疆理其田野。"瑞辰按:止,犹既也。《释诂》:"卒,已也。"《释言》:"卒,既也。"已与止同义;卒为已,又为既,则止亦既也。"止基乃理"犹言既基乃理也,"止旅乃密"犹言既旅乃密也;与上章"既登乃依""既景乃冈"句法正同。"笺"训"止"为止息之止,失之。《大雅·公刘》

(2)"寤寐思服。"传:"服,思之也。"笺:"服,事也;觉寐则思己职事,当谁与共之乎?"《庄子·田子方》曰:"吾服女也甚忘。"郭注曰:"服者,思存之谓",是服有思义,故"传"以为"思之"也。……至"思服"之"思",乃句中语助,与"旨酒思柔"句法相类,"笺"训为思念之"思",失之。《周南·关雎》

(3)"有兔斯首。"笺:"斯,白也;今俗语斯白之字作鲜,齐鲁之间声近斯。有兔白首者,兔之小者也。"瑞辰按:……"斯"乃句中语助,与"螽斯羽""鹿斯之奔"句法相类。"笺"训"斯"

[①] 按现代语法学说,即句法分布或句法功能相同。

肆 中国古代语法学的大成(清代)

为白首,失之。《小雅·瓠叶》

(4)"王赫斯怒。"笺:"斯,尽也。"瑞辰按:……以经文观之,"斯"乃语词,斯犹其也。"王赫斯怒"犹云王赫其怒,与《诗》言"有扁斯石""则百斯男""有秩斯祜"句法正同;不得如郑训为"尽"也。《大雅·皇矣》

以上据"止""思""斯"在句法结构中的位置,说明当是虚词,作为实词为非。

2.1.2 确定词的类属

(1)"不竞不絿。"传:"絿,急也。"笺:"竞,逐也;不逐,不与人争前后。"瑞辰按:竞即争竞之义。……《说文》:"絿,急也。"义本《毛诗》。《广雅》:"絿,求也。"义本《三家诗》。窃谓"絿"对"竞"言,从《广雅》训"求"为是。争竞者多骄,求人者多谄。竞、求二义,相对成文。与下句"不刚不柔"、《雄雉》诗"不忮不求"、昭公二十三年《左传》"不懦不耆"杜注"耆,强也",句法正同。《商颂·长发》

(2)"猗嗟名兮。"传:"目上为名。"瑞辰按:"传"同《尔雅》,疑《尔雅》此训,汉儒据"毛传"增入,非古义也。"猗嗟名兮"与"猗嗟昌兮""猗嗟娈兮"句法正同。若以"名"为目上,则"昌"与"娈"将何属也? 名、明古通用;名当读明,明亦昌盛之义。《齐风·猗嗟》

(3)"如匪行迈谋。"笺:"匪,非也。"瑞辰按:"匪""彼"古通用,《广雅》:"匪,彼也。""如匪行迈谋",王尚书①云与"如彼筑室于道谋"、《雨无止》"如彼行迈"句法同,是也。"笺"训

---

① 王尚书,王引之,因官至尚书而得名。

"匪"为非,失之。《小雅·小旻》

(4)"谁与独处?"笺:"吾谁与居乎?独处家耳。"瑞辰按:"谁与"设为自问之辞。"与",语辞也;与《檀弓》"谁与哭者"句法正同。《唐风·葛生》

以上据在句法结构中的位置,"绖"跟"竟"同类,均是动词;"名"跟"昌""娈"同类,均是形容词;"匪"跟"彼"同类,均是代词;"谁与独处"之"与"非介词(如"笺"之训),跟"谁与哭者"之"与"同类,均是语辞(语气助词)。

2.2 依据词义特征划分

王筠(1784—1854)《说文释例》,特别是《说文句读》两书依据字(词)义清楚的划分出静字(名词)、动字(动词)①、形容字(形容词)三字(词)类。

2.2.1 确定词的类属

(1)"危,在高而惧也。"厃、危盖一字,分动、静耳。厃,静字也,人在厂上,登高临深,人之仰之代为之慄矣。此但拟一可惧之象,故曰静字。危,动字也,自知其可惧而惧焉,故曰之。是以经典中"危"字似"厃"字义者,用字尚茂密也。《论语》"危言危行",郑注:"危,高也。"《句读》卷一八

(2)"伍,相参伍也;从人,五声。"大徐作"从五",不知许君意也。不曰"五人为伍""十人为什""百长为佰",而连"参"于"伍",连"保"于"什"、连"什"于"佰"②,明其为动字,非静字

---

① 跟王筠同时人朱骏声(1788—1858)《说文通训定声》中也提出"动字""静字"之名;虽然少见,不过说明清人多已具有二者区分观念。

② 《说文》"伍"字下:"什,相什保也""佰,相什佰也"。

也。《句读》卷一五

(3)"䪴,面黄也。"此云"面黄",盖是生质,"顑"之"面黄"①,乃由饿病。……知"面黄"为生质者,"颡"以上皆静字,"颊"以下皆动字②,以是明之。《句读》卷一七

(4)"睅,晧旰也。"睅、晧固通用,而以之说,睅自当作晧。晧、旰双声,形容之词,盖盛明之貌。《句读》卷十三

(5)"墫,士舞也。"《伐木》毛传"蹲蹲,舞貌"是也。凡重言皆形容之词。"从士,尊声。《诗》曰:'墫墫舞我。'"《小雅·伐木》文,彼作"蹲",《释文》:"蹲,本或作墫。"《句读》卷一

(6)"茸,草茸茸貌。"盖草初生之状之茸,"鹿茸"盖取此义。……形容之词,单音与重言同。《句读》卷二

2.2.2 说明一词两类 王氏说明一字(词)可兼属动字(动词)、静字(名词)两类。

(1)"毌,穿物持之也,从一横贯。"不作"毌"而作"贯"者,通之也。古盖只有"毌"字,动、静两义皆用之。既孳育"贯"字,于是"毌"分动义,为毌穿;"贯"分静义,为钱串。至于今元经典不用"毌"字,又以"贯"兼动、静两义,此亦沿革自然之势也。《句读》卷一三

(2)"稼,禾之秀实为稼,茎节为禾,从禾,家声,一曰稼,家事也。"《诗》"好事稼穑",《释文》"稼作家事者,有所事也",谓"稼"是动字。"一曰禾在野曰稼。"此仍是静字,《少年馈食礼》:"宜稼于田。"《句读》(同上)

---

① 《说文》"顑"字注:"食不饱,面黄起行也。"
② 指《说文》"页"部"䪴"在"颡"上;"䪴"上"颒"、"颥"等皆静字;"颊"在"颡"下,"颊"下"顑""顺"等皆动字。

(3)"罗,以丝罟鸟也。"《释器》:"鸟罟谓之罗。"许不云"鸟罟"也者,郭注云"谓罗络之",即许君意也。《诗·鸳鸯》"毕之罗之",用静字为动字。许兼动、静而说之也。《句读》卷一四

(4)"穿,通也。"此以为动字。"銎"下云"斤斧穿[①]也",则以为静字。《句读》(同上)

(5)"砭,以石刺病也。"此动字也。《素问》曰"砭石",则静字也。犹"箴"本静字,而《左传》"官箴王阙",则动字也。《句读》卷一八

(6)"斤"部"新"下云"取木也","艸"部"薪"下云"荛也"。……然则"新"为采取,"薪"为刍荛。虽分动静,实一字也,为新旧字所专,人遂不觉耳。《释例》卷八

(7)"示"下云"天垂象"。象,兽也,此借为静字。六书象形,又借为动字。《释例》卷五

(8)"榔""枚"下皆云"可为杖",皆老者所用之杖也。及其说"杖",则曰"持也",似以静字为动字者,统之也;凡长大可杖者之通名也。《释例》卷一〇

2.2.3 说明词的转类

王氏说明本是静字(名词),可转用为动字(动词);本是动字(动词),可转用为静字(名词)。

(1)"盖,苫也。"《释器》:"白盖谓之苫。"苫、盖,物名,而"苫之""盖之",用为动字。……《夏官·圉师》"茨墙则翦阖",注:"茨,盖也;阖,苫也。"按经借"阖"为"盖"也;阖即白盖。《句读》卷二

---

① 穿,孔,洞。

(2)"旐,旗曲柄也,所以旐表士众。""旐表"与"旌进"①同法,皆以静字为动字。《聘礼》"使者载旜",注:"载之者,所以表识其事也。"《句读》卷一三

(3)"履,足所依也。"履、依同韵,《方言》"丝作之者谓之履";《诗》"君之所履",以静字为动字也。《句读》卷一六

(4)"纺,网丝也。"②《玉篇》云"纺丝也",按"网"似借为动字。《句读》卷二五

(5)"荃,斩刍。"谓既铡之刍名为荃也。《诗·鸳鸯》"摧之秣之",笺:"摧,今荃字也。"按:荃本静字,此则以为动字也。《句读》卷二

(6)"粪,弃除也。""弃"当作"糞",经史言"糞",言"糞除"者甚多,故许君以"糞除"说"糞",谓其单言。复语同义也。"糞"本动字,《孟子》"百亩之糞"、《老子》"却走以马糞",则用为静字。《句读》卷八

(7)"称,铨也。"《苍颉篇》"铨,称也。"按"称"本动字,谓称量之也。然《荀子·正论篇》"是县天下之权称也",注:"称,尺证反。"按:"权称"是复语,以动字为静字也。《句读》卷一三

(8)"琄"下云"似犁冠",此"犁"谓相也。"木"部"桦"下云"六叉犁,一曰犁上曲木犁辕",此"犁"兼耒言之。要皆是器名,乃静字。"牛"部"犁"下云"耕也",本动字也。盖古名耒相,汉名犁,而借动字为静字,尤为常例也。《释例》卷五

(1)—(5)静字转为动字,(6)—(8)动字转为静字。王氏讲字

---

① 旌进,指《说文》"旌"字解:"所以旌进士卒也。"
② 段玉裁《说文解字注》作"纺,纺丝也",并注:"纺各本作网,不可通。"王氏据"各本"作此说。

(词)的转类,是根据字(词)义,但也注意到结构位置,即字(词)的句法功能,如说"君之所履""摧(萐)之"中的"履""摧(萐)"是动字用。

"动""静"名称,元代刘鉴《经史正音切韵指南》已提出,该书"序"中说:"末附字音动静,愿与朋友共之。"刘鉴说的"动静"是指字的四声读音变化,"静"指读本声,"动"指改变本声读别的声调。王筠是用"动""静"术语确定、划分字(词)的语法类别。名词、动词、形容词是词类中的最大的三类,也是最难划清界限的三类。王筠明确定出这三种字(词)类并提出从字(词)义划分的标准。

3.0 分析句法结构

本章开始谈到,清代语法学主要蕴存于"经解"及其他训诂考据著作中。清代规模最巨大、内容最丰富、最有代表的训诂考据著作是王氏父子的《读书杂志》《经义述闻》、俞樾的《群经平议》《诸子平议》(四书下简称《读》《经》《群》《诸》[①])。四书中蕴有丰富的语法分析;可以说,清代语法学的成就,集中表现在此四书中。下面分题介绍。

3.1 分析词序

语句是语词的规则性线性排列,词序不当,不是文不成义就是不符旨意。前人注意分析,王氏父子、俞氏更是注意。

(1)"从母之夫、舅之妻,二夫人相为服,君子未之言也。"

---

① 谈到俞氏的语法分析,一般举其《古书疑义举例》;本书所列诸句例摘自《诸》《群》两书。

郑注:"二夫人犹言此二人也。"引之谨按:正文、注文皆当作"夫二人,写者误倒耳!"……若作"二夫人",则文不成义矣。《经·礼记上·二夫人相为服》

(2)"是故女及日乎闺门之内。"家大人曰:"'及日'当依新校本作'日及',言终日所及,不出乎闺门也。今本作'及日'则不词。《经·大戴下·及日》

(3)"唯其开告于予嘉德之说。"引之[①]曰:此本作"维其开告予于嘉德之说",故孔注之曰"开告我于嘉德之说也"。……今本"予"字在"于"字下,则义不可通。《读·逸周书·皇门篇·开告……》

(4)"嫚令谨诛,贼也;今生也有时敛也,无时暴也;不教而责成功,虐也。"念孙按:"今"字当在"嫚令谨诛"上,总下三事言之,文义方顺。《读·荀子·宥坐·今生也有时》

(5)"岂将军食之而有不足?"槭谨按:此本作"岂将军之食而有不足",言将军之食自必丰腆,无虑不足也。《晋语》载其言曰"岂主之食而有不足",正作"之食",不作"食之",可据以订正。《群·左传·昭公二十八年》

(6)"吾不服诸夏而独事晋。"韦注曰:"不服,心不服也。"引之谨按:韦意盖谓诸夏事晋,灵王心不服矣。今按:"而"者连及之词,"吾不服诸夏而独事晋"当作"诸夏不服吾而独事晋",……若作"吾不服诸夏而独事晋",则义不可通矣。韦据误本作注,故失其指。《经·国语下·吾不服……》

以上(1)说明指示代词"夫"不能在数词"二"后;(2)说明时间

---

① 引之,王引之;王念孙《读书杂志》常引用其子之说。

词"日"不能在动词"及"后、介词"乎"前;(3)说明双宾语句介词不能在近宾语前。此三例属于语词组合规则问题。(4)说明"今"字位置不当,影响表义;(5)说明词序不当产生歧义;(6)说明词序不当跟要表旨意相反。

3.2 分析句读和短语层次

句读与语词组合层次,汉人即注意(见贰1.4),因为这不仅关系到句子单位的划定,而且关系句子内部层次的切分,直接影响句意的理解。王氏父子、俞氏较之前人更为注意,分析更为清楚;明确的用"句读""绝句""断句""为句""连读""连文"等提法表示。

3.2.1 分析句中停顿

(1)《慎大篇》:"赵襄子攻翟,胜左人、中人。"高注曰:"襄子使辛穆子伐翟,胜之;下左人、中人城。"念孙按:如高注,则"胜"字自为句,"左人、中人"上须加"下"字,其义始明矣。今按:"胜左人、中人"五字作一句读。胜者,克也;克左人、中人二城也。《读·吕氏春秋·胜左人中人》

(2)"昔者齐简公释其国家之柄,而专任大臣将相,摄威擅势,私门成党,而公道不行。"高读"大臣"绝句,注曰"大臣,陈成子也",而以"将相"属下读。引之曰:"大臣将相"四字为句,当连读,将相即大臣也。"释其国家之柄""专任大臣将相",皆以六字为句;"摄威擅势""私门成党""公道不行",皆四字为句。《读·淮南·泛论·大臣·将相》

(3)"里丕死祸,公陨于韩。"韦以"里丕死"绝句,注云:"惠公二年,春杀里克,秋杀丕郑。"下文"祸公陨于韩"注云:

"祸,贪忧之祸,……"家大人曰"祸"字或自为一句,或下属为句,皆文不成义。当以"里丕死祸"为句,"死祸"谓死于祸。《经·国语下·里丕……》

(4)"上收而养之疾官,而衣食之。"樾谨按:"疾官"二字连文,官,古馆字,说详余所著《字义载疑》。"疾官"乃有疾者所居之馆舍,当时盖特设之,以居有疾之人,故曰"上收而养之疾官,而衣食之"。尹注误于"疾"字断句,则两句皆不可通矣。《诸·管子·入国》

(5)"农不敢行贾,不敢为异事。"樾谨按:此当以"农不敢行贾"为句,言农恒为农,不敢为商也。"行贾"者,商也;僖三十二年《左传》"郑商人弦高",杜注曰:"商,行贾也。"高氏以"农不敢行"为句,释之曰"守其疆亩",失之矣。"不敢为异事",亦以"农"言;若如高注,以"贾"言,则非所谓野禁也。《诸·吕氏春秋·上农》

(6)"彼求我,则如不我得。"笺云:"彼,彼王也;王之始征求我,如恐不得我;言其礼命之繁多。"樾谨按:以"笺"说考之,此经当以"彼求我"三字为句,"则如不我得"五字为句。《礼记·缁衣篇》引此经,而郑君解之曰:"言君始求我,如恐不得我",读亦与此同也。近人读"彼求我则"四字为句,文不成义,殊不可从[①]。《群·毛诗·正月》

3.2.2 分析短语层次

王氏、俞氏分析了句中停顿(切分),又进一步分析了句中短语的组合层次,具体表现出句子的线

[①] 此俞氏一家之言。马瑞辰《毛诗传笺通释》,说此"则"字是"句末语助词";现选本多从马说,从"则"字断句。

性层次组合特点。

(1)《七发》:"诚必不悔,决绝以诺。"李善曰:"言忠诚为之,必不有悔;事之决绝,但以一诺,不俟再三。"念孙按:"诚必不悔",以"诚必"二字连读,非以"必不悔"三字连读。"诚必"与"决绝"相对为文。《管子·九守篇》曰"用赏者贵诚,用刑者贵必",《吕氏春秋·论威篇》曰"又况万乘之国,而有所诚必乎",《贾子·道术篇》曰"伏义诚必谓之节",皆其证也。《读·余编下·文选·诚必……》

(2)"杂布与锦,不知异也。"念孙按:此谓布与锦杂陈于前而不知异,言美恶不分也。杨以"杂布"二字连读,而训为粗布,失之。《读·荀子·赋·杂布与锦》

(3)《礼论篇》:"君子以倍叛之心接臧榖,犹且羞之,而况以事其所隆亲乎?"杨注曰:"所隆亲,所厚之亲也。"引之曰:隆,尊也;"隆""亲"二字平列,"所隆"谓君也,"所亲"谓父母也。下文曰"臣之所以致重其君,子之所以致重其亲",是其证。杨注非。《读·荀子补遗》

(4)"志诬其上而公怨之,以为宾荣,其能久乎? 幸而后亡。"杜解"幸而后亡"曰:"言必先亡。"家大人曰:"杜以下云子展其后亡者也",故以"后亡"连读,谓伯有必徼天幸乃得后亡,否则必先亡也。不知此以"而后"二字连读,非以"后亡"二字连读,"亡"谓出奔也,言伯有幸而后得亡,不幸则为戮;故上文云"伯有将为戮也"。《经·左传中·幸而后亡》

(5)"克己复礼为仁。"马曰:"克己约身。"孔曰:"复,反也;身能反礼,则为仁矣。"……樾谨按:孔注"克"为"能",是也。此当以"己复礼"三字连读。"己复礼"者,身复礼也;谓身

肆 中国古代语法学的大成(清代)

归复于礼也。能身复于礼,即为仁矣;故曰"克己复礼为仁"。《群·论语·颜渊》

(6)"国无怪严。"樾谨按:《说文·心部》:"怪,异也。"《礼记·大传篇》"收族故宗庙严"郑注曰:"严犹尊也。""国无怪严"谓国无异尊,与下文"无杂俗、无异礼"一律。尹注曰:"国不作奇怪则严肃",是"无怪"为一义,"严"为一义;失其旨矣。《诸·管子·法法》

(7)"君子以居贤德善俗。"……樾谨按:"贤德""善俗"相对成文,"居"字包下二事而言。当渐进之时,不可不慎,必有贤德善俗而居之,故曰"君子以居贤德善俗"。《荀子·劝学篇》曰"君子居必择乡",是其义也。自解者误以"居贤德"为一事,"善俗"为一事,遂有疑"贤"字为衍文者矣。《群·周易·渐》

(8)"凡盗贼军乡邑及家人,杀之无罪。"注曰:"郑司农云:谓盗贼群辈若军共攻盗乡邑及家人者,杀之无罪。"樾谨按:先郑之意,盖读"军"之绝句,故言"群辈若军"。然"盗贼军"三字,甚为不辞。……"军"字从勹,本有围义,故《广雅·释言》曰:"军,围也。""凡盗贼军乡邑及家人"者,言盗贼倚恃其众围乡邑及家人也。"人"字兼蒙"乡""邑"而言,乡有乡之人、邑有邑之人、家有家之人也。《群·周官·朝士》

以上说明所分析短语之层次(1)是"诚必/不悔"(非"诚/必不悔"),(2)是"杂/布与锦"(非"杂布/与锦"),(3)是"所/隆亲"(非"所隆/亲"),(4)是"而后/亡"(非"而/后亡"),(5)是"克/己复礼"(非"克己/复礼"),(6)是"无/怪严"(非"无怪/严"),(7)是"居/贤德善俗"(非"居贤德/善俗"),(8)是"盗贼/军乡邑及家人"(非"盗贼军/乡邑及家人")。

3.3 分析语词组合规则

3.3.1 说明副词、名词不能组合

(1)"晏子将楚。"念孙按:"将"下脱"使"字。《读·晏子春秋·内篇杂下·晏子将楚》

(2)《山水篇》:"庄周反入,三月不庭。……"司马云:"不出坐庭中三月。"念孙按:如司马云,则"庭"上须加"出"字,而其义始明。……庭当读为逞;不逞,不快也。《读·余编上·庄子·三月不庭》

(3)"大庖不豆。"樾谨按:高注曰:"但调和五味,使神人享之而已,不复自列簠簋笾豆也。"若然,则"不簠""不簋""不笾",无不可言,何独言"不豆"乎?豆当读为剅,《广雅·释诂》曰:"剅,裂也。"《玉篇》曰:"小裂也。""大庖不剅",言大庖但调和五味,不亲为宰割之事,与上句"大匠不斫"一律。古无豆字,故假豆为之。《诸·吕氏春秋·贵公》

(4)"金石有声,弗扣弗鸣;管箫有音,弗吹弗声。"刘本依《文子》改"弗声"为"无声",而诸本皆从之。念孙按:刘改非也。《白虎通义》云"声者,鸣也",言管箫有音,弗吹弗鸣也。《读·淮南·诠言·弗吹弗声》

3.3.2 说明助动词、名词不能组合

(1)《神女赋》:"时容与以微动兮,志未可乎得原。"李善曰:"原,本也。"念孙按:原者,度也;言其志未可忖度也。《广雅》曰"源,度也","源"与"原",古字通。《读·余编下·文选·未可乎得原》

(2)"草艾则墨,未发秋政,则民弗敢草也。"引之谨按:"弗敢"下脱"艾"字,承上文"草艾"而言也。"艾草"但曰"草",则文不成义。《经·礼记下·则民弗敢草也》

3.3.3 说明名词、动词组合中的介词取舍

(1)"后上置酒麒麟殿,贤父子亲属宴饮。"念孙按:"贤"上脱"与"字,则上下句义不相属。《太平御览·人事部九十三》引此正作"与贤父子亲属宴饮",《汉纪》同。《读·汉书·佞幸传·贤父子……》

(2)"无虎傅翼,将飞入邑,择人而食。"念孙按:《韩子·难势篇》引此,"虎"上有"为"字,而今本脱之,则文义不明。李善注《东京赋》引此亦有"为"字。《读·逸周书·无虎傅翼》

(3)"昔虞舜天德嗣尧。"家大人曰:"天德"上有"以"字,而今本脱之则语意不完。《少闲篇》"昔虞舜以天德嗣尧"是其证。《经·大戴中·天德嗣尧》

(4)"成王问政于尹佚曰:'吾何德之行,而民亲其上?'对曰:'使之时,而敬顺之。'"念孙按:"使之时,而敬顺之","时"上当有"以"字。《说苑·政理篇》《文子·上仁篇》并作"使之以时",是其证。《读·淮南·道应·使之时》

四例说明名词做状语、补语无介词介绍,则表义不明。

(1)"婴之年老,不能待于君使矣。"按"于"字涉上文四"于"字而衍。《外上篇》曰"婴老不能待君之事",文义与此同,则本无"于"字明矣。《读·晏子春秋·内篇谏上·待于君使》

(2)"是故处于堂上之阴,而知日月之次序;见瓶中之水,而知天下之寒暑。"樾谨按:"于"字衍文也,"处堂上之阴",谓察堂上之阴也。《兵略篇》曰"相地形,处次舍",是"处"与"相"

同义。……处即有辨别之义,后人不达,而妄加"于"字。"处于堂上之阴",于义殊不可通。《诸·淮南·兵略》

两例说明他(及物)动词与被支配名词之间无需介词。

3.4 分析句法结构组成规则

3.4.1 主谓结构的组成

(1)"百姓之力,待之而后功。"杨注曰:"百姓虽有力,待君上所使,然后有功也。"念孙按:如杨说,则"功"上须加"有"字,而其义始明。今按:力者,功也,"待之而后功",功者成也;言百姓之功,待君而后成也。……《尔雅》曰:"功,成也"。《读·荀子·富国·待之而后功》

(2)"天子弱,诸侯力政。"……念孙按:政读为征,谓以力相征伐也。若读政令之政,则"力政"二字义不相属,必须改作"以力为政"四字,而其义始明矣。……古字多以"政"为"征",不可枚举也。《读·汉书·五行志·力政》

(3)"五十而室。"家大人曰:"室"上有"有"字,而今本脱之。《内则》"三十而有室",文义与此同。《周官·媒氏疏》引此正作"五十而有室"。《经·大戴下·五十而室》

(4)"山处者木。"槭谨按:"木"乃"采"之坏字,谓采樵也。"山处者采"与上句"水处者渔"、下句"谷处者牧"、"陆处者农"一律。渔也、采也、牧也、农也,皆言其事也;若作"山处者木",则上句当云"水处者鱼"矣。《文子·自然篇》作"林处者采",可据以订正。《诸·淮南·齐俗》

叙述句谓语不能由名词充当;以上四例,"功""政"解作动词,"室"前补动词,"木"字改为"采",句法得以成立。

3.4.2 述宾结构的组成

(1)"使公子彭生乘鲁侯,胁之,公薨于车。"尹注曰:"拉其胁而杀之。"引之曰:彭生之杀鲁侯,固由断其胁骨;然"胁之"之胁,则非谓胁骨也。胁即擖字之假借,《说文》曰:"擖,摺也;一曰拉也。""摺,败也。""拉,摧也。""摧,折也。"……然则"胁之"者,以手摧折之也。若以为胸胁之胁,则当云"折其胁"不得云"胁之"矣。今使折人之首而曰"首之"、折人之足而曰"足之",其可通乎?《读·管子·大匡·胁之》

(2)"宾礼乐。"樾谨按:宾当读为摈,谓摈斥礼乐也,与上句"退仁义"一律。郭注曰"以性情为主也",则以本字读之,其义转迂。《达生篇》曰:"宾于乡里,逐于州郡",此即假"宾"为"摈"之证。《诸·庄子·天道》

(3)"序民人。"樾谨按:序当读为豫,《尔雅·释地》《释义》引《春秋元命苞》曰"豫之言序也"。……序与豫古通用,《尔雅·释诂》曰"豫,安也"。"豫民人"犹言"安民人","正义"以为"次序民人",非其义矣。《群·左传·隐公十年》

(4)"乃话民之弗率。"传曰:"话,善言。"樾谨按:《诗·板篇/抑篇》毛传并曰"话,善言也"。话之为善言固古训矣,然此经"话"字在"民之弗率"上,则非善言之谓也;"善言民之弗率",于义岂可通乎?话当为佸,《说文·人部》"佸,会也",亦作"括",《诗·车辖篇》"德音来括",传曰"括,会也";盖皆声近而义通。盘庚会合民之弗率者而诰之,故曰"乃话民之弗率"。"话"即"佸"之假借字,不当以本义说之。《群·尚书·盘庚中》

名词不能带宾语组成述(动)宾结构;以上四例,"胁""宾""序""话"解释为动词,句法得以成立。

(5)"顺天之时,约地之宜,忠人之和。"橄谨按:王念孙谓"约"当为"得",草书相似而误,而未及"忠"字之义。忠当读为中,枚氏《古文尚书·仲虺之诰》"建中于民"《释文》曰"中,本或作忠",是中、忠通用也。"中人之和"犹言"得人之和"。……"得人之和"正与"得地之宜"一律。《诸·管子·禁藏》

(6)"说礼乐而敦诗书。"正义曰:"敦谓厚重之。"橄谨按:敦,治也;犹言"治诗书"也。《诗·闵宫篇》"敦商之旅",郑笺曰"敦,治也",是其义。《群·左传·僖二十七年》

形容词常带使动宾语,不带一般受事宾语;以上两例,"忠""敦"解释为动词,句法得以成立。

3.4.3 述补结构的组成

(1)"绢以绮绣。"橄谨按:绢当为䌰,《汉书·司马相如传》"䌰要裹",师古注曰"䌰谓罗系之也",《文选·上林赋》李善注引《声类》曰"绢,系取也"。"䌰以绮绣",谓以绮绣系之,作"绢"者,省不从"网"耳。《太平御览·皇王部》引作"饰以绮绣",殆由不得其义而臆改之也。《诸·淮南·齐俗》

(2)《秋水篇》:"井鱼不可语于海,拘于虚也。"崔譔注"拘于虚"曰:"拘于井中之空也。"念孙按:崔训虚为空,非也,虚与墟同,故《释文》云"虚本亦作墟"。……凡经、传言丘墟者,皆谓故所居之地;言井鱼拘于所居,故不知海之大也。《读·余编上·庄子·拘于虚》

V—于—N这种述补句式,"于"前必是动词,"于"后必是名词;以上两例,"绢"解释为动词,"虚"解释为名词,句法得以成立。

3.4.4 联合结构的组成

(1)"果敢而振,猛贪而戾。"引之曰:"振"当为"很",字之误也。"果敢而很,猛贪而戾",二句一意相承。故《广雅》曰"戾,很也",若"振"则非其类矣。杨注"振,动也",引《公羊传》"桓公振而矜之",此望文生意,而非本旨。《读·荀子·荣辱·果敢而振》

(2)"当此之时,禽兽蝮蛇无不匿其爪牙,藏其螫毒。"念孙按:"蝮蛇"本作"虫蛇",此后人妄改之也。"禽兽""虫蛇"相对为文,所包者甚广,改"虫蛇"为"蝮蛇",则举一漏百,且与"禽兽"二字不类矣。《文子·精诚篇》正作"禽兽虫蛇"。《读·淮南·览冥·蝮蛇》

(3)"民室杵、木、瓦、石,可以盖城之备者,尽上之。"引之曰:木、瓦、石皆可以作室,而杵非其类,"杵"当为"材",字之误也。《号令篇》"民室材木"即其证。"盖城之备"四字,义不相属,"盖"当为"益",亦字之误也。言民室之材,木、瓦、石,可以益守城之备也。《读·墨子·备城门·杵·盖》

(4)"笮籥。"注曰:"笮,著也;籥如笛,三孔。"樾谨按:龟笮之笮与羽籥之籥,二者不伦,何得并举?疑注义非也。笮乃简策之策,……籥者,《说文·竹部》曰"书僮竹苫也",《一切经音义》卷二《篆文》曰"关西以书篇为籥";然则笮与籥正同类物矣。《群·礼记·少仪》

联合结构组成诸元,必须词性相同,词义相类。以上四例,"振"解释为"很"字之误,跟"果敢"词性同;"蝮蛇"改为"虫蛇",跟"禽兽"相等;"杵"改为"材",跟"瓦""石"同类;"笮""籥"也解释为义相类。这样,句法得以成立。

3.4.5 偏正结构的组成

(1)"周公乡有天下,今无天下,非擅也;成王乡无天下,今有天下,非夺也:变势次序节然也。"引之曰:"节"上有"之"字,而今本脱之,则文义不明。此言周公乡有天下而今无,成王乡无天下而今有,皆"变势次序之节"如此也。据杨注云"节,期也;权变次序之期如此",则正文原有"之"字明矣。《读·荀子·儒效·变势……》

(2)"夫以秦将武安君公孙起乘七胜之威,而与马服之子战于长平之下。"念孙按:"马服之子"本无"之"字,后人以赵括为赵奢之子,因加"之"字耳;不知当时人称赵括为马服子,沿其父号而称之也。马服子犹言马服君。《读·战国策·赵策·马服之子》

"之"字是组成编正结构的重要手段。上例无"之",句法难成立,表义不明;下例"马服子"的"子"与"马服"是复指关系,加"之"则误成偏正结构了。

以上介绍了四部书关于汉语主谓、述宾、述补、联合、偏正五种基本句法结构组成规则的分析。王氏父子、俞氏没有提出句法结构成分的名称,而事实上作了句法结构组成规则的分析。

3.5　分析句法结构关系

3.5.1　明确主谓关系

(1)"平原唐其坛曼兮。"邓展曰:"唐,道也。"师古曰:"言平原之道,坛曼然广大。"念孙按:训"唐"为道,虽本《尔雅》,然"平原道其坛曼",殊为不词。今按:唐者,广大之貌;"唐其"者,形容之词。既言"唐"而又言"坛曼"者,言重词复以形容之。《读·汉书·扬雄传·唐其坛曼》

(2)"烝民乃粒。"郑注曰:"粒,民也;众乃复粒仓。"引之

肆　中国古代语法学的大成(清代)　411

谨按:"粒"当读为《周颂·思文》"立我烝民"之"立";立者,成也、定也。……作"粒"者,字之假借耳!郑训"粒"为米,不辞甚矣。《经·尚书上·烝民乃粒》

(3)"彼邹滕,雉奔而出其地,犹称公侯。"樾谨按:"雉奔而出其地",乃极言其地之小,谓一雉奔窜即出其邦域之外也。孙氏《音义》曰"雉奔,言捷也",未达其旨。《诸·晏子春秋·问上》

(4)"见之,虽少必作;过之,必趋。"樾谨按:此"见"字当读如"从者见之"之"见"。"见之""过之"相对成文。"见之"者,谓其人见于夫子;"过之"者,谓夫子过其人之前也。……一"见"字之中,含此两义;有其人见夫子,有夫子见其人,故以"见之""过之"两承之。《群·论语·子罕》

3.5.2　明确述宾关系

(1)"胜乃立为王,号张楚。"刘德曰:"若云张大楚国也。"张晏曰:"先是楚为秦灭,已弛;今立楚,为张也。"师古曰:"张说是也。"念孙按:《张耳陈余传》曰"陈王今以张大楚",则刘说不误。《诸·汉书·陈项列传·张楚》

(2)"赖君之赐,得以寿三族。"樾谨按:《国语·楚语》"臣能自寿也",韦注曰:"寿,保也。"然则"以寿三族"者,以保三族也。《诸·晏子春秋·杂上》

(3)"旗获而过我也。"解诂曰:"旗获,建旗县所获得以过我也。"樾谨按:闵二年《左传》"佩衷之旗也",杜注曰:"旗,表也。"然则"旗获而过我",谓表陈其所获之物而过我也。《群·公羊传·庄三十一年》

3.5.3　明确述补关系

(1)"养弟子以万钟。"章句曰:"使教养一国君臣之子弟,与之万钟之禄。"樾谨按:如赵注,则"养弟子"三字为句,"以万钟"三字不成句矣。此当以六字为句。盖齐王之意以为孟子即不欲仕,吾将用其弟子中贤者,养之以万钟之禄,使孟子得以安居齐国,而诸大夫、国人有所矜式也。《群·孟子·公孙丑》

(2)"(履縰席)连用汤。"注曰:"连犹释也。"樾谨按:"连"之训"释",未闻其义。连当读为挛,《说文·斗部》"挛,抒满①也",《手部》"抒,挹也"。抒之义为挹,挛之义亦为挹。"挛用汤"者,谓履縰席之上更挹之以汤而去足垢也。《群·礼记·玉藻》

两例说明"以万钟""用汤"是介词结构做补语。

3.5.4 明确偏正关系

(1)"孟孙之恶我,药石也。"引之谨按:"药"字古读若曜,声与"疗"相近;故《申鉴·俗嫌篇》云"药石,疗也"。"药石"谓疗疾之石,非分药与石为二物。《经·左传中·药石》

(2)"夷吾之为君臣也,将承君命奉社稷以持宗庙。"樾谨按:两"君"字并指僖公言,夷为君之臣,则将承君之命为社稷宗庙之计,不为子纠一人死也。尹注曰"言已立君臣之义",误以"君臣"连读,失之。《诸·管子·大匡》

(3)"职思其居。"传曰:"职,主也。"樾谨按:训"职"为"主",于义未安。《尔雅》"职"有二训,一曰"常也",一曰"主也"。"职思"之"职",当训为常,犹曰常思其居耳。《群·毛诗·唐风·蟋蟀》

(4)"跂行喙息蠕动之类。"师古曰:"跂行,凡有足而行者

---

① 段玉裁《说文解字注》作"抒漏",认为"满"字误。

也;喙息,凡以口出气者也;蠕蠕,动貌。"念孙按:跂者,行貌也;喙者,息貌也。谓跂跂而行、喙喙而息、蠕蠕而动也。《读·汉书·匈奴传·跂行喙息》

前两例明确为定心结构,后两例明确为状述结构。

3.5.5 明确联合关系

(1)"察辩而操僻淫。"杨注曰:"为察察之辩而操持僻淫之事。"念孙按:"察""辩"二字平列;言能察能辩,而所操皆僻淫之术也。《读·荀子·非十二子·察辩》

(2)"天下之欲疾其君者,皆欲赴诉于王。"樾谨按:两"欲"字异义。上"欲"字犹好也。《孟子》书每以"欲""恶"对言,《离娄篇》"所欲与之,聚之;所恶,勿施尔也"……与"欲"义同。此文"欲疾"二字平列;"欲其君者"谓好其君者也,"疾其君者"谓恶其君者也。《群·孟子·梁惠王》

(3)"则国居而自毁矣。"樾谨按:古谓坐为"居",如所称"居!吾语汝"之类是也。"居而自毁"者,坐而自毁也,犹云坐而待亡也。尹注曰"居然自致毁灭",以"居"为"居然",文不成义矣。《诸·管子·八观》

(4)"必表而出之。"樾谨按:……"出之"二字连文,"之",往也。"出之"者,出往他所也。居家可单衣缔绤,若其出而他往,必加表衣,故曰"必表而出之"。《群·论语·乡党》

(5)"公如大夫入。"注曰:"如读若今之若。"疏曰:"谓大夫之于公更无异礼矣。"樾谨按:如"疏"义,则作"公若大夫"可也,作"公如大夫"亦可也;郑君何为不以本字读之,而必读之为"若"乎?则"疏"义非"注"义矣。今按"若"犹或也;古人之辞,凡不定者,以"若"言之,《士昏礼》"若衣若笄"是也。《群·

仪礼·乡饮酒礼》

(6)"中离维纲。"注曰:"离犹过也。"樾谨按:"离"读为丽,宣十二年《左传》"射麋丽龟",杜注曰:"丽,著也。""中离维纲"谓或著维、或著纲也。离、丽古通用字;如郑注,转涉迂曲矣。《群·仪礼·大射仪》

以上明确(1)"察辩",(2)"欲疾"为并列关系,(3)"居而自毁",(4)"出之"为连谓关系,(5)"公如大夫",(6)"中离维纲"表示选择关系。

3.6 分析句法结构完整

结构成分"完整"对"不完整"而言,一是结构成分残缺,一是结构成分赘衍;前者是应有而无,后者是应无而有。(3)(4)说王氏父子、俞氏没有提出句法结构成分名称,事实上作了句法结构规则的分析;现在再看其对结构成分完整与否的分析。

3.6.1 分析主谓结构完整

(1)"楚人有烹猴而召其邻人,【 】以为狗羹也而甘之;后闻其猴也,掘地而吐之,尽写其食。"念孙按:"邻人"下当更有"邻人"二字;今本脱之,则文义不明。《读·淮南·修务·以为狗烹》

(2)"雍门子以哭见孟尝君,【 】涕流沾缨。"樾谨按:"孟尝君"下当更有"孟尝君"三字,而今脱之。……不然,则"流涕沾缨"仍属雍门子,而不属孟尝君,不见其感人之至矣。《诸·淮南·缪称》

两例说明主语残缺。

(1)"陵夷至乎桀纣之行【 】,王道大坏矣。"宋祁曰:"浙

本下有'作'字。"念孙按:浙本是也。此言桀纣之行作而王道大坏;脱去"作"字则语意不完。《读·汉书·董仲舒传·桀纣之行》

(2)"飘风暴雨【 】,日中不须臾。"樾谨按:"飘风暴雨"下脱"不终朝"三字。《老子》曰"飘风不终朝,骤雨不终日",是其义也。"日中不须臾",乃日中则仄之义。今脱"不终朝"三字,则若飘风暴雨亦不须臾者,失其义矣。《诸·淮南三·道应》

两例说明谓语残缺。

(1)"孝公既用卫鞅,鞅欲变法,恐天下议己……"念孙按:"鞅欲变法","鞅"字因上文而衍。此言孝公欲从商鞅变法,恐天下议己,非谓鞅恐天下议己也。《读·史记·商君列传·鞅欲变法》

(2)"夫利君之富,富以聚党,利党以危君。"樾谨按:下"富"字衍文也;当作"利君之富以聚党,利党以危君"。利者,赖之假字;利、赖声近而义通。……《广雅·释诂》:"赖,恃也。"恃君之富以聚党,又恃党徒以危君;不义甚矣。《群·国语·晋语》

两例说明主语赘衍。

(1)"夫圣人之举事也,可以移风俗而受教顺,可施后世。"念孙按:"教顺"上本无"受"字,此因上文"不受金"而误衍也。教顺即教训也,"教顺"上有"受"字,则与下四字义不相属矣。《读·淮南·道应·受教顺》

(2)"今也则亡,未闻好学者也。"樾谨按:"亡"字衍文也。此与《先进篇》语有详略;此云"今也则未闻有好学者也",彼云

"今也则亡",皆此详而彼略。因涉彼文而误衍"亡"字;则既云"亡",又云"未闻好学",于辞复矣。《释文》曰"本或无亡字",当据以订正。《群·论语·雍也》

两例说明谓语赘衍。

3.6.2 分析述宾结构完整

(1) "白季使,舍于冀野,【 】冀缺耨。……"家大人曰:"冀缺耨"上有"见"字,而今本脱之。……若无"见"字,则隔断上下语脉矣。《经·国语下·冀缺耨》

(2) "奚以之九万里而【 】南为?"樾谨按:"南"上本有"图"字。上文曰"而后乃今将图南",故此即承上文言也。《文选注》正作"奚以之九万里而图南为"。《诸·庄子·逍遥游》

两例说明述语残缺。

(1) "遣使坏渭陵、延陵园门罘罳,曰毋使民复思【 】也。"念孙按:此本作"毋使民复思汉也",今本脱"汉"字,则文义不明。《读·汉书·王莽传·复思》

(2) "鹦鹉能言,而不可使长【 】。"樾谨按:《艺文类聚·鸟部》《太平御览·羽族部》引此并作"不可使长言",当从之。高注曰:"长,主也。"……长,主也,则长犹典也;"不可使长言"犹曰不可使典言,谓不可使典主教令也。《诸·淮南·说山》

两例说明宾语残缺。

(1) 《十过篇》:"听楚之虚言,而轻诬强秦之实祸,则危国之本也。"引之曰:此言韩王听虚言而轻实祸,则"轻"下不得有"诬"字,"诬"即"轻"之讹。《韩策》及《史记·韩世家》俱无"诬"字,是其证也。《读·余编上·韩子·轻诬……》

(2) "夫浆人特为食羹之货,无多余之赢。"樾谨按:"无"

字衍文。《释文》曰"一本无无字",是也。张注曰"所货者羹食,所利者盈余而已",则张本亦无"无"字。浅人妄加也;若云"无多余之赢",则下不必更言"其为利也薄"矣。《诸·列子·黄帝》

两例说明述语赘衍。

(1)"秦穆公出游而车败,右服失马。"高注曰:"服,中央马。"念孙按:"右服失马","马"字因注文而衍。服为中央马,则不须更言"马"矣。《吕氏春秋·爱士篇》正作"右服失"。《读·淮南·泛论·右服失马》

(2)"邦无道则可卷而怀之。"樾谨按:"之"字汉石经作"也"。《后汉书·周黄徐姜申屠传序》亦曰"孔子称蘧伯玉,邦无道则可卷而怀也",是古本如此,当从之。……今作"卷而怀之",何所指乎?《群·论语·卫灵公》

两例说明宾语赘衍。

3.6.3 分析偏正结构完整

(1)"安息国有大马【 】爵①。"念孙按:"爵"上亦有"大"字,而今本脱之,则为不词矣。《太平御览·四夷部十四》引此作"有大马大爵"。《读·汉书·西域传·大马爵》

(2)"以攻战之故,土地之博,至有数千里也;人徒之众,至有数百万人。故当攻战,而不可【 】为也。"樾谨按:"不可为也"当作"不可不为也",方与上文语意相属。此是饰攻战者之言,非子墨子之言也。今脱"不"字,义不可通。《诸·墨子一·非攻中》

---

① 爵,通"雀"。

两例说明偏项残缺(前例脱定语,后例脱状语)。

(1)"及食大夫鼋【 】,召子公而弗与也。"家大人曰:"鼋"下当有"羹"字,谓为鼋羹以食大夫也。下文"染指于鼎,尝之而出",所尝者羹也,则上文原有"羹"字可知。《经·左传中·食大夫鼋》

(2)"夫雁顺风【 】,以爱气力;衔芦而翔,以备矰弋。"念孙按:"顺风"下本有"而飞"二字,与"衔芦而翔"相对为文。今脱此二字,则与下文不对。《读·淮南·修务·顺风》

两例说明正项残缺(前例定语脱中心词,后例状语脱述语)。

(1)"我为赵将,有攻城野战之大功。"念孙按:"大"字后人所加。"攻城野战之功"对"徒以口舌为劳"言之,而其大自见,无庸更加"大"字。《读·史记·廉蔺列传·大功》

(2)"然而莫能至焉者,偷慢懈惰,多不暇日之故。"樾谨按:"不"字衍文。"多暇日"者,谓其人偷慢懈惰而不学,故多暇日也。今衍"不"字,失其指矣。《诸·淮南·修务》

两例说明偏项赘衍(前例衍定语,后例衍状语)。

(1)"且夫玩好在耳目之前,而患在一国之后;此中知以上乃能虑之。"引之谨按:此论地之大小,非论时之远近也;不得云"一国之后"。"之后"二字盖后人增之,以与"耳目之前"相对,而不知其不可通也。耳目之前至小也,一国至大也。耳目之前得所玩好,而一国以亡,故曰"玩好在耳目之前,而患在一国"。《经·穀梁传·一国之后》

(2)"朕不受献也,其令四方,毋求来献。"宋祁曰:"浙本去求字。"念孙按:浙本是也。"求"即"来"之误字,今作"求来献"者,一本作"来",一本作"求",而后人误合之耳。《艺文类

肆 中国古代语法学的大成(清代) 419

聚・兽部上》引此无"求"字。《读・汉书・严朱吾丘主父徐严终王贾传・求来献》

两例正项赘衍(前例衍定语中心词,后例衍状语述语)。

3.6.4 分析联合结构完整

(1)"且法之生也,以辅仁义。今重法而弃【 】义,是贵其冠履而忘其头足也。"念孙按:"义"上脱"仁"字。……上下文皆言"仁义",无但言"义"者。《读・淮南・泰族・弃义》

(2)"故民生则计利,死则虑名,【 】利之所出,不可不审也。"樾谨按:"名"下当叠"名"字,盖曰"名利之所出,不可不审也";故下云"利出于地,则民尽力;名出于战,则民致死",正承此文而言。《诸・商子・算地》

两例说明联合结构脱构成元。

(1)"乡长者,父老豪杰之亲戚父母妻子",又下文"及勇士父母亲戚妻子"。引之曰:"父母"二字皆后人所加也。古者谓父母为亲戚,故言"亲戚"则不言"父母";后人不达,故加"父母"二字耳。篇内言"父母妻子"者多矣,皆不言"亲戚";下文又有"亲戚妻子",则但言"亲戚"而不言"父母"。是"亲戚"即父母也。《读・墨子・号令・父母》

(2)"文武不行者亡。"樾谨按:"文"字衍文也。其下曰"昔者西夏性仁非兵,城郭不修,武士无位"云云,是西夏之亡以武不行,非以文不行也。"武不行者亡"与上文"武不止者亡"义正相对。……今衍"文"字,义不可通。《群・周书・史记》

两例说明联合结构衍结构元。

3.6.5 分析兼语结构完整　　表现兼语结构义用兼语结构

形式"V_1—N--V_2",缺一项则为不完整;反之,非兼语结构义的不得用此形式。

(1)"文帝尝梦欲上天不能,有一黄头郎推【 】上天。"念孙按:"推"下有"之"字;而今本脱之,则文义不畅。《太平御览·人事部》十七及四十,引此并作"推之上天";《史记》《汉纪》同。《读·汉书·佞幸传·推上天》

(2)"元年冬十二日,【 】民有罪,得买爵三十级,以免死罪。"念孙按:"民有罪"上当有"令"字。……今本脱"令"字则文义不明。《太平御览·封建部一》引此已脱"令"字,旧本《北堂书钞·封爵部下》引此有"令"字。《读·汉书·惠帝纪·民有罪》

(3)"【 】子贡往说之,毕辞而不能得也。"念孙按:"子贡"上脱"使"字,《太平御览》引此有"使"之。《读·淮南·人间·子贡……》

(4)"卫使客事魏,三年不得见。"念孙按:"卫使客"当作"卫客",谓卫人之客于魏也,"卫"下不当有"使"字。"事魏"下当有"王"字。……《艺文类聚·人部》《太平御览·人事部》引此并作"卫客事魏王"。《读·战国策·宋策·卫使……》

(1)脱兼语 N,(2)(3)脱 V_1,(4)非兼语结构义,而用了兼语结构形式。

3.7 分析逻辑语义关系结构的组成与逻辑语义关系分析

3.7.1 分析逻辑语义关系结构的组成

(1)"然而不材子不胜其欲,蒙死亡之罪而被刑戮之羞。

然而立秋之后,司寇之徒,继踵于门,而市死之人,血流于路。"念孙按:"然而"二字因上文而衍,"立秋之后"五句即承上"死亡之罪""刑戮之羞"言之,不当更有"然而"二字。《读·淮南·泛论·然而》

(2)"蛇鳝著泥百仞之中,熊罴匍匐丘山之岩,虎豹袭穴而不敢咆,猿狖颠蹶而失木枝,又况直蛇鳝之类乎?"念孙按:下言"又况直蛇鳝之类",则上文"著泥百仞之中"者,非谓"蛇鳝"也。且蛇、鳝在浅水之中,亦不得言百仞也。蛇当作虵,虵与鼋同,鳝与鼍同,言虵鳝且伏于深渊而不出,况蛇鳝之类乎?《读·淮南·览冥·蛇鳝……》

(3)"一阴不胜二阳,故病将已。"按:"故"者申上之词,上未言"病将已",则此不得言"故病将已"。"故"当为"公"。《读·晏子春秋·内篇杂下·故病将已》

(4)"女虽湛乐从。"笺云:"女君臣虽好乐嗜酒而相从。"槭谨按:虽当读为惟,"女惟湛乐从",犹《尚书·无逸篇》曰"惟耽乐之从也"。虽与惟通,说见王氏引之《经传释词》,如"笺"义,转为迂曲矣。《群·毛诗·大雅·抑》

以上看出关系结构的组成,一是语义表达需要,二相应关联词具备。(1)说明转折关系须有转折义,无转折义不能用"然而";(2)递进复句前后相比较的不能是同一对象;(3)说明无因果关系,不能用"故";(4)说明前后无让步、转折义,不能用"虽"。

3.7.2 逻辑语义关系分析 汉魏晋唐宋人分析此种关系,一般都是加入相应的关系词(连词、关联副词)表现;清人则是对语义逻辑关系作具体分析。

(1)"大风有隧,有空大谷。"毛传曰:"隧,道也。"笺曰:

"大风之行有所从来,必从大谷之中。"引之谨按:……"隧"之言迅疾也,"有隧"形容其迅疾也。"有空"亦形容"大谷"之辞也。《小雅·白驹篇》"在彼空谷",传曰:"空,大也。"言大风之状则"有隧"矣,大谷之状则"有空"矣。先言"有空"、后言"有谷",变文与下为韵耳。《经·毛诗下·大风有隧》

(2)"孰先传焉?孰后倦焉?"包曰:"言先传业者,必先厌倦。"樾谨按:两"孰"字明分二事,"注"并为一说非也。……"孰先传焉?孰后传焉"犹曰"有小道焉,有大道焉",故继之曰"譬之草木以别矣",包氏所解未得经旨。《群·论语·子张》

(3)"君子怀德,小人怀土。君子怀刑,小人怀惠。"孔曰:"怀,安也。"正义曰:"此章言君子、小人所安不同也。"樾谨按:此章之义,自来失之。"君子"谓在上者,"小人"谓民也;"怀"者,归也。……"君子怀德,小人怀土"者,言君子归于德,则小人各归其乡土;《老子》曰"甘其食,美其服,……民至老死不相往来"是也。"君子怀刑,小人怀惠"者,言君子归于刑,则小人归于他国慈惠之君;《孟子》曰"民之归仁也,犹水之就下、兽之走圹也,……为汤武驱民者,桀与纣也"是也。《群·论语·里仁》

(4)"(皇则受之)而康而色。"传曰:"女当安女颜色,以谦下人。"樾谨按:下"而"字训女;上"而"不训女,乃语辞也。此句承上文"皇而受之"而言,"皇则受之,而康而色",言不但受之,而又当和女之颜色以受之也。"康"之义为安。《群·尚书·洪范》

(5)"夫楚令尹有欲于楚,少懦于诸侯"。解曰:"欲,欲得楚国也;懦,弱也,以诸侯为弱。"樾谨按:韦注未得传意,此言令

尹之志专在于楚,而于诸侯之事少偷懦也。《群·国语·晋语》

(6)"寅丘无壑,泉原不溥。"樾谨按:寅丘谓大丘也;……言丘虽大而无壑,则泉原不溥也。《诸·淮南·说林》

(7)"《春秋》之辞多况,是文约而法明也。"樾谨按:"况"字绝句;言《春秋》之辞,我以况譬而见,此其所以文约而法明也。《诸·春秋繁露·楚庄王》

以上说明(1)(2)为并列句,(3)为承接句,(4)为递进句,(5)为转折句,(6)为让步句,(7)为因果句。

下四例说明为多重关系结构句:

(1)"故圣人作则必以天地为本。"正义曰:"则,法也;既是天地之心,故圣人作法,必用天地为根本也。"引之谨按:此用《家语》注也。……然上文"后圣有作,然后修火之利",则此亦当以"故圣人作则"为句。作,起也、兴也,起而在位也。《易·文言》曰"圣人作而万物睹",文义与此同。"则"字属下读,言有圣人起,则其为政,必以天地为本也。《经·礼记中·故圣人……》

(2)"鸟兽之肉不登于俎,皮革齿牙骨角毛羽不登于器,则公不射。"《释文》:"鸟兽之肉,一本作其肉。"引之谨按:一本是也。此以"鸟兽"二字绝句,"其"字下属为义。言鸟兽固畋猎时所射,若其肉不登于俎,皮革齿牙骨角毛羽不登于器,则公不射此鸟兽也。文义甚明。《经·左传上·鸟兽之肉……》

(3)"赏罚无纪,国虽大兵弱者,地非其地,民非其民也。"樾谨按:此言赏罚无纪,则国虽大,而兵必弱;所以然者,由地非其地,民非其民也。《诸·韩非子·饰邪》

(4)"天之处高,其听卑,其牧芒,其视察。"樾谨按:"牧"

乃"状"字之误。言天之处虽高,而其听则甚卑;其状虽若茫茫然,而其视则甚察也。《诸·贾子·耳痹》

3.8 分析古汉语特殊句式

(1)"古之戎兵,何世安起?"家大人曰:"安"犹"于"也,此例句也,"何世于起"犹言起于何世也。……安、于一声之转,故"于"字或通作"安"。《经·大戴下·何世安起》

(2)"其一二父兄惧坠宗主,私族于谋,而立长亲。"杜注曰:"于私族之谋,宜立亲之长者。"引之谨按:传言"私族于谋",不言"私族之谋",杜说非也。"私族于谋,而立长亲"者,私谋于族而立长亲也,倒言之则曰"私族于谋"矣。十一年传"王贪而无信,唯蔡于感",言惟憾于蔡也。本年传"谚所谓室于怒、市于色者",言怒于室、色于市也。文义并与此相似。《经·左传下·私族于谋》

(3)"余姑为之求士,而鄙以待之。"家大人曰:古谓野为鄙,"鄙以待之",谓退处于野以待之也。故下文又言"耕于鄙"。《经·左传下·鄙》

(4)"启乃淫溢康乐,野于饮食,将将铭苋磬以力。"樾谨按:毕云"'野于'疑作'于野'",实非也。此本以"启乃淫溢康乐"为句,"野于饮食"为句,即下文所谓"渝食于野"也,与《左传》"室于怒、市于色",文法正同。"将将铭苋磬以力",疑有脱文,盖亦八字作二句也。《诸·墨子·非乐上》

四例说明古汉语"N(处所)—于—V"这一特殊句式及其规则

变化;后世成了"V—于—N"式。①

（1）"七十而从心所欲不逾矩。"马曰："矩，法也，从心所欲无非法。"樾谨按：此当于"心"字绝句。《礼记·乐记篇》"率神而从天"，郑注曰："从，顺也。""六十而耳顺""七十而从心"，"耳顺""从心"，错综成文，亦犹"迅雷风烈"②之比。"从"与"顺"同义，"耳顺"即耳从也，"从心"即顺心也。"所欲不逾矩"乃自说"从心"之义；惟其所欲不逾矩，故能从心也。《群·论语·为政》

（2）"古之人无斁，誉髦斯士。"传曰："古之人无厌于有名誉之俊士。"笺云：古之人，谓圣王明君也；口无择言、身无择行，以身化其臣下。故令此士皆有名誉于天下，成其俊义之类也。"樾谨按：传、笺之义皆非也。"古之人"，谓古老之人。……"髦斯士"者，髦士也；"斯"乃语词，《诗》中多有此例："螽斯羽"者，螽羽也；"兔斯首"者，兔首也。说详王氏引之《经传释词》。下句"髦斯士"与上句"古之人"，文正相配；"古之人"即古人，"髦斯士"即髦士。上句先言"古之人"，后言"无斁"；下句先言"誉"，后言"髦斯士"。错综成文，亦犹"迅雷风烈"之比。诗人立言之妙，虽毛郑其犹未得矣。《群·毛诗·大雅·思齐》

两例说明古人错综成文句式。

（1）"行于大道，唯施是畏。"王弼曰："唯施为之是畏也。"河上公注略同。念孙按：二家以"施为"释"施"字，非也。施读

---

① 俞樾《古书疑义句例》列为"倒句例"。参看贰 1.6.7.1、2.2.7.1。
② "迅雷风烈"，见《论语·乡党》"迅雷风烈必变"，郑玄注、邢昺疏均解作"风急雷为烈"，指"迅雷风烈"乃"风迅雷烈"之错综。

为迆；迆，邪也：言行于大道之中，唯惧其入于邪道也。《读·余编上·老子·唯施于畏》

（2）"不念昔者，伊余来塈。"毛传曰："塈，息也。"笺曰："君子忘旧，不念往昔年稚我始来之时安息我。"引之谨按：如传、笺则"伊予来"与"塈"字义不相属。今按：伊，惟也；来犹是也；皆语词也。塈读为忾；忾，怒也。此承上"有洸有溃"言之，言君子不念昔日之情，而惟我是怒也。《经·毛诗上·伊余来塈》

（3）"形民之力而无醉饱之心。"杜注曰："言国之用民，当随其力任，如金冶之器，随器而制形，故云形民之力，去其醉饱过盈之心。"引之谨按：杜解"形"字迂回难通。今按形当读为刑，《后汉书·陈蕃传注》引此正作"刑民之力"，刑犹成也，刑民者，成民也。……之犹是也，力犹务也，"刑民之力而无醉饱之心"者，言惟成民是务，而无纵欲之心也。《大雅·烝民篇》"威仪是力"，文义正与此同。《经·左传下·形民之力》

（4）"比三代莫敢发之。"念孙按："莫敢发之"本作"莫之敢发"，浅学人改之耳。《郑语》作"莫之发也"，《文选·幽通赋注/运命论注》引《史记》并作"莫之敢发"。《读·史记·周本纪·莫敢发之》

四例分析了古汉语"是""之"前置宾语句式。

3.9 分析几种固定句式

（1）"夏四月戊申，有如日夜出。"念孙按：此言星状如日而夜出也，"有"下脱"星"字，则文义不明。《汉纪》《孝武纪》

……并作"有星如日夜出"。《读·汉书·武纪·有如日》

(2)"及生子,文在其手曰虞。"念孙按:"文"上脱"有"字,当依《左传》及《郑世家》补。《读·史记·晋世家·文在其手》

两例说明"有—N—V"句式特点,三项必须完整。

(1)"古之及今,亦尝闻请葬人主之官者乎?"按:"古之及今"本作"自古及今",下文梁丘据亦曰"自古及今未尝闻求葬公宫者也"。今作"古之及今"则文不成义,盖涉下文"古人之君"而误。《读·晏子春秋·内篇谏下·古之及今》

(2)"自卿以下至于师长士。"韦注曰:"师长,大夫。"引之谨按:经、传言"师长"者有二义:有训为公卿者,《盘庚》"邦伯师长百执事之人",传曰"师长,公卿"是也;有当训为士者,《楚语》"自卿以下至于师长士"是也。盖上言"卿"、下言"士",而中包大夫,故曰"以下"、曰"至于",犹言自天子以至于庶人,中包公卿大夫士耳。如以师长为大夫,则师长即在卿之下,何得言"自卿以下至于师长士"乎?《经·国语下·师长士》

两例说明"自—N_1—及(至)—N_2"句式特点:一是词序不能乱,形式要完整;二是N_1与N_2之间须有中间项,二者不能紧靠。

(1)"是故重为惠若重为暴,则治道通矣。"念孙按:"重为惠若重为暴"本无"若"字,后人以《诠言篇》云"重为善若重为非",故加"若"字也。不知彼文是言为善者必生事,故曰"重为善若重为非"。此言惠、暴俱不可为,则二字平列,不得云"重为惠若重为暴也"。《读·淮南·主术·重为惠……》

(2)"庖丁用刀十九年,而刀如新剖。"刘本于"剖"下增"硎"字。念孙按:刘增是也;据高注云"硎,磨刀石",则有"硎"字明矣,下"刀"字当作"刃","刃""刀"字相似,又涉上字而误也。"刃如新剖硎",言刀刃不顿也。《庄子·养生主篇》"今臣之刀十九年矣,而刀刃若新发于硎"……皆其证也。《读·淮南·齐俗·刀如新剖》

两例说明比喻句式特点:一是用比喻词"若"等,前后必须是比喻关系;二是比喻词前后的本体语词、喻体语词必须相照应。

4.0 分析句法语义关系

句法语义关系(主要是句法结构中名词、动词的意义关系)是语法分析的重要内容,因为这是解释、理解句意必须解决的一个问题。汉魏人即注意语义关系分析(见贰1.7、1.8、2.3、2.4),但前人分析语义关系,是用语词移位、介词加入手段表现,而清人则是径直的分析。

4.1 主谓结构语义关系

(1)"商王帝辛,大恶于民。"韦解曰:"大恶,大为民所恶。"樾谨按:下句"庶民弗忍",始以民言;若此句已言大为民所恶,则不必更言"庶民弗忍"矣。"大恶于民"犹云大虐于民也。《广雅·释诂》曰"虐,恶也",是恶与虐同义。《群·国语一·周语》

(2)"故嫫母执乎黄帝。"樾谨按:高注曰:"黄帝说之",然"执"无说(悦)义,此注非也。《诗·执竞篇》《释文》引《韩诗》曰"执,服也","执乎黄帝"者,服乎黄帝也。……此文但言嫫母服事黄帝,未以黄帝言也。《诸·吕氏春秋·长攻》

(3)"(先君文武)用端命于上帝。"传曰:"用受直端之命于上天。"樾谨按:经文本无"受"字,且上帝之命又何必言直端乎?传义非也。……"用端命于上帝"者,用始命于上帝也,言(先君文武)始命于上帝而为天下主也。《群·尚书·康王之诰》

(4)"苟不树艺者,谓之贼人;下作之地,上作之天,谓之不服之民。"樾谨按:两"作"字读为诅,古字通用。《诗·荡篇》"侯作侯祝"《释文》曰"作本作诅"是其证也。此言有不树艺者,必下诅之于地,上诅之于天,明其为不服之民,盖以神道设教之意。若依本字读之,则不可通矣。《诸·管子·轻重己》

(5)"礼闻取于人,不闻取人。"郑注曰:"谓君人者,取于人,谓高尚其道;取人谓制服其身。"樾谨按:"取",当读为趣,《释名·释言语》曰"取,趣也",是取与趣声近义通。《庄子·齐物论篇》"趣舍不同","趣舍"即"取舍"也,字亦通作"趋"。……然则"取于人"者,为人所趋向也;"取人"者,趋向人也。《群·礼记·曲礼》

以上说明(1)(2)主语"商王帝辛""嬻母"是施事,而非受事;(3)(4)主语"文武""不树艺者"是受事,而非施事;(5)主语"礼"是"取于'人'的受事","取人的施事"。

4.2 述宾结构语义关系

述宾结构的述语,动词之外,也可由名词、形容词充当。

(1)"短右袂。"孔曰:"短右袂,便作事。"樾谨按:左右两袂必无一长一短之理,"短右袂"者,卷之使短也,亵裘长则袂亦长,于作事不便,故卷右袂使短,是谓"短右袂"。《群·论语·乡党》

(2)"道常无名。"樾谨按:"常"与"尚"通,语见首章。"道尚无名"者,言以无名为贵也。河上注、王注并非。三十七章"道常无为",义同。《诸·老子·三十二章》

(3)"毋事治职,但力事属。私王官,私君事,去非其人,而人私行者,圣王之禁也。"樾谨按:"但力事属"为句,"毋事治职,但力事属",言不以治职为事,而其所竭力从事者,惟在互为连属也。"私王官"为句,"私君事"为句,言以王官为私,以君事为私也。……《诸·管子·法禁》

(4)"奇术技艺之人,莫敢高言孟行,以过其情,以遇其主矣。"樾谨按:"遇"读为愚。《诗·巧言篇》"遇犬获之",《释文》曰"遇,世读作愚",《庄子·则阳篇》"匿为物而愚不识",《释文》曰"愚本作遇",是遇与愚通。"愚其主"者,自以为知,而以其主为愚也。尹训"遇"为待,则失其义。《诸·管子·任法》

(5)"谨其忠臣。"樾谨按:"谨"当读为结,言与忠臣相结也。结与谨一声之转,故古通用。"桓三年"《穀梁传》"谨言而还",《公羊传》作"结言而还",是其证。《诸·管子·禁藏》

(6)"巍巍乎,唯天为大,唯尧则之。"樾谨按:此美尧之大,非美尧能法天也。《说文·刀部》"则,等画物也",是则有等义。……此云"唯天为大,唯尧则之",盖谓天之大无与等者,唯尧能与之等耳!郑君解《尚书》"稽古"为"同天",则天即同天也。孔训"则"为法,未得其义。《群·论语·泰伯》

以上说明(1)述语"短"对宾语有所使令,即所谓使动宾语;(2)(3)(4)述语"常""私""遇"对宾语有所认定,即所谓意动宾语;(5)

(6)述语"谨""则"对宾语有所与,即所谓与动宾语或与事宾语。

5.0 分析语义选择限制

孔颖达已认识到语词组合存有语义选择限制规则即词义要能相互搭配(见叁2.5.3),王若虚有进一步的具体分析(见叁6.3)。王氏父子和俞樾对这一语义现象的分析,则在前人分析的基础上有更进一步的发展。其标志就是"义不相属""义不可通"说法在四书中随处可见。其所说"义不相属"是指词与词意义不能相连属,大致就相当我们现在说的词义不搭配,也即违反语义选择规则;其所说"义不相通"也多是指义不相属。因此可以说,王氏父子及俞氏没有明确提出语义分析的语义选择规则,但实际上是相当明确的依据语义选择规则分析语词能否搭配,即语句的正误的。

5.1 依据语义选择限制规则分析语词的正确搭配

5.1.1 分析名词对量词的选择

汉语特点之一,是有个体量词,但名词对量词有选择限制。

(1)"子墨子仕人于卫,所仕者至而反。子墨子曰:'何故反?'对曰'与我言而不当';曰'待女以千盆',授我五百盆,故去之也。"毕改"盆"为"益",云:"古无'镒'字,只作'益',或作'溢'。《汉书·食货志》'黄金以溢为名',孟康曰'二十四两为溢',贾逵《国语》注云'二十四两'。"念孙按:此言"千盆""五百盆"皆谓粟,非谓金也。《荀子·富国篇》"今是土之生五谷也,人盖治之,则亩数盆",杨倞曰"盖当时以盆为量",……又引《墨子》曰"待女以千盆,授我五百盆",则"盆"非"益"之讹也。

《读·墨子·贵义·千盆》

(2)"以辇车四十乘反谷口。"师古曰:"辇车,人輓行,以载兵器也。"念孙按:辇车为人輓行之车,则不得言四十乘;"辇车"当依《史记》《作筚车"。《说文》:"筚,大车驾马也。"《周官·乡师》"与其筚辇",郑注曰"筚,驾马;辇,人輓行",故曰"筚车四十乘"。世人多见"辇",少见"筚",故"筚"讹为"辇"。《读·汉书·淮南衡山济北王传·辇车》

按:(1)说明"盆"是计粟单位,不能用来计金。(2)说明"乘"是计筚单位,不能用来计辇。

5.1.2 分析主谓结构中语词的正确搭配

(1)"跖巨者志远,体大者节疏。"念孙按:跖者,足也;足大与志远,义不相属。"志"当为"走",言足大者,举步必远也。《泛论篇》曰"体大者节疏,跖距者举远",是其证。《读·淮南·说林·志远》

(2)"臣闻介胄坐阵不席,狱讼不席,尸坐堂上不席,三者皆忧也。"念孙按:尸为死人,不得言"坐堂上"。《太平御览·百卉部七》引作"尸在堂",是也。今本"在"作"坐"者,涉上下诸"坐"字而误。"上"字疑亦后人所加。《读·晏子春秋·内篇谏下·尸坐堂上》

(3)"食土者无心而慧"。樾谨按:高注曰"蚯蚓之属",是也。然蚯蚓之属何"慧"之有?《大戴记·易本命篇》作"无心而息",卢辨注曰"蚓蚯之属不气息也"。此文"慧"字,疑亦"不息"二字之误。《诸·淮南·地形》

(4)"夫仁、礼、勇,皆民之为也。"解曰:"民力所为。"樾谨按:仁、礼、勇三者非民力所为也,"民"疑"义"字之误。下文曰

"以义死用谓之能,奉义顺则谓之礼,畜义丰功谓之仁";是三者皆以义为本,故曰"夫仁、礼、勇,皆义之为也"。《群·国语·周语》

5.1.3 分析述宾结构中语词的正确搭配

(1)"夫击瓮听缶、弹筝搏髀,而歌呼呜呜快耳目者,真秦之声也。"念孙按:声能快耳,不能快目,"目"字后人所加,《文选》无"目"字。《读·史记·李斯列传·快耳目》

(2)驾骥与羊。念孙按:羊不可与马并驾,"羊"当为"牛"。……《艺文类聚·地部》及《白帖五》并引作"牛"。《读·墨子·耕柱·羊》

(3)"潜师闭途(塗),逆越女之子章立之,而后还。"服虔注曰:"闭途,不通外使也。"引之谨按:"闭途"二字,文不成义。途非门关之类,不可得而闭也;且是时方将逆惠王于国中,而先绝其往来之途,则惠王无由至军中矣。"塗"当为"壁",字相似而误也。《经·左传下·潜师闭途》

(4)"景风至,则爵有位,赏有功。"樾谨按:既云"有位",又何"爵"焉?"爵有位"之文,殊不可通。"位"疑"德"字误,"有德""有功"相对成文。……《白虎通义·八风篇》正作"爵有德,封有功",可据以订正。《诸·淮南·天文》

5.1.4 分析述补结构中语词的正确搭配

(1)"故善游者死于梁池,善射者死于中野。"念孙按:梁即桥也,非池之类,且与善游者意不相属。"梁"当为"渠"字之误也;渠,沟也,言善游者死于沟池。《读·管子·枢言·梁池》

(2)"天子不烟于亲戚。"樾谨按:古人谓父母为亲戚,昭二十年《左传》"亲戚为戮,不可以莫之报也",《韩诗外传》"亲戚既没,虽欲孝,谁为孝",并其证也。此本作"天子不恩于亲戚",后人不达"亲戚"之义,故易以"姻"字耳。《大戴记·保傅篇》作"天子无恩于父母",父母即亲戚也。《诸·贾子·傅职》

5.1.5　分析定心结构中语词的正确搭配

(1)"朝有黧黑之危。"引之曰:"危"与"黧黑"二字,义不相属,"危"当为"色",人瘦则面色黧黑。《读·墨子·兼爱中·危》

(2)"高山十石,闲田五石,庸田三石。"引之曰:"庸"字义不可通;"庸"当为"庳",字形相似而误,庳田,下田也。《读·管子·山权数·庸田》

5.1.6　分析状述结构中语词的正确搭配

(1)"有以饭死者而禁天下之食,则悖矣。"念孙按:《太平御览·疾病部四·噎下》引此,"饭"作"噎",是也……今俗云"因噎废食",若云"以饭死",则文不成义。《读·淮南·说林·以饭死》

(2)"非不呺然大也。"槭谨按:《释文》"呺,本亦作号",崔作"謣"。然《说文·号部》"号,痛声也";呺、謣《说文》所无,盖皆号之俗体,施之于此,义不可通。《文选·谢灵运〈初发都诗〉》李善注引此文作"枵",当从之。《尔雅·释天》"元、枵,虚也",虚则大矣,故曰"枵然大也"。《诸·庄子·逍遥游》

5.1.7　分析并列结构中语词的正确搭配

(1)"寇至,先杀牛、羊、鸡、狗、乌、雁收其皮革筋角……"毕云:"《说文》云'雁,鹅也',此与鸿雁异。"念孙按:毕说是也。乌非家畜,不得与牛、羊、鸡、狗、鹅并言之;"乌"当为"凫",此

凫谓鸭也。……《晏子春秋·外篇》"君之凫雁,食以菽粟"是也。《读·墨子·杂守·乌》

(2)"民室杵、木、瓦、石,可以盖城之备者,尽上之。"引之曰"木、瓦、石皆可以作室,而杵非其类","杵"当为"材"字之误也。《号令篇》"民室材木"即其证。"盖城之备"四字义不相属,"盖"当为"益",亦字之误也;言民室之材、木、瓦、石可以益守城之备也。《读·墨子·备城门·杵盖》

(3)"此谓楣机。"孔曰:"此取人之要,若门有楣,若弩有机。"家大人曰:楣与机非一类,古书亦无并言"楣机"者,当为"枢机"。枢,户枢也,所以利转;机,门梱也,所以止扉。皆门户之要也,故以喻用人之要。《经·大戴礼记中·楣机》

(4)"耳目之于声也,口鼻之于芳臭也。"念孙按:下句本作"口鼻之于臭味",谓口之于味、鼻之于臭也。后人误读"臭"为腐臭之"臭",而改"臭味"为"芳臭",则与"口"字义不相属矣。《太平御览》引此正作"鼻口之于臭味"。《读·淮南·俶真·芳臭》

(5)"人主租敛于民也,必先计岁收,量民积聚,知饥馑有余不足之数,然后取车舆衣食,供养其欲。"《群书治要》引此,"饥馑"作"饶馑"。念孙按:作"饶馑"者原文,作"饥馑"者后人所改也。"饶"与"馑"、"有余"与"不足",皆相对为文,若作"饥馑",则与"有余""不足"之文不类矣。《读·淮南·主术·饥馑》

按:(4)(5)是分析对接结构(即杨树达《汉文文言修辞学》所讲的"合叙")中语词的正确搭配。

5.1.8 分析连谓结构中语词的正确搭配

(1)"因高为田,因下为池。"念孙按:"田"当为"山",字之误也。"因高为山",所谓为高必因丘陵也;若田则有高原下隰之分,不得言"因高"矣。《文子·自然篇》正作"因高为山"。《读·淮南·修务·因高为山》

(2)"喧而遽掘井。"槭谨按:掘井与喧无涉,《说苑·杂言篇》作"譬之犹渴而穿井"。《诸·晏子春秋·杂上》

5.2 依据语义选择限制规则分析语词的正确释义

5.2.1 分析主谓结构中语词的正确释义

(1)"其应,佚若声响。"杨注曰:"佚与逸同,奔逸也。"念孙按:奔逸与声响义不相属,杨说非也。佚读为呹(音逸);呹,疾貌也。言其相应之疾,若响之应声也。《读·荀子·宥坐·佚若声响》

(2)"昔天下之网尝密矣,然奸轨愈起;其极也,上下相遁。"师古曰:"遁,避也;言吏避于君,民避于吏。"如师古说,是下遁上,非上下相遁也。今按:遁,欺也;言奸轨并起而上下相欺,犹《左传》言"上下相蒙也"。《广雅》曰:"遁,欺也。"贾子《过秦论》曰"奸伪并起,而上下相遁",义与此同也。《读·汉书·酷吏传·上下相遁》

(3)"身耸除洁,外内齐给,敬也。"韦注曰:"耸,惧也。"家大人曰:耸,敬貌;故曰身耸除洁,敬也。《贾子·礼容语篇》作"身恭除洁",恭亦敬也。若训"耸"为惧,则与"身"字义不相属矣。《经·国语上·身耸》

5.2.2 分析述宾结构中语词的正确释义

(1)"自寻阳浮江,亲射蛟当中,获之。"师古曰:"许慎云:蛟,龙属也。"念孙按:蛟为神物,不可得而射。蛟当读为鲛,谓江中大鱼也。《说文》:"鲛,海鱼也,皮可饰刀"。……《月令》《吕览》《淮南》鲛鱼字并作"蛟"。《荀子·议兵篇》"楚人鲛革犀兕以为甲",《韩诗外传》及《淮南·兵略篇》亦作"蛟"。此言"射蛟当中",亦是借"蛟"为"鲛"也。《汉纪·孝武纪》作"亲射鲛鱼于江中",是其证。《读·汉书·武纪·射蛟》

(2)"臣战载主契国以与王约,必无败矣。若有败之者,臣请挈领。"鲍注曰:"领,项也;言欲请诛持其项以受铁钺。"念孙按:鲍训挈为持,"臣请持领",斯为不词甚矣。今按:挈读为契;契,断也;犹言臣请断颈耳。《读·战国策·秦策·挈领》

(3)"我张我三军而被我甲兵。"槭谨按:甲可以言被,兵不可言被。《释文》曰"被,皮寄反"下注曰"被甲同",失之矣。被当读为披,《广雅·释诂》曰"披,张也","披我甲兵"与"张我三军"同义,披亦张也,并谓之张设之也,作"被"者,假字耳。《群·左传·桓公六年》

5.2.3 分析述补结构中语词的正确释义

(1)"相结以隐。"槭谨按:李云"隐,病患也",然病患非所以相结。郭注曰"隐,括进之谓也",然隐括所以正曲木,非所以相结也。隐当训为私;《吕氏春秋·道篇》"分定则下不相隐",高注曰"隐,私也",《文选·赭白马赋》"恩隐周渥",李善引《国语注》曰"隐,私也"。"相结以隐",谓相结以恩私,旧说皆非。《诸·庄子·外物》

(2)"摄乎大国之间。"包曰:"摄,迫也。"槭谨按:摄犹籋也,《说文·竹部》"籋,钳也",徐锴《系传》曰"今俗作镊"。然则摄之通作籋,犹籋之俗作镊也。《周官》司弓矢职,郑注曰

"并夹矢,籋也",是籋有夹义。"籋乎大国之间",犹云夹乎大国之间。包注未得。《群·论语·先进》

5.2.4 分析定心结构中语词的正确释义

(1)"隰有苌楚,猗傩其枝。"毛传曰:"苌楚,铫弋也;猗傩,柔顺也。"笺曰:"铫弋之性,始生正直,及其长大,则其枝猗傩而柔顺,不妄寻蔓草木。"引之谨按:苌楚之枝,柔弱蔓生,故传、笺并以猗傩为柔顺;但下文又云"倚傩其华""倚傩其实",华与实不得言柔顺,而亦云倚傩,则倚傩乃美盛之貌矣。《小雅·隰桑篇》"隰桑有阿,其叶有难",传曰"阿然,美貌;难然,盛貌",阿难与猗傩同。《经·毛诗上·猗傩其枝》

(2)"肃肃兔罝。"传曰:"肃肃,敬也;兔罝,兔罟也。"笺云:"罝兔之人,鄙贱之事犹能恭敬,则是贤者众多也。"樾谨按:……此经云"肃肃兔罝",不云"肃肃罝兔",则以器言,非以人言;传释为敬,恐失之矣,肃肃乃说兔罝之形。《文选·西京赋》"飞罕潚箾",薛综注曰"潚箾,罕形也",李善曰"《说文》曰'罕,网也',潚音肃,箾音朔",然则以肃肃说罝形,犹以潚箾说罕形。肃肃,叠字也;潚箾,叠韵也。《群·毛诗·周南·兔罝》

5.2.5 分析状述结构中语词的正确释义

(1)"南方暑湿,近夏瘅热。"师古曰:"瘅,黄病也。"念孙按:训瘅为黄病,则"瘅热"二字义不相属,颜说非也。今按:瘅者,盛也。《大雅·桑柔篇》"逢天僤怒",言盛怒也;《秦策》曰"王之威亦惮矣",言威之盛也。……"瘅热"即盛热,言南方暑湿之地,近夏则盛热也。《读·汉书·严朱吾丘主父徐严终王贾传·瘅热》

(2)"灵公朝诸大夫而暴弹之。"范注曰:"暴,残暴。"引之谨按:暴训残暴,则与"弹"字义不相属。今按:暴者,猝也;谓猝然引弹而弹之也。《吕氏春秋·察今篇》"水暴益",高注曰"暴,卒也",卒与猝同。《史记·主父偃传》"吾日暮途远,故倒行暴施之",《索隐》曰"暴者,卒也、急也"。《经·穀梁传·暴弹》

5.2.6 分析并列结构中语词的正确释义

(1)"夫卜者多言夸严以得人情。"《索隐》曰:"谓卜者自矜夸而庄严,说祸福以诳言也。"念孙按:庄严与矜夸,事不相类。严读为譀,《说文》"譀,诞也""誇,譀也"。……此谓卜者多言夸诞以惑人。譀与严,古今字也。《读·史记·日者列传·夸严》

(2)"都司马以国法掌其政学,以听(于)国司马。"郑注曰:"政谓赋税也;学,修德学道。"引之谨按:征税与学道并举,殊为不伦;政当读政事之政,学当读为教,政学即政教也。《经·周官下·政学》

5.2.7 分析连谓结构中语词的正确释义

(1)"斥而营之,垣而囷之。"师古曰:"斥,却也。"念孙按:"却而营之",殊为不词。斥之言度也,谓度量而经营之也。《史·李将军传·索隐》引许慎《淮南注》曰"斥,度也"。《读·汉书·东方朔传·斥而营之》

(2)"非目益明也,眸而见之也。"槭谨按:杨注曰"眸谓以眸子审视之也",此说未安。以眸子审视,岂可但谓之"眸"乎? 眸当读为瞀,《说文·目部》"瞀,低目视也,从目,冒声",与牟声相近。《释名·释首饰》曰"牟,冒也"。眸之与瞀,犹牟之与冒矣。《诸·荀子·大略》

6.0 分析语用

语句合法除了句法标准、语义标准之外，还有语用标准，即要符合语用的要求。一个句子孤立看可以成立，但从上下文、行文语境、逻辑事理等语用条件来看，未必就合用。王念孙《读书杂志》中有大量从语用标准分析用字(词)正误、脱文、衍文、释文正误的例证。

6.1 从上下文分析

(1)"故赠人以言，重于金石珠玉；观人以言，美于黼黻文章；听人以言，乐于钟鼓琴瑟。"念孙按："观"本作"劝"，"劝人以言"谓以善劝人也，故曰"美于黼黻文章"；若"观人以言"，何美之有？……《艺文类聚·人事部十五》正引作"劝人以言"。《荀子·非相·观人以言》

(2)"禹之时天下大雨，禹令民聚土积薪，择丘陵而处之。"念孙按："天下大雨"，"雨"本作"水"；此后人妄改之也。唯天下大水，是以令民聚土积薪而处丘陵；若作"大雨"，则非其指矣。《淮南·齐俗·大雨》

(3)"何以劾其然也？曰昔者桀纣是也。"念孙按："桀"字后人所加；下文"遇周武王"云云，专指纣而言，则无"桀"字明矣。《管子·七臣七主·桀》

(4)"楚有祠者，赐其舍人卮酒。"念孙按："卮"上当有"一"字；以酒仅一卮，故下文曰"数人饮之不足，一人饮之有余"也。若无"一"字，则文义不明。《战国策·楚策·卮酒》

(5)《离骚》："高余冠之岌岌兮，长余佩之陆离。"王注曰：

"陆离,犹参差,众貌也。"念孙按:"陆离"有二义:一为参差貌,一为长貌。……此云"高余冠之岌岌兮,长余佩之陆离","岌岌",为高貌,则"陆离"为长貌,非谓参差也。《余编下·楚辞·长余佩……》

6.2 从行文语境分析

(1)"太后明谓左右,有复言令长安君为质者,老妇必唾其面。左师触龙愿见太后,太后盛气而揖之。"吴曰:"揖之,史云'胥之',当是。"念孙按:吴说是也。《集解》曰:"胥犹须也。"《御览》引此策作"盛气而须之",隶书"胥"字作"",因讹而为𦙛,后人又加"手"旁耳。下文言"入而徐趋",则此时触龙尚未入,太后无缘揖之也。《战国策·赵策·揖之》

(2)"梦冒勃苏嬴粮潜行,七日而薄秦王之朝,雀立不转,昼吟宵哭。"鲍注曰:"雀立,踊也。"引之曰:鲍说甚谬,"雀"当为"崔",字之误也。崔与鹤同,《一切经音义》卷二曰:"鹤,古文作崔。"……鹤立,谓竦身而立也。《战国策·楚策·雀立》

(3)《山木篇》:"庄子舍于故人之家,故人喜,命竖子杀雁而亨之。"《释文》:"亨,普彭反,煮也。"念孙按:亨续为享,"享之"谓享庄子。故人喜庄子之来,故杀雁而享之。享与飨通,《吕氏春秋·必己篇》作"令竖子为杀雁飨之",是其证也。《余编上·庄子·杀雁……》

(4)"乃为帛书以饭牛,阳不知,言此牛腹中有奇书。杀视得书,书言甚怪。"念孙按:"奇书"之"书",后人以意加之也。少翁若言牛腹中有书,则恐人觉其伪,故但言"此牛腹中有奇"。及杀视之,乃得帛书。而其言甚怪,正所以惑人也。后

人不达,而于"奇"下加"书"字,谬矣。景祐本无"书"字。《汉书·郊祀志·奇书》

6.3 从逻辑事理分析

(1)"故树木之胜霜露者,不受令于天。"念孙按:"露"当为"雪",木能胜雪,则经冬不凋,故曰"不受令于天"。今本"雪"作"露",则非其旨矣。《侈靡篇》云:"树木之胜霜雪者,不听于天",是其证。《管子·轻重乙·霜露》

(2)"燕有黄鼠衔其尾,舞王宫端门中往视之,鼠舞如故。王使夫人以酒脯祠鼠。"念孙按:"夫人"二字有误,夫人在宫中,不当使至端门祠鼠,上文记此事云"王使吏以酒脯祠鼠","吏"字是也。《汉书·五行志·夫人》

(3)"使黄河如带,泰山若厉。"念孙按:"黄"字后人所加,欲以"黄河"对"泰山"耳。不知西汉以前,无谓河为"黄河"也;且此誓以四字为句也。《北堂书钞》《艺文类聚·封爵部》引此皆无"黄"字。《汉书·高惠……臣表·黄河》

(4)"武王伐纣,发钜桥之粟,散鹿台之钱,封比干之墓,表商容之闾,朝成汤之庙,解箕子之囚。"念孙按:"伐纣"本作"克殷",此后人改之也。下文所述六事,皆在克殷之后。……《群书治要》引此,正作"武王克殷"。《淮南·主术·伐纣》

7.0 语法分析方法——句式类比

清代语法学为中国古代语法学之大成,重要标志之一,即是出现了语法分析方法。汉魏晋人的语法分析方法如移位、加入、替换、复写等是于释文中"自然"表现,清人则能"自觉"提出语法分析法。这就是王氏父子的文同一例法和俞氏的文法一律法;二者可概括为句式类比分析法(这里是从语法分析方法角度分项论述列例,实际也是前述语法分析内容的补充)。

7.1 王念孙的文同一例分析法

《读书杂志》《经义述闻》两书中随处可见"相对为文""文同一例"提法;王氏父子径直说明是依据"相对为文""文同一例"考证版本用字和训诂释义的正误以及作语法分析的。总观王氏所说的"相对为文"是指上下两句句法结构对称(即相同);王氏所说的"文同一例"是指两句,更多的是指两句以上或全篇、全书用同一造句格式,所谓"例"即是指句法格式类型①。这样,王氏的"文同一例"就是依据句式类比作语法分析,自然也就包括所说的"相对为文"。两书中有的条目未出现"文同一例""相对为文"字样,但实际上也是从句式类比作分析的。故"文同一例"可看做是王氏父子的语法分析方法。

7.1.1 依据文同一例分析词序

(1)"夫疾风而波兴,木茂而鸟集,相生之气也。"念孙按:"疾风"当作"风疾","风疾""木茂"相对为文。《读·淮南·主术·疾风》

(2)"家富良马,其子好骑,堕而折其髀。"念孙按:"良马"本作"马良",与"家富"相对为文。《读·淮南·人间·良马》

---

① 王氏"文同一例"的"例"的名称,盖是来自杜预《春秋释例》之"例";杜氏的"例"是按内容分类,王氏的"例"是指造句格式。

(3)"民之食,大抵饭菽藿羹。"念孙按:"饭菽"当为"菽饭","菽饭""藿羹"相对为文。《韩策》作"豆饭",豆亦菽也。《读·史记·张仪列传·饭菽》

(4)"天子救日,置五麾,陈五兵五鼓。诸侯置三麾,陈三鼓三兵。"家大人曰:"陈三鼓三兵"本作"陈三兵三鼓",与上文文同一例。《经·穀梁传·三鼓三兵》

7.1.2 依据文同一例分析句读

(1)"禽羞俶献,比归大礼之日,既受飨气,请观,讶帅之,自下门入。"郑读"禽兽俶献比"为句,注曰:"比,放也;其致之礼如乘禽也。"引之谨按:全经之例,两事相若者,则云"亦如之",或云"如某事之礼",无言"比"者。窃疑"比"字本属下句,读当如"比及三年"之"比",言比及归大礼之日,即受飨气,乃请观也。《经·仪礼·禽羞……》

(2)"既,其葬也焚,烟彻于上。"韦注曰:"已葬而火,焚其棺椁也。"家大人曰:"既其葬也焚"五字,韦解未明。"既"为一句,"其葬也焚"为一句。"既"犹"既而"也,言既而夏父弗忌之葬也,火焚其棺椁,烟达于上也。《周语》云"既,荣公为卿士",《晋语》云"既,骊姬不克",又云"既,里丕死祸,公殒于韩"……"成二年"传云"既,卫人赏之以邑"。若斯之类,不可悉数。《经·国语上·既其葬也焚》

7.1.3 依据文同一例分析句法结构关系

(1)《天道篇》:"天不产而万物化,地不长而万物育,帝王无为而天下功。"郭象曰:"功自彼伐"。念孙按:如郭解,则"功"字下须加"成"字,而其义始明;不知"功"即成也,言无为而天下成也。……"万物化""万物育""天下功"相对为文,是

"功"为成也。《读·余编上·庄子·天下功》

(2)"仲冬之月,荔挺出。"郑注曰:"荔挺,马薤也。"……高诱注《吕氏春秋》云:"荔草挺出也,然则《月令注》荔挺为草名,误矣。"引之谨按:如高氏所说,则是荔草挺然而出也。检《月令》篇中,凡言"萍始生""王瓜生""半夏生""芸始生";草名二字者,则但言"生",一字者,则言"始生",以足其文,未有状其生之貌者。倘经意专以"荔"之一字为草名,则但言"荔始出"可矣,何烦又言"挺"也。且据颜氏引《易通卦验》"荔挺不出",则以"荔挺"为草名,自西汉时已然。《经·礼记上·荔挺出》

上例说明"天下功"之"功",跟"万物化"之"化"、"万物育"之"育"同样是谓语,下例从《月令》全篇之例说明"荔挺"是草名,充当主语。

(3)"骋若飞,骛若绝。纵矢蹑风,追猋归忽。"高注曰:"……猋光中有影者,忽然便归,言皆疾也。"念孙按:高谓猋为光中影者,于古无据;又言"忽然便归",亦失之。猋、忽皆谓疾风也。……"纵矢蹑风""追猋归忽",二句相对为文,若以"归忽"为"忽然便归",则与上文不类矣。《读·淮南·览冥·归忽》

本例说明"归忽"跟"纵矢""蹑风""追猋"结构相同,"忽"是"归"的宾语。

(4)"辟田野,实仓廪,便备用。"杨注曰:"备用,足用也。《左传》曰:'无重器备。'"念孙按:训"备"为足用,"便足用"之语不词,且与"田野""仓廪"不对。余谓"备用"二字平列。……《淮南·修务篇注》注云"备犹用也",故或谓之器用,或谓器备。"便备用"犹言"便器用"耳。"便备用"三字本篇三见，与"田野""仓廪"对文者二，与"功苦""完利"对文者一。其见《儒效篇》者，则与"规矩""准绳"对文，见于《富国篇》者，亦与"田野""仓廪"对文，皆以二字平列。《读·荀子·王制·便备用》

本例说明"备用"跟"田野""仓廪""功苦""完利"等结构相同，均是联合（并列）关系。

(5)《洞箫赋》："状若捷武，超腾逾曳，迅漂流兮，又似流波。……念孙按："状若捷武"，武者，士也；言状如矫捷之士，超腾逾曳也。……"捷武"与"流波"，相对为文，是武为士也。《读·余编下·文选·状若捷武》

(6)《九章》："愿摇起而横奔兮。"王注曰："欲摇动而奔走。"念孙按：摇起，疾起也。"疾起"与"横奔"方正相对。《读·余编下·楚辞·愿摇……》

两例说明，"捷武"与"流波"结构相同，"摇起"与"横奔"结构相同，二者均是偏正关系（上例定中、下例状述）。

7.1.4 依据文同一例分析句法结构完整

所谓结构完整，是对结构成分的不完整而言，具体说就是成分的残缺与赘衍。

(1)"政不正，则不可教也；不习，则民不可使也。"家大人曰："不可教"上有"民"字，而今本脱之，则与下文不协。《经·大戴礼记中·不可教》

(2)"文王受命之九年，时维暮春。"念孙按："时维暮春"，《周书》文无此例，"时"字必后人所加也。……《泰誓正义》引作"惟暮春"，《大雅·文王正义》引作"惟暮之春"，皆无"时"

字。《读·逸周书·文传篇·时维暮春》

上例说明主语残缺,下例说明主语赘衍。

(3)"九月,晋惠公卒,怀公命无从亡人,期期而不至,无赦。"家大人曰:"怀公"下脱"立"字,则与上句不相承。唐经已然,而各本皆从沿其误。凡诸侯即位,必书某公立,此不书"立",亦与全书之例不符。《经·左传上·怀公……》

(4)"欲得善驭速致远者。"元刻世德堂本,"速"上有"及"字。……念孙按:有"及"字者是也。"及速"与"致远"对文。行速则难及,道远则难致,故唯善驭者乃能及速致远,非谓其致远之速也,则不得以"速致远"连读。"善驭及速致远"与"善射射远中微"对文,若无"及"字,则与上文不对。《读·荀子·君道·速致远》

上例说明脱谓语,下例说明脱述语。

(5)"马上得之,宁可以马上治乎?"念孙按:"治"有"之"字,与上"得之"对文。《读·汉书·郦陆朱刘叔孙传·马上治》

本例说明宾语残缺。

(6)"山致其高,而云起焉;水致其深,而蛟龙生焉。"念孙按:"云"下脱"雨"字。"云雨""蛟龙"相对为文。《读·淮南·人间·云起》

本例说明联合结构脱元。

(7)"廛人掌敛市纵布、总布、质布、罚布、廛布。"家大人曰:"市"下有"之"字,而今本脱之,自唐石经已然。上文"质人"云"掌成市之货贿、人民、牛马、兵器、珍异",下文"泉府"云"掌敛市之不售货之滞于民用者";此文云"掌敛市之纵布……"。三"之"字文同一例。《经·周官上·敛市纵布》

本例说明偏正结构间脱"之"字。

7.1.5 依据文同一例分析句法语义关系

(1)"王之威亦惮矣。"高注曰:"惮,难也;六国诸侯皆畏难秦王之威也。"念孙按:惮者,盛威之名,《庄子·外物篇》曰"白波若山,海水震荡,惮赫千里",义与此"惮"字义同。此言秦之威盛,非谓六国惮秦之威也。上文云"王之功亦多矣",亦非六国多秦之功也。高以"惮"为"畏难",失之。《读·战国策·秦策·惮》

这说明"王之威"是"惮"的表述对象,而非其受事。

(2)《洞箫赋》:"故闻其悲声,则莫不怆然累欷,攀涕抆泪;其奏欢乐,则莫不惮漫衍凯,阿那腲腇者已。"念孙按:李善本"故闻其悲声"本作"故为悲声",五臣本作"故其为悲声"。今作"故闻其悲声",后人以意改之也。不知"为悲声""奏欢娱"皆指吹箫者言之。下文"怆然累欷"云云,方指听箫者言之。若云"闻其悲声",则已知所箫者言之,与下文"其奏欢娱"句不类,自乱其例矣。《读·余编下·文选·故闻其悲声》

这说明"闻悲声""奏欢娱"当是同一施事者(吹箫者),故"闻"是"为"之讹。

(3)"武王入殷,表商容之间,释箕子之拘,封比干之墓。"念孙按:"释箕子之拘"本作"式箕子之门",今本"式"作"释""门"作"拘"者,后人据《礼记》、《逸周书》、《荀子》及东晋《古文尚书》改也。不知他书作"释箕子之囚",此独作"式箕子之门"。下文曰:"今陛下能封圣人之墓、表贤者间、式智者之门乎?"封圣人之墓,即封比干之墓;表贤者之间,即表商容之间;式智者之门,即式箕子之门。若作"释箕子之拘",则与下文不

合矣。《读·史记·留侯世家·释箕子之拘》

这说明"商容之闾""比干之墓""箕子之拘"偏项、正项语义关系不相类,前二者偏项是正项的领有者,而后者偏项成了正项的受事(意即"箕子之被拘");因而"拘"是"门"之讹。

(4)"于是纣乃重刑辟,有炮烙之法。"段氏若膺曰:"炮烙本作炮格。……"念孙按:段说是也。《韩子·喻老篇》曰:"纣为肉圃,设炮格,登糟丘,归酒池。""肉圃""炮格""糟丘""酒池",皆相对为文,今改"炮格"为"炮烙",则文不相对矣。《难势篇》又云:"桀纣为高台深池,以尽民力;为炮格以伤民性。"言"设"、言"为",则必有所设、所为之物,今改"炮格"为"炮烙",则不知为何物矣。《读·史记·殷本纪·炮烙》

这说明"设""为"需带名词性的结果宾语,其后不能是动词。

(5)"龟蛇四斿,以象营室也。"注曰:"龟蛇为旐。"引之谨按:经文本作"龟旐四斿",今作"龟蛇"者,涉注文而误也。上文"龙旂""鸟旟""熊旗",上一字皆所画之物,下一字皆旗名,此不当有异。若作"龟蛇"则旗名不著,所谓四斿者,不知何旗矣。《经·周官下·龟蛇四斿》

这说明"龟蛇"语议关系不明,当从"龙旂""鸟旟""熊旗"作"龟旐"。

(6)"终南何有?有纪有堂。"毛传曰:"纪,基也;堂,毕道平如堂也。"引之谨按:"终南何有?"设问山所有之物耳。山基与毕道仍是山,非山之所有也。今以全《诗》之例考之,……凡首章言草木者,二章、三章、四章、五章,亦皆言草木,此不易之例也。今首章言木而二章乃言山,则既与首章不合,又与全《诗》之例不符矣。今按:"纪"读为杞,"堂"读为棠;条、梅、杞、棠皆木名也，"纪""堂"，假借字耳。《经·毛诗上·有纪有堂》这是说《终南》诗首章两句是"终南何有？有条有梅"，"条""梅"是木名，则下章"纪""堂"也是木名。

7.1.6 依据文同一例分析词的类聚

王引之作为一条"通则"总的论述道：

> 引之谨按：经文数句平列，义多相类，如其类以解之，则较若画一；否则上下参差而失其本指矣。如《洪范》"聪作谋"，与"恭作肃""从作乂""明作哲""睿作圣"并列，则"谋"当读为敏；解者以为下进其谋，则文义不伦矣。……《礼器》"设于地材"，与"合于天时""顺于鬼神""合于人心""理于万物"并列，则"设"当训为合；解者以为"所设用物为礼，各是其土地之物"，则文义不伦矣。……《晋语》"嚚瘖不可使言，聋聩不可使听"，与"籧篨不可使俯""戚施不可使仰""僬侥不可使举""侏儒不可使援""矇瞍不可使视""童昏不可使谋"并列，则"嚚瘖"当为不能言之人，"聋聩"当为不能听之人；解者以为"不道忠信之言为嚚""耳不别五声之和为聋"，则文义不伦矣。《论语·颜渊篇》"非礼勿动"，与"非礼勿视、非礼勿听、非礼勿言"并列，则"动"当为动容貌；解者训"动"为行事，以为身无择行，则文义不伦矣。《经·通说下·经文数句平列上下不当歧异》

所谓"数句平列"[①]义同于文同一例，即数句句法结构相同；所谓"义多相类""文义不伦"之"义"是指义类，即词的类别的共同语义特征。王氏说"谋"跟"聪""恭""肃""从""乂""明""哲""睿""圣"

[①] 王氏说的"数句平列"，大致类似以今天语法书上讲的同类结构的平行性；参看朱德熙《语法答问》（商务印书馆，1985）。

等义同类,是指均表示性质;王氏说"设"跟"合""顺"义同类,是指均表示行为;王氏说"嚚瘖""聋聩"跟"籧篨""戚施""僬侥""侏儒""矇瞍"义同类,是指均表示名称(人);王氏说"动"跟"视""听""言"义同类,是指均表示及物性的动作。这样,王氏所说的"义相类""义不伦"所指即是语法词类的相同、不相同;尽管王氏未用"词类"名称。因此,所谓"数句平列,义多相类"即是说,句法结构平列(相同),其结构成分的词性一般同属一类。下面再看具体的例证。

(1)"刻死而附生谓之墨,刻生而附死谓之惑,杀生而送死谓之贼。"杨注曰:"墨,墨子之法。"念孙按:"墨"与"惑""贼"对文,则"墨"非墨子之谓。……《乐论》云"乱世之征,其养生无度,其送死瘠墨",又以"瘠墨"连文,则"墨"非墨子明矣。《读·荀子·礼论·谓之墨》

(2)"何人不矜?"笺曰:"无妻曰矜,从役者皆过时不得归,故谓之矜。"引之谨按:"矜"读为瘝,《尔雅》:"鳏,病也。"瘝、鳏、矜古字通。上文"何草不黄""何草不元","元""黄"皆病也,则"矜"字亦当训为病。《经·毛诗中·何人不矜》

两例说明"墨"跟"惑""贼"同类,"瘝"跟"黄""元"同类,二者皆是动词,非名词。

(3)"爵弁服:纁裳、纯衣、缁带、韎韐。"郑注曰:"纯衣,丝衣;余衣皆用布,唯冕与爵弁服用丝耳。"《士昏礼》"纯衣、纁袡",郑亦以为丝衣。家大人曰:"纯"当读黗,《说文》"黗,黄浊黑也",《广雅》"黗,黑也",《广韵》"黗,黄黑色也"。黗与纯声、义相近,古字亦通。爵弁服固以丝为之,然《士冠礼》之"纯衣"与"纁裳"连文,则义主于色而不主于丝;《士昏礼》之"纯衣""纁袡"亦犹是也。若训"纯"为丝,则于文不类矣。《经·仪

礼·纯衣》

(4)"焚我郊保,冯陵我城郭。"杜注曰:"保,守也。"家大人曰:"'郊保'与'城郭'相对为文,'保'谓小城也。保与城同类,故言'焚'。《经·左传中·焚我郊保》

上例说明"纯"跟"缁"同类,均是形容词;下例说明"郊、保"跟"城、郭"同类,均是名词。

7.1.7 依据文同一例分析古汉语特殊句式

(1)《芄兰篇》一章:"虽则佩觿,能不我知。"毛传曰:"不自谓无知以骄慢人也。"笺曰:"此幼稚之君虽佩觿与,其才能实不如我众臣之所知为也;惠公自谓有才能而骄慢,所以见刺。"二章:"虽则佩韘,能不我甲。"传曰:"甲,狎也。"笺曰:"此君虽佩韘与,其才能实不如我众臣之所狎习。"引之谨按:《诗》凡言"宁不我顾""既不我嘉""子不我思",皆谓不顾我,不嘉我,不思我也。此"不我知""不我甲",也当谓不知我、不狎我也;非谓不如我所知,不如我所狎也。《经·毛诗上·能不我知/能不我甲》

这说明古汉语否定句代词宾语前置特点。

(2)"楚人谓乳穀,谓虎於菟,故命之曰鬥穀於菟。"引之谨按:传凡言"命之曰某"者,皆名也,未有连姓言之者,"鬥"字盖涉他篇"鬥穀於菟"而衍。自朱梁补石经已然,而各本皆沿其误。《汉书·叙传》"楚人谓乳为穀,谓虎为於檡(与"菟"同),故名穀於菟",……皆无"鬥"字。《经·左传中·鬥穀於菟》

(3)"母欲立之,已杀之,如勿与而已矣。"何注云:"如,不如也,齐人语也。"家大人曰:"如"上当有"不"字,而写者脱之。

"桓十四年传"曰:"御廪灾,不如勿尝而已矣"、"文十六年传"曰"先祖为之,已毁之,不如勿居而已矣",则此亦当云"不如勿与而已矣";不然,同一齐人语,何以此言"如"而彼言"不如"乎?何注殆不可从。《经·公羊传·如勿与而已矣》

上例按"传凡言'命之曰某'"例,说名未言姓者;下例按齐人语例,说明原文"如"上脱"不"字。

7.2 俞樾的句式一律分析法

《诸子平议》《群经平议》两书中常见"相对为文""文同一例"提法,所指同于王氏父子;俞氏两书中有"句法(文法)相同""句法(文法)相似"提法,这也同于王氏。这可明显看出俞氏是继承王氏句式类比的方法作语法分析。但俞氏更多的是说"句法一律""文法一律(或简称"一律")";这是王氏所无的。俞氏的"一律"较之王氏的"相同""相似",决不仅仅是提法的变化而已,而是标志着俞氏在王氏分析法基础上的发展;说明俞氏对句式结构的认识更清楚、论断更肯定,敢于果断确定句式结构的同与不同,自信不疑的进行句式结构的比较与类推。对王氏的分析方法定名为"文同一例分析法",对俞氏的"句法(文法)一律"可定名为"句式一律分析法"。"文同一例""句式一律"都是句式类比分析法,只是有前后发展、对句式认识深刻程度的不同。下面谈俞氏用这种分析法作语法分析的几个方面。

7.2.1 依据句式一律分析词序

(1)"黄云络"。樾谨按:此当作"络黄云"方与上下文句法一律。高注曰"黄云之气络其车",正说"络黄云"之义,犹下注曰"白螭导在于前"是说正文"前白螭"之义、"奔蛇,腾蛇也,从在于后"是说正文"后奔蛇"之义,非正文作"白螭前""奔蛇后"也。后人因注文"络"字在"黄云"之下,辄改正文作"黄云络"以合之,谬矣。《诸·淮南内篇·览冥》

(2)"水行者表深。"樾谨按:"水行"当作"行水";"行水者表深"与下文"治民者表道"一律。《诸·荀子·天论》

(3)"无使其内使其外。"樾谨按:此当作"使其内无使其外",与下句"使其小毋使其大"一律。《诸·管子·侈靡》

(4)"以为一最。"樾谨按:当作"以一为最",与下文"五为中""九为殿"一律。《诸·春秋繁露·考功名》

(5)"凡祭祀、宾客、丧纪、会同、军旅,共其财用之币赍,赐予之财用。"樾谨按:"财用之币赍"当作"币赍之财用",与"赐予之财用"一律。《群·周官·外府》

7.2.2 依据句式一律分析句读

(1)"今往何监非德于民之中尚明听之哉!"传曰:"自今已往当何监视,非当立德于民为之中正乎? 庶几明听我言而行之哉,"樾谨按:此当于"德"字绝句,言自今以往当何所监视,岂非德乎。"何监非德"与上文"何择非人""何敬非刑""何度非服"文法一律。枚"监"字为句,非也。《群·尚书·吕刑》

(2)"黄帝娶于西陵氏之子,谓之嫘祖氏产青阳及昌意。"王氏引之曰:"'氏产青阳'之'氏',读为是,古书'氏'字多作'是'。"……樾谨按:上文有"是为帝喾""是为帝尧"诸"是"字,下文有"是为昆吾""是为参胡"诸"是"字。本篇"是"字十一见,并不假"氏"为之,何以"是产"之"是"必假"氏"为之乎? 王说非也。此仍当以"氏"字上读,"谓之嫘祖氏"与下文"谓之昌濮氏""谓之女禄氏""谓之高纲氏""谓之女隤氏"句法一律。

《群·大戴礼记·帝系》

(3)"故天不动,四时云,下而万物化;君不动,政令陈,下而万功成。"樾谨按:"云"字、"陈"字皆绝句。……王氏引之谓"云"即"运",得之;谓上句"下"字涉下句而衍,则非也。两句一律,不得参差,由失其句读故耳。《诸·管子·戒》

(4)"致刑,其民庸心以蔽;致政,其民服信以听;致德,其民和平以静;致道,其民付而不争。"樾谨按:"致刑""致政""致德""致道"皆二字为句,"其民"属下句,言上能致其刑政德道,故其民如此也。……尹据误本作注,又误读"致刑其民"为句,遂以"庸心以蔽"为就上之人言,解曰"不用心以断,则滥及不辜",乃解其下文"和平以静""付而不争"又就民言,何也?夫四句一律,下二句既以民言,则上句亦以民言。故知"其民"二字必属下读,不属上读也。"付而不争",当作"附而不争",古字通用。《诸·管子·正》

7.2.3 依据句式一律分析句法结构关系

(1)"其室培湿"。樾谨按:《淮南子·齐俗篇》"凿培而遁之",高注曰"培,屋后墙也",此"培"字当从彼训。"其室培"者,其室之墙也。"湿"读为隰,《广雅·释诂》"隰,下也","其室培湿"谓其室墙卑下也,与下文"其城郭庳"正同一律。若依本字读之,则不可通矣。《诸·吕氏春秋·听言》

(2)"未成毫狗。"注曰:"狗子未生毫毛者。"樾谨按:上文"未成羊,羜",下文"未成鸡,僆,"此文亦当一律,不当言"未生毫毛"也。且如注义,则经文何不言"未生毫"而言"未成毫"乎?……郭注非也。……羊有未成羊之名,鸡有未成鸡之名;狗则无之,惟至四尺以上者异其名曰獒,故曰:"未成獒,狗"

也。亳与亳,古字通,《尚书·旅獒》马、郑均作"亳"是也。《群·尔雅·释畜》

(1)说明"室培湿"与"城郭庳"结构相同,(2)说明"未成毫狗"与"未成羊,羜"、"未成鸡,僆"结构相同;两例均是主谓关系(下例是判断句)。

　　(3)"怀威满虚。"樾谨按:范注曰"虚,空也;虽威而消,故曰满虚。"然次三曰"戴威满头",句法与此同。若训"虚"为空,则与"满"成两义,以次例之,殆非也。《淮南子·俶真篇》"虚室生白",高注曰:"虚,心也"。……此云"怀威满虚",犹云"怀威满心",与"戴威满头"一律。《诸·杨子太元·毅》

　　(4)"宾礼乐"。樾谨按:"宾"当读为摈,谓摈斥礼乐也,与上句"退仁义"一律。郭注曰"以性情为主也",则以本字读之,其义转迂。《达生篇》曰"宾于乡里,逐于州郡",此即假"宾"为"摈"之证。《诸·庄子·天道》

(3)说明"满虚"与"满头"结构相同,(4)说明"宾礼乐"与"退仁义"结构相同;两例均是述(动)宾关系。

　　(5)"故诵数以贯之。"樾谨按:"诵数"犹诵说也。《诗·击鼓篇》"与子成说",毛传曰"说,数也",说为数,故数亦为说。……"诵数以贯之"犹云"诵说以贯之",与下句"思索以通之"一律。"诵数""思索"皆两字平列,杨注云"使习礼乐诗书之数以贯穿之",非是。《诸·荀子·劝学》

　　(6)"违非得失之质也。"樾谨按:"违"当读作韪。隐十一年《左传》"犯五不韪",杜注曰"韪,是也"。"韪非"犹曰是非,正与"得失"一律。《诸·管子·水地》

(5)说明"诵数"与"思索"结构相同,(6)说明"违非"与"得失"

结构相同;两例均是并列关系。

(7)"建德若偷。"樾谨按:河上公注曰:"建设道德之人,若可偷引使空虚也。"……今按:"建"当读为健,《释名·释言语》曰"健,建也;能有所建为也",是建、健音近而义亦得通。"建德若偷",言刚健之德反若偷惰也;正与上句"广德若不足"一律。《诸·老子·四十一章》

(8)"一曰正直。"传曰:"能正人之曲直。"樾谨按:经言"正直",不言"正曲直",传义非也。"正直"与"刚克""柔克"并为三德,义当一律。"正直"者,以正道相切直也,"刚克""柔克"者,以刚、柔相克治也。……如传义则不可通矣。《群·尚书·洪范》

(7)说明"建德"与"广德"结构相同,(8)说明"正直"与"刚克""柔克"结构相同;两例均是偏正关系(前者定中、后者状述)。

7.2.4 依据句式一律分析句法结构完整 句法结构完整是跟不完整相对而言的;所谓不完整,一指结构成分残缺,一指结构成分赘衍。

先看分析结构成分残缺:

(1)"天下,大利也,比之身则小;身之重也,比之义则轻。"樾谨按:"身之重也"本作"身,所重也",与"天下,大利也"一律,涉上下两言"比之"而误。《诸·淮南内篇·泰族》

(2)"国治或重。"樾谨按:"国"下夺"或重"二字,"重"下夺"乱"字,当作"国或重治,或重乱";下云"是谓重治",又云"是谓重乱",即承此而来。下文云"兵或重强,或重弱,"正与此文一律。《诸·商子·画策》

(3)"星者掌发为风。"樾谨按:此本作"星掌发,发为风",

与下文"日掌赏,赏为暑""岁掌和,和为雨""辰掌收,收为阴""月掌罚,罚为寒"文法一律。今衍"者"字,夺"发"字。《诸·管子·四时》

(4)"贼爱其身不爱人,故贼人以利其身。"樾谨按:两"人"字下并夺"身"字,本作"贼爱其身不爱人身,故贼人身以利其身",方与上句一律。下文云"视人身若其身,谁贼",亦以"人身""其身"对言。《诸·墨子·兼爱上》

(5)"寒暑则不当。"樾谨按:"寒暑"上当有"其"字,方与上三句一律①。《诸·吕氏春秋·明理》

(6)"不治而乱。"樾谨按此本作"不治而自乱。"乱,治也;谓不治而自治也。正与下文"不言而自信""不化而自行"文义一律。《诸·列子·仲尼》

(1)主谓结构不明,(2)谓语不全,(3)脱宾语"发",(4)脱中心词"身",(5)脱定语"其",(6)脱状语"自"。

再看分析结构成分赘衍:

(1)"良田不在战士,三年而兵弱。"樾谨按:"兵"字衍文也。"三年而弱"与下"五年而破""十年而亡""十年而灭",句法一律。《诸·管子·八观》

(2)"周伯昌行行仁义而善谋。"樾谨按:"行"字衍文也。下文"太子发勇敢而善谋""中子旦恭俭而知时",若此句有"行"字,则与下两句不一律矣。盖涉上文"与之竞行"而衍。《诸·淮南内篇·道应》

(3)"择善而行之曰比。"樾谨按:"之"字衍文也。"心能

---

① 上三句是:"其风雨则不适,其甘雨则不降,其霜雪则不时。"

制义曰度"以下,九句一律。此作"择善而行之",则不一律矣。《群·春秋左传·昭二十八年》

(4)"是谓配天古之极。"樾谨按:此句王弼无注。河上公以"是谓配天"为句,注云"能行此者,德配天也","古之极"三字为句,注云"是乃古之极要道也"。……疑"古"字衍文也。"是谓配天之极"六字为句,与上文"是谓不争之德""是谓用人之力"文法一律。《诸·老子·六十八章》

(5)"故思虑自心伤也,智差自亡也。"樾谨按:"心"字衍文;"思虑自伤也""智差自亡也",两句一律。注云"思虑劳精神而乱于心,故自伤也",正以"自伤"二字连文,可知本无"心"字。《诸·吕氏春秋·君守》

(6)"遇时雨,天地也。"樾谨按:"地"字衍文。"遇时雨,天也",与上文"遇汤武,天也""遇桀纣,天也"一律,正吕氏引喻之旨也。"地"与"也"形相似,因讹致衍耳。《诸·吕氏春秋·长攻》

(1)衍主语"兵",(2)衍述语"行",(3)衍宾语"之",(4)衍定语"古",(5)衍中心词"心",(6)衍并列成分"地"。

7.2.5　依据句式一律分析句法成分语义搭配

分析主谓语义搭配:

(1)"国必自伐,而后人伐之。"章句曰:"国先自为可诛伐之政,故见伐也。"樾谨按:赵氏盖以国无自伐之理,故云"自为可诛伐之政",然其义迂矣。《说文·人部》"伐,败也",《艺文类聚·武部》引《春秋说题辞》曰"伐之言败也";然则"国必自伐"言国必自败也,正与"自侮""自毁"一律。《群·孟子·离娄》

(2)"根深则本固。"樾谨按:"根"即本也,不得云"根深则本固","本"乃"末"字之误。……"根深则末固"与下句"基美则上宁"一律。《说文·木部》曰"木上曰末",然则"末"即本之上也。"末固""上宁"文异而义同。《诸·淮南内篇·泰族》

(1)说明谓语"伐"释为"败",才能与主语"国"搭配;(2)主语"本"改为"末"才能与谓语"固"搭配。

分析述宾、述补语义搭配:

(3)"孝了不服暗。"注曰:"服,事也;暗,冥也。……"樾谨按:郑训"服"为"事",虽亦古训,然"不事暗"之义,甚为迂曲,殆非也。"服"当读为伏,《周易·系辞传》《释文》曰"伏,服也",是"伏"与"服"声近义通。……"不服暗"者,不伏暗也;谓不潜伏于暗冥之中也,与下"不登高"文义一律。"高"言"不登","暗"言"不伏",正古人用字之审。若以本字读之,失之矣。《群·礼记·曲礼》

(4)"执之以物而速决。"樾谨按:"执之以物"义不可通。"执"当为"慹"……《说文·心部》"慹,悑也","悑"即今之"怖"字。"慹之以物"犹怖之以物,以下句"惊之以卒"文义一律。《群·大戴礼记·文王官人》

(3)说明述语"服"释为"伏"才能与表示处所的宾语"暗"搭配,(4)说明述语"执"改为"慹"才能与补语"物"搭配。

7.2.6 依据句式一律分析词的类聚

(1)"予所蓄租。"传曰:"租,为。"《释文》引《韩诗》曰:"积也"。樾谨按:"租"当读为苴,《汉书·郊祀志》"席用苴、稭"如淳曰"苴读如租",是租、苴古字通也。《召旻篇》"如彼栖苴",传曰"苴,水中浮草",然则"予所将荼""予所蓄租"言予所将取

之苴,予所蓄聚之苴,两句一律。如毛、韩之义,则与上句不伦矣。《群·毛诗·豳风·鸱鸮》

(2)"宋子蔽于欲而不知得。"樾谨按:古"得""德"字通用,《周易·上九》(按:原缺篇名)"君子得舆",《释文》曰"得亦作德",《论语·泰伯篇》"民无得而称焉",《季氏篇》"戒之在得",《释文》云"得本作德",是其证也。"蔽于欲而不知德",正与下句"慎子蔽于法而不知贤"一律。注谓"不知得欲之道",失之。《诸·荀子·解蔽》

(3)"臂膊胫如。"樾谨按:王小宋本"胫"作"胫",然"胫"为鸟胃,于此殊非所施;温公从大宋范陆本作"胫",言"臂大如胫,不可使也"。然"胫如"乃形容之词,与下句"股脚膍如"一律。……"胫"当训直,《汉书·杨恽传》注"胫,胫直貌",是也。"臂膊胫如"言其不能屈伸也。《诸·杨子太元·争》

(4)"不可以直言,则过无道闻,而善无自至矣。"樾谨按:高氏解"过无道闻"曰:"其过成以无道远闻。"此说迂曲,且与下句不一律。"道"言由也,"过无道闻"言过无由闻,与"善无自至"义同。《诸·吕氏春秋·壅塞》

(1)(2)说明"租""得"非动词,而跟"苴""德"同类,均属名词;(3)说明"胫如"既不能将"胫"释为名词性的,又不能释为"如胫",而跟"膍如"同类,均属形容词;(4)说明"道"非名词,而跟"自"同类,均属介词。

以上可看出王氏父子、俞氏是相当明确而自觉地以句式类比作为语法分析方法的(前者名为"文同一例",后者名为"句式一律")。这一方法也是对前人的继承;宋代学者对句法结构已有所认识,并对造句格式作过分析(见叁5.4)。当然,宋人的认识是肤浅的,分析也是简单的;不像王氏父子、俞氏对句法结构认识这样深刻,运用句式类比法这样自觉。

8.0 多种虚词著作中代表性的三书

清代语法学为中国古代语法学之大成,另一个重要标志,即是多种虚词专书出现。据郑奠麦梅翘《古汉语语法学资料汇编》所附"有关古汉语语法专著书目",列清初至光绪年间的虚词专著不下二十种;而影响最大、最有代表性的是袁仁林《虚字说》、刘淇《助字辨略》、王引之《经传释词》[①]三书。后两书时贤多有评述,下谈当引用成说;现先介绍前书。

首先说明,古人讲虚词有两派之别:一可称之为训诂派,是为了释义;一可称之为修辞派,是为了作文(包括作诗)。汉、魏、晋、唐、元传注书中的虚词注释当属前者。《文心雕龙》及唐、宋诗文论中虚词讲说当属后者。虚词专书也是如此。《助语辞》属修辞派[②],《虚字说》也属此类;而《经传释词》当属训诂派。这从两书对虚字(虚词)的特征说明可清楚看出。王引之《语词误解以实义》(《经义述闻·通说下》)[③]说:"经典之文,字各有义;而字之为语词者,则无义之可言,但以足句耳。语词而以实义解之,则扞格难通。"袁仁林《虚字说序》说:"前之请业于师,师曰'虚字无义';后之更端于弟,弟亦曰'虚字无义'。夫虚字诚无义矣,独不有气之可言乎?吾谓气即义耳。"王氏强调虚字无义;从训诂要求,不能以实义

[①] "词",王氏称语词,即虚词。
[②] 据本书胡长孺、胡文焕分别作的《语助序》、《助语辞序》。
[③] 中华书局 1956 年出版《经传释词》,作为"附录"收入。

解之；袁氏认为虚字无"义"但有"气"，是从在文中作用而言（袁氏说的"气"，见下）。而刘淇《助字辨略》则似兼属于训诂、修辞（详下）两派。

8.1 袁仁林《虚字说》

《虚字说》[①]是我国第一部用"虚字"命名的虚字（词）专著，作者袁仁林，字振千，清代陕西三原人，雍正年间贡生，蒙馆教师。

书成于康熙四十九年（公元1710年），收虚字51组，共155个，计单音80、复音75。袁氏的学生于乾隆十一年写的《虚字说跋》说："虚字之说，吾师振千先生为予小子辈说书而作也。"袁氏友人熊罗宿《〈虚字说〉缘起》说，是书为"家塾所需"，刻出"以课儿侄"。袁氏《虚字说序》也说"闲尝为童子说书，约其一二俾垂髫者目焉"，"序"末说"书于东渠小学"[②]。这样可说明，本书是继《助语辞》之后，为我国第二本虚词教科书；而明确为蒙学所用。

袁氏在书首《虚字说序》，书末《虚字总说》中对虚字的特征、类别作了总的说明。一曰：虚字者，"语言衬贴，所谓语辞也"，"缘其字本为语中衬贴之声，离语则不能自立，故只有声气可寻耳"；"夫虚字诚无义矣，独不有气之可言乎？吾谓气即其义耳"。这是说，虚字离句不能独立，仅在句中表示衬贴之声，而声（声气）就是其"义"，也即在语句中存在的价值。二曰："辞即当时的口气，写之以字而成文辞者"，"盖说时为口吻，成文为语辞，论字为虚字：一也"。这是说，一些字眼儿，口头说时称做"口吻"（口气），成文（书面上）

[①] 本书有解惠全注本（中华书局，1989），下关于此书的介绍参考了解注。
[②] 解惠全注："东渠，大约指三原城中的东渠岸街，在钟楼东。"

称做"语辞",论字(文字学上)称做"虚字"。这是从口吻、语辞、虚字的一致关系说明虚字的衬贴作用。三曰:辞(即语辞、虚字)分"发语辞、转语辞①、助语辞、疑辞、叹辞","用于语中,又各随语意变化无穷,要之不出头、项②、腰③、脚四处,参差错出"。这是从语义特征和句中位置两个方面给虚字分类。

《虚字总说》开头说:"凡书文发语,语助等字,皆属口吻。口吻者,神情声气也""故虚字者,所以传其声,声传而情见焉"。这样,从"神情声气"解释虚字用法,就成为本书的指导原则。且以本书的第一条"夫"字为例:

"夫"字之气,清浮平著,每著于所言而虚指之,有一段铺开扶起、敷布回翔意。厥用五:

用以劈头发语者,意注所言,乃提出口吻。【《长门赋》:"夫何一佳人兮,步逍遥以自娱。"】④

用以承顶上文者,注意前文,即将上件来明说、复说、总说也。【今承题与文中极多,庄辛《佞臣论》:"夫蜻蜓其小者也。"又是承来撇过,亦总为承顶类。】

用以离前文开说者,意在充拓,乃推开口吻,后必关会前文。【《兰亭记》:"夫人之相与,俯仰一世"云云。又与从容展拓意,亦在即离开。】大抵前文未了,则用"夫"字紧承;前文太了,则用"夫"字开说。

用以腰句过递者,亦是气著于下而虚指之。【"逝者如斯

---

① 转语辞,据袁氏例释,指转折连词、反诘副词等。
② 项,据袁氏例释,指"姑且""苟且""聊且""且夫""况夫""矧夫"中的"且""夫"一类处于复合结构后一成分位置之字。
③ 腰,指处于句中位置之虚字,如"逝者如斯夫,不舍昼夜"之"夫"字。
④ 【 】号内文字,解注本用小一号字排,盖原刻本如此。笔者加【 】号标志。

夫,不舍昼夜。""食夫稻,衣夫锦。"】

用为语已辞者,意有所见而拖其气以盘旋之,有无限空唱叹意。【"诚之不可掩如此夫!""莫我知也夫!""嗟夫""悲夫""信夫""善夫""固矣夫"。】

句尾如"嗟乎""嗟夫""善乎""善夫"之类,所争似属毫芒,然试取相较。"乎"之气空洞无著,悠长圆满,能写我意之无穷;"夫"之气回翔虚指,轻清平缓,能写我意之盘旋:其不同如此。

可看出,不仅"夫"字用法的总说,即使五个分项用法[①]和"嗟乎""嗟夫"之比较,也从"神情声气"来谈。"窥一斑见全豹",由此一条可看出全书的释义面貌。

袁氏明确说,他所讲之"气"来自韩愈的"文气"说。《虚字总说》三次提到"韩子",并引韩愈的话"气盛则言之短长与声之高下者皆宜"[②],袁氏是将韩愈的"文气"说移用于虚词用法解释。

"气"是什么,袁氏未明确交待,只是说:"口气不过数种,或是疑而未定,尚在虚活,信而不疑,归于死煞,指上指下,推原前事,摹拟方来,顶上起下,透下缴上,急转漫转,紧承摇接,掀翻挑逗,直捷纤徐。"解惠在其注本"前言"中说,从袁氏使用"气"这个术语来看,"主要是指说话的声气、口气、语气,结合《虚字说序》中所讲气有轻重缓急之殊、《虚字总说》中所讲口气有数种来体会,则具体是指表示今之所谓语气、连接、指代、时间、原因等"。这样,袁氏讲的虚字之"气",乃是给虚字的语法作用所蒙上的一层似乎神秘面纱。

本书虚字的释义方法最大特点是形象比喻;也即用生动形象

---

① 五项用法,解注本"附说"合并为三:"第一,指示代词,即第四项""第二,助词,即前三项""第三,语气词,即第五项"。

② 见韩愈《答李翊书》。

的比喻说明虚字的用法。这可举"而"字的解说为例:

"而"字之声,腻滑圆溜,有承上起下之能,有蒙上辊下之情。……其用法大约有四:

凡上下截同类相引,则递辊向前,有"又"字意,故"而又"二字相连。【"学而时习之""敬事而信""君子而时中",此等"而"字是上下同类,用以递辊向前,可作"又"字看。】

凡上下截两般相反,则曲辊捩转,有"然"字之意,即有拗转之"乃"字意,故"然而"二字与"而乃"二字常各相连。【"孝弟而好犯上""淡而不厌""人不知而不愠",此是上下截相反,用以曲辊捩转,便是拗折意,多与"然而""而乃"相近。】

凡上下截一理并举,则平辊齐来,有直指之"乃"字意。【"无极而太极""费而隐"。】

凡上下截一意相因,则顺辊直下,有"因"字意,故"因而"二字相连。【"就有道而正焉""服膺而弗失"。】①

以上用"递辊""曲辊""平辊""顺辊"说明"而"字的四个用法;下边又对此四者作比喻说明。

递辊者,两边既分畔岸,便如驿递,一站倒一站也。

曲辊者,两边既相背戾,便如曲路,转弯折角行也。

平辊者,两边一物齐写,便如横担平挑也。

顺辊者,两边一意引伸,便如顺流直泻也。

像这样用生动形象的比喻说明虚字的用法,是本书释义方法

---

① 解注本"附说":"此条所讲主要是连词'而'的用法,讲得颇为精彩。袁氏首先概括指出了它的基本功能是'承上起下'和'蒙上辊下',或叫'过递'(今称过渡,也就是连接),然后又根据过递的'上下截'(……)在意义上的关系归纳出'递辊''曲辊''平辊''顺辊'四种具体用法,并分别译为'又''然''乃''因'。"

的一个明显特点。

还值得一谈的是"虚字总说"中关于"动静字"和"实字虚用""死字活用"的讲述：

> 先儒分别动静字，盖从人意驱使处分之也。同一字也，用为勉强著力者则为动，因其自然现在者则为静。如"明明德""尊尊""亲亲""老老""幼幼""贤贤""长长""高高""下下"，俱是上动下静；"君君""臣臣""父父""子子""夫夫""妇妇"之类，又是上静下动。"止至善"之"止"为动，"知止"之"止"为静，"格物"之"格"为动，"物格"之"格"为静。动静相因，举无穷者当尽之事，即以本字还之，使意无余欠，此驱使之妙也。
>
> 实字虚用，死字活用，此等用法，虽字书亦不能遍释。如"人其人，火其书，庐其居""墟其国，草起朝""生死肉骨""土国城漕"之类，上一字俱系死实字，一经如此用之，顿成虚活，而反觉意味无穷。大抵字经文士驱遣，凡实皆可虚，凡死皆可活，但有用不用之时耳。……用字之新奇简炼，此亦一法。然其虚用活用，必亦由上下文知之，若单字独出，则无从见矣。
>
> "耳""目"，体也，死实字也；"视""听"，用也，半虚半实也。"耳而目之"①句，配以"而"字，"之"字，则死者活，实者虚矣。口中"耳目"，而意已"视听"矣，盖直斥"视听"者，意尽言中，而索无余味；活用"耳目"者，体用俱来，而形神飞动。以此推之，知虚用活用之妙。

袁氏讲的静字、实字是指名词，动字、虚字是指动词；死指本用，活指活用。袁氏这里讲了动静字、本用活用区分的标准：同一个字

---

① "耳而目之"，解惠全注，出自《韩非子·外储说左上》。

可是动、可是静,根据是看在句中的结构位置(即句法功能);词的活用要看"上下文"、看在句中位置特别是句式结构(如"耳而目之"需配以"而""之"),"单字独出",则无所谓活用。又指出词的活用是语法问题,更重要的是修辞现象,为用字"新奇简炼"之一法,可使语句"意味无穷""形神飞动"。这些不仅是词类活用的最早说明[1],而且与我们今天对词类活用现象的分析基本上无甚区别。

总之,《虚字说》一书在汉语虚词研究史上占有重要地位。它对《助语辞》有所继承,但有明显的发展。同样是分组编排,《虚字说》分组更为合理(如"第、但、独、特""且、况、矧、抑"分组),虚字用法分项也多于前者。《助语辞》例句很少,《虚字说》几乎每项用法下均有例句(全书例句近三百条,缺点是无"出处"[2])。此书对后来的语法研究也有所影响,如《马氏文通》的"虚字"卷就取了不少袁氏之说(见下伍6.0)。

当然本书也有明显的缺点。它以"神情声气"作为解释虚字的指导原则,说虚字不是无"义","气"即是其义,在句中有"衬贴"作用;这些均可取。可总的看来,用"气"的观点解释语气词尚可成立;但用声音、语气之不同来解释代词、副词、介词、连词等虚词,无论从语言学理论上,还是从实际操作上都是站不住、行不通的。即是用"气"来解释语气词,袁氏也往往讲得玄而又玄,令读者难以捉摸。

8.2 刘淇《助字辨略》

刘淇,字南田,又字卫园、龙田,号南泉,清初人,祖籍确山(今

---

[1] 现在一般认为"词类活用"为陈承泽《国文法草创》最早提出,而陈书出版于1922年。

[2] 解惠全注本,一一注出"出处",弥补袁书之不足。

河南省南部确山县），随其父迁居山东济宁。《助字辨略》初刻于康熙五十年（公元1711年），跟《虚字说》大致同时。中华书局1964年出版章锡琛校注《助字辨略》①，前有卢承琰《序》、国泰《序》；后附钱泰吉《曝书杂记》《跋旧刻本》、王元启《济宁图记人物列传》、杨绍和《跋》、刘毓崧《跋》②、杨树达《跋》，对刘淇的身世以及《助字辨略》有较详介绍。刘、杨之《跋》又对《助字辨略》和王引之《经传释词》作了对比。

《中国大百科全书·语言文字》对此书这样介绍：

《助字辨略》实是第一本有较高水平的研究古籍虚词的书：(1)所收单词，除同音相通者外，有476字，较之王引之《经传释词》的160字，几乎有3倍之多。(2)所收的例句，除先秦两汉古书以外，下及唐诗宋词，范围广泛。(3)所收复音词不少，甚至"等头""等闲""者边"等唐宋人常语也收了进去，约略计算有1140条。刘淇不收元曲，说"他日别为一编"③……王引之的《经传释词》，自序于清嘉庆三年(1798)，相距80余年。王引之生当乾嘉汉学盛世，成就自然超越刘淇，但刘淇筚路蓝缕之功实不可没。王引之的《释词》虽然精湛，而刘淇之书仍有《释词》所不及的。

刘毓崧《跋》、杨树达《跋》皆具体指出《经传释词》不及此书之处。如刘《跋》说：

有其义为《释词》所未述，而犁然当于人心者。如"其"有

---

① 此书封底说明"本书用开明书店原版重印"。
② 卢、国、钱、王、杨、刘均是清人。
③ 刘淇本书"自序"："至于元曲助字，纯用方言，无宜阑入，他日别为一编，以附卷尾。"

"岂"义①,"固"有"诚"义②,是其例也。

杨《跋》说:

> 此书与王氏《释词》相较,自有逊色,然亦有精审过于王氏之处。……如《左传·宣十二年》"训之于民生之不易",此书训"于"为"以",最为精核,余于续补俞氏书③,已申证之,而王氏则未及也。《公羊传·隐二年》"前此则曷为始乎此?托始焉尔",何休云:"焉尔,犹于是也。"王氏《释词》从其说。刘氏则云:"此焉耳,亦语已辞,若以为'于是',则'纪子伯者何?无闻焉尔',宁可作'于是'邪?"《庄子·德充符篇》:"子产蹴然改容更貌曰:'子无乃称。'"王氏《释词》云:"子无乃称,犹曰子无称是言也。"而刘氏则云:"乃字合训如此,言无为如此称说也。"此二事衡校两家,刘氏之说皆胜于王氏。

笔者这里补充三点④:

一是此书作者"自序"开头说:

> 构文之道,不过实字虚字两端,实字其体骨,而虚字其性情也。盖文以代言,取肖神理,抗坠之际,轩轾异情;虚字一乖,判于燕越,柳柳州所由发哂于杜温夫者邪⑤!且夫一字之失,一句为之蹉跎;一句之误,通篇为之梗塞,讨论可阙如乎?

这可以说是继宋人陈骙《文则》、元人胡长孺《语助序》、明人胡

---

① 原注:《释词》卷五"其"字下各条,未有训为"岂"者。"岂"字虽有"其"字训,亦未言"其"字又转训为"岂"也。
② 原注:《释词》卷五"固"字下各条,未有训为"诚"者。
③ 指续补俞樾《古书疑义举例》之书《古书疑义举例续补》。
④ 本"补充"参考了廖振佑先生1994年在一次学术会议上宣读的研究本书的论文,特此说明,并致谢意。
⑤ 指柳宗元《复杜温夫书》,见叁5.2。

文焕《助语辞序》之后,对虚字(词)在"构文"中的重要性作的更透彻、更具体的说明。虚字不仅是"构文"之一端,而且"一字(指虚字)之失",影响"一句",进而影响"通篇"。刘氏讲的"构文"之"文",按字义当然是"文章"义;但他实际讲的是"构句",也就是说句子是由实词、虚词组成,实词是"体骨",虚词是"性情",将虚词提到跟实词同样重要地位。

二是此书"自序"中,刘氏说助字"其类凡三十":

曰重言、曰省文、曰助语、曰断辞、曰疑辞、曰咏叹辞、曰急辞、曰缓辞、曰发语辞、曰语已辞、曰设辞、曰别异之辞、曰继事之辞、曰或然之辞、曰原起之辞、曰终竟之辞、曰顿挫之辞、曰承上、曰转下、曰语辞、曰通用、曰专辞、曰仅辞、曰叹辞、曰几辞、曰极辞、曰总括之辞、曰方言、曰倒文、曰实字虚用。

刘氏此种分类向来被批评为杂乱。如"重言"("庸词""滋益")指虚字连用,"省文""倒文"指句式,"方言""通用"更非虚字类别,而且"序"中的分类并未贯彻于正文解释之中。抛开这些,从其每类下列例来看,可以说本书包括了现在出版的虚词专书的虚词种类。如:

别异之词:其[1]——代词

断词:必——助动词

原起之词:初、始——时间副词

终竟之词:已、终——时间副词

几辞:将——时间副词

极辞:殊、绝——程度副词

---

[1] "其"字,正文解释"指物辞也"。

仅辞：稍、略——程度副词

总括之辞：都凡——范围副词

专辞：独、唯——范围副词

别异之辞：于——介词

设辞：虽、纵——连词

承上：是故、然则——连词

转下：然而、抑又——连词

发语辞：夫、盖——语气助词

语已辞：思、而——语气助词

断辞：也、矣——语气助词

疑辞、咏叹辞：乎、哉、邪——语气助词

顿挫之辞：之、者——结构助词

叹辞：呜呼、噫嘻——叹词

语辞：夥颐——叹词

三是此书"自序"中，刘氏说："其训释之例凡六：曰正训、曰反训、曰通训、曰借训、曰互训、曰转训。"看这些名称，皆是训诂方面用语，但全书对虚字用法的解释，涉及多方面的语法问题，也即是从语法方面作分析的。如"几"字释义：

  《左传·僖公二十三年》："夫有大功而无贵仕，其人能靖者与，有几？"杜注以"其人能靖者"句绝，陆氏《释文》以"与"字句绝。愚按：陆说为长，言有大功而不酬之以贵仕，其人能安靖邪，有几人也？"有几"正谓其无人也。

这是讲的句读问题。又如"最"字释义：

  《汉书·郑吉传》："中西域而立莫府，"师古云："中西域者，言最处诸国之中，近远均也。"愚按："最处诸国之中者"，言处诸国之最中,倒文也。

这是讲的词序问题。又如"以"字释义:

《左传·昭公十三年》:"我之不共,鲁故之以。"杜注云:"不共晋贡,以鲁故也。"愚按:"鲁故之以",犹言以鲁之故,倒文也。

这是讲的"之"字前置宾语问题。

8.3 王引之《经传释词》

王引之在此书"自序"中说:

自汉以来,说经者宗尚雅训,凡实义所在,既明箸之矣,而语词之例,则略而不究;或即以实义释之,遂使其文扞格,而意亦不明。如"由",用也;"猷",道也;而又为词之"攸"。若皆以"用"与"道"释之,则《尚书》之"别求闻由古先哲王""大诰猷尔多邦",皆文义不安矣。

从书名及"自序"即可看出本书的性质及写作目的。它是解释经、传中的词("语词"简称,即虚词)的,以免以实义解之。《中国大百科全书·语言文字》对《助字辨略》《经传释词》两书以比较的方式介绍,前已引对前书介绍,对此书介绍如下:

解释经传古籍中虚词的专著。清代王引之撰。王引之以前有刘淇所著《助字辨略》一书,专门讲解虚词,王氏似未见到。……当王引之时,考据之学大兴,段玉裁、王念孙阔步于前,王引之继承父业,加以引申,自然容易超过刘书。刘书虽疏略,但引证下至唐宋,王书则仅及西汉而止。这是王以"经传"为书名,自不能论及"经传"以外的书的缘故,虽引《战国策》及《史记》等,大概他的意思是这类书可以说是经传的附庸。

《经传释词》共收虚字160个,虽以单音虚词为主,但同义虚词连用的,也偶然随文论及,如"庸"字后,附及"庸何""庸安""庸讵""庸孰"4词,这是他的高明处。然而《经传释词》仍有缺点,一是缺漏较多,甚至《经义述闻》论过的,《释词》也失载。《经义述闻》曾论《左传》宣公十二年"又可以为京观乎",证明"可"即"何",《释词》却失载。至于"可"也用表数之约略,如《史记·韩长孺传》:"太后、长公主更赐安国可直千余金。"王引之大概因为"经传"没有这种用法,因此也置而不论。二是偶有误解古书处,甚至因此断句失误,如卷二"焉"字,引《庄子·则阳篇》"君为政,焉勿卤莽;治民、焉勿灭裂",硬把"焉"字解作"於是",其实"焉"字应属上读。还有若干解释不确切,为杨树达《词诠》所不取。然而这书到现在还有相当参考价值。

近年有文章指出,此书标明虚词类别的术语计有四十个,也就是王氏将虚词分为四十类:

(1)语助(2)发语词(3)发声(4)叹词(5)叹声(6)语已词(7)语终词(8)承上之词(9)承上启下之词(10)指事之词(11)连及之词(12)状事之词(13)比事之词(14)状物之词(15)假设之词(16)不定之词(17)更端之词(18)不然之词(19)大略之词(20)拟议之词(21)本然之词(22)或然之词(23)将然之词(24)异之之词(25)词之承上而转(26)词之转(27)转语词(28)疑词(29)助语词(30)语词(31)起下之词(32)问词之助(33)急词(34)发语之长声(35)词助(36)词(37)词之终(38)问词(39)言之间(40)怒声[1]

---

[1] 见周静贤、吴礼权《〈经传释词〉在汉语语法学上的地位》《复旦学报》,1991.2。

肆　中国古代语法学的大成(清代)　475

当然这些类别不是语法标准的分类,且不免交叉重复;但较之刘淇的三十类为当,可以说是汉语虚词研究史上虚词的最细密的分类。此文又指出:

> 王氏在对虚词进行分类的同时,还对一些虚词的语法作用及语法意义作了详尽的描述。如对"者"字的描述:"《说文》曰:'者,别事词也。'或指其事,或指其物,或指其人。或言者,或言也者。"这种细致的分类与描写,与《马氏文通》之后的一些语法专著相比,绝无逊色之处。

笔者这里补充三点:

一是本节开头引的王氏《语词误解以实义》中的下面话:"经典之文,字各有义;而字之为语词者,则无义之可言,但以足句耳。"这可以说是孔颖达的语辞"不为义"(见叁2.2.1)、袁仁义虚字无义有"气"之后,关于虚词语义特征的第三个明确说明。当然,王氏说的"无义",是指无实字之义,并非毫无意义[①];其"足句"作用则是其义。

二是上7.1.6引王引之的话"数句平列,义多相类",说《读》《经》两书中王氏父子是用这一方法划分词的类聚的。而所谓"数句平列,义多相类"是说句法结构平列(相同),其结构成分的词性一般同属一类;这一方法也贯彻在此书中。以"终"[②]字条为例:

> 家大人曰:"终",词之"既"也。僖二十四年《左传》注曰:"终犹已也。"已止之已曰终,因而已然之已亦曰终。《诗·终

[①] 按索绪尔语言符号的能指、所指功能说,如无所指,则不成为语言符号。
[②] 阮元《经传释词·序》特举"终风"一例,可见此字解说为王氏一大发明。

风》①曰:"终风且暴。"毛传曰:"终日风为终风。"《韩诗》曰:"终风,西风也。"此皆缘词生训,非经文本义。终,犹"既"也,言既风且暴也。

下面王氏排比"平列"之句,证明此"终"字为语词。

《燕燕》曰:"终温且惠,淑慎其身。"言既温且惠也。

《北门》曰:"终窭且贫,莫知我艰。"言既窭且贫也。

《伐木》曰:"神之听之,终和且平。"言既和且平也。

《甫田》曰:"禾易长亩,终善且有。"言既善且有也。

《正月》曰:"终其永怀,又窘阴雨。"言既长忧伤,又仍阴雨也。

这可再说明,王氏文同一例法,既用以分析句法结构,又用以分析词的类别。

三是王氏在此书"自序"中说:

揆之本文而协,验之他卷而通。

这是王氏提出的解释语词用法的原则,就是不能只看适用于本例,还要看能否通用于他例;也就是解释一个虚词不能孤立的只看一句,要从大量语言事实中概括出其通用用法。

9.0 结语

中国古代语法学从萌芽、产生,经过发展,到清代已"大成"。清人树立文法观,对句法结构有清楚的认识,明确据句法结构作训诂考据。依照词在句法中的分布位置和语义特征划分词的类别。分析了词序、句读,又分析了语词组合层次。继承前人分析句法结

---

① 《诗·终风》指《诗经·邶风·终风》。

构关系之外,又分析了语词组合规则、句法结构组成规则、句法结构完整以及古汉语特殊句式。分析了句法语义关系,又分析了语义选择限制规则及语用。产生了语法分析方法以及出现有巨大影响的虚词专著。清代是中国古代语法学的大成时代,也是中国古代语法学的全面大丰收时代。

伍　总结语

1.0　中国古代语言学的一个分支——中国古代语法学

谈起中国古代(传统)语言学,一般分文字学、音韵学、训诂学三个部门[1];笔者认为还应当增加一个部门,即语法学。现在已出版的训诂学著作,其中都有语法分析内容;从训诂要求,需要语法知识,但是训诂学不能包括语法学,应当让二者成为并列的学科。让训诂学、语法学成为并列的两门学科,这并不是笔者的"新见";而有先哲如此主张于前,时贤这样论说于后。黄季刚曾说:"今世所谓古文,乃当时之常语也,故治史、汉,须自训诂、文法始。"[2]杨树达《高等国文法序例》说:"余往曾言:治国学者必明训诂,通文法。近则益觉此二事相须之重要焉。盖明训诂而不通文法,其训诂之学必不精;通文法而不明训诂,则其文法之学必不至也。"[3]王大年《论周秉钧先生的语法观》[4]文中,谈到"周先生运用古汉语语法知识诠释古书,融会贯通,妙绝一时";

---

[1]　参看王力《中国语言学史》(山西人民出版社,1981);徐超《中国传统语言文字学》(山东大学出版社,1996)。
[2]　尚笏陆恩涌《季刚师得病始末》,见《量守庐学记》,三联书店,1985。
[3]　杨著《词诠序例》也说:"凡读书者有二事焉;一曰明训诂,二曰通文法。训诂治其实,文法求其虚。"
[4]　《古汉语研究》,1994增刊。

并谈到周先生《尚书易解自序》中明确提出了"核之以训诂,衡之于语法,求之以史实,味之以文情"的训释原则。蒋绍愚《训诂学与语法学》[①]文谈训诂学与语法学的关系。这些先哲时贤均是将训诂学与语法学并列。

让语法学成为中国古代语言学的一个独立分支,不是笔者主观愿望所要求的,而是中国古代有丰富的语法学内容所决定的。据本书所谈,中国古代语法学有其萌芽、产生、发展、大成的历史,因而完全应当列为一门独立的学科。

2.0 中国古代语法学的传统

2.1 注重语法规范

中国古代语法学分萌芽、产生、发展、大成四个时期,而语法规范内容贯串始终。中国古代未出现古汉语的语法描写体系,但是古人讲语法规范也有其标准,这就是客观存在的、古人用词造句所遵循的语法结构规则。《公羊传》指出"吴、鄫人"这样并列词语为"不辞"(壹 2.1),最早提出了不合语法规范的术语。《穀梁传》指出"假"字前不能用"以"字介词结构;有"以"字结构后面不能用"假"字(壹 2.1)。郑玄认为句读不当为"不辞"(贰 1.4.1);孔颖达从"语法"标准解释"相"字用法,也用"不辞"批评"不成于器"的说法(叁 2.1)。欧阳修、严羽提出不合语法规范的另一术语"语病"(叁 5.6),王若虚沿用"语病"提法(叁 6.1),又指出"语法不顺"现象(叁 6.1)。清人更明确说"不合文法""失其句法",并从句法、语

[①] 《古汉语研究》,1997.3。

义、语用不同角度分析经、子、史、集中的用字(词)、释义的正误。中国古代无吕叔湘、朱德熙《语法修辞讲话》这样通过实例讲语法规范的专著，但王若虚《滹南遗老集》、胡三省《资治通鉴音注》，特别是王氏父子和俞樾的《读书杂志》《经义述闻》《诸子平议》《群经平议》四书，实际上有如吕朱所著讲述语法规范的内容与方法。这几部书在今天也不妨作为学习古汉语语法的辅助材料。

2.2 注重实用

中国古代语法学是应实用需要而萌芽、产生，是应实用需要而发展、大成的。《公羊传》《穀梁传》表现出的语法分析是为了解说"春秋书法"。汉、魏、晋、唐、元传注书中的语法分析是为了读懂原著。唐宋诗论、文论中的语法讲述以及元明时代的《对类》是为了写诗作文。清代"经解"及其他训诂考据著作中的语法分析实用目的更是明显。本书介绍到的四部虚词专著，卢以纬《助语辞》和袁仁林《虚字说》是蒙学教材，刘淇《助字辨略》是为了讲"构文之道"；至于王引之的《经传释词》则更标明是为读"经""传"服务。

2.3 注重多角度分析

语句是语词多方位的组合，中国古代语法学从实用需要出发，为了彻底解释清楚句意，对语句也就作多角度观察，进行多角度分析；而且随着自身的发展，角度观察越来越细致，角度分析越来越扩展。其中有语句词序、句读、层次的分析；有语词组合规则的分析；有句法结构组成规则和结构关系的分析；有句法结构成分完整与否的分析；有句法语义关系的分析；有语词组合选择搭配关系的分析;有语句语用的分析;有古汉语特殊句式的分析;有词的类别划分,有虚词用法的讲述,有实词句法功能义的说明,还有复合词构成的分析;也有动态分析,说明句式的历时变化。又有语法分析与修辞分析结合,《公羊传》《穀梁传》解说"春秋书法"即分析了修辞现象(壹2.6),孔颖达分析了修辞句式(叁2.4.2),又指出"从一而省文"现象(叁2.5.3.1),李贤分析了修辞词句(叁4.2.8),俞樾指出"错综成文"句式(肆3.8)。至于语法修辞专著《文则》更是语法分析、修辞分析的结合。

2.4 注重借鉴外语语法

唐宋时代语法学有重大发展,原因之一就是当时学者借鉴了汉文佛典介绍的梵文语法及其从语法、句法解释佛经的经验;吸用其"语法""句法"术语,促进语法观的树立以及加深对汉语语法的认识与分析。这突出表现在:孔颖达、王若虚明确地据"语法"分析儒经的解说,孔颖达、颜师古重视对词的类别划分特别是动词语义特征的分析,颜师古、李贤重视对复合词的分析,孙奕、洪迈能认识到句子结构方式的类同,以及王若虚树立较为明确的语法观。清代集古代语法学之大成,也是继承前人受梵文语法影响所作的语法分析。需要说明的是,"语法""句法"两术语引自佛典,但"语法"一词除唐宋(金)人用过几次外,后世不用而用"句法";特别在清人著作中"句法"频频出现而"语法"不见。这盖由于反映梵文复杂词形变化的"语法"不适用于汉语,而"句法"适合说明汉语语法特点。这说明古人引用佛典术语也注意结合汉语特点。

又中国人认识、研究梵文语法至少比西方人早一千年;这在世界梵文语法研究史上,也是应该肯定的。

2.5 注重历史继承

中国古代语法学从先秦至清末有近三千年的可信史,分"萌芽""产生""发展""大成"四个时期是作者的观点。即使不如此分期,就中国古代语法学事实来说,也有明显的历史继承的嬗变性特点,即后人继承前人并有所发展。如:公羊、穀梁解说"春秋书法"表现出的"比较句式异同""认识词的分布位置"分析方法,一直影响后世。公羊的"不辞"说法,郑玄分析句读据以批评郑众(贰1.4.1(1)),贾公彦又论证郑众之说何以为"不辞"(叁3.2(1))。汉人立"辞""语助"之名(贰1.5.2.1),唐人孔颖达发展为"语辞",又提出"名称"之名,分字(词)为"为义""不为义"两类,实是宋人以及后世的"实字""虚字"之分的来由。郑玄提出"鸣声"(贰1.5.3.D),孔颖达发展为"鸣辞"(叁2.2.5)。毛亨解"中谷"为"谷中"(贰1.6.6.1),郑玄解"不我遐弃""谢于诚归"为"不远弃我""诚归于谢";孔颖达指出是"古人之语多倒"(叁2.3.1.2),概括为历史变化。佛典出现的"语法""句法"术语,宋人引用;促成金人王若虚以及清人语法(句法)观的树立。宋人提出了"句法同",清人发展为"句式类比分析法"。卢以纬的《助语辞》可看作是前代虚字用法解释的总结。胡三省《资治通鉴音注》的语法分析,对前人的分析非常明显的既继承、又发展。明清时代的属对教学及其教材《对类》的出现,更是前代属对研究的继承与发展。汉人的词序、句读层次、句法结构、语义关系、句型句式等语法分析内容及"加入""移位"等语法分析方法,实际上奠定了后世语法分析内容与方法的基础;而清代的语法分析,可以说是名副其实的"集"古人语法分析之"大成"。

3.0　中国古代语法学与古汉语语法变化

　　古代的语法分析,好多是当时人用当代语言,这样也就可看出古汉语语法的发展变化;特别是注释书,从原著语言与分析语言相对照,更能看了出来。如汉人分析判断句加入"是"(贰1.9.2.3),说明系词"是"当时已出现;汉人分析被动句多用"为—N_{at}—所—V"式并替换"V—于—N_{at}"式(贰1.9.1.2),说明在当时前式广泛使用,而后式消失;汉人分析前置宾语,移位于后(贰1.6.2.3),说明前置宾语当时的消失情况[①]。再如从郑众、郑玄、杜预、孔颖达、颜师古对单位词(量词)的解释(叁2.2.2、4.1.1.4、贰2.6),可看出单位词的发展。又如卢以纬《助语辞》用"俗语"对比解释,也可看出虚词的对应变化。

4.0　中国古代语法学与古汉语语法研究

　　中国古代语法学分析的对象是古汉语(文言),它的分析也表现出了古汉语语法特点与古汉语语法研究的重点。古代语法学从萌芽到大成,每个时期都讲到词序和虚词,说明二者的重要。汉语无词形变化,词序、虚词是重要的语法手段。词序有跟现代相同的,有跟现代不同的(特别如肆3.8所说俞樾讲的"倒句例");而虚

---

　　①　关于汉代注释书所表现的汉语语法变化,详看笔者《古代汉语语法变化研究》(语文出版社,1994)。

词要从句法结构讲述其用法。古代语法学,特别是《公羊传》《穀梁传》、汉晋注释书中的语法分析,说明主谓结构主语常空位,而且空位主语可指称不同。古代语法学说明语词组合相当自由;词类与句法成分无对应关系,名词可以做谓语/述语,动词、形容词可以做主语/宾语(所谓词类活用);在谓语中,名词、动词组合的词序不同,可表示相同的语义关系。古代语法学说明古汉语句法语义关系多无显性形式,语义分析包括词的句法功能义当更是一个重要内容。如主语名词可以是受事,宾语名词可以是施事,述语与状语名词之间、述语尤其是名词述语与宾语之间蕴存有复杂的隐性语义关系;而名词、动词、形容词又各有其独特的句法功能义;关系结构句里短语与短语多是意合。这些可以说是古代语法学表现出来的古汉语语法特点与古汉语语法研究重点。此外,对读无标点的古籍语言来说,句读与层次分析也相当重要,这也是古代语法学所讲明了的。

5.0 中国古代语法学与现代语法学建设

中国现代语法学近年取得长足的进展,引进种种外国先进理论与方法,应用于汉语语法分析[①]。笔者发现现在讨论、运用的某些新的方法,我国古人的语法分析已经有所实践甚至说明。如20世纪80年代初语法学界讨论层次分析法;而语句的层次问题,汉人已有所认识(贰1.4.2),唐人(叁4.3.2)、清人也做过一些分析(肆3.2.2);颜师古、司马贞已看出歧义现象,指明一个语言片断

---

① 参见陆俭明《八十年代中国语法研究》(商务印书馆,1993)。

可有两种解释(叁 4.1、4.3)。又如现在语法书上说词类划分要根据词在句法中的功能分布和语义特征,孔颖达(叁 2.2.4)与清人(肆 2.0)大体上就是据此划分词的类别与转类的。吕叔湘写了《通过对比研究语法》的专文①,《公羊传》、《穀梁传》、王若虚及清人就是用对比(比较)的方法分析句式的。朱德熙《语法答问》②提出平行结构分析方法,列出多条例证说明"这种结构上的平行性表明它们是同类型结构"。王念孙的"句式类比"、俞樾的"文法一律",依据的就是平行结构句;王引之划分词的类聚更明说"数句平列,义多相类"(肆 7.1.6)。又如壹 2.2.2 注中提到的美国戴浩一讲的"时间顺序原则",一时在中国语法学界引起强烈反响,获得很高评价,如有学者说"它有助于我们从宏观上去认识汉语的结构特点"③;《公羊传》《穀梁传》实际上分析了词序按时间先后为序现象。"词类活用"说,现在共认为陈承泽《国文法草创》所首唱;而类似说法,袁仁林《虚字说》中已出现。所谓"特殊动宾意义关系"研究,有报道说近年取得巨大进展,某些学者"按照陈承泽的路子","致动""意动"之外,又归纳出"为动""对动""供动""把动""处动"等近二十种④。其实述(动)宾意义关系的复杂多样,汉、晋学者已经分析了出来(只是没有立出名目而已)。再如朱德熙《自指和转指》说古汉语谓词性成分(动词、形容词)指称化转为转指,必须带形式标志"者""所"⑤;姚振武《关于自指和转指》认为此说"过于绝

---

① 见《语法研究入门》(商务印书馆,2000)。
② 商务印书馆,1985。
③ 见徐通锵《语义语法刍议》,《徐通锵自选集》,河南教育出版社,1993。
④ 见王克仲《近年来的古汉语语法研究》(《中国语文天地》,1987.1)。
⑤ 《方言》1983.1。

对化"①。汉、晋、唐学者已看出动词、形容词可不带形式标志转为指称性转指这一句法语义现象。姚振武《先秦汉语受事主语句系统》说"V—于—N$_{at}$"非被动式,"于"不负担被动信息②。照此,汉人对此句式特别注释,说明已看出"于"不负担被动信息。语境是现代语言学研究的一个重要内容,而孔颖达、贾公彦、胡三省已有所谈述。

这里着重谈谈语义选择规则问题;这是现代语法学、语义学研究的一个重点,也是现在现代汉语语法教学、词汇教学以及汉语规范化研究的一个重要内容。1950年5月叶圣陶就在《人民日报》上发表《类乎"喝饭"的说法》,列举当时报刊上的一些动词、宾语不搭配例证,提醒人们注意这一问题。1951年在《人民日报》连载、后集为专书的吕叔湘、朱德熙《语法修辞讲话》,第四讲"词汇"有"词的配合"一节,其中谈到"谓语与主语不相应""动词与宾语不相应""表语与主语不相应""附加语与名词不相应""附加语与动词不相应";吕、朱两先生讲的句法成分不"相应",即句法成分不搭配,也就是语词组合违反语义选择规则。从吕、朱著作开始,无论文革前,还是文革后,现代汉语语法教科书,可以说无一不讲词的搭配问题;说明用词造句的规范之一,即是要符合语义选择规则。1992年商务印书馆更出版了《现代汉语实词搭配词典》(张寿康、林杏光主编),本词典"前言"又明确的说:"词与词的搭配不是任意性的,它既要受词性的制约,又要受词义的制约。一个实词能够与哪些实词搭配,具有突出的选择性特征。……在语言运用中,词与词的

---

① 《古汉语研究》1994.3。
② 《中国语文》1999.1。

搭配是有条件的,也是有规律的。"其实这一语义现象,孔颖达已经看出(叁2.5.3),王若虚也发现(叁6.3),王氏父子、俞樾更作了具体的分析(肆5.0)。

当然不能简单类比,说古人已经有了今天的语法理论、语法分析水平(详见下9.0);只是说今人用现代理论、方法分析出的语法现象,或是从语言事实中概括出的现代理论、方法,古人有所感性认识,以具体的分析事实表现出来。所以古人做出的分析实践,我们也应该继承,用以建设现代语法学。

6.0 《马氏文通》对中国古代语法学的继承与发展

《马氏文通》[①]共认是引进、借鉴印欧语语法体系而成,他在"后序"中明说:"斯书也因西文已有之规矩,于经籍中求其所同所不同者,曲证繁引以确知华文义例之所在。"但是翻看全书,从"序""序例"到正文,通篇可看到马氏引用中国古代语法学材料,或明写书名、作者,或仅写"注""疏""古人""某""或""经生家";有的未写是引用而实际上是继承、借鉴前人之说。我们当然不能说没有中国古代语法学就没有《马氏文通》;但似乎可以说,没有中国古代语法学,《马氏文通》不可能取得这样的成就。另外,马氏对前人的某些说法有所批评,指出其纰缪;这也是对前人成果的发展。以下依次说明:

[①] 下引据章锡琛"校注"本(中华书局,1956);仅注页码。

6.1 《文通》对前人成果的继承

一是《文通》中的一些名词术语,是继承古人所用,如实字、虚字、助字、叹字、动字、静字①、句法、句读、断词等②。

二是继承前人论说:

《后序》中说:

> 夫字形之衡从、曲直、邪正、上下……变幻莫可端倪。微特同此圆顶方趾散处于五大洲者,其字之祖梵、祖伽卢、祖仓颉,而为左行、为右行、为下行之各不相似而不能群;……

这是引用佛典《出三藏记集》的《胡汉译经音义同异记》(贰 3.2)。

"序"中讲"虚字"说:

> 刘彦和云:"至于'夫''惟''盖''故'者,发端之首唱;'之''而''于''以'者,乃札句之旧体;'乎''哉''矣''也',亦送末之常科。"

解说受动字,引《公羊传·庄公二十八年》:

> 《春秋》伐者为客,伐者为主。(203)

解说传疑助词"耶"字古同"邪",引《颜氏家训·音辞篇》:

> "未定之辞"是也。(472)

此外,"例言"中说:

> 构文之道,不外虚实两字,实字体骨,虚字神情也。

此未明言,显然是引用刘淇《助字辨略》"自序"。

---

① 静字,王筠所用,指名词;马氏用以指形容词。
② 断词,见《助字辨略》。

讲助字,说:

> 助字所传之语气有二:曰信,曰疑。故助字有信者,有传疑者。(412)

此未明言,实是依据柳宗元《复杜温夫》"决辞""疑辞"说①。

卷一正名"界说一"说:

> 凡字,有事理可解者,曰"实字"。无解而惟以助实字之情态者曰"虚字"。

此"界说"可看出是借鉴孔颖达的字(词)的"为义""不为义"之别(叁2.2.1)和袁仁林《虚字说》关于虚字"无义有气""语言衬贴"以及王引之关于虚字的说明("字之为语词者,则无义之可言,但以足句")而来。

三是继承古注:

讲传疑助词"诸"字,说:

> "月诸"②,毛传解为"乎"字。(479)

讲传信助词"尔"字,说:

> 郑注《檀弓》,谓"尔,语助"也。(444)

讲解动字,引《公羊传·隐公元年》"'夏五月,郑伯克段于鄢'。克之者何",说:

> 注③云:加"之"者,问训诂并问施于之为。(181)

讲传疑助词"夫"字,说:

> 赵岐注《告子篇》曰:"夫,叹辞也。"(478)

---

① 讲"矣"字说:"传信助字也""柳州又谓之'决辞',则与诸传信助字无别"。(434)。
② 月诸,《诗经·邶风·日月》"日居月诸"。
③ 注,指何休《春秋公羊经传解诂》。

讲假代字为动字,说:

"谁何"者,呼叱来者之为谁为何也。……师古曰:"问之为谁,又云何人,其义一也。"①(246)

讲假静字为动字,引《礼·大学》"大学之道,在明明德",说:

"明"本静字,而第一"明"字,《注》云:"明,明之也。""明之"者,使之明也,朱《注》用以解为外动也。(246)

讲"不""弗"区别,说:

《论语·公冶长》正义云:"弗者,不之深也。"②(306)

四是继承雅书、字书、韵书:

讲介词"自"字,说:

《尔雅·释诂》云:"由、从,自也。"(351)

讲指名代词"是"字,说:

《博雅》云:"是,此也。"(51)

讲接读代词"者"字,说:

《说文》谓之别事之词。(71)

讲传疑助词"乎"字,说:

《说文》谓"语之余"也。(461)

讲指名代词"焉"字,说:

《玉篇》云:"焉,是也。"(54)

讲指名代词"此"字,说:

《六书故》云:"此犹兹也、斯也。"(52)

讲传信助词"也"字,说:

---

① 见《汉书·卫绾传》"不孰何绾";服虔曰:"不问也。"李奇曰:"孰,谁也;何,呵也。"师古曰:"何即问也;不谁何者,犹言不借问耳。"

② 此是邢昺正义,邢是引用何休说(见贰1.10)。

《广韵》云:"也,语助也,辞之终也。"(414)

讲传信助词"尔"字,说:

《广韵》云:"词之必然也。"(444)

五是继承虚词专著;指继承袁仁林《虚字说》、刘淇《助字辨略》、王引之《经传释词》三部虚词书。

关于《文通》继承《虚字说》,麦梅翘《〈马氏文通〉和旧有讲虚字的书》①中有专门谈述,文中列举"则""然""而且""而""但""顾""乎""与""耶"等字,用对比的方式说明"《文通》的立论,甚至所用词句,都采用了《虚字说》"。下面谈对后两书的继承。

引用《助字辨略》:

讲受动词"见"字,分析"百姓之不见保,为不用恩焉"一例,说:

某云:"'见'者,加于我之辞也。"(207)

"某"指刘淇,见《助字辨略》(卷四)"见"字解说。

讲传信助词"也"字,说:

古人有谓"也"字三用,有用于句末者,有用于句中者,有用于称谓者。(414)

"古人"也是指刘淇,说见《助字辨略》(卷三)"也"字。

讲承接连词"甫"字,分析"甫欲凿石索玉,剖蚌求珠;今乃随和炳然,有如皎日"一例,说:

"甫欲"者,方欲如何而尚未如何也。(395)例句、解说均据《助字辨略》(卷三)"甫"字。

讲受动词"坐"字,分析"它物若买故贱,卖故贵,皆坐臧为盗"一例,说:

---

① 见《中国语文》1957.4。

"坐臧为盗"者,犹云"坐为赃罪如盗也。"按:汉法入罪曰"坐",即定以归入何罪也。(209)

例句、解说均据《助字辨略》(卷三)"坐"字。

引用《经传释词》:

讲传信助词"焉"字,分析《公羊传·庄公元年》"于其出焉,使公子彭生送之,于其乘焉,搚干而杀之"、《定公四年》"于其归焉,用事乎河"两例,说:

> 三读皆助"焉"字,记时之读也。《释词》谓三"焉"字犹"也"字也。(454)

讲状词"'不'字有代'非'字者",说:

> 前引二节内,"不""非"两字互用,《释词》引为相代之证。(304)

讲指名代词"焉"可代"于是",说:

> 高邮王氏云:"焉,于是也。"(54)

"高邮王氏云"指《经传释词》(卷二)"焉,犹于是也"。

讲介词"之"字,说:

> 经生家训"之"字云:"言之间也。"(313)

"经生家"指王引之;《经传释词》(卷九)"之"字第一用法:"言之间也。"

六是继承古人分析方法。当然,古人的语法分析水平没法同马氏相比,但是在《文通》中多处可看到跟古人相似的分析;因此,《文通》在全书的构架上当然是"因西文已有之规矩",但在某些问题分析上也是继承了古人的分析方法。下面从几点来看:

《文通》对例证的分析多处说"同一句法"(151、231)、"句法同上"(79、96)、"句法相似"(65),是指两句或几句结构相同。这跟清人的说法何其相似！清人多处的语法分析，特别是王念孙的"文同一例"、俞樾的"文法一律"，皆是依据"同一句法"。

《文通》对假本名为动字的分析，如"弗义"解为"不以为义"、"不德"解为"不施德"；这跟汉人解释名词做谓语的方法完全相同（贰1.8.1.1），都是增加一个相关的动词义（V_0）。

《文通》对假借名字为状字的分析，也跟汉人讲解状述结构名动语义关系相同；甚至有的同一例句解说完全一样。如《孟子·梁惠王上》"庶民子来"，马氏说"'子来'者，如子之来也"（292）；赵岐说"若子来为父使之也"（贰1.7.1.4（3））。

《文通》对象静司词的分析，也跟前人讲解形容词做述语的功能义相同；仍有对同一句解说完全一样的情况。如"不远千里"，马氏说"'不远'者，不以千里为远也"（151）；高诱说"不以千里之道为远"[①]。

《文通》讲述实字"论比"，说"差比有不用'于'字者"（175）；这一点跟汉人解说形容词做述语表示比较不用"于"字也相同（贰1.7.2.7）。

这仅是列举几个方面，《文通》中的解说跟古人相同之处还很多，不再举例。

6.2 《文通》对前人成果的发展

《文通》继承前人的分析之外，也多处指出《助字辨略》《经传释词》及其他书中解说的纰缪，这可看作是马氏在继承前人的基础上

[①] 《汉书·景十三王（河间献王）传》"四方道术之人不远千里……"颜师古注："不以千里为远，而自致也。"

对古代语法学的发展。

批评《助字辨略》之误:

讲询问代词"何"字,分析《史记·田齐世家》"中国白头游敖之士,……未有一人言善秦者也;何则?皆不欲齐秦之合也"一例,说:

> 此"何"字亦表词也,犹云"上言如是是何也"。"则"字以下,申言其故。经生家皆以"何则"二字连读。愚谓"何则"二字,亦犹"然而"两字,当析读,"则"字方有著落。(82)

"经生家"指刘淇;《助字辨略》(卷二)"何"字有此例,"何则"不分解释。

讲承接连词,说:

> 承接连字,惟"而""则"两字,经籍中最常见。经生家以"而""则"两字之别,惟在文气之缓急;上下文气缓者,连以"而"字,急则连以"则"字。盖第味乎"而""则"之音韵,故为此浮泛之说耳。(360)

"经生家"也指刘淇;《助字辨略》(卷一)释"而"说"承上转下,语助之辞",(卷五)释"则"说"语辞也,承上趣下,辞之急也"。

讲外动词"云"字,分析《汉书·萧望之传》"今将军规杕,云若管晏而休……"一例,说:

> "云若"者,乃"规杕"之意也,故"云"者谓也。有作为语辞者,失之矣。(197)

"有"指《助字辨略》,本书(卷一)释此例"云"字说"云若犹言将若,亦语辞也"。

讲转捩连词"然"字,说:

> 有谓唐时往往以"然"字代"然后"者,韩文《论淮西事宜

状》云:"事至不惑,然可图功。"又《论变盐法事宜状》云:"事须差配,然付脚钱。"两"然"字若曰"然后",句调不协矣。(398)
"有谓"指《助字辨略》(卷二),释两例"然"字,说"并是然后"。

马氏更多的是批评《经传释词》之误,用"经生家""或云""有云"之外,径直指名《释词》、"王氏"。

讲外动词"谓""为",分析《礼记·文王世子》"故父在斯为子,君在斯谓之臣"一例,说:

> 《释词》谓"两句内'为'与'谓'互文同解",照注内云:"'为'下当有'之'字脱去。"愚以为两句内"为""谓"两字当作原解,于意更顺。盖父子大纲,凡父在不能不是其子,故"为"字作断词解。……"谓"字仍作"称谓"之意,而"为"后"之"字非脱明矣。(196)

这是批评《经传释词》(卷二)"为"字解释:"家大人曰:为,犹'谓'也。"

讲传信助词"焉"字,分析"心焉切切""心焉数之""晋郑焉依""必大焉先""戎焉取之""孩童焉比谋",说:

> 六引"焉"字,王氏皆解如"是"字,而以《周语》作"晋郑是依"为辞。愚以"是"字代所引各句"焉"字读之,舍"晋郑是依"一句外,余皆不词。……此以上皆"焉"字之助名字也。(457)

这是批评《经传释词》(卷二)"焉,犹'是'也"的解释。

讲状字别义"勿、毋"二字为禁戒之词,说:

> 《尔雅·释训》云"勿念",《诗·大雅·文王》云"无念",《左传·襄公二十九年》云"毋宁大人"。似此之句,经生家皆以"勿""毋""无"三字为发声而无解者,恐未尽然也。盖古书往往有省文两字并作一字者,与其武断而强解,毋宁知所省

乎？(306)

这是批评《经传释词》(卷十)"无、毋"字的解释。

讲介词"于"字,分析《左传·昭公十九年》"私族于谋,而立长亲"一例,说:

> 私族于谋者,"谋于私族"也;或云"私谋于族"也,是则"私"为状字,而于"谋"字不合也,于例不安。(331)

这是批评《经传释词》(卷一)"于"字条对此例的解说。

讲介词"与"字,谈"句法有两者相较,则以所与者为比",分析《汉书·司马迁传》"假令仆伏法受诛,若九牛亡一毛,与蝼蚁何异?而世又不能与死节者比"一例,说:

> 此比词之所以联以"与"字也。有云"而世不与能死节者"绝句,以"与"字解作"谓"字,犹云"不谓我能死节"也。盖未知"比"字之义耳。(344)

这是批评《经传释词》(卷一)"与"字解释:"家大人曰:与,犹'谓'也。"

《文通》也指出其他前人解释的不当。如讲传信助词"哉"字说:

> "哉"字,《说文》谓"言之间也",《礼记·曾子问》"正义"曰:"哉者,疑而量度之辞。"①《说文》之解不切,"正义"之解不全。盖"哉"音启齿,其声悠长。经籍用以破疑,而设问者盖寡;用以拟议、量度者居多,而用以往复咏叹者则最称也。所用一切句式,与"乎"字同。(468)

又如讲接读代词"所"字,分析《论语·雍也》"予所否者,天厌

---

① 指《礼记·曾子问》"孔子曰'祭哉'"孔颖达"正义"。

之"一例,说:

> 犹云"余如有不安之心,天厌之"。注疏解"所"字亦云誓辞,盖未知"所""者"两字互指之例耳。(68)

这是批评朱熹《论语集注》对此句中"所"字的解释的。

马氏批评前人也实事求是,指出其所以出现某些纰缪,是由于受历史局限所致。如讲传信助词"矣"字,说:

> 经生家谓经籍内有"也""矣"两字互相代用者。《论语·先进》云:"从我于陈蔡者,皆不及门也。"以为"也"代"矣"字。《论语·里仁》云:"其为仁矣,"又以为"矣"代"也"字之证。蒙谓"皆不及门也"者,决言同时之事,"也"字为宜。至"其为仁矣"之读,夫子自叹未见好仁者之恶不仁者,……此似追记已事,助"矣"字为宜。夫"矣""也"两字皆决辞,有时所别甚微。若非细玩味上下文义,徒以一时读之顺口,即据为定论,此经生家未曾梦见《文通》者,亦何怪其尔也!(442)

这是批评《经传释词》(卷四)"矣,犹'也'"的解释。但说"经生家"是泛指前人,是说这些人"未曾梦见《文通》",也即不晓得西方之"葛郎玛",如何能怪他们出现这样错误呢?

总之,《文通》对古代语法学进行了卓有成效的继承,才取得这样的巨大成就;同时对前人的解说纰缪有所批评,也是对古代语法学的发展。

7.0 从《汉书窥管》的语法分析看中国古代语法学的成就

杨树达《高等国文法·序例》说:"余往曾言:治国学者必明训

诂,通文法。近则益觉此二事相须之重要焉。盖明训诂而不通文法,其训诂之学必不精;通文法而不明训诂,则其文法之学必不至也。"杨氏《词诠·序例》说:凡读书者有二事焉;一曰明训诂,二曰通文法。训诂治其实,文法求其虚。"

杨氏《汉书窥管》①一书,是考释《汉书》文句的正确解释的,其中既有语词意义的训诂辨明,又有文句结构的语法分析。此书可以说是"明训诂、通文法"的范例,具体说明"明训诂而不通文法,其训诂之学必不精;通文法而不明训诂,则其文法之学必不至"。这里谈此书中的语法分析,以观杨氏语法、训诂结合的具体实践;从而看中国古代语法学的成就。

7.1 分析词序

语句是语词按照语法规则组合的线性序列;词序不当,不是文不成义,就是会有歧义。

(1) 张良辞归汉,汉王送至褒中。

树达按:《良传》云:"臣为韩王送沛公。"今云汉王送良,情事地理皆不合。《良传》云:"汉王之国,良送至褒中,遣良归汉。"是也。此文"送"字当在"汉王"二字之上;误倒耳。(一,《高帝记上》11)

(2) 夫齐东有琅邪即墨之饶,南有泰山之固,西有浊河之限,北有渤海之利,地方二千里,持戟百万,县隔千里之外,齐得十二焉。

树达按:"县隔千里之外,齐得十二",二句文意不贯。上

---

① 上海古籍出版社,1984年;下引注明卷数、篇名、页码。

文云:"秦,形胜之国也,带河阻山,县隔千里;持戟百万,秦得百二焉。"上三句言秦地势,下二句言秦持戟之多少。"百二"属"持戟"为言,则此文"十二"亦当属"持戟"言。余谓此文当云:"夫齐,东有琅琊、即墨之饶,南有泰山之固,西有浊河之限,北有渤海之利,地方二千里,县隔千里之外。持戟百万,齐得十二焉。""夫齐"以下六句皆言地势:"持戟"二句言齐持戟之多少也。(同上,21)

(3) 故丞相安平侯敞等居位守职,与大将军光、车骑将军安世建议定策,以安宗庙,功赏未加而薨。

树达按:未赏而薨者止杨敞一人,"敞"下不当有"等"字。此"等"字当在"车骑将军安世"下,误移于上耳。(一,《宣帝记》68)

(4) 明摄皇帝与尊者为体,承宗庙之祭,奉共养太皇太后,不得服其私亲也。

树达按:"奉共养"不辞;"奉"字疑当在"承"字上。景祐本与此本同。(十,《王莽传上》815)

(5) 用民之力 不过岁三日。

王文彬曰:"'不过岁三日'、当作'岁不过三日',此《礼记·王制》文。……若云'不过岁三日',则是岁止以三日为限,且犹有一日二日之差,而城郭道渠之治,安能暂时毕事乎?"

树达按:"岁"谓每岁,非谓乐岁。"不过岁三日"即"岁不过三日"。文字次序不同,而义训无二。王氏强生分别,殊为无理。(六,《贾邹枚路传》390)

(5) 说明次序不同,表义无异。这是因为状语"不过"可位句首,也可位句中。

7.2 分析句读层次

语句是语词按照句法规则的线性层次组合。句读分析是指句中停顿点的确定,这实质上是语句的层次切分、层次分析(包括结构层次、语意层次)问题。如果句读不当,不是文不成义,就是产生歧义。古书无标点,句读分析尤为重要。

A

(1) 高帝曰:"嗟乎! 有以! 起布衣,兄弟三人更王,岂非贤哉!"

周寿昌曰:"《史记》作'高帝曰:嗟乎! 有以也夫! 起自布衣,兄弟三人更王,岂不贤乎哉!'班以'有以'二字属下读,'以'字不另作句。"

树达按:"以"属下读,文不成义,班省《史》文"也夫"二字,仍当于"以"字断句。(四,《魏豹田儋韩信传》265)

(2) 且陛下从代来,每朝,郎官者上书疏,未尝不止辇受。其言不可用,置之;言可采,未尝不称善。

王念孙曰:"'受其言'下当更有一'言'字。'言不可用'正与'言可采'对文。今本脱一'言'字。"

树达按:王说误也。此当于"受"字断句。"受"谓受郎官所上之书疏,非谓受言也。《风俗通》卷二引刘向语云:"文帝礼言事者,不伤其意。群臣无大小,至即便从容言,上止辇听之。其言可者,称善;不可者,喜笑而已。"此"其言"二字当下属之证。王误断句,遂欲增字,误矣。(五,《袁盎晁错传》377)

(3) 彭祖又小与上同席研书,指欲封之。

先谦曰:"'书指欲封之',言诏书意欲封之。"

树达按:帝欲封则竟封矣,"书意欲封"于事理不合。《佞幸传》云:"彭祖少与帝微时同席研书。"知当于"书"字句绝。"研"盖谓研讨之谓,王氏误读也。(六,《张汤传》464)

(4)《春秋》:"有道守在四夷。"

王先慎曰:"《春秋》有道,即《春秋》有言也,与《书》戒、《诗》称同意。"

树达按:《贾子·春秋篇》云:"故曰:天子有道,守在四夷;诸侯有道,守在四邻。""有道"明属下读。此《春秋》旧说,故《贾子》此文在《春秋篇》中。王说穿凿可笑。(十,《匈奴传下》751)

(5)出令曰:毋予蛮夷外粤金铁田器。马牛羊即予;予牡,毋予牝。

师古曰:"言非中国,故云外越。"

树达按:颜于"马牛羊"注断,非也。上文云:"有司请禁粤关市铁器",不及马牛羊也。此当于"金铁田器"为句,"马牛羊"与下文"即予;予牡,毋予牝"连读。若以"金铁田器、马牛羊"连读,而云"即予;予牡,毋予牝",将金铁田器亦有牝牡乎!(十,《西南夷两粤朝鲜传》754)

B

(1)西上郡、朔方、西河、河西开田,官斥塞,卒六十万人戍田之。

师古曰:"'开田',始开屯田也。……以开田之官广塞之卒戍而田也。"

树达按:李慈铭云:"此谓四郡开田官及斥塞,用卒六十万人以戍田之;当以'塞'之为句,小颜说非。《史记·集解》本亦误于'卒'字断句。"树达按:李说于"塞"字断句,是矣,而以"开田官"连续,文不成义,则仍沿小颜之误。余谓:"开田"当为一读,"官斥塞"言公家斥塞也。"戍田之"分承二事;"戍"谓戍所斥之塞。"田"谓耕所新开之田。(三,《食货志下》151)

(2) 欲终不言,念忠臣虽在畎亩,犹不忘君;惓惓之义也。

宋祁曰:"正文句末,据文势不合有'也'字。"

树达按:"惓"假为欸,《说文(八篇下)·欠部》云:"欸,意有所欲也。"《司马迁传》云:"诚欲效其款款之愚。""款"与"欸"同。"惓惓之义也"乃申释上文之辞,五字别断为句。宋误以"犹不忘君,惓惓之义"连读,故欲删"也"字,非是。(四,《楚元王传》290)

(3) 南方卑湿,丝能日饮,亡何;说王毋反而已。

吴仁杰曰:种(笔者按:袁盎兄之子。)本意盖曰:"吴王骄日久,又南方卑湿,宜日饮酒而已,其他一切勿有所问,如此而后可免祸也。"

树达按:《荀子·天论篇》云:"星坠木鸣,国人皆恐。曰:是何也?曰:无何也。"杨倞注云:"'无何'言不足忧也。"此文意谓:南方卑湿,如能日饮,酒可御湿,则亦不足忧也;此三句为一事,属于养生者也。"说王毋反"又一事,属于政治者也。如吴说如能日饮一切不问,"能"字之假设无着落,成不了语矣。(五,《袁盎晁错传》377)

(4) 终回复于归都兮;何必湘渊与涛濑,混渔父之铺歠兮,洁沐浴之振衣,弃由聃之所珍兮,蹠彭咸之所遗?

树达按:"何必"二字疑当直贯下四句,始合《反骚》之旨。

(九,《扬雄传上》669)

A五例是单纯的句读层次分析,B四例是结构层次、语意层次的分析。

7.3 分析句法结构

7.3.1 分析主谓关系

(1) 贯朽而不可校。

树达按:《说文(七篇上)·毌部》云:"贯,钱币之贯也,从毌、贝。"又云:"毌,穿物持之也。""贯朽",谓穿钱之绳索腐烂。(三,《食货志上》,145)

(2) 天下劳苦有间矣。

如淳曰:"言天下劳苦,人心有间隙,易动乱。"师古曰:"此说非也。'有间'犹言中间已有也,故谓比者乃为间也。"

树达按:"天下劳苦有间矣"七字为一句,言天下劳苦已久也。《孟子》言"为间不用",'为间'与'有间'同,亦谓久不用也。(五,《蒯伍江息夫传》353)

(3) 诡矣祸福,刑于外戚。

师古曰:"诡,违也;言祸福相违,始终不一也。"

树达按:"诡"当读为恑。《说文(十篇下)·心部》云:"恑,变也。""刑"读为形,见也。"诡矣祸福,刑于外戚"者,谓祸福倚伏,变易不常,形于外戚者为独显也。(十,《叙传下》842)

以上分析说明,(1)(2)"贯朽""天下劳苦有间"之"贯""天下劳苦"为主语,(3)"诡矣祸福"为主谓易位。

7.3.2 分析述宾关系

(1) 而豪氏侵陵,分田劫假。

师古曰:"……'假'亦谓贫人赁富人之田也。劫者,富人劫夺其税,侵欺之也。"

树达按:《盐铁论》云:"假、税殊名,其实一也。"颜云"劫夺其税",是矣;而又云"贫人赁富人之田",则非是。(三,《食货志上》146)

(2)会越嶲郡上黄龙游江中。

王念孙曰:"按'上'下本有'言'字,'上言'二字见于本书者多矣。今本脱'言'字,则文义不明。"

树达按:"上"谓上其事,无"言"字文可通。(八,《盖诸葛刘郑孙毋将何传》607)

(3)其《诗》曰:"……征伐猃狁,蛮荆来威。"

师古曰:"《小雅·采芑》之诗也。……能克定猃狁,而令荆土之蛮亦畏威而来也。"

树达按:"蛮荆来威"犹言蛮荆是威,颜说"畏威而来",非也。(七,《傅常郑甘陈段传》549)

以上分析说明,(1)之"劫"和"假",(2)之"上"和"黄龙游江中"(原文下句是"太师孔光、大司徒马宫等咸称莽功德比周公,宜告祠宗庙")为述宾关系,(3)"蛮荆来威"为前置宾语式("来"作用同"是")。

7.3.3 分析偏正关系

A

(1)是以抑郁而无谁语。

师古曰:"'无谁语'者,言无相知心之人,谁可告语。"

树达按:《说文(三篇上)·言部》云:"谁,何也。"《吕氏春秋·贵信篇》云:"信而又信,谁人不亲?"谁亦何也。此自谓己

无何语,非谓无人可共语也。颜注非。(七,《司马迁传》479)

(2) 博采二王后及周公、孔子世列侯在长安者适子女。

树达按:《国语·晋语》云:"非德不及世。"韦注云:"世,嗣也。""周公、孔子世"谓周公、孔子之继嗣,犹言二王后也。(十,《王莽传上》807)

B

(1) 俟自见索言之。

师古曰:"索,尽也。"

树达按:《史记·滑稽传》云:"淳广髡仰天大笑,冠缨索绝。"《索隐》云:"按索训尽,言冠缨尽绝也。"……此《传》"索"字与《滑稽传》"索"字同作状字用。(十,《外戚传下》781)

(2) 狂犯守卫。

师古曰:"言起狂勃之心而杀守卫也。"

树达按:"狂犯"犹言恣犯、妄犯,颜说非。(十,《西南夷两粤朝鲜传》752)

以上分析说明,A"谁语""周公、孔子世"为定中关系,B"索言"、"狂犯"为状述关系。

7.3.4 分析联合关系

(1) 匈奴入定襄云中,杀略数千人,行坏光禄诸亭障。

应劭曰:"光禄勋徐自为所筑列城,今匈奴从此往坏败也。"

树达按:"行坏"者,且行且坏也。《汉书》"行"字如此用者甚多。应以"从此往坏败"释"行坏"二字,拘滞极矣。《匈奴传》云:"行捕斩首虏凡万九千级。"师古曰:"且行且捕斩之。"是也。(一,《武帝记》59)

(2) 故愿大王之无忽,察听其志。

先谦曰:"'志'不可听。《文选》:'志'作'至',……至,极也,谓极言之。据此'志'为'至'之讹。"

树达按:听,从也。"察听其志",谓察其意而从之。"至"但训极,无"极言"之义。……王说非是。(六,《贾邹枚路传》394)

(3) 横流逆折,转腾澈洌。

孟康曰:"转腾,相过也。"

树达按:"腾"当为滕。《说文(十一篇上)·水部》云:"滕,水超涌也。""转滕"谓或转或滕,非相过也。孟说非。(六,《司马相如传上》444)

(4) 田假、田角、田间于楚、赵,非手足戚,何故不杀?

树达按:此以"手足"喻诸田,身喻楚赵,文言:诸田之于楚、赵,非若手足于身之亲。人以全身之故,不惜自斩其手足,则楚、赵以全己国之故,自应杀诸田。楚、赵不杀诸田,则齐不出兵,害必及楚、赵而国不可保也。文义甚明,毋烦曲说。(四,《魏豹田儋韩信传》263)

以上分析说明,(1)"行坏"为并列关系,(2)"察听"为承接关系,(3)"转滕",(4)"田假……手足戚"为选择、对接关系。

7.3.5 分析插入成分

(1) 于是汉悉兵,多步兵,三十二万,北逐之。

树达按:"多步兵"三字乃自注文,说详本书卷九《儒林传》(十,《匈奴传上》739)

(2) 是时霍氏外孙代郡太守任宣坐谋反诛,宣子章为公车丞。

树达按：此班书自注之例。本文当云："是时霍氏外孙代郡太守任宣子章为公车丞。""坐谋反诛"四字，乃自注之文。下"宣"字乃后人不得其解而妄增者。求诸他传，类例颇多。《鲍宣传》云："上感大异，纳宣言，征何武、彭宣，旬月皆复为三公，拜宣为司隶。时哀帝改司隶校尉但为司隶，官比司直。""时哀帝"以下二句，班氏自注，申明"司隶"二字者也。上文云："上"，此忽称"哀帝"，其为注文甚明。《王尊传》云："守京兆尹，后为真，凡三岁，坐遣使者无礼，司隶遣假佐……不当发吏。及长安系者三月间千人以上云云，尊坐免。""司隶遣假佐"以下至"不当发吏"凡十句，亦文中自注，所以说明"遇使者无礼"者也。……凡此之类，以系文中插注，故直读之皆不联贯。（九，《儒林传》685）

7.4 分析句法结构完整

（1）元延四年，孝王定陶王皆入朝，傅太后多以珍宝赂遗赵昭仪及帝舅票骑将军王根，阴为王求汉嗣。皆见上无子，欲豫自结，为长久计，更称誉定陶王。

树达按："皆见上无子"，文义不明。"皆"上当有"昭仪及根"四字。《哀纪》有"昭仪及根"四字，可证。（十，《外戚传下》789）

（2）恐吾阻险而还。

树达按：李慈铭云："'吾'下《史记》有'至'字。"是也。谓彼未见大将旗鼓，则不肯出击，恐吾至时彼亦阻险不出也。（四，《韩彭英卢吴传》271）

（3）如有不吉，禹为感动忧色。

宗祁曰:"'感动'字下疑有'有'字。"

树达按:残卷本作"有忧色"。(九,《匡张孔马传》631)

(4) 置城郭都护三十六国,费岁以大万计者,……

树达按:疑当重"护"字(按:"都护"是官名,无"护"文不成义)。(十,《匈奴传下》747)

(5) 盖闻:为善者天报以福,为非者天报以殃。

树达按:《韩诗外传》卷七云:"子路曰:'为善者天报之以福,为不善者天报之以贼。'"(四,《荆燕吴传》284)

(6) 禹虽家居,以特进为天子师。

树达按:"以特进"残卷作"以特进侯"。(九,《匡张孔马传》630)

(7) 禹见时有变异,若上体不安,择日洁斋,露著。

树达按:"择日"残卷本作"常择日"。(同上 631)

(8) 上欲致相位,……霸让位,自陈至三,上深知其至诚,乃弗用。

宋祁曰:"'三'字下当有'曰'字。"

树达按:残卷本有"曰"字。(同上 632)

(9) 今吾以天之灵,贤士大夫定有天下,以为一家。

树达按:"贤"上疑脱一"与"字。下十二年诏云:"与天下之豪士贤大夫共定天下。"有"与"字,可证。(一,《高帝纪下》25)

(10) 今贤散公赋以施私惠,一家至受千金。

树达按:"今"字下疑当有"为"字。景祐本与此同。(九,《何武王嘉师丹传》663)

(11) 上亲拜禹床下,禹顿首谢恩,归诚。

宋祁曰:"'恩'字下当有'因'字。"王念孙曰:"宋说是也。'因归诚,三字下属为义,若无'因'字,则语意不完。"

树达按:残卷本有"因"字。(九,《匡张孔马传》629)

(12)上惧变异数见,意颇然之,未有以明见。

宋祁曰:"'未'字上当有'而'字。"

树达按:残卷本有"而"字。(同上630)

以上(1)缺主语"昭仪及根",(2)缺谓语"至",(3)(4)缺述语"有""护",(5)(6)缺宾语"之""侯",(7)缺状语"常",(8)缺定语中心词"日",(9)(10)缺介词"与""为",(11)(12)缺连词"因""而"。

7.5 分析句法语义关系

7.5.1 分析 N_s—V 主谓结构语义关系

(1)心既和平,其性恬安,恬安不营,则盗贼销。

树达按:"营"当读为"营"。《说文(四篇上)·目部》云:"营,惑也。""不营"谓不为物欲所惑。(七,《严……贾传》495)

(2)家贫,庸作以供资用。

师古曰:"'庸作',言卖功庸为人作役而受雇也。"

树达按:《周勃传》注云:"庸,赁也。""庸作"谓被雇作役。颜云"作役受雇",是矣,又云"卖功庸",非是。(九,《匡张孔马传》621)

(3)季主家上书人义杀阙下。

师古曰:"于阙下杀上书人。"

树达按:此谓上书人见杀于阙下。(十,《游侠传》725)

(4)司威陈崇使监军。

师古曰:"为使而监军于外。"

树达按:"使"谓见使。颜说非。(十,《王莽传上》814)

以上说明主语(N_s)为受事。N_s—V 词序无论从语感或认知,易于表现 N_s 是施事;对于是受事的 N_s 需予以说明。

7.5.2 分析 N—V 状述结构语义关系

(1) 乃闭关城守。

师古曰:"城守者,守其城也。"

树达按:守城不得倒云"城守"。"城守"者,谓于城上为守耳。(一,《高帝纪上》4)

(2) 怼吾累之众芳兮,扬煇煇之芳苓。

树达按:"众芳"谓于众中独为芬芳,言其自表异也。《灌夫传》云:"今众辱程将军。"《王嘉传》云:"属其人勿众谢。"诸"众"字用法同。(九,《扬雄传上》668)

(3) 皆起于王道既微,诸侯力政。

树达按:"政"读为征。"力征"谓以力相征伐。(三,《艺文志》240)

(4) 乡部书言。

树达按:"书言"谓以书言之。(九,《循吏传》705)

(5) 阴末赴锁琅当德。

树达按:《王莽传》云:"以铁锁琅当其颈。"……此文"锁"字上本当有"以"字,文省去耳。(十,《西域传上》758)

以上(1)"城"表示方位,(2)"众"是方位的引申,(3)"力"表示凭借,(4)"书"表示方式,(5)"锁琅"表示工具。此例杨氏认为省"以"。其实"以"字本可无;(3)(4)"力""书"前也隐含着"以"。古汉语名词可不用介词直接做状语。

7.5.3 分析 V—N 述宾结构语义关系

(1) 卬道:"车骑将军张安世始尝不快上,上欲诛之……"

树达按:安世为车骑将军在昭帝崩后,则"上"谓宣帝也。"不快上"者,本当言"不快于上",此省"于"字。"不快于上",言不为上所悦。(七,《赵充国辛庆忌传》542)

(2) 奸法语盗盗,甚无谓也。

李斐曰:"奸法,因法作奸也。"

树达按:"奸"读曰干,"奸法"即犯法。(一,《景帝纪》47)

(3) 王至掩耳起走,曰:"郎中令善媿人。"

师古曰:"'媿'古愧字;愧,辱也。"

树达按:"媿人"谓使人媿。颜注非。(九,《循吏传》706)

(4) 欲西至京师受经,母怜其幼,随之长安,织屦以给。方进读经博士,受《春秋》。

先谦曰:"'读'字断句,'经'犹历也。"

树达按:"以给"当为句。"读经博士",读经于博士也。王读非。(九,《翟方进传》645)

(5) 信度何等已数言上,不我用,即亡。

树达按:"上"字当属上读。《史记》此文重"上"字,班省一字,则"上"字上属为是,"言上"者,言于上也。(四,《韩彭英卢吴传》268)

(6) 陈平亡楚来降。

树达按:"亡楚",自楚亡也,《韩信传》云"信亡楚降汉",又云"亡汉降楚",义并同。(一,《高帝纪》12)

(7) 其梦如何?梦争王室。

师古曰:"言梦争王室之事。"

树达按:"争"当读力争,谏也。"争王室"谓诤于王室。(八,《韦贤传》574)

(8)国中大安和翁归靡时。

师古曰:胜于翁归靡时也。

树达按:"大安和翁归靡时","安和"下省"于"字耳。《贾捐之传》云:"人情莫亲父母,莫乐夫妇。"《翟方进传》云:"断断岁岁多前。"《酷吏传》云:"王温舒等后起,治竣禹。"皆省"于"字,与此句例并同。(十,《西域传下》763)

以上(1)"上"表示施事,(2)"法"表示受事,(3)"媿人"为使动关系,(4)"博士"表示所向,(5)"上"表示所对,(6)"楚"表示所从,(7)"王室"表示所在,(8)"翁归靡时"表示比点。杨氏认为(1)(8)省"于"字;古汉语 V—N 之间本可以不用"于"字。

7.6 分析词的句法功能义——指称、陈述的转化

词的高范畴语法类别是体词(主要是名词)和谓词(动词和形容词)。名词的句法职能是做主语、宾语,表达指称;谓词的句法职能是做谓语、述语,表达陈述。古汉语的特点是名词可做谓语、述语,谓词可做主语、宾语。这样名词做谓语、述语则表示陈述,谓词做主语、宾语则表示指称;也就是词的指称、陈述功能可以转化。这是古汉语的特点,是名词、谓词进入句法表现出的功能义。

7.6.1 名词的句法功能义——指称转陈述

(1)梁尝有栎阳逮,请蕲狱掾曹咎书抵栎阳史司马欣。

树达按:"书"谓作书,乃动字,非如书札之"书"为名字也。(四,《陈胜项籍传》254)

(2)北桥余吾,令可度。

树达按:《庄公四年·左传》云:"除道梁溠。""梁溠"谓架梁于溠水。此"桥"字与《左传》"梁"字用法同。(十,《匈奴传下》745)

(3) 好客少年,捕博敢行。

师古曰:"好宾客及少年。"

树达按:"好客少年"谓好结纳少年以为宾客,颜云"好宾客及少年",非也。(九,《薛宣朱博传》642)

(1)"书"是"作书"义,(2)"桥"是"架桥"义。(3)"客少年"是"以少年为客"义。这些名词原表达指称,这是"书""桥""客"分别增加句法功能义动词"作""架""以为"表达陈述,也就是表示行为(至于杨氏说变为"名字",似可再考虑;其原来的名词义未消失,只是增加了行为义)。

7.6.2 谓词的句法功能义——陈述转指称　陈述转指称是指谓词性成分不表示行为、性质而表示跟行为有关的人或物。

A

(1) 陛下见妾在椒房。

树达按:"陛下见妾在椒房",谓陛下现在之妾住在椒房殿者。"妾"乃自卑之称,椒房殿为皇后所居,意犹言陛下现在之皇后也。(十,《外戚传下》780)

(2) 本始二年,五将征匈奴,……斩首百余级,至期而还。

树达按:"期"谓所期约之地。(四,《魏豹田儋韩信传》267)

(3) 廉耻贸乱,贤不肖浑淆。

树达按:下文又云:"廉耻异路,贤不肖异处";皆以"廉耻"

与"贤不肖"对文。然则"廉"谓"廉士","耻"谓可耻之人,与恒言"廉耻"异义。(六,《董仲舒传》435)

(4) 出遇知识步行,辄下从者与载送之。

树达按:"知识"谓所识之人,即朋友也。《庄子·至乐篇》云:"反子父母妻子闾里知识,子欲之乎?"(八,《韦贤传》574)

B

(1) 于是通使征鲁诸生三十余人。

师古曰:"通为使者而征鲁生。"

树达按:"使"谓见使。(五,《郦陆朱刘叔孙传》341)

(2) 子为王,母为虏。终日舂薄暮,常与死为伍。……

师古曰:"与死罪者为伍也。"

树达按:"常与死为伍",意谓随时可死,非谓与死罪者为伍也。(十,《外戚传上》767)

C

(1) 叹曰:"吾闻活千人有封子孙。"

树达按:"活千人"下当有"者"字。《后汉书·史弼传论》云:"活千人者子孙必封。"注引此《传》云:"活千人者有封孙。""活千人"下有"者"字,是其征。(十,《元后传》795)

(2) 因以过怒诸娣妾,莫得进见者。

宋祁曰:"越本无'者'字。"

树达按:景祐本无"者"字,字当衍。(同上,796)

以上A"在椒房"、"期"、"廉耻"、"知识"分别是指"在椒房者""所期约之地""廉士、可耻之人""所识之人";谓词性成分不表示行为、性状,而是表示与之有关的人或物。B"使""死"仍是动词,表达陈述;颜误注为"使者""死罪者",表达指称。C"活千人"下原文少"者"字,"进见者"原文多"者"字;指称、陈述表达颠倒。

7.7 分析语词组合语义选择制约

词与词的组合、搭配不是任意性的,除受词性的制约外,还要受词义的制约。实词跟实词的组合,具有突出的选择性特征。就古籍解读来说,既有用字(词)问题,也有释义问题;因此要从用字和释义两个方面分析语义制约。看下两例:

(1) 成帝欲修辟雍,通三公官,即改御史大夫为大司空。

师古曰:"通,开也;谓更开置之。"

树达按:"通"字无义,字当作"建",形近误也。《朱博传》云:"何武为九卿,建言宜建三公官。"字作"建",是其证也。(九,《何武王嘉师丹传》660)

(2) 夫抱火厝之积薪下而寝其上。

树达按:火不可抱,盖古无"抛"字,以"抱"为之。《史记·三代世表》云:"抱之山中。"《集解》云:"抱,普茅反。"是今"抛"字之音也。(五,《贾谊传》367)

(1)"通"字误,改为"建"才能跟"三公官"组合。(2)"抱"解为"抛"义才能跟"火"搭配。

7.7.1 分析主谓语结构成分语义制约

(1) 权不足以自守,劲不足以扞寇。

王念孙曰:"'劲'当为势,字之误也。势弱则不足以扞寇,'势'与'权'正相对,若作'劲',则与'权'不相对矣。"

树达按:《说文(十三篇下)·力部》云:"劲,强也。"言济北之强不足以扞寇也。必"劲"字句义乃贯,作"势"则泛而不切矣。(六,《贾邹枚路传》398)

(2)（梁尝有栎阳逮）以故事皆已。

王先慎曰："事止梁一人。不当云'皆已''皆'字涉下文误延。《史记》作'得已',是。"

树达按：此班与《史》不同处。上文"逮"字，《索隐》训"及"，谓有罪相连及。据此，则事有主名，故云"皆已"，谓主者与梁皆得已耳。王说误。（四,《陈胜项籍传》254）

7.7.2　分析述宾结构成分语义制约

(1) 卫律惊,自抱持武……置煴火,覆武其上,蹈其背以出血。

树达按：背不可蹈,况在刺伤时耶；"蹈"当读为搯。《国语·鲁语》云："无搯膺。"韦注云："搯,叩也。"……"搯膺"即叩胸也。"搯背"者,轻叩其背使出血,不令血淤滞体中为害也。（文,《李广苏建传》426）

(2) 专攻上身与后宫而已。

王念孙曰："'攻'字义不可通,攻当为'政',字之误也。'政'与'正'同,谏也。言永所谏正者唯正上身与后宫而已,不言王氏专权之事也。"

树达按："攻"字后人多训攻击,故王氏谓义不可通,校改为"政"；其说非也。……《易·系辞下传》云："爱恶相攻。"虞翻注云："攻,摩也。""专攻上身与后宫,"谓专摩切上身与后宫也。（同上,657）

7.7.3　分析偏正结构成分语义制约

A

(1) 增世贵,幼为忠臣。

周寿昌曰："幼为忠臣",语不甚可解。《功臣表》"阳都敬、侯丁复"注为"将军忠臣侯",亦有"忠臣"字。……本书《吴芮传》:"高祖定著令,称芮为忠。"功臣之名忠臣,或肇于始。

树达按:李慈铭曰:"忠臣即中臣,如《史/汉·齐哀王传》、《后(汉)书》《赵温传》所言皆同。"按:李说是也。幼为功臣,语不可通。……"中臣"谓中朝之臣,增为少郎诸曹侍中,故云"中臣"耳。(四,《魏豹田儋韩信传》267)

(2)建昭之间。

宋祁曰:"'间'考作'后'。"越本作"后"。

树达按:景祐本作"后",是也。凡二元号之间乃言"间"。《张禹传》云"永始、元延之间",是也。此单言"建昭",不得云"间"明矣。(笔者按:建昭是汉元常年号)(九,《王商史丹傅喜传》638)

B

(1)其著令:年八十以上、八岁以下,及孕者未乳、师朱儒当鞫系者,颂系之。

师古曰:"'颂'读曰容;宽容之,不桎梏。"

树达按:如颜说,则"颂系"二字不词;疑"颂"当如字读平音,即今"鬆"字也。(三,《刑法志》139)

(2)以金银饰杖。

师古曰:"杖谓所持兵器也。"

树达按:以金银饰兵器,于理未宜,颜说非也。以今欧洲风俗证之,杖乃常人之所持用耳。(十,《西域传上》759)

A是分析定中结构成分语义搭配,B是分析状述结构成分语义搭配。

7.7.4 分析联合结构组成元语义制约

(1) 使奴从宾客浆酒、霍肉。

刘德曰:"视酒如浆,视肉如霍也。"

师古曰:"霍,豆叶也,贫人茹之也。"

树达按:刘、颜读"霍"为藿,然浆与酒同类,藿非肉之类也。"霍"当假为"臛"。《说文(四篇下)·肉部》云:"臛,肉羹也。"竹部籗或作箨,知霍声、隺声可通用矣。(儿,《王贡两龚鲍传》569)

(2) 不得左右……一旦叀碍,为竖所辖。

师古曰:"叀,县也。"

树达按:"叀"作"惠"者是也。《说文(四篇下)·叀部》云:"惠,碍不行也。从叀,引而止之也。"惠、碍义同,故子云连用之。作"叀"者,形近误耳。颜训为"县","县、碍"二字义不相贯。(十,《游侠传》729)

(3) 挟毒与母博陆宣成侯夫人显谋,欲危太子,无人母之恩,不宜奉宗庙衣服,不可以承天命。

树达按:"衣服"二字文不可通,疑衍。(十,《外戚传上》778)

(1)(2)说明必须是同类义之字(词),才能构成联合结构,(3)"衣服"跟"宗庙",不相类,当是衍文。

7.8 解释虚词

此书解释了大量虚词,除结合语句考释、解释虚词用法外,单独标明解释的虚词,据统计有70余条。现不谈对具体虚词用法的解释,只从方法论角度谈两点:

A. 说明虚词对造句的重要性

（1）籍吏民,封府库,待将军。

树达按：颜注《樊哙传》引此文"待"上有"以"字,《史记·项羽本纪》作"而得将军"。（一,《高帝纪上》9）

（2）师受《诗》《论语》《孝经》。

树达按："师"上省"从"字。（一,《宣帝纪》67）

（3）宗室将相王列侯以为其宜寡人。

王念孙曰："'其'字文义不顺,当依《史记》作'莫',字之误也。'莫宜寡人',言无若寡人之宜者也。"

树达按：王校改"其"为"莫",是也。而释"莫宜寡人"为"无若寡人之宜者",则意是而辞非。此文"宜"下省"于"字。"莫宜于寡人",谓无人更宜于寡人耳。（一,《文帝纪》36）

（4）农家者流,盖出农稷之官。

朱一新曰："汪本'出'下有'于'字,此脱。"先谦曰："官本有'于'字。"

树达按：景祐本有"于"字。（三,《艺文志》238）

（5）阴以兵法部勒宾官子弟,以知其能。

树达按：李慈铭云："《史记》'以'下有'是'字,盖此脱误。"（四,《陈胜项籍传》254）

（6）兴将数千人往至亭,从邑君数十人入见立,立数责,因断头。

树达按："断"下似当有"其"字。（十,《西南夷两粤朝鲜传》753）

六例说明,缺少虚词或表义不明,或文有歧义,甚或文不成义。

B. 广列句例证实虚词用法

(1) 其以沛为朕汤沐邑。

先谦曰:"《史记集解》引《风俗通义》曰:《汉书注》:沛人语初发声皆言'其';其者,楚言也。高祖始登帝位,教令言'其',后以为常耳。"

树达按:应说非也。《书·无逸》云:"嗣王其监于兹!"《左传·隐公三年》云:"吾子其毋废先帝之功。"《周语》云:"王其祇被,监农不易。""其"为命令之辞,故古人用之;非楚言,亦不始于汉也。(一,《高帝纪下》25)

(2) 自监门戍卒,见之如旧。

树达按:此"自"字义训虽,古书"自"字多作"虽"字用。《礼记·檀弓下篇》云:"自吾母而不得吾情,吾恶乎用吾情!"谓虽吾母而不得吾情也。《史记·秦本纪》云:"夫自上圣黄帝,作为礼乐法度,身以先之,仅以小治。"谓虽上圣黄帝作礼乐仅得小治也。《律书》云……《礼书》云……《平准书》云……《盐铁论·非鞅篇》云……又《刑德篇》云……《吴越春秋》云……本书《宣帝纪赞》云……(笔者按:下列《礼乐志》《刑法志》《食货志》《刘向传》《周昌传》《淮南厉王传》《文三王传》《贾谊传》《汲黯传》《韩安国传》《景十三传赞》《苏武传》《卫青霍去病传赞》《董仲舒传赞》《张安世传》《杜周传》《司马迁传赞》《严助传》《东方朔传》《胡建传》《梅福传》《于定国传》《王贡两龚传》《孙宝传》《毋将隆传》《匡衡传》《张禹传》《翟义传》《王嘉传》《扬雄传》《咸宣传》《匈奴传》《王莽传》《叙传》文中例)诸"自"字义皆当训虽。诸家皆无说,盖皆误以为训"从"之"自"矣。(同上 26)

(3) 丈夫为吏,正坐残贼免,追思其功效,则复进用矣。

伍　总结语　**521**

树达按：正者，纵也，虽也。《终军传》云："且盐铁郡有余藏，正二国废，国家不足以为利害。"《黄霸传》云……《游侠传》云……《王莽传》云……"正"字义并同。（九，《酷吏传》717）

(4) 所以尊宠之甚厚，终为欲出兵立之者。

树达按：古人于拟似或伪饰、推度，习用"者"字表之。《论语·乡党篇》云："孔子于乡党，恂恂如也，似不能言者。"《史记·游侠传赞》云……《信陵君传》云："于是公子立自责，似若无所容者。"此表拟似者也。《郑语》云……本书《董仲舒传》云……《韦玄成传》云："玄成素有名声，士大夫多疑其欲让爵辟兄者。"此以"者"字表推度者也。《定公八年·左传》云："阳虎伪不见冉猛者。"《史记·齐太公世家》云："田乞伪事高国者。"本书《翟义传》云……《霍光传》云……及此文皆表伪饰之意。（十，《匈奴传下》750）

7.9　辨别实词

A

(1) 夫盐，食肴之将。

师古曰："将，大也。一说：为食肴之将帅。"

树达按：以下句"酒，百药之长"例之，颜后说是也。（三，《食货志下》153）

(2) 郊保之民使奔火所。

师古曰："'郊保之民'谓郊野之外保聚者也。"

树达按：《礼记·月令》云："四鄙入保。"郑注云："小城曰保。"颜训"保聚"，非也。（三，《五行志上》173）

(3) 畜至用谷量牛马。

树达按:姜宸英云:"高欢问尔朱荣,'闻公有马十二谷'云云。"以"谷"量牛马,乃边垂旧俗也。(十,《货殖传》719)

(4) 蘖曲盐豉千合。

师古曰:"蘖曲以斤石称之,轻重齐则为合。盐豉则斗斛量之,多少等亦为合,合者相配偶之言耳……"

树达按:李慈铭云:"上文云'石',云'斗';此'合'自当解为升、合之'合'(gé)。"(笔者按:上文"荅布皮革千石,漆千大斗。")(同上,720)

B

(1) 与父老约:法三章耳。

何焯云:"此'约法'与上'苛法'对,因《纪》末有'初顺民心作三章之约'。改'约'字为读,始厚斋王氏。"

树达按:"约"当训要约、约束之"约",是动字。何氏视"约"为"苛"之对文,说非是;如何说,此句无动字矣。(一,《高帝纪上》8)

(2) 朔曰:"夫口无毛者,狗窦也;……尻益高者,鹤俯啄也。"

师古曰:"啄,鸟嘴也;啄音竹救反。"

树达按:据颜音训,乃读"啄"为咮。然《说文(二篇上)·口部》云:"啄,鸟食也。"文谓鹤俯食则尻益高;文义至明,无烦改读(笔者按:咮,鸟嘴)。(七,《东方朔传》505)

(3) 故使都护将军来迎单于妻子。

齐召南曰:"按都护不称将军,延寿汤自称以耀远人耳。下文'见将军受事者'同。"

树达按:"将"字与"陛下不善将兵"之"将"字同。"将军"

犹言率兵耳。齐说误。(七,《傅常郑甘陈段传》548)

C

(1) 当时录录,未有奇节。

师古曰:"录录犹鹿鹿,言在凡庶之中也。"

树达按:《史记·平原君传》云:"公等录录,所谓因人成事者也。"《索隐》引王劭云:"录录,借字耳。《说文》云:'娽娽,随从之貌也。'"按王说是也。"随从之貌"今《说文》作"随从"也。又《二篇下·辵部》云:"逯,行谨逯逯也。"行谨与随从义亦相因。(四,《萧何曹参传》317)

(2) 彭祖为人巧佞,卑谄足共。

师古曰:"'共'读曰恭,'足共'谓便辟也。"

树达按:《论语·公冶长篇》云:"巧言、令色、足共,左丘明耻之,丘亦耻之。"《集解》孔安国云:"足共,便僻貌。"(六,《景十三王传》413)

(3) 贤第新成,功坚。

师古曰:"言尽功力而作之,极坚牢也'功'字或作'攻',治也;言作治之甚坚牢。"

树达按:《齐语》云:"辨其功苦。"韦昭云:"功,牢也。"……《小雅·车攻篇》云:"我车既功。"毛传云:"攻,坚也。"颜训"功力、功治",并非。(十,《佞幸传》736)

以上分析,说明 A 是名词、量词(单位词),B 是动词,C 是形容词(用"貌"字表示)。

7.10 说明修辞、语用

(1) 遣贰师资军李广利将六万级,步兵七万人出朔方,因杆将军公孙敖万骑……游击将军韩说步兵三万人出五原,强弩都尉路博德步兵万余人与贰师会。

树达按:"公孙敖""韩说""路博德"下皆各应有"将"字,承上文"将"字省。(一,《武帝纪》60)

(2) 兄宣静言令色,外巧内嫉。

树达按:此用《论语》"巧言令色"语,因下句有"外巧"字;变"巧"为"静",乃避复、变文之例。(九,《翟方进传》651)

(3) 延年后复劾大司农田延年持兵干属车,大司农自讼不干属。

树达按:此严延年劾田延年。称"大司农自讼",举官名者,避同名"延年"之混淆也。(九,《酷吏传》714)

(4) 汉王遣韩信击豹,遂虏之。

树达按:时骑将为灌婴,步将为曹参。此但举信,以信为大将也。(四,《魏豹田儋韩信传》263)

(5) 臣闻野鸡著怪,高宗深动。

师古曰:"谓雉升鼎耳,故惧而修德。解在《五行志》。"

树达按:汉讳吕后名,故谓"雉"为"野鸡。"(九,《谷永杜邺传》658)

(6) 遭世富盛,能成功,然已勤矣。追观太宗填抚尉佗,岂古所谓招携以礼,怀远以德者哉。

树达按:此班氏之微词,意谓武帝之兴师不如文帝之德化也。(十,《西南夷两粤朝鲜传》757)

以上说明(1)是省文,(2)是避复、变文,(3)是重复、复写,(4)是以大代小,(5)是辟讳,(6)是微词。

语句是否"合法",不能单纯、孤立地看语句本身,还应从上下文客观事理、历史事实、当事人身份等语用条件来看。

(1) 乃遂奏《大人赋》。

先谦曰:"《史记》'奏'作'就'"。按"上文云'尝为《大人赋》未就,请具而奏之',后文云'相如奏《大人赋》',则此处作'就'者是;疑涉下'奏《大人赋》'而误耳。"

树达按:《史》作"就",班改《史》作"奏",于义为长。上文"请具而奏",犹未奏也。下文"既奏《大人赋》",则已奏也。此云"奏",与上下相承,最适宜尔。(六,《司马相如传下》449)

(2) 大将军弗听,令长史封书与广之莫府,曰:"急诣部,如书!"

先谦曰:"此青面告广之言,'诣部'即下所云'就部'也。……"

树达按:"急诣部,如书"乃长史致书时之辞,非青面告广也。青既不听广请,又不欲面拒,故封书与广莫府告以不从之意。……若如王悦,不惟于事理不合,文理也绝不可通。(六,《李广苏建传》422)

(3) 问豨将,皆故贾人。上曰:"吾知与之矣。"乃多以金购豨将;豨将多降。

师古曰:"购,设赏募也。"

树达按:《项籍传》云:"吾闻汉购我头千金。"……此颜所谓"设赏募者也。"此文"购"字,义自不同。此以豨将是贾人,故以金购之使降,此即今日所谓买通,非设赏募也。颜说非。(一,《高帝纪下》24)

(4) 帝下车立,曰。

先谦曰:"'立'当为'泣',字之误也。褚《补史记》云:'武帝下车,泣曰……'"

树达按:俗与武帝为一初未尝相见之人,知而望迎,无哀伤涕泣之理。褚《补史记》云"泣",未合人情。……"帝下车立"者,殆以车上坐待,嫌于倨傲,故立而待其出而相见耳。(十,《外戚传上》770)

(5) 人奴之生。

沈钦韩曰:"'人奴'谓卫媪本主家僮也。"

树达按:母为家僮,青无自言之理,沈说殊戾人情。按上文云:"父使青牧羊。"牧羊,奴虏之事,故青云耳。《公孙弘传赞》云"卫青奋于奴仆",亦谓青身为奴仆;其确证也。(六,《卫青霍去病传》428)

(6) 仆少负不羁之材。

师古曰:"负者,亦言无此事也。"先谦曰:"'负才'犹言恃才。《说文》:'负,恃也;从人守贝,有所恃也。'本书训'负'为恃者甚多;颜解失之。"

树达按:《淮南子·说林篇》注云:"负,抱也。"颜训固误,王说亦非。人岂有自言其恃才者乎?(七,《司马迁传》480)

7.11 语法分析方法——句式类比

书中对文句的语法分析,常用"同句例"、"句例与此同"等提法。如:

(1) 大败不解,兹谓皆阴。解,舍也,王者于大败诛首恶,赦其众,不则皆函阴气,厥水流入国邑。

树达按:李慈铭云:"《续志·晋宋志》'兹谓皆阴'下即接'厥水流入国邑'句,无'解舍也'至'皆函阴气'二十一字。"按上文"兹渭狂,厥灾水流杀人",又"兹谓追诽,厥水寒杀人",又"兹谓不理,厥水五谷不收",皆与此文法一例。"解舍也"以下二十一字,乃"大败"二句之注,不知何时混入正文。(三,《五行志上》175)

(2) 而臧儿卜筮,曰:"两女当贵,欲倚两女。"

师古曰:"冀其贵而依倚之得尊宠也。"先谦:"《史记》作'因欲奇两女'。《索隐》:《汉书》作'倚',是所见本与颜同。"先谦按《高纪》:"吕媪怒吕公曰:'公始常欲奇此女,与贵人,'"本《传》:"霍显渭淳于衍曰:'将军素爱小女成君,欲奇贵之。'"句例与此同。

树达按:《高纪》云"常欲奇此女,与贵人"者,常珍重此女,欲以与贵人也。此文若云"两女当贵,欲珍重两女",则于事为倒,于文不通矣。《史记》虽作"奇"字,班改"奇"为"倚",于义较《史记》为长。至本《传》下文,"欲奇贵之",则犹今语云欲特别贵之、欲分外贵之。"奇"字与"贵"字相系,于词类为状字。《孝武钩弋赵倢伃传》云"欲奇爱之","奇"字与"爱"字相系,用法相同;而与此《传》及《高纪》"奇"字作动字用者不同,非同一句例也。王说非是。(十,《外戚传上》770)

(1) 说明"兹渭皆阴,厥……"跟所列"兹渭狂,厥……""兹渭追诽,厥……""兹渭不理,厥……"文法一例;(2)说明"倚两女""奇此女"跟"奇贵之""奇爱之"非同一句例;王先谦认为"倚两女""奇此女"跟"奇贵之"为同一句例"非是"。

这样看来,杨氏所说"句例"即句式、造句格式;所谓"同一句例",即同一句式、同一造句格式。杨氏的语法分析方法是排比同一句式的句子,也就是句式类比。书中有的条目分析未出现"句例"字眼(或说"对文"),实际上也是列举同一句例为证。下面分项来谈杨氏对此法的具体运用。

7.11.1 依据句式类比分析词序　语句是语词按照语法规则的线性组合,词序不当或词序误解,不是文不成义就是产生歧义。

(1) 自嘉死后,开封侯陶青、桃侯刘舍……商陵侯赵周皆以列侯继踵,齷齪廉谨,为丞相,备员而已,无所能发明功名著于世者。

树达按:"以列侯继踵"以下文气不顺,疑"为丞相"三字当在"继踵"二字下,文当云:"皆以列侯继踵为丞相,齷齪廉谨,备员而已。"《公孙弘传》云:"其后李蔡……刘屈氂继踵为丞相",文句正同,可证此文之误。(五,《张周赵任申屠传》336)

(2) 单于曰:"苟如是,汉置丞相,非用贤也,妄一男子上书,即得之矣。"

苏舆曰:"'妄一男子上书',当作'一妄男子'"。

树达按:此谓一男子妄上书耳。《荀子·正论篇》云"汤武者,至天下之善禁令者也",此言天下之至善禁令者也。《田蚡传》云"素天下士归之",言天下士素归之也。与此句例相同,苏说未谛。(七,《公孙刘田王杨蔡陈郑传》514)

(3) 光年小于莽子宇,……比客罢者数起焉。

树达按:"比客罢者数起焉"景祐本同,然文不可通。疑"起"字误倒,当在"者数"之上。"比客罢起者数焉"者,谓至客罢时莽屡起往侯太夫人之疾也。《翟方进传》云:"天子亲临吊者数。"《汲黯传》云:"上帝赐告者数。"《外戚传》云:"闻卫子夫

得病,几死者数焉。"句例并与此同,可证。(十,《王莽传上》805)

(4) 宗室子孙莫虑不王。

师古曰:"虑,计也。"先谦曰:"《新书》作'虑莫不王',是也,……训'虑'为计,言宗室子孙自计莫不可王,故无倍叛之心。若作'莫虑不王',则当释为无忧不王,不训'虑'为计矣。"

树达按:王说"虑"当在"莫"上,是也。上文"虑无不帝制而自为者"①,"虑"字义同。彼文颜训"大计",此注"计"字上疑亦本有"大"字,而后人妄删之。(五,《贾谊传》370)

上(1)(3)说明按原文词序"文气不顺""文不可通";(2)说明是修辞句式,句首"妄"修饰句中"上",同于所列例之"至"修饰"善"、"素"修饰"归";(4)补充"虑"字的"计"义例,证实王先谦辨释之正确。

7.11.2 依据句式类比分析句读 语句是语词按照语法规则的线性层次组合。分析句读是分析句中停顿,这实际上是谈语句的层次切分。句读不当,即层次切分不当;这样不是文不成文,就是产生歧义。

(1) 爵或人君,上所尊礼,久立吏前,曾不为决,甚亡谓也。

树达按:王氏于"久立"下补注云:"谓早立爵者,上属为句。"今按:王说殊不可通。此当以"久立吏前"四字为句。"久立吏前"寓意之辞,意言待命之日久耳;非真立于吏前也,不可泥视。《陈汤传》云:"久挫于刀笔之前。"句正相类。(一,《高

---

① 此句中华书局本作"虑无不帝制而天子自为者",见第八册第2234页。

帝纪下》20）

（2）丁未，京师相惊，言大水至。……至句盾禁中而觉，得。

师古曰："觉得，事觉而见执得也。"

王念孙曰："此当作'至句盾禁中'句，'觉而得'句，即师古所谓'事觉而见执也'。今作'而觉得'，文亦不成义。"

树达按：此当"觉"字断句，'得'字一字为句，《志》文不误。《沟洫志》云："中作而觉。"与此句例正同。《张释之传》云："其后人有盗高庙坐前玉环，得。""得"字一字为句，其明证也。（三，《五行志下之上》185）

（3）会汉将……击破三周兵，解围已，后闻齐初与三国有谋，将欲移兵伐齐。

王念孙曰："'已后闻'三字文义不顺，'后'当为'复'。……"

树达按：此当以"解围已"三字为句，言解围事终竟也。此班改《史记》处，故与《史记》读不同。王氏泥于《史记》，误于"解围"断句，因谓"后"字为"复"字之误，非也。《苏武传》云："会论虞常，欲因此事降武。剑斩虞常已，……"《王尊传》云："食已，乃还至诏。"《王莽传》云："宇妻焉怀子，系狱，须产子已，杀之。"句例皆同。（四，《高五王传》306）

（4）参以中涓从击胡陵方与。

树达按：颜于"从"下注断；今按"从击胡陵方与"当连读。《高纪》："秦二年十月，沛公攻胡陵方与。"时参从沛公，故云"从击"也。《周勃传》云："勃以中涓从攻胡陵，下方与。"《樊哙传》云："哙以舍人从攻胡陵方与。"《夏侯婴传》云："从攻胡

陵。"与此同是一事,故句例相同,颜误读。(四,《萧何曹参传》313)

(5) 元帝于是以房为魏郡太守,秩八百石居,得以考功法治郡。

树达按:王氏于"八百石"下补注,以"居"字属下读。误也;"居"字当属上读。《黄霸传》云:"有诏归颍川太守官,以八百石居。"《西南夷传》云:"复以立为巴郡太守,秩中二千石居。"句例并同。(八,《眭两夏侯京翼李传》587)

(6) 诚因长主时得入为后。

师古曰:"以时得入。"

树达按:颜以"时"字属下读,非也。此当以"长主时"连读。"长主时"谓长主得势之时。《霍光传》云:"大将军时何可复行?"与此句例同。(十,《外戚传上》775)

7.11.3 依据句式类比解释词性、词义

(1) 窦既洗沐归,时间自从其所谏参。

师古曰:间谓空隙也。

树达按:李慈铭云:"时犹伺也。"按李说是也。《论语·阳货篇》云:"孔时其亡也而往拜之。"与此"时"字同。《邓通传》云:"文帝伺间如通家游戏。"义同。(四,《萧何曹参传》315)

(2) 舆轿而逾岭。

服虔曰:"舆,车也。"

树达按:"舆"当读为舁。《说文(三篇上)·舁部》云:"舁,共举也。""舆轿"与下"拖舟"为对文。"舆"字从舁声,故得通用。(七,《严朱吾丘主文徐严终王贾传》489)

(3) 卷薜芷与若蕙分,临湘渊而投之。棍申椒与菌桂分,

赴江湖而泅之。

师古曰:"棍,大束也。"宋祁曰:"棍疑作混"钱大昭曰:"棍当作捆。《方言》:'棍,同也;宋卫之间语。'"

树达按:此文以"棍"与卷为对文,仍以颜训为合也。"棍"今字作捆,今语尚谓束物为捆。(九,《扬雄传上》669)

(4) 徽车轻武,鸿绸緁猎。

树达按:颜不注"武"字。李善注训"武"为健,余谓非也。《淮南书》谓士为武,雄文本之。"轻武"即"轻士",与"徽车"为对文。(同上,672)

(5) 夷狄征令,是主上之操也,天下共贡,是臣下之礼也。

师古曰:"共读曰恭"。

树达按:"共"当读为供。"共贡"与"征令"对文,不当读如恭。(五,《贾谊传》371)

(6) 钱益多而轻。

臣瓒曰:"铸钱者多,故钱轻,轻亦贱也。"周寿昌曰:"轻对重言,非贱之谓也。铸钱益多,则工省而质薄也。"

树达按:瓒说是,周说非也。下句云:"物益少而贵。"二句"多"与"少"相对,"轻"与"贵"相对,知"轻"即贱,谓值轻也。(三,《食货志下》149)

上说明(1)(2)"时""舆"非名词,为动词;(3)"棍"非形容词,为动词;(4)"武"非形容词,为名词;(5)"共"为他动词;(6)据对文说明"轻"当训贱。

7.11.4 依据句式类比解释虚词用法

(1) 欲为例,补三百石,其吏也,迁二等。

树达按:"其"犹若也,见王氏《释词》。"也"与邪同。《刑

法志》云:"其竹也,末薄半寸。"《匈奴传》云:"其儒生,以为欲说,折其辞辨。"语例同。(一,《成帝纪》87)

(2)度之欲有言,复饮酒,醉而后去。

先谦曰:"'度之'《史记》作'间之',犹言间之也。此谓揣度之"。

树达按:《礼记·檀弓》云:"闻之死。"与此句例同,"之"犹其也。

王以"度之"为读,非。(四,《萧何曹参传》315)

(3)齐人多诈而无情,始为与臣等建此议,今皆背之,不忠。

先谦曰:"'为'读曰伪。"

树达按:如王说,始伪建议而今背之,但为不信于友耳,非不忠也。今按"为"犹将也。《孟子·梁惠王篇》云:"克告于君,君为来见也。"赵注云"君将欲来",是也。《史记·卫将军骠骑传》云:"骠骑始为出定襄,当单于。……""始为出定襄",始将出定襄也。以"始为"为始将,句例与此正同。(六,《公孙弘卜式兒宽传》455)

(4)章小女,年可十二。

刘奉世曰:"云'年可十二',辞太俚,孟衍'可'字。或者章女名可,误倒书之。"宋祁曰:"'可十二'犹言约十二,不烦曲解,当存之。"

树达按:《史记·高帝纪》云:"遇刚武侯,夺其军可四千余人。"本书《天文志》云:"五残星,其状类辰,去地可六丈。"句例并同,宋说是也。(八,《赵尹韩张两王传》601)

(5)顾当得不耳,何至上书?

树达按："何至"犹今言何必也。《史记·司马相如传》云："从昆弟假贷，犹足为生，何至自苦如此！"(《汉书》同)又《汲黯传》云："且匈奴叛其主而降汉，汉徐以县次传之，何至令天下骚动，罢弊中国而以事夷狄之人乎！"(《汉书》略同)句例皆同。(九,《匡张孔马传》626)

(6) 初，四人俱拜于前,……上曰："女欲不贵矣。"

师古曰："言汝意欲归不？吾今贵汝，谓赐之爵也。"

树达按：颜说非也。"女欲不贵矣"五字连读。"女欲不贵矣"犹言汝将不得贵矣，即谓将不封为列侯也。……《后汉书·隗嚣传》云："吾与隗嚣事欲不谐。"与此句例同。二"欲"字皆与"将"字义同也。(九,《酷吏使》712)

7.11.5 依据句式类比分析句法结构

A

(1) 上恐其久为乱，遣使者赦横，曰："横来，大者王，小者侯。"

师古曰："大者，谓其长率，即横身也。小者，其徒属也。"

树达按：《田儋传》颜注同。刘奉世驳之云："高帝唯召横耳，故许之大者封王，小者亦不失为侯。详语意可知，岂为徒众哉："今按刘说是也。下文云："或以其故犯法，大者死刑。"《淮南厉王传》云："幸臣有罪，大者立断，小者肉刑。"《景十三王传》云："相二千石无能满二岁，辄以罪去，大者死，小者刑。"《儒林传》云："七十子之徒散游诸侯，大者为卿相师傅，小者友教士大夫。"《王温舒传》云："上书请，大者至族，小者乃死。"《匈奴传》云："有罪，小者轧，大者死。"句例并同，足以申证刘说。(一,《高帝纪下》20)

(2) 少君资好方。

周寿昌:"资,藉也。好方,好为方也。"

树达按:资谓资性,今语言天资。《窦婴传》云:"君侯资性喜善疾恶。"

"资性"连言,资亦性也。"资性"或单言"资"。《陈平传》云:"然大王资侮人。"颜注云:"资谓天性也。"其说是也。此文云"资好方",与《陈平传》"资侮人"句例正同。"好方"谓好方药,周说并非是。(三,《郊祀志上》157)

(3)《诗》曰:"匪言不能,胡此畏忌? ……"

师古曰:"此《大雅·桑柔》之篇也。言贤者见事之是非,非不能分别言之;而不言者,何也? 此但畏忌犯颜得罚也。"

树达按:颜说"胡此畏忌"本郑笺。今按:"胡此畏忌"者,言何为如此畏忌也。《庄子·德充符》云:"子毋乃称。"谓毋如此称也。《孟子·告子上篇》云:"非天之降才尔殊也。"谓如此殊也。句例并同。庚子山《哀江南赋》云:"天何为而此醉?"亦言如此醉也。如郑、颜说,则当于"胡"字逗句,与文义不合。(六,《贾邹枚路传》391)

B

(4)《诗》云:"蠢尔蛮荆,大邦为仇。"

师古曰:"蛮荆,荆州之蛮也。言敢与大国为仇也。"

树达按:"大邦为仇",犹言大邦是仇也。《苏武传》云:"何以女为见?"句例同。师古释非。(七,《严朱吾丘主父徐严终王贾传》501)

(5) 且楚唯毋强,六国复桡而从之。

服虔曰:"唯当使楚无强,强则六国弱而从之。"晋灼曰:

"当今唯楚大无有强之者,若复立六国,皆桡而从之,陛下焉得而臣之乎?"

树达按:晋说是也。"楚唯无强",与《孟子·梁惠王篇》"晋国,天下莫强焉"语例同。(四,《张陈王周传》319)

(6) 张廷尉由此天下称之。

树达按:《疏广传》云:"朝廷称曰:张释之为廷尉,天下无冤民。"……"张廷尉由此天下称之",乃倒文为句。《吴芮传》云:"初,文王芮,高祖贤之。"《窦婴传》云:"每朝论大事,条侯魏其,列侯莫敢与[之]亢礼。"句例并同。(五,《张冯汲郑传》383)

C

(7) 掖庭见亲有加赏赐,属其人勿众谢。

师古曰:"掖庭宫人有亲戚来见而帝赐之者,属其家勿使于众人中谢也。"

树达按:"见"与今"现"字同。"掖庭人见亲"谓现在在掖庭人之亲属,此与《直不疑传》"朝廷见人"句例同。……下文"见亲"自谓见亲戚,与此文义不同。(九,《何武王嘉师丹传》662)

D

(8) 是时霍氏外孙代郡太守任宣坐谋反诛,宣子章为公车丞。

树达按:此班书自注之例。本文当云:"是时霍氏外孙代郡太守任宣子章为公车丞","坐谋反诛"四字,乃自注之文。下"宣"字乃后人不得其解而妄增者。求诸他传,类例颇多。《鲍宣传》云:"上感大异,纳宣言,征何武、彭宣,旬月皆复为三公,拜宣为司隶。时哀帝改司隶校尉但为司隶,官比司直。"
"时哀帝"以下二句,班氏自注,申明"司隶"二字者也。上文云
"上",此忽称"哀帝",其为注文甚明。《王尊传》云……又如
《史记·田叔传》云:"月余,上迁拜为司直。数岁,坐太子事,
时左丞相自将兵,令司直田仁主闭城门,坐纵太子,下吏诛
死。"此本文为"坐太子事,下吏诛死","时左丞相"以下三句,
乃史公自注,所以释太子事者也。又《叔孙通传》云:"于是二
世令御史按诸生言反者下吏,非所宜言,诸言盗者,皆罢之。"
"非所宜言"四字系注文,所以说明"言反者下吏"之罪名也。
《项羽本纪》云:"项王、项伯东向坐,亚父南向坐,亚夫者,范增
也,沛公北向坐,张良西向侍。""亚夫者,范增也"六字乃注文。
又《尉佗传》云:"乃为佗亲冢在真定置守邑,岁时奉祀。""在真
定"三字乃注文。又《匈奴传》云:"于是汉悉兵,多步兵,三十
二万,北逐之。""多步兵"三字乃注文。……凡此之类,以系文
中插注,故直读之皆不联贯。在当时必有标乙之号,而后亡失
之;于是有不能通其读而妄增字或致疑者矣。(九,《儒林传》
685)

(9) 宗正臣郢。

王念孙曰:"此及《儒林传》'郢'下皆脱'客'字。"

树达按:王荣商云:"《汉书》二名者多举其一字。"如刘弃
疾称刘弃、杜相夫称杜相,此类非一。盖史家便文称之,非脱
也。(一,《文帝纪》36)

(10) 上书讼,尊治京兆,功效日著。

刘攽曰:"'日'当作'曰',盖字衍。"刘敞说同。

树达按:《汉书》无此类句法,二刘臆说。(八,《赵尹韩张

两王传》600)

上 A(1)(2)明确主语:"大者""小者"同指田横,跟田横属总提分承关系①;"少君资好方"为主谓谓语句,"资"是小主语。(3)明确偏正关系,"胡"修饰"此畏忌"。B 明确受事位前。(4)属前置实语。(5)(6)句尾有"之"复指("楚唯毋强"即"楚毋强之")。C 属同形结构,"见亲"是同体字造成的歧义句。D(8)分析句插入成分——注释语。(9)(10)说明合乎全书句法。

7.11.6　依据句式类比考释语句文字错漏

(1) 王及公主皆自伏辜。

树达按:"自"疑"旨"字形近之误,"旨"与"已"同。上文"皆已伏诛",句法正同。(一,《昭帝纪》66)

(2) 宽为人温良,有廉知自将。

树达按:"有"当为"以",益以古字作"㠯",形近误为"有"耳。《张敞传》云:"以经术自辅。"句例同。(六,《公孙弘卜式兒宽传》458)

(3) 霍氏有事萌芽,上书去妻。

树达按:"有事"义不可通,"有"字当为"反"字之误。疑"反"误为"友",又改为"有"耳。《孙宝传》云:"冯氏反事明白。"句例正同。(七,《霍光金日䃅传》535)

(4) 参自汉中为将军中尉,从击诸侯及项王,败还至荥阳。

树达按:"败还至荥阳"下,《史记》有"凡二岁"三字,此文亦当有,否则语意不了。《周勃传》云:"自初起沛还至砀,一岁

---

① 见黎锦熙、刘世儒《汉语语法教材》(第一册)"总提分承",商务印书馆,1957。

二月。"句例同。(四,《萧何曹参传》313)

(5) 故以鲁公葬羽于穀城。

先谦曰:"'以鲁公'三字语意不完,'公'下当有'号'字,而此夺之。"

树达按:"以鲁公"者,谓以鲁公之礼葬之,无"号"字文自可通。《淮南厉王传》云:"乃以列侯葬淮南王于雍。"《师丹传》云:"发掘傅太后、丁太后冢,夺其玺绶,更以民葬之定陶。"句例并同。(一,《高帝纪》下,19)

(6) 始昌明于阴阳,先言柏梁台灾日,至期日,果灾。

苏舆曰:"下'日'字当衍"。

树达按:"期日"谓所期约之日也,苏说非。……《烈士传》云:"角哀梦柏桃曰:'今月十五日,当大战以决胜负。'角哀至期日,陈兵马诣其冢。"与此文用法同。(八,《眭两夏侯京翼李传》583)

7.11.7 不拘泥句式类比法

杨氏以句式类比(同例、对文)作为方法考释,但不拘泥;且纠正前人用此法之误。

(1) 顺之和起,逆之害生。

王念孙曰:"'和'当为'利'、草书之误也。'顺''逆'、'利''害'对文,若作'和'则与'害'不相对矣。"

树达按:王校大误。上文"气同则从"以下一节专论和,"和"字凡十余见,大意谓人主有和德则天地之和应之。此节承彼为言,意谓水旱为主德不和所致,顺天则和起,逆天则害生。害谓灾害,非利害之害也。但求文字为对文,不顾立言之主旨;王氏之疏,斯为甚矣。(六,《公孙弘卜式儿宽传》454)

(2) 令告则得,诏恩则不得。

王念孙曰:"'令'当为'今',此涉上下诸'令'字而误。上文云:'今有司以为予告得归,……'下文云:'今释令与故事而假不敬之法,……'此云'今告则得,诏恩则不得,失轻重之差'。三'今'字文同一例,则当作'今'明矣。"《艺文类聚·刑法部》《白帖(四十三)》《御览·治道部(十五)》引并作"今"。

树达按:"令"字不误,王校非也。"告"有予告、赐告之分;予告由于令,赐告出于诏恩,故文以"令告"与"诏恩"对文。若作"今告",则文混淆无别矣。王氏但欲求文例之同,不顾立言之实,过信类书,辄欲改字,其蔽甚矣(八,《冯奉世传》616)

(3) 宣考绩功课,简在两府。

师古曰:"简,大也;一曰,明也。"

树达按:《说文(五篇上)·竹部》云:"简,牒也。"此与《论语·尧曰"简在帝心"文同而义异。(九,《薛宣朱博传》640)

(4) 今丞相宣请遣掾史,以宰士督察天子奉使命大夫,甚诖逆顺之理。

树达按:"天子奉使命大夫",谓天子所使命之大夫也。文用"奉"字,似于文义未安;然古人有此用法,不能以后世文例绳之。(九,《翟方进传》646)

(1)(2)批评王念孙只看句式(对文、文同一例),"不顾立言之主旨";(3)说明"简在两府""简在帝心"句式虽同,但"简"字一是名词,一是形容词;(4)说明"天子奉使命大夫"是偏正关系,不能用后世文法之"例"衡量。

句式类比分析法与汉语特点有关。汉语实词无词形变化,词序是重要语法手段,句法成分次序一般来说较为固定。这样,此句与彼句之间,易于作结构上的类比,从而观察其间结构的平行。

以上概括讨论了《汉书窥管》中的语法分析内容,计有词序、句读层次、句法结构、句法语义关系、词的句法功能义、语义选择制约分析和虚词解释、实词辨别、修辞和语用说明以及"句式类比法"运用等。

《汉书窥管》是训诂考释书,从杨氏这本书的语法分析来看,说明要解释清楚、明白古书需要这些方面的语法分析。这样也就等于说明了古汉语语法学的内容;古汉语语法研究就应当包含如这本书所涉及的各方面。

另外,又可清楚看出,这本书语法分析的诸多方面,汉至元多种注释书已经存在,也是清人考据书所考据的内容;语法分析方法句式类比也已为清人所运用(肇始于宋代)。这一方面说明本书语法分析是古人语法分析的继承;另一方面说明古代语法学取得的成就。古人已意识到,古书注释需要作这些方面的语法分析,这也就客观表现出古汉语语法分析应有这些方面的内容,适合运用这样的分析方法。

当然,杨树达先生是现代语言学家,对语法结构的认识非古人所能比。杨氏是据现代语法学作分析的,这仅从语法分析方法就可清楚看出。如表现 N—V 状述、V—N 述宾句法结构语义关系,古人是感性地加入相应的介词表示,以"自然形态"存于释文中;杨氏则是理性地分析,说明其间的介词可有可无。再如"句式类比法"的运用,古人是从语句形式观察其句式相类;杨氏是从词类功能、句法结构特点认识其句式相同。所以,古人认为"文法一例"的,其句式不一定是"一例"。

本书介绍杨氏《汉书窥管》语法分析,从中既可看出古代语法学的成就；又可看出古代语法学跟现代语法学的差距。

8.0 中国古代语法学的严重缺陷

中国古代语法学有悠久的历史，有丰富的内容，但有严重的缺陷。明显表现在两个方面：

一是零散分析，不成体系。古代的语法分析都是分散存在于各书中，除了有几种虚词专书外，没有专门的语法著作，更没有出现即使不完整的描写古汉语语法面貌的体系。出现了一些术语性的提法、名称，可不作解释。《公羊传》说"吴、鄫人"的说法为"不辞"，而不讲为什么；"不辞"汉人、唐人、宋人直到清人用了一千多年，没人说明什么是"不辞"。汉人提出"辞""语助""语词""叹辞"，孔颖达和王若虚都用了"语法"，柳宗元提出"决辞""疑辞"，宋人提出"句法""实字""虚字""助语""语病"，清人提出"动字""静字"；这些名称都只是在行文中使用而不作界说。清人著作中出现那么多"文法""句法"，可从未解释什么是"文法""句法"。对这些提法、名称，我们只能从其所用去理解，体会其所指。孔颖达将词分为"名称""语辞"；"名称"分事物名、行为名、性状名、量名、数名、鸣辞。这是我们从"五经正义"中概括出的；孔颖达只是随文提出，并没有明确地作这样的分类。这种现象的出现，原因很复杂，重要一点是跟古人的实用目的有直接关系。他们分析语句的语法结构，包括对虚词的分析，是为了读懂古书和作古诗文；而不是将语言的语法结构作为对象来研究。故只要达到实用目的，就不考虑建立什么语法体系了。我国古代僧人多位精通梵语，汉文佛典也较为详细介绍了梵语文法；可是如周一良先生所感慨，我国古代高僧竟没有编出一部梵语文法(见贰3.0)。我国古代学者,更没有借鉴梵文语法编出汉语语法书,这也是应该感慨的。

二是分析上古汉语语法,不顾当代口语。我国古代语法学所分析的语言材料均是先秦、两汉典籍以及唐宋诗文,也即先秦、两汉汉语所代表的古汉语(文言);而对唐宋以来产生的另一种书面语——古白话置之不顾。汉魏晋语法学置之勿论;唐宋直至元、明、清语法学分析的也是古汉语语法,而不顾及代表当时口语的古白话。这是因为古代语法分析材料是存在于注释考据以及古诗文论等著作中,目的又是为了读古书和作古诗文。我们今天能看到清人的多种俗语语词书,如翟灏《通俗编》、钱大昭《迩言》等,而看不到"俗语"文法书。几种虚词书,也是讲文言虚词,而不涉及"俗语"虚词。

9.0　正确对待中国古代语法学

对古人的语法分析应当正确对待;一句话就是实事求是,不要拔高,也不要贬低。不能说古人已经有了今天的语法学水平;也不能说现在引进的外国的先进语法理论,中国古代早已有之[①]。但是古人已作出的分析实践,特别是类似或符合现在所用新的分析方法的分析,也应该重视与承认。举几个方面来谈:古人不知道什么是层次分析法,但是他们看出了语词组合的层次性,并作了一些层次分析。古人没有划分出如现在的词的语法类别,但是按他们

---

① 傅东华于1939年发表《文法稽古篇》(见《中国文法革新论丛》,中华书局,1958),有可取之处;但"文法稽古"的提法及其大部分内容,为笔者所不取。

的标准也分了词的类别。古人不知道什么是词的功能分布，但他们看出词在同一类型句中的位置相同，当属一类。古人没有主语、谓语、宾语等句法结构术语，但他们看出了句子的句法结构关系。古人不知道句法、语义、语用所谓"三个平面"的分析方法，但他们实际上从这几个角度作了分析。古人不知道句子合乎规范要合法（合乎句法结构规则）、合义（合乎语义选择限制规则）、合用（合乎语用规则）；但他们判断"文"成不成、"义"通不通，是否有"语病"，实际上是从这些方面看的。古人不知道什么是变换分析，但从汉晋注释书中可看出，实际上是用的"移位""加入""替换""复写""省略""重排"等分析方法。我们决不能认为古人已具有现在的语法分析及理论水平，但可以从现在的眼光、用现在的语法理论去看待、分析古人的分析实践，给予实事求是、恰如其分的评价。总之一句话：一不要拔高，二不要贬低。这也可以说是本书编写的指导思想。

10.0 中国语法学的科学历史分期

如果认可中国古代语法学是中国古代（传统）语言学的一个分支，承认中国古代语法学有其悠久、漫长的历史和历史发展的嬗变性；承认中国古代语法学有丰富的内容，词法的、句法的、语义的、语用的、修辞的；那就有个中国语法学的历史分期问题。中国历史分古代、现代，中国文学分古代、现代；那中国语法学也应该分古代、现代，即以《马氏文通》为界；此前定为中国古代语法学，《马氏文通》开始定为中国现代语法学。

附录一　本书作者中国古代语法学研究文章及汉语语法研究论著（部分）目录

一、中国古代语法学研究

1. 古代传注书中的名词、动词施受关系解释
   ——兼谈中国古代语法学材料的整理与研究
   　　山东师大学报,1994.1
2. 古人关于语法规范的论说
   　　语文建设,1996.12
3. 中国语法学的萌芽
   ——《公羊传》解说"春秋书法"表现出的语法分析
   　　山东师大学报,1990.1
   　　中国人民大学复印报刊资料《语言文字学》1990.4
4. 汉代注解家的词类观
   　　古汉语研究,1990.4
5. 汉语词类"有解""无解"的最早划分
   ——汉代注释书中的语法学研究
   　　重庆师院学报,1989.2
   　　中国人民大学复印报刊资料《语言文字学》1989.11
6. 高诱注中的语义结构与语法结构描写

山东师大学报,1988.1

中国人民大学复印报刊资料《语言文字学》1988.5

7. 郑玄的语法观与语言观

山东师大学报,1989 增刊

8. 致动、意动现象的最早发现者

语文月刊,1988.11/12

9. 宾语前置现象的最早发现者

语文月刊,1989.5

中国人民大学复印报刊资料《语言文字学》1989.7

10. 汉代注释书中的句法关系表现

古籍整理研究学刊,1989.3

11. 汉代注释书中的句型句式表现

古籍整理研究学刊,1989.6

12. 汉代注释书中的语义关系表现

古籍整理研究学刊,1990.3

13. 汉代注释书中的词类活用表现

古籍整理研究学刊,1990.6

14. 汉语复句类型、疑问句式的最早分析

——汉代注释书中的语法学研究

烟台师范学院学报,1993.1

15. 关于古汉语 V—N 语义关系问题

语文研究,1993.4

16. 汉代注释书中的语法分析方法研究

《古汉语语法论集》(第二届国际古汉语语法研讨会论文集),语文出版社,1998.6

17. 古人对语法动态性的认识
——汉魏晋注释书对谓语名词的句法语义解析
山西大学学报,2003.4
18. 《春秋左传》杜预"注"中的语法分析
殷都学刊,1990.4
19. 东晋南梁佛典对梵文语法的初步介绍
古汉语研究,1999.4
20. "语法"术语的出现
词库建设通讯,香港,第15期,1998.2
21. 隋唐汉文佛典对梵文语法的较详介绍及其对中国古代语法学发展的影响
古汉语研究,1999.4/2000.1
22. 中国人研究梵文语法至少比西方人早一千年
烟台师范学院学报,2003.3
23. "助词"和"助辞"的出现
词库建设通讯,香港,第15期,1998.2
24. "句法"术语的出现
词库建设通讯,香港,第17期,1998.9
25. 表示"语法"概念的最早音译词——"毗耶羯剌谂""毗何羯喇拏"
词库建设通讯,香港,第21期,1999.11
26. 中国古代语法学在唐代的发展(简述)
——孔颖达贾公彦徐彦"正义""义疏"中的语法分析
中国语言学报,第6期,1995
27. 孔颖达的语辞说

　　　　　山东师大学报,1995.1
　　　　　中国人民大学复印报刊资料《语言文字学》1995.9
28. "语法"的出处及其原始义
　　　——兼谈汉语虚词研究的奠基人
　　　　　古汉语研究,1993.4
29. 谈"语法"一词的含义变化
　　　　　语文月刊,1994.9
30. 汉语语词虚实之分出现的时代
　　　　　语文月刊,1995.10
31. 孔颖达《毛诗正义》中的语法分析
　　　　　古汉语研究,1992.1
32. 孔颖达关于词的兼类论述
　　　　　山东师大学报,1998.1
33. 孔颖达的文势说
　　　　　古籍整理研究学刊 1992.5
34. 颜师古《汉书注》中的歧义分析
　　　　　古籍整理研究学刊,1998.6
35. 李贤《后汉书注》中的语法分析
　　　　　贵州大学学报,2004.4
36. 简述《史记》"三家注"中的语法分析
　　　　　四川大学《汉语史研究集刊》第六辑,2003
37. 从"语法""句法"术语使用谈宋金人语法观的树立
　　　——兼述中国古代语法学的一个重大发展
　　　　　徐州师范大学学报,2004.4
38. 王若虚《滹南遗老集》中的语法分析

——兼谈中国古代语法学在宋金时代的重大发展
　　　古汉语研究,1995.2、3合刊
39. 胡三省《资治通鉴音注》中的语法分析
　　　烟台师范学院学报,2005.2
40. 谈古代蒙学语法训练及其教材《对类》
　　　烟台师范学院学报,2000.2
41. "文法"术语的出现及其频繁使用
　　　——兼谈清人的文法观
　　　烟台师范学院学报,1996.2
42. 清代学者关于句子合法合理合用的分析
　　　山西大学学报,1995.2
43. 清人关于句法结构规则的分析
　　　山东师大学报,1997.1
44. 马瑞辰《毛诗传笺通释》中的句法分析
　　　古籍整理研究学刊,1993.4
45. 清人关于语义关系的分析
　　　古籍整理研究学刊,1997.3
46. 清人关于语义选择规则的分析
　　　古汉语研究,1997.1
47. 王念孙的句式类比分析法
　　　古汉语研究,1994.4
　　　中国人民大学复印报刊资料《语言文字学》1995.3
48. 从王念孙的"文同一例"到俞樾的"文法一律"
　　　——谈清人训诂考据中的语法分析方法及其发展
　　　山东师大学报,1996.1

49. 《马氏文通》对中国古代语法学的继承与发展——纪念《马氏文通》出版一百周年
　　　　山东师大学报,1999.1
50. 简述杨树达《汉书窥管》中的语法分析
　　——兼述中国古代语法学的成就
　　　　南开语言学刊,2005.2
51. 谈杨树达《汉书窥管》句式类比分析法
　　——兼述中国古代语法学一传统分析法
　　　　语言研究,2005.2
52. 谈古汉语语法的现代化研究继承中国古代语法分析问题
　　《语苑集锦——许威汉先生从教五十周年纪念文集》
　　　　上海教育出版社,2001.1
53. 两千年来古人语法分析说略(上)
　　　　山东师大学报,2001.1
54. 两千年来古人语法分析说略(下)
　　　　山东师大学报,2001.2

二、汉语语法分析体系研究

1. 汉语句法分析问题
　　　　语言教学与研究,1983.3
2. 词类三分法刍议,实词虚词二分新析
　　——兼述黎锦熙"汉语语法图解公式"对词类划分的贡献
　　　　山东师大学报,1992.1
　　　　中国人民大学复印报刊资料《语言文字学》1992.3

3. 汉魏晋人对指称陈述转化的分析
　　——兼评"词类活用"说
　　　　　　西南师范大学《简帛语言文字研究》第二辑,2005
4. 汉魏晋人对谓词结构名动语义关系的分析
　　——兼谈宾语取消归入补语问题
　　　　　　古汉语研究,待刊
5. 从汉代注释书论汉语介词的表义功能
　　——兼谈否定介词结构的合理性
　　　　　　语言教学与研究,1990.1
　　　　　　中国人民大学复印报刊资料《语言文字学》1990.5
6. 关于取消"介词省略"说及"于"字的发展问题
　　　　　　古汉语研究,2002.3
　　　　　　中国人民大学复印报刊资料《语言文字学》2003.2
7. 当今古汉语语法分析质疑
　　——古注语法分析启示琐记
　　　　　　山东师大学报,2005.4
　　　　　　中国人民大学复印报刊资料《语言文字学》2005.11
8. 论汉语语法无单句复句之分
　　　　　　语文建设通讯(香港),第53期,1997.9
9. 汉语单复句划分标准评析
　　　　　　山东师大学报,2000.1
10. 汉语语法无单句复句之分
　　——《实用现代汉语语法》(增订本)读后敬告对外汉语教学诸先生
　　　　　　语言文学研究(中国外语教育研究协会主办),

2004.2
11. 关于建立古汉语教学语法体系的意见
中国语文,1995.2

三、古代汉语语法变化研究

1. 试论先秦至东汉汉语语法的发展
殷都学刊,1989.1
中国人民大学复印报刊资料《语言文字学》1989.8
2. 从《诗经》毛传、郑笺谈宾语前置句式的变化
中国语文,1989.3
3. 从东汉注释书谈上古汉语被动句的发展
语文月刊,1989.11、12合刊
4. 古代汉语语法变化研究
1990年国家社会科学基金资助项目,
语文出版社,1994

附录二　本书作者忆黎锦熙先生谈"例不十,不立法""依句辨品,离句无品"

说明:本人1948—1952年就学于北京师范大学中文系,是劭西师任系主任的最后一届本科生。1952年毕业后,二十几年(包括"文革"十年)里一直在劭西师指导下进行学习、研究;多少次的书面、当面请教。写此文,表达对恩师的永恒感谢与怀念。

《语文建设》1995年第6、第10两期刊载拙文《谈"例不十,则法不立"的出处》《再谈"例不十,则法不立"的出处》两篇小文;谈到1963年暑假劭西师给我谈话时,讲到《新著国语文法》第一版"自序"中名言"例不十,不立法"的来历。劭西师说从前守旧派反对变法,提出"利不百,不立法",他将"利不百"改成"例不十"。拙文谈到劭西师说的古人,我记不清了;后承蒙山西大学中文系教授陈霞村先生赐教,此语是《商君书·更法》中杜挚讲的:"臣闻之:利不百,不变法;功不十,不易器。"

《新著国语文法》中还有一句为语法学界多少年来论及的名言"凡词,依句辨品,离句无品"(第19版改为"凡词,依靠结构,显示

品类")。1963年那次谈话时,劭西师也谈到它的来历,说:

> 古人讲"文无定法,文成法立"。我据以说"依句辨品,离句无品";意思就是词无定品,句成品立。

劭西师讲的古人,我也忘记是谁;几十年来此问题一直萦萦于怀。最近再次向陈霞村教授请教,陈先生提出了三条出处:

> 古人文成法立,未尝先有定格。传人适如其人,叙事适职其事;无定之中,有一定焉。(清章学诚《古文十弊》)

> 文有大法,无定法。(金郝经《郝文忠公集·答友人论文法书》)

> 古人文有一定之法,有无定之法。有定者,所以为严整也;无定者,所以为纵横变化也。二者相济,而无相妨。(清姚鼐《惜抱尺牍》三)

笔者追述劭西师跟我这次谈话,是想说明劭西师的谦虚,不将"例不十,不立法""依句辨品,离句无品"说成完全是个人的创造,而是套用、改造古人的话而来。这也可以看出我国老一代学者善于推陈出新、引用古语以概括表述自己的理论。

今年(2004年)是《新著国语文法》出版80周年;写此文,聊祭劭西师在天之灵。

(原载《古汉语研究》2005年第2期)

后　记

在本书定稿时,我想谈谈了解到的一些观点,听到的一些反映。

现在语法学界有学者否认中国古代有语法学。我看到有文章论证中国古代没有语法学,提出这样、那样的根据;我看到汉语语法学史书,有的论说中国语法学何以迟缓产生的原因,有的称《马氏文通》以前为中国语法学的"前科学时期",也有的称《马氏文通》以前为中国语法学的"萌芽阶段"。我看到中国语言学史书,按门类分讲的,仅有文字学、音韵学、训诂学,没有语法学;按断代编的,元、清时代才列语法学,而内容只是几种虚词专著。笔者统计汉语语法学史、中国语言学史著作8部,共有2346页;而讲古人的语法分析,总共有75页。对这些论著的观点,笔者不作评论,因为学术上分歧是正常现象。我记得读过张志公先生写的一篇谈讨论语法分析方法的文章,其中说(大概意思)任何人不能将自己的观点强加于人,也更不能强迫别人放弃原来的观点而接受自己的观点。所以,我不同意中国古代没有语法学的观点;我也不将自己的观点加给中国古代无语法学的主张者。

某些(不少)先生看了我的文章(包括部分本书稿)或在学术讨论会上听了我的发言,有两种反映:一种说这是从现在的语法学标准谈古人的语法分析,古人并没有这样讲。一种说"大吃一惊",没想到古人还有这样的语法分析。我想对这两种反映谈点看法。关于从现在的语法学标准讨论的问题,我认为研究古代文化,无一不是从现在标准来谈的。譬如,说某哲学家是唯物的,说某哲学家是唯心的,说某文学家是现实主义的,说某文学家是浪漫主义的;他们并没有自称是唯物的还是唯心的,是现实主义的还是浪漫主义的,而是现在人据他们的著作从现在标准给他们定性的。因此,据古人的语法分析实践,从现在语法学标准评论,这种观察、研究方法并非我自己所独创。关于"大吃一惊"问题:说实话,首先是我自己大吃一惊。笔者在拙著《古代汉语语法变化研究》[①]一书最后说:"我们今天实在惊服汉代注释家认识语言的能力,因为他们观察、发现了原著中的语法、语义关系,才能于注文中作这种分析表现。"这是我通读汉代注释书后的感受。同样,关于清人的语法分析,过去我只知道俞樾《古书疑义举例》一书,前哲时贤对此书多有赞誉;而当我读了几种"清经解",特别是通读了王氏父子的《读书杂志》《经义述闻》、俞樾的《群经平议》《诸子平议》后,确实大吃一惊,没想到其中有这样丰富的语法分析,远非《古书疑义举例》一书可比拟。故我每听到说看了我的某篇文章而感到"吃惊"时,就觉得遇到了"共鸣"人。《古代汉语语法变化研究》一书结尾一句说:"因为汉代注释家于注文中表现出了多方位、多层次的语法、语义分析内容;……才可能有本书的出现。"同样,因为古人作出了多方位、多层次的丰富的语法分析,也才可能有本书的出现。

最后,引用德国启蒙思想家、文艺理论家和批评家莱辛(G. E.

---

① 语文出版社 1994 年版;本书为 1990 年国家社会科学基金资助项目,原课题是"从先秦典籍与汉人注释看古汉语的语法变化"。

Lessing,1729—1781)的一句名言"一本大书,就是一桩大罪";如果本书能成为"一桩大罪",引起这样、那样的批评、指责,从而展开讨论,势必促进中国古代语法学的研究与发展。这将是本书的另一成果,实为厚望焉。

作　　者